高等职业教育系列教材

道路桥梁工程技术专业系列教材

道路CAD

主　编　施佩娟

副主编　丁文霞　甄精莲

参　编　孙飞艳　沈　华　杨翠娜

　　　　周小虎　袁爱丽

主　审　胡　可

机械工业出版社

本书是提供给高职高专类道路工程、市政工程技术专业CAD绘图需要而编写的计算机辅助技能教学与训练类课程教材。

本书以AutoCAD 2011中文版软件为平台，内容包括AutoCAD概述、创建二维图形对象、图形对象编辑、辅助绘图命令、道路路线图绘制实例和道路CAD二次开发软件介绍等。

本书内容突出实用性，强调专业知识与实际操作紧密结合，由基础绘图到专业应用，把知识点由浅入深地引入到课程的重点中，在专业应用上引用了大量道路工程制图典型实例，具有较强的可操作性，紧贴高等职业院校道路桥梁工程技术专业及相关专业的要求，对于师生来说具有很好的实际借鉴作用。既能满足一般读者学习AutoCAD 2011中文版绘图技能的需要，又能满足市政类专业高职高专学生了解AutoCAD 2011在市政类工程中的应用需要。

图书在版编目（CIP）数据

道路CAD/施佩娟主编. —北京：机械工业出版社，2013.1（2021.1重印）
高等职业教育系列教材. 道路桥梁工程技术专业系列教材
ISBN 978-7-111-41002-7

Ⅰ.①道… Ⅱ.①施… Ⅲ.①道路工程-工程制图-AutoCAD软件-高等职业教育-教材 Ⅳ.①U412.5

中国版本图书馆CIP数据核字（2013）第011897号

机械工业出版社（北京市百万庄大街22号 邮政编码100037）
策划编辑：张荣荣 责任编辑：张荣荣 范秋涛
责任校对：闫玥红 封面设计：张 静 责任印制：常天培
涿州市般润文化传播有限公司印刷
2021年1月第1版第9次印刷
184mm×260mm · 16.75印张 · 412千字
标准书号：ISBN 978-7-111-41002-7
定价：39.00元

电话服务	网络服务
客服电话：010-88361066	机 工 官 网：www.cmpbook.com
010-88379833	机 工 官 博：weibo.com/cmp1952
010-68326294	金 书 网：www.golden-book.com
封底无防伪标均为盗版	机工教育服务网：www.cmpedu.com

前 言

本书是提供给高职高专类道路工程、市政工程技术专业 CAD 绘图需要而编写的计算机辅助技能教学与训练类课程教材。

本书以 AutoCAD 2011 中文版软件为平台，内容包括 AutoCAD 概述、创建二维图形对象、图形对象编辑、辅助绘图命令、道路路线图绘制实例和道路 CAD 二次开发软件介绍等。

本书内容突出实用性，强调专业知识与实际操作紧密结合，由基础绘图到专业应用，把知识点由浅入深地引入到课程的重点中，在专业应用上引用了大量道路工程制图典型实例，具有较强的可操作性，紧贴高等职业院校道路桥梁工程技术专业及相关专业的要求，对于师生来说具有很好的实际借鉴作用。既能满足一般读者学习 AutoCAD 2011 中文版绘图技能的需要，又能满足市政类专业高职高专学生了解 AutoCAD 2011 在市政类工程中的应用需要。

全书分为三大部分，第一部分绪论，模块一道路 CAD 概述及第三部分中模块七桥梁工程图绘制实例由湖南交通工程职院甄精莲编写；第二部分 AutoCAD 2011 介绍，其中模块二 AutoCAD 2011 基础知识由湖南城建职业技术学院孙飞艳编写，模块三图形绘制由新乡学院杨翠娜编写，模块四编辑图形由上海城市管理学院沈华编写，模块五辅助绘图命令由湖北交通职业技术学院丁文霞编写；第三部分道路、桥梁 CAD 绘图，其中模块六道路路线图绘制实例由上海城市管理学院施佩娟编写，模块八道路三维建模基础及应用由湖北交通职业技术学院周小虎编写，附录二次开发软件的应用由上海市政工程设计研究总院（集团）有限公司袁爱丽编写。全书由上海城市管理学院施佩娟主编，由广东科学技术职业学院胡可主审。

本书第三部分编写过程中得到了上海市政工程设计研究总院（集团）有限公司的大力支持和帮助，编者在此表示由衷的谢意。

由于道路工程、市政工程设计和市政施工技术的不断发展与进步，以及 AutoCAD 软件每年的推陈出新，加之编者的水平有限，书中难免会有疏漏、欠妥，甚至错误之处，敬请读者指正与批评，编者在此深表谢意！

编者

目　　录

第三部分 道路、桥梁 CAD 绘图

第一部分　绪　论

模块一　道路 CAD 概述

【模块要点】

◆道路 CAD 基本概念

◆道路 CAD 研究与应用现状

◆道路 CAD 发展趋势

1.1　CAD 基本概念

CAD（Computer Aided Design，计算机辅助设计）是近年来工程技术领域中发展最迅速、最引人注目的高技术之一。1973 年，当 CAD 的发展还处于初期阶段时，国际信息处理联合会就给了 CAD 一个广义的，至今仍使人感到耐人寻味的定义：“CAD 是将人和机器混编在解题专业组中的一种技术，该技术使人和机器的最好性能得到有机联系”。人具有逻辑推理、综合判断、图形识别、学习、联想、思维、情绪、兴趣等能力及特点；计算机则以运算速度快、精确度高、不疲劳、存储量大、不易忘记、不易出差错以及能迅速地显示数据、曲线和图形见长。所谓做好特性的“联系”就是通过“人机交互技术”，让人和计算机之间自然方便地进行信息交流，相互取长补短，使人和机器的特性得到充分发挥，从而提高设计能力，缩短设计周期，改善设计质量，降低设计成本。

CAD 将计算机迅速、准确处理信息的特点与人类的创造思维能力及推理判断能力巧妙地结合起来，为现代设计提供了理想的手段。通常所说的设计包括工程设计和产品设计两大类，前者如道路、桥梁、房屋等设计；后者如机器、汽车等设计。设计工作作为一种基本的实践活动，对社会经济、自然资源、环境以至于人们的生活都有着巨大而深刻的影响。因此，运用先进的 CAD 系统，增强设计能力，对整个社会都是极其重要的。

由于各个设计领域的设计对象不同，其设计原理、方法、流程也各有特点，因而不同设计领域对 CAD 的理解和解释也有所不同，研究和开发的 CAD 系统在系统组成及目标上也各有侧重。

CAD 是一个完整的人机混合系统，它主要完成工程设计的方案选择、设计的分析与计算、施工图的设计与绘制、设计文件的编制与打印等任务。所以，CAD 系统的实际内容包括设计方案的构思和形成、方案的比选、工程计算与优化以及设计图表、表格与说明的自动输出等一系列工作。

从 CAD 的发展来看，它有两个重要特点：一是工程计算与图形设计相互结合、互相交叉，经过多次反复最终产生设计文件；二是在作出几何图形的同时，产生各种表格和设计文件。

为了达到上述要求，CAD 系统的基本构成应包括以下几项内容：

（1）一个综合性的数据库　数据库是一个通用的、综合性的、减少冗余程度的数据集合。它按照信息的自然联系来构造数据，即把数据本身和实体间的描述都存入数据库，用各种存取方法对数据进行各种组合以满足各种使用要求。具体地说，一个服务于工程设计的数据库应该存储有如下数据资料：

1）各种设计标准图，历史上成熟的设计图样。

2）现行的设计标准与规范。

3）设计所需的原始数据。

（2）工程计算与绘图软件包　这是一个大型的程序系统，它从数据库中获取设计所需的数据，并进行工程分析与计算，然后生成所要绘制的工程图及各种图表。

（3）人机交互式计算机图形处理系统　这里所说的交互式系统是指用户与计算机之间有双向通信联系。在这个系统中，计算机接收来自键盘、鼠标、数字化仪等输入设备发来的信号，通过图形显示设备显示出设计对象的几何形状；用户可以通过输入设备发出简单的命令，而不需修改程序就可以对屏幕上的图形进行平移、旋转、放大、修改和删除等图形编辑命令，最后在绘图机上绘制出设计者满意的设计图样。

上述三方面的专业内容，是开发不同专业应用的计算机辅助设计系统必不可少的基础知识，也就是利用计算机提供的软、硬件资源，把图形处理技术、工程数据库技术与工程设计实践结合起来进行。因此，可以说计算机辅助设计是一门跨学科且综合性很强的技术。

道路 CAD 系统即利用计算机辅助设计系统进行路线设计，在数字地形模型的支持下，借助数学方法，由计算机初定平面位置，并通过人机对话对设计方案进行修改；经过不断的人机交互作用进行优化设计，根据计算机选择的最优方案和地形数字模型提供的地形资料完成整个路线平面、纵断面和横断面设计，以获得切合实际的最优方案，在设计完成时可以利用绘图机输出各设计阶段所需的相应的图样和表格。

道路 CAD 领域的软件最初大致可分为两种类型：一种是适用于结构工程的，如路基、路面、挡墙、桥涵等构造物的 CAD 设计软件；另一种是适用于路线工程设计的。前者偏重于力学数值计算；后者为带状建筑物，广泛绵延于地面之上，很多与地形、地物、地质水文等有关的自然地理数据是设计的原始依据。同时，很多经济与交通状况的动态发展因素又对设计产生很大影响，因此它涉及很多地理数据采集工作和图形处理工作。这两种类型的软件在各自不断发展的同时，也有集成到同一软件包的产品出现。

1.2 道路 CAD 研究与应用现状

1.2.1 道路 CAD 的产生与发展历史

CAD 技术最早出现于投资大、成本高的大工业，如航空领域和汽车制造业，随后用于电气电子方面。20世纪70年代以后，在土木建筑领域内获得迅速发展。由于在运用计算机进行设计的过程中都是以图形信息作为主要传递数据，需要计算机具有较大容量和快速运算能力，所以早期CAD技术一般适宜在中小型计算机及其工作站上运行。随着高性能计算机的出现，计算速度的提高和计算量的加大，CAD技术得到了迅猛发展，不但能够进行计算和图形处理，而且能够进行分析、优化设计、管理等。CAD系统日益复杂、功能日益齐全、包括领域十分广泛、界面非常易于操作，现在已经发展为CAD、CAE（计算机辅助工程）、CAM（计算机辅助制造）、CAPP（计算机辅助工艺设计）、PDM（产品数据库）和ERP（企业资源计划）等功能以及它们的集成功能。

1963年，美国麻省理工学院（MIT）首次建立CAD的概念，几十年来，随着计算机技术和微电子技术的发展，价格低廉、性能优良的CAD软硬件系统得到广泛的应用。

道路路线CAD系统往往是现代化测绘设备、计算机及其外围设备和专用软件包的组合系统。在条件不具备时，也可运用原有设备适应传统测设方法自己开发使用的CAD系统。

道路路线CAD系统的使用业务范围根据用户的实际需要可广可窄。它一般包括道路几何线形设计以及路上所有工程结构物和设施的设计，它可以适用于公路、城市道路和机场工程的设计，有的还可适用于铁道、排水、矿山等的设计。软件开发者应按软件工程的方法在系统开发前精心调查研究，做好需求分析和总体设计。

CAD技术在道路交通领域的迅速发展始于20世纪70年代。但就道路辅助设计整体看来，其发展历史可追溯至20世纪60年代，并可做如下归纳：

20世纪60年代初，国外开始将计算机运用于公路工程，我国则是在20世纪70年代开始公路CAD研究，共经历了三个阶段：

1. 单纯的数值计算阶段

该阶段为初级阶段。20世纪70年代，计算机仅用于代替过去用手工进行的常规计算，如公路平曲线要素计算、纵断面设计高程计算、挡土墙土压力计算等。

计算机的计算特点：机型庞大，算法语言功能差、操作烦琐、使用不方便，外围设备差、程序功能单一、计算机的应用范围较狭窄。

2. 计算、制表、绘图一体化阶段

该阶段为中级阶段。20世纪80年代，计算机发展到代替设计人员绘制工程设计图、编制和打印表格，如公路工程的结构分析计算、线形优化和工程概预算编制等。

计算机的计算特点：个人计算机出现，算法语言功能增强，汉字操作系统不断完善，外设不断改进，从公路野外勘测获取地形数据到内业平纵横设计计算形成了全套成果。

3. 计算机辅助设计阶段

该阶段为高级阶段。20世纪90年代以后，计算机辅助设计技术得到推广应用，公路工程设计方面的CAD研究、开发和应用出现。

计算机的计算特点：个人计算机不断更新换代，功能进一步增强，运算速度和内存迅速增加。计算机可以帮助设计人员进行分析、判断和决策，人机交互技术使设计者的工作更加轻松自如，可以不断优化设计，反复修改成果逐步求精，并可以自动形成规定的设计文件，计算机也从以前的被动执行命令变为主动提供提示、警告等。总而言之，计算机已渗透到公路工程科研、设计、施工的各个方面，在公路规划、路线外业勘测和内业设计、公路人工构造物、工程概预算、施工组织管理、试验数据处理、公路养护管理、交通工程等方面都有成功的应用。

但是，也不要忘了人的主导作用。计算机并不是万能的，它只是工具而已，如果试图寻求一种将整个设计工作转嫁给计算机的一劳永逸的方法是不现实的。因为公路的规划和设计要综合考虑各种因素，如自然、环境、经济、技术、美学、政治等，有些因素很难用明确的数学模型和数学公式来表达，在一些关键问题上，如确定设计参数、生成设计方案、构造物的结构形式等必须由设计者来决定。

1.2.2 道路 CAD 国内外发展情况

1. 国外发展情况

20 世纪 60 年代初期，电子计算机应用于道路设计中，首先对繁冗重复的大量计算工作如平面线形和纵面线形的几何计算，横断面和土石方计算以及图表计算输出等，编写了单独分开的程序。随着计算时间的节省，创造了进行多方案比较的条件。为获得经济效益，英、美、法、德和丹麦等国成功研制了比较成熟的纵断面优化程序，如英国运输与道路研究所的 HOPS，德国的 EPOS，法国的 APPOLON 等。1971～1972 年联合国经合组织的专题报告就意大利的一条公路采用以上程序进行了实例计算，试算结果表明纵断面优化程序可以带来 15% 土方量的节省和 5% 的经济效益。

20 世纪 70 年代，道路路线设计优化技术拓宽到平面和空间（三维）选线；数字地形模型（DTM）开始应用；计算机绘图技术可直接提供设计和施工图样。例如，在平面选线优化方面，有英国的 NOAN 程序，美国普度大学的 GCARS 程序，德国的 EPOS—1 程序。美国麻省理工学院把公路路线按三维空间优化开发了 OPTLOG 程序。由于平面线形或空间线形的优化涉及更多复杂因素，需要大量的计算数据，给研究工作带来较大困难，同时也削弱了程序的实用性。数字地形模型就是把三维的地形资料经过数字化存储于计算机中，可用于等高线地形图绘制、土地填挖体积计算、支持平面和空间优化选线等。数字地形模型是伴随着电子计算机的高速运算和大存储量而产生的。为加快输入速度，可运用数字化仪按等高线地形图直接输入，也可利用航测立体测图仪直接以数据方式输入。随着各种形式绘图机的应用，作为电子计算机的外部设备，可以绘制等高线地形图、公路设计中的纵断面与横断面图以及路线透视图。

到了 20 世纪 80 年代，很多国家已建立了由航测设备、计算机（包括绘图机、数字化仪等外部设备）和专用软件包形成的组合系统。软件包往往包含从数据采集、建立数字地形模型、优化技术以至进行全套计算机计算、绘图和报表的完整系统。例如，美国路易斯·百杰公司的 CANDID 系统以阿波罗超级小型机为主机，可用于公路、涵洞、桥梁、房屋建筑等方面的设计和绘图工作；德国西门子公司的 SICAD 土地信息和图形处理系统，配备有道路 CAD 专用软件，可在超小型机工作站上接受速测信息，建立数字地形模型，进行道路路线设计和交互式的设计、修改和绘图；芬兰的 ROADCAD 程序系统，以 32 位小型机为主机，应用 Wild 解析立体测图仪直接从航测图片获取地面信息，建立地面信息数据库和数字地形模型，以此进行公路路线的初步设计和施工图设计，最终以施工图样、屏幕显示或数据打印的方式输出设计成果。

进入 20 世纪 90 年代后，道路 CAD 系统进入成熟阶段。发展到今天，道路设计从由电子测量数据形成三维数字地面模型，然后进行平面、纵断面、横断面设计和土方量等分析计算，一直到最后输出设计图表，完全实现了计算机一体化，从而使道路设计完全摆脱了图板手工方法，实现了无纸化设计的梦想。许多国家建立了由航测设备、计算机和专用软件包组成的成套系统，可以完成从数据采集、建立数字地面模型、优化设计到设计文件编制的全部工作；系统都有成功的图形环境支撑，商品化程度很高，如英国的 MOSS 系统，美国的、德国的 CARD/1 等。

目前，由于其他高新技术的发展进一步推动了道路 CAD 技术的现代化。在数据采集上，全站仪、电子手簿、现场绘图电子平板的新发展，以及 GPS—RTK 仪的出现，为通过 GIS、GPS 和 CAD 使数据采集、设计绘图、方案优化等一体化创造了条件。在软件开发方面，面向对象的程序设计方法、可视化快速应用程序开发环境以及计算机辅助软件工程（Computer Aided Software Engineering，CASE）开发环境的出现，标志着软件工程进入了崭新的阶段。

2. 国内发展情况

自 1979 年起，先后有同济大学、重庆交通学院、重庆公路研究所、交通部武汉第二公路勘察设计院、西安公路学院、上海铁道学院、西南交通大学、北方交通大学、铁道部铁路专业设计院等单位先后为公路和铁路的纵断面优化技术、公路及铁路的平面和空间线形优化技术等进行了研究，编制了各自的优化程序。例如，同济大学采用随机搜索—动态规划法编制的纵断面优化、空间线形优化和山区地形的平面优化程序；重庆交通学院、上海铁道学院等采用动态规划法编制的纵断面优化程序；西安公路学院考虑了目标函数中包括道路建造费用和营运费用的纵断面优化程序等。这些程序经过试算，证明其优化效果是令人满意的。

20 世纪 80 年代中期，部分国内高校和生产单位开发的道路计算机辅助设计软件开始投入实际设计工作，并取得了显著的经济效益。例如，1985 年年底鉴定的交通部武汉公路勘察设计二院研制的公路航测和电算技术；同济大学早期制作的计算机道路初步设计程序也曾在好几个省使用；西安公路学院开发的公路计算机辅助设计系统也在一定的范围内使用。1986 年交通部组织多次道路 CAD 系统开发工程的论证，决定把道路桥梁 CAD 列入国家重点攻关项目。但完成后缺乏维护和组织，推广困难。

20 世纪 90 年代，随着计算机性能的快速提高和价格的不断下降，使得在计算机平台上开发的道路 CAD 系统占据显著优势。TJRD、RICAD、HEAD、ROAD 等国产软件已经广泛投入实际应用并占据了绝大部分国内市场，技术上与国外软件的距离在不断缩小。

EICAD 是集成交互式道路与立交设计系统，是李方软件公司于 2002 年 10 月推向市场的第四代道路计算机辅助设计产品，是 DICAD 的升级换代产品。该系统主要包括平面设计、纵断面和横断面设计三个部分，使设计者能方便地设计出任何复杂、完美的道路与互通式、立交式立体交叉平面线形。

BID—ROAD 软件是中交第二勘察设计院研制开发的公路路线与互通立交辅助设计系统。系统支持动态可视化公路路线及互通式立体交叉的平面、纵断面、横断面的自动（或交互）设计，路基土石方的自动和交互调配，路线边沟的交互式排水设计以及交互式的挡墙纵向设计；并可自动生成路线及互通式立体交叉设计中主要的设计图表，建立路线和互通式立体交叉的三维立体模型；完成各种等级、各种路基形态的公路路线与互通式立体交叉的初步设计和施工图设计。

1.3 道路 CAD 发展趋势

进入 21 世纪，道路的三维造型和动画技术、计算机局域网络建设和应用、数据和信息采集新技术及 GPS 和 GIS 的应用、道路工程库和道路信息系统的建立等新成果不断推出。在应用水平方面，道路设计的计算机应用技术向集成化发展的趋势更加明显，GPS 技术、遥感技术和数字摄影测量技术的研究有了创新成果，在“三维造型”方面采用计算机三维建模技术、面向对象技术、图形可视化技术、红外彩色航片在三维动画中的应用和制作技巧等，都达到了新的水平。可以预见，在不久的将来，图形编程系统、人工智能技术、空间技术、信息技术在道路工程中的应用将越来越广泛，计算机辅助技术将步入一个新的高度。

第二部分 AutoCAD 2011 介绍

模块二 AutoCAD 2011 基础知识

【模块要点】

◆AutoCAD 2011 经典工作界面及绘图环境设置

◆图层、颜色和线型设置

◆对象捕捉的有效设置

◆坐标系与坐标输入方法

2.1 AutoCAD 2011 概述

2.1.1 安装与启动 AutoCAD 2011

1. 安装 AutoCAD 2011

AutoCAD 2011 软件以光盘形式提供，光盘中有名为 SETUP. EXE 的安装文件，执行 SETUP. EXE 文件，根据弹出的窗口选择操作即可。

2. 启动 AutoCAD 2011

安装 AutoCAD 2011 后，系统会自动在 Windows 桌面上生成对应的快捷方式。双击该快捷方式，即可启动 AutoCAD 2011。与启动其他应用程序一样，也可以通过 Windows 资源管理器、Windows 任务栏按钮等启动 AutoCAD 2011。

2.1.2 AutoCAD 2011 经典工作界面

AutoCAD 2011 工作界面由标题栏、菜单栏、各种工具栏、绘图窗口、光标、命令窗口、状态栏、坐标系图标、【模型/布局】选项卡和菜单浏览器等组成，如图 2-1 所示。

1. 标题栏

标题栏与其他 Windows 应用程序类似，用于显示 AutoCAD 2011 的程序图标以及当前所操作图形文件的名称。

2. 菜单栏

菜单栏中显示主菜单，可以利用其执行 AutoCAD 2011 的大部分命令。单击菜单栏中的某一项，会弹出相应的下拉菜单，如图 2-2 所示。

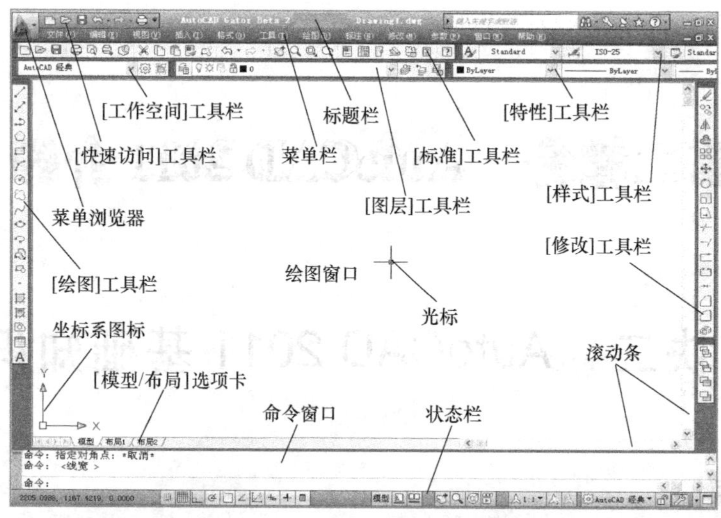

图 2-1 AutoCAD 2011 经典工作界面

下拉菜单中，右侧有小三角的菜单项，表示它还有子菜单（图 2-2 显示出了【缩放】子菜单）；右侧有三个小点的菜单项，表示单击该菜单项后要显示出一个对话框；右侧没有内容的菜单项，单击它后会执行对应的命令。

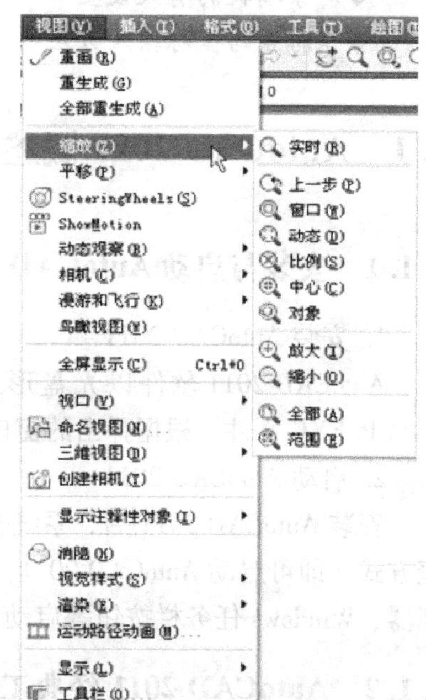

图 2-2 视图下拉菜单

3. 工具栏

AutoCAD 2011 提供了 40 多个工具栏，每一个工具栏上均有一些形象化的按钮。单击某一按钮，可以启动 AutoCAD 的对应命令。用户可以根据需要打开或关闭任意一个工具栏。其操作方法如下：

1）在已有工具栏上右击，AutoCAD 弹出工具栏快捷菜单，通过其可实现工具栏的打开与关闭。

2）菜单栏：【工具】→【工具栏】→【AutoCAD】，也可以打开 AutoCAD 的各工具栏。

4. 绘图窗口

AutoCAD 2011 工作界面上最大的空白区域是绘图窗口。绘图窗口用于绘制图形，它类似于手工绘图时的图纸，用户只能在此窗口区域内进行绘图工作。

5. 光标

当光标位于绘图窗口时为十字形状，称其为十字光标。十字线的交点为光标的当前位置。AutoCAD 2011 的光标用于绘图、选择对象等操作。

6. 坐标系图标

坐标系图标通常位于绘图窗口的左下角，表示当前绘图所使用的坐标系的形式以及坐标方向等。AutoCAD 2011 提供有世界坐标系（World Coordinate System，WCS）和用户坐标系（User Coordinate System，UCS）两种坐标系。世界坐标系为默认坐标系。

7. 命令窗口

命令窗口是 AutoCAD 2011 显示用户从键盘输入的命令和显示提示信息的地方。默认时，命令窗口保留最后三行所执行的命令或提示信息。用户可以通过拖动窗口边框的方式改变命令窗口的大小，使其显示多于三行或少于三行的信息。

8. 状态栏

状态栏用于显示或设置当前的绘图状态。状态栏上位于左侧的一组数字反映当前光标的坐标，其余按钮从左到右分别表示当前是否启用了捕捉模式、栅格显示、正交模式、极轴追踪、对象捕捉、对象捕捉追踪、动态 UCS、动态输入等功能，以及是否显示线宽、当前的绘图空间等信息。

9. 模型/布局选项卡

模型/布局选项卡用于实现模型空间与图纸空间的切换。

10. 滚动条

利用水平和垂直滚动条，可以使图纸沿水平或垂直方向移动，即平移绘图窗口中显示的内容。

11. 菜单浏览器

单击菜单浏览器，AutoCAD 2011 会将浏览器展开，如图 2-3 所示。用户可通过菜单浏览器执行相应的操作。

图 2-3 菜单浏览器

2.2 基本设置

2.2.1 图形文件管理

1. 创建新图形

命令启动：

1）菜单栏：【文件】→【新建】。

2）工具栏：单击【标准】工具栏上的□按钮。

3）命令行：New 回车。

执行 New 命令，将弹出【选择样板】对话框，如图 2-4 所示。通过此对话框选择对应的样板后（初学者一般选择样板文件 acadiso. dwt 即可），单击【打开】按钮，就会以对应的样板为模板建立新图形。

2. 打开图形

打开图形文件的操作方法如下：

1）菜单栏：【文件】→【打开】。

2）工具栏：单击【标准】工具栏上的按钮。

3）命令行：Open 回车。

执行 Open 命令，将弹出如图 2-5 所示的【选择文件】对话框，可通过此对话框确定要

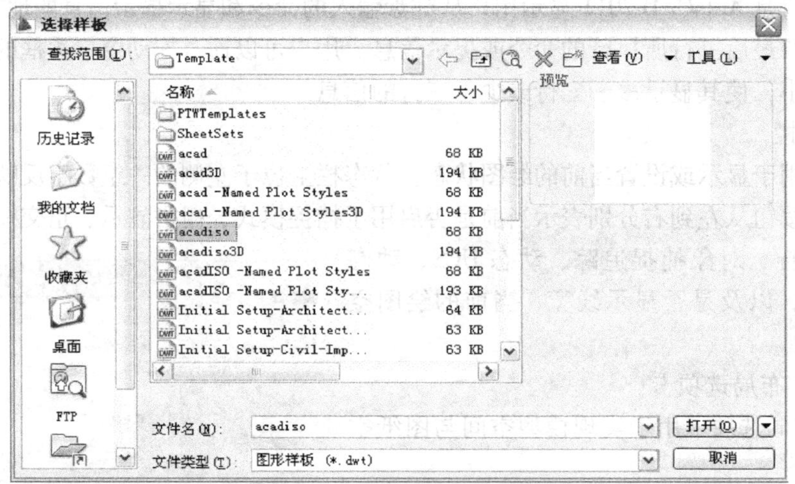

图 2-4 【选择样板】对话框

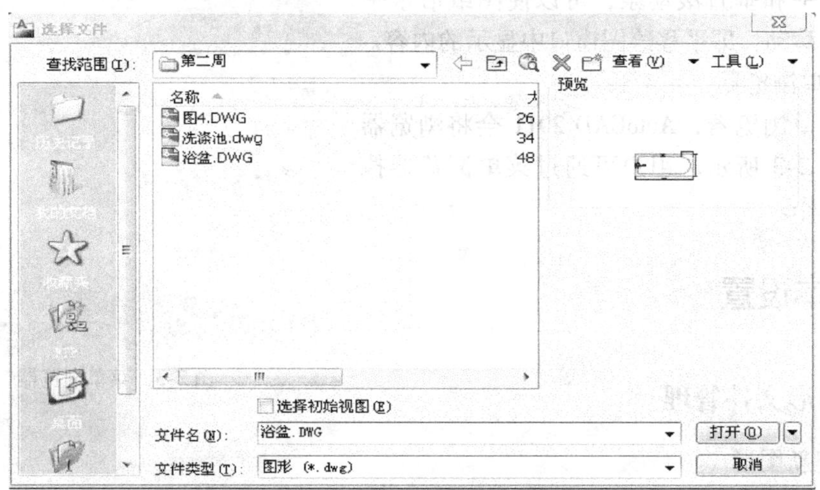

图 2-5 【选择文件】对话框

打开的文件。

3. 保存图形

命令启动：

1）菜单栏：【文件】→【保存】。

2）工具栏：单击【标准】工具栏上的 按钮。

3）命令行：Save 回车。

执行 Save 命令，如果当前图形没有命名保存过，AutoCAD 2011 会弹出【图形另存为】对话框，如图 2-6 所示。通过该对话框指定文件的保存位置及文件名，单击【保存】按钮，即可实现保存。

2.2.2 设置绘图环境

1. 设置图形界限

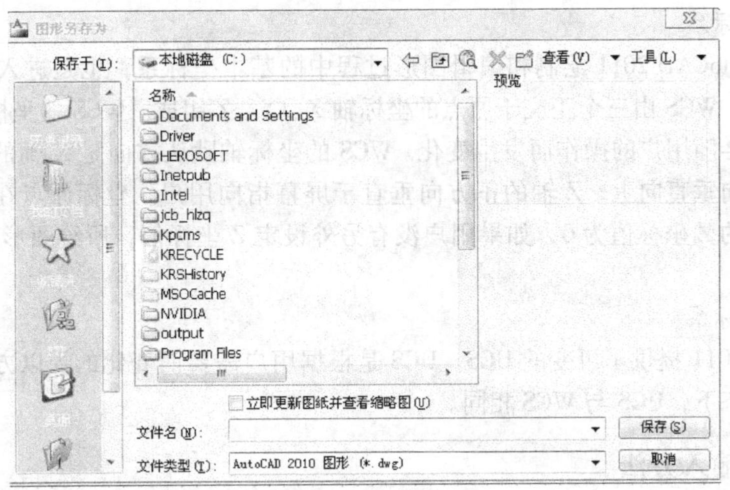

图 2-6 【图形另存为】对话框

设置图形界限类似于手工绘图时选择绘图图纸的大小，但具有更大的灵活性。操作方法如下：

1）菜单栏：【格式】→【图形界限】。

2）命令行：Limits 回车。

执行 Limits 命令，AutoCAD 提示：

指定左下角点或［开（ON）/关（OFF）］<0.0000，0.0000>：回车。

指定右上角点：（指定图形界限的右上角位置）。

2. 设置绘图单位格式

设置绘图的长度单位、角度单位的格式以及它们的精度。操作方法如下：

1）菜单栏：选择【格式】→【单位】。

2）命令行：Units 回车。

执行 Units 命令，将弹出【图形单位】对话框，如图 2-7 所示。对话框中【长度】选项组确定长度单位与精度；【角度】选项组确定角度单位与精度；还可以确定角度正方向、零度方向以及插入单位等。

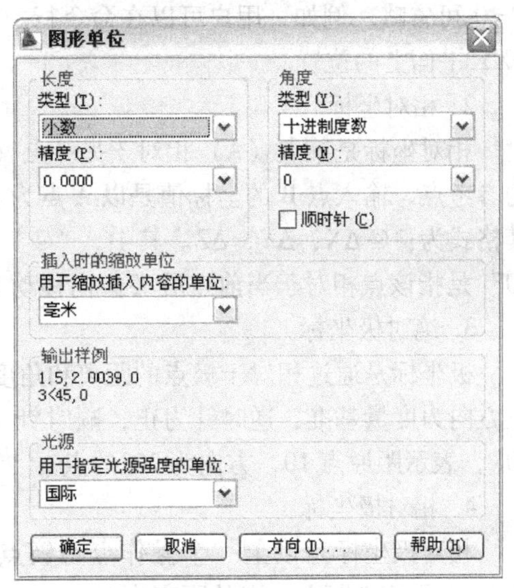

图 2-7 【图形单位】对话框

2.3 坐标知识

2.3.1 坐标系

AutoCAD 2011 采用三维笛卡儿直角坐标系（CCS）来确定点的位置。坐标系可分为世界坐标系（WCS）和用户坐标系（UCS）。

1. 世界坐标系

WCS 是 AutoCAD 2011 绘制和编辑图形过程中的基本坐标系，也是进入 AutoCAD 2011 的默认坐标系。WCS 由三个正交于原点的坐标轴 X、Y、Z 组成。WCS 的坐标原点和坐标轴是固定的，不会随用户的操作而发生变化。WCS 的坐标轴默认方向是 X 轴的正方向水平向右，Y 轴正方向垂直向上，Z 轴的正方向垂直于屏幕指向用户。坐标原点在绘图区的左下角，系统默认的 Z 坐标值为 0，如果用户没有另外设定 Z 坐标值，所绘图形只能是 OXY 平面的图形。

2. 用户坐标系

AutoCAD 2011 提供了可变的 UCS。UCS 是根据用户需要而变化的，以方便用户绘制图形。在默认状态下，UCS 与 WCS 相同。

2.3.2 坐标输入方法

用鼠标可以直接定位坐标点，但不是很精确，采用键盘输入坐标值的方式可以更精确地定位坐标点。在绘图中经常使用平面直角坐标系的绝对坐标、相对坐标、绝对极坐标和相对极坐标等方法来确定点的位置。

1. 绝对坐标

绝对坐标是以原点为基点定位所有的点。输入点的（X，Y，Z）坐标，在二维图形中，Z=0 可省略。例如，用户可以在命令行中输入“10，20”（中间用逗号隔开）来定义点在 OXY 平面上的位置。

2. 相对坐标

相对坐标是某点（A）相对于另一点（B）的位置，相对坐标是把 A 点作为输入坐标值的参考点，输入点 B 的坐标值是以 A 点为基准而确定的，它们的位移增量为 ΔX，ΔY，ΔZ。其格式为：@ΔX，ΔY，ΔZ。其中，“@”字符表示输入一个相对坐标值。例如，“@10，20”是指该点相对于当前点沿 X 方向移动 10，沿 Y 方向移动 20。

3. 绝对极坐标

极坐标是通过相对于极点的距离和角度来定义的，其格式为：距离<角度。角度以X 轴正方向为度量基准，逆时针为正，顺时针为负。绝对极坐标以原点为极点。如输入“10<20”，表示距原点 10，方向为 20°的点。

4. 相对极坐标

相对极坐标是以上一个操作点为极点，其格式为：@距离<角度。如输入“@10<20”，表示该点距上一点的距离为 10，和上一点的连线与 X 轴成 20°。

在绘图过程中，不是自始至终只使用一种坐标模式，而是可以将一种、两种或三种坐标模式混合在一起使用。可先以绝对坐标开始，然后改为极坐标，又改为相对坐标。作为一名 CAD 操作者应该选择最有效的坐标方式来绘图。

【例 2-1】

综合上述坐标输入方法绘制如图 2-8 所示的图样。

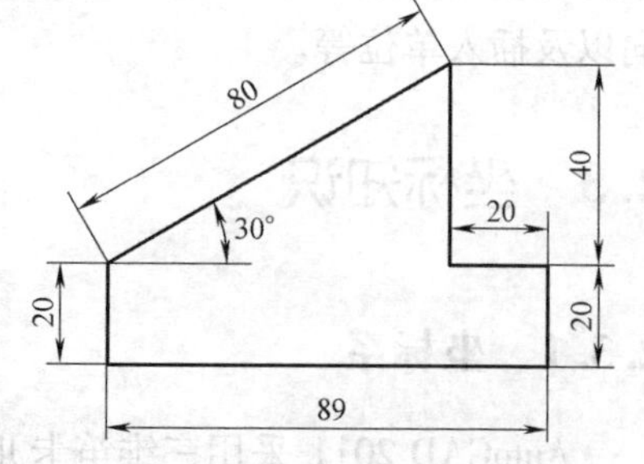

图 2-8 【例 2-1】图

任务操作步骤：

执行【直线/L】命令，从左下角点绘制图样。

命令：L

Line 指定第一点： //鼠标在绘图区任意单击一点

指定下一点或［放弃(U)］：@0,20 //相对直角坐标

指定下一点或［放弃(U)］：@80<30 //相对极坐标

指定下一点或［闭合(C)/放弃(U)］：@0,-40 //相对直角坐标

指定下一点或［闭合(C)/放弃(U)］：@20,0 //相对直角坐标

指定下一点或［闭合(C)/放弃(U)］：20 //开启正交(F8)，鼠标向下移动

指定下一点或［闭合(C)/放弃(U)］：C 回车

5. 动态输入

如果单击状态栏上的【动态输入】按钮，使其压下，会启动动态输入功能。启动动态输入并执行 Line 命令后，AutoCAD 2011 一方面在命令窗口提示“指定第一点：”，同时在光标附近显示出一个提示框（称之为“工具栏提示”），工具栏提示中显示出对应的提示“指定第一点：”和光标的当前坐标值，如图 2-9 所示。

图 2-9 动态输入

此时用户移动光标，工具栏提示也会随着光标移动，且显示出的坐标值会动态变化，以反映光标的当前坐标值。在前面的图所示状态下，用户可以在工具栏提示中输入点的坐标值，而不必切换到命令行进行输入（切换到命令行的方式：在命令窗口中，将光标放到“命令：”提示的后面单击鼠标拾取点）。

动态输入设置，命令启动方法如下：

1）菜单栏：【工具】→【草图设置】→【动态输入】。

2）工具栏：右击状态栏选中【设置】→【动态输入】。

执行【工具】→【草图设置】命令，将弹出【草图设置】对话框，如图 2-10 所示。用户可通过该对话框进行相应的设置。

图 2-10 【草图设置】对话框

2.4 辅助知识

2.4.1 捕捉、栅格和正交

在实际绘图中，用鼠标定位虽然方便快捷，但绘出的图形精确度不高，远远不能满足工程制图的要求。AutoCAD 2011 提供了一些辅助绘图工具，如捕捉、栅格、正交等来帮助精确绘图。用户可在如图 2-11 所示的【草图设置】对话框的【捕捉和栅格】选项卡中进行辅助功能的设置。

打开该选项卡的操作方法如下：

1）菜单栏：【工具】→【草图设置】→【捕捉和栅格】。

2）工具栏：右击状态栏选中【设置】→【捕捉和栅格】。

3）命令行：DS 回车。

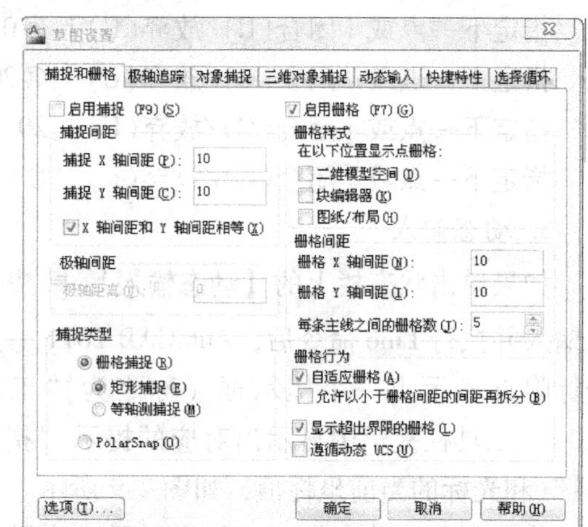

图 2-11 【捕捉和栅格】选项卡

1. 捕捉和栅格

栅格是一种可见的位置参考图标，由一系列排列规则的点组成，它类似于方格纸，有助于定位。当栅格和捕捉配合使用时，对于提高绘图精确度有重要作用。图 2-12 所示为栅格捕捉打开状态时的绘图区。

用户可在【草图设置】对话框中设置栅格的密度和开启状态。在该对话框中的栅格选项组内有两个文本框，可以设置 X 方向和 Y 方向的间距。

栅格只是一种辅助定位图形，不是图形文件的组成部分，只显示在绘图界限范围内，也不能被打印输出。通常，栅格和捕捉配合使用，即捕捉和栅格的 X、Y 轴间隔分别相对应，

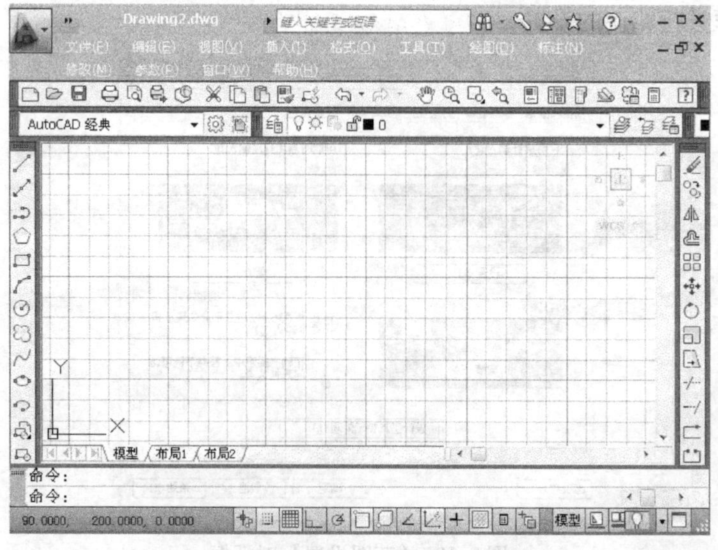

图 2-12 栅格捕捉打开状态时的绘图区

这样就能保证鼠标拾取到精确位置。

2. 正交功能

用鼠标来画水平和垂直直线时，也许会发现要真正画直并不容易。为解决这个问题，AutoCAD 2011 提供了一个正交功能。启用正交功能的操作方法如下：

1）工具栏：单击状态栏上的【正交】按钮。

2）按下键盘上的 F8 键。

2.4.2 视窗缩放与移动

使用 AutoCAD 2011 绘图时，由于显示器大小的限制，往往无法看清图形的细节，也就无法准确地绘图。为此，AutoCAD 2011 提供了多种改变图形显示的方法。可以通过放大图形的显示方式来更好地观察图形的细节，也可以用缩小图形的显示方式来浏览整个图形，还可以通过视图平移的方法来重新定位视图在绘图区域中的位置等。

1. 视窗缩放

绘图时所能看到的图形都处在视窗中。利用视窗缩放（Zoom）功能，可以改变图形实体在视窗中显示的大小，从而方便地观察在当前视窗中过大或过小的图形，或准确地进行图形绘制。执行该命令，只是视窗中的图形放大或缩小，图形的实际大小并不会改变。

执行 Zoom 命令的操作方法如下：

1）菜单栏：【视图】→【缩放】。

2）命令行：Zoom（快捷键 Z）回车。

执行缩放命令后，命令行中提示信息：

[全部(A)/中心(C)/动态(D)/范围(E)/上一个(P)/比例(S)/窗口(W)/对象(O)] <实时>:

选项说明：

1）全部（A）：在命令提示行后，输入“A”后按回车。该选项将当前图形的全部信息都显示在绘图窗口屏幕内。

2）中心（C）：在命令提示行后，输入“C”后按 <Enter> 键。该选项用户可直接用鼠标在屏幕上选择一个点作为新的中心点。确定中心点后，命令行提示“输入比例或高度 <123.2881>:”。若输入数值后面加一个字母 X，则此输入值为放大倍数；若未加 X，则这一数值作为新视图的高度。

3）动态（D）：在命令提示行后，输入“D”后按 <Enter> 键。该选项先临时将图形全部显示出来，同时构造一个可移动的视图框，用此视图框来选择图形的某一部分作为下一屏幕上的视图。

4）范围（E）：在命令提示行后，输入“E”后按 <Enter> 键。该选项将当前视图中的图形尽可能地充满整个屏幕。

5）上一个（P）：在命令提示行后，输入“P”后按 <Enter> 键。该选项可以返回到最近的一个视图或前 10 个视图中。对于用户需要在两个视图间反复切换来说，是一个很方便的操作。

6）比例（S）：在命令提示行后，输入“S”后按 <Enter> 键。该选项可根据需要的比例放大或缩小当前视图，且视图的中心点保持不变。输入倍数的方式有两种：一种是数字后加字母 X，表示相对于当前视图的缩放倍数；另一种是只有数字，该数字表示相对于图形界限的倍数。

7）窗口（W）：该项是 Zoom 命令的默认选项。此时光标由十变成十形状，移动光标在绘图区拾取两个对角点确定一个矩形窗口区域，矩形区域代表缩放后的视图范围。

8）对象（O）：在命令提示行后，输入“O”后按 <Enter> 键。该选项系统会将所选对象充满整个屏幕。

2. 视图平移

若想察看当前附近的图形，又要保持当前视图的比例，可以使用视图平移（Pan）命令。平移命令的执行操作方法如下：

1）菜单栏：【视图】→【平移】。

2）工具栏：单击【标准】工具栏上的【平移】按钮。

3）命令行：Pan（快捷键 P）回车。

命令执行后，鼠标变为“手”形光标。按住左键移动，可前后左右平移视图。若要退出该状态，用户可以单击鼠标右键从弹出快捷菜单中选择【退出】项，也可按 Esc 或 Enter 键，结束平移操作。

2.4.3 图层

图层是用来组织和管理图形的一种方式。它允许用户将不同种类和用途的图形分别置于不同的图层下。用户可以根据需要建立多个图层，并为每个图层设置相应的名称、颜色、线型等。有效运用图层可以大大提高工作效率和图形的清晰度，在复杂的工程中尤其明显。【图层】工具栏如图 2-13 所示。

图 2-13 【图层】工具栏

在 AutoCAD 2011 中，图层控制包括：新建和删除图层，设置图层的颜色和线型、线宽，控制图层状态等内容。

打开图层控制的操作方法如下：

1）菜单栏：【格式】→【图层】。

2）工具栏：单击【图层】工具栏上的按钮。

3）命令行：Layer（快捷键 LA）回车。

1. 新建图层

在绘图过程中，用户可随时创建新图层。单击按钮，即可在图层列表中新建一个图层，可对其重命名。新图层将继承图层列表中当前选定图层的特性和状态。

2. 删除图层

在绘图过程中，用户可随时删除一些无用图层。选定需删除的图层，再单击按钮，即可删除相应图层。

3. 当前层设置

当前层就是当前绘图层，用户只能在当前层上绘制图形，而且所绘制实体的属性将继承当前层的属性。AutoCAD 2011 默认 0 层为当前层。选定需设为当前层的图层，再单击✓按钮。

4. 颜色设置

为了区分不同的图层，建议用户为不同的图层采用不同的颜色。单击■白颜色图标，弹出图 2-14 所示【选择颜色】对话框，用户可以在调色板中选择所需颜色。

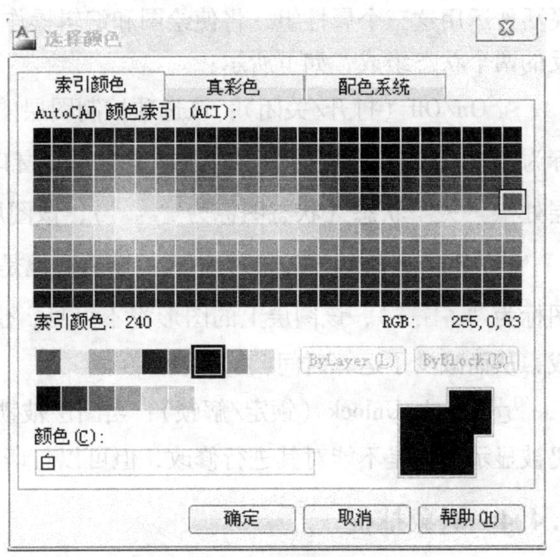

图 2-14 【选择颜色】对话框

5. 线型设置

允许用户为每个图层设置一种线型。AutoCAD 默认的线型为连续实线（Continuous）。若列表中无所需线型，用户可通过单击 Continu... ，弹出如图 2-15 所示的对话框，再单击【加载（L）】按钮，将弹出如图 2-16 所示的对话框，选中所需线型单击【确定】按钮，即可完成线型加载。

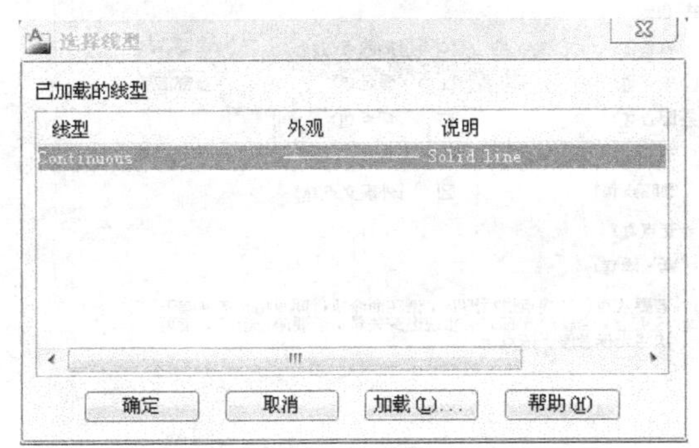

图 2-15 【选择线型】对话框

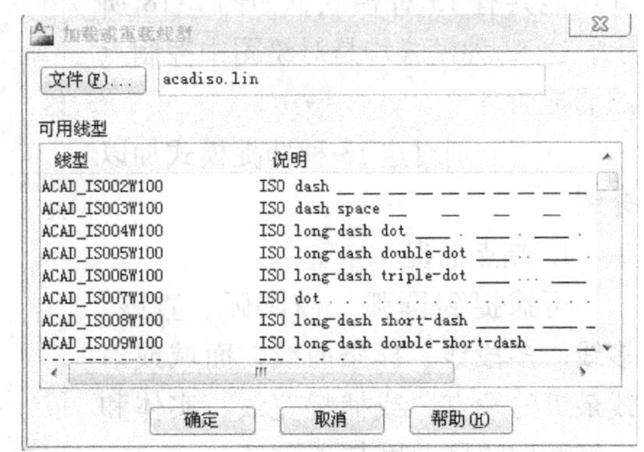

图 2-16 【加载或重载线型】对话框

6. 线宽设置

在 AutoCAD 2011 中，用户可为每个图层定制线宽，使图形中的线条在打印输出后，仍然保持其固有的宽度。这些宽度均是实际显示，从而真正做到了在打印输出时所见即所得的效果。单击 —— 默认 ，打开【线宽】对话框（如图 2-17 所示），在该对话框中选择新的线宽后，单击【确定】按钮即可。

图 2-17 【线宽】对话框

7. 图层状态控制

AutoCAD 2011 提供一组开关，用以控制图层的状态属性💡 ☀ 🔓。在绘图或编辑过程中，灵活地运用这三个属性组，将使绘图和编辑操作变得更加轻松和快捷，每个属性组由功能相反的两个状态组成，如下所示：

On/Off（打开/关闭）：该选项控制图层的可见性。当图层处于“开”状态（状态图标为“ ”），该图层的图形对象才能在绘图窗口中显示出来，并且可以被打印输出。该图层处于“关”状态（状态图标为“ ”），该图层上的图形将不可见，也不能被打印输出。

Freeze/Thaw（冻结/解冻）：该选项也是控制图层的可见性。当图层被冻结（状态图标为“ ”），该图层上的图形将不可见，也不能被打印输出。冻结后，不参与重新生成，从而减少了运算时间。

Lock/Unlock（锁定/解锁）：当图层被锁定（状态图标为“ ”），该图层上的图形仍被显示，只是不能对其进行修改，但可以打印和输出。

2.4.4 对象捕捉

在手工绘图中，控制精确度主要靠绘图工具和眼睛，总有一定误差。利用对象捕捉来控制精确性，误差便降得极低，甚至几乎没有。AutoCAD 2011 提供的对象捕捉功能共有 13 种模式，如图 2-18 所示。这 13 种模式均是对绘图中控制点的捕捉而言。

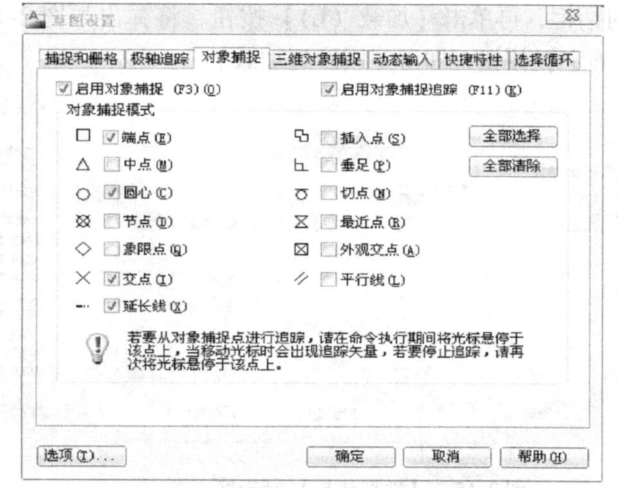

图 2-18 【对象捕捉】选项卡

下面分别对这 13 种捕捉模式加以介绍。

1. 端点捕捉

可捕捉到圆弧、椭圆弧、直线、多线、多段线、样条曲线、面域或射线最近的端点，或捕捉宽线、实体和三维面域的最近角点。

2. 中点捕捉

可捕捉到圆弧、椭圆、椭圆弧、直线、多线、多段线、样条曲线、面域、实体或参照线的中点。

3. 圆心捕捉

可捕捉到圆、圆弧、椭圆或椭圆弧的圆心。

4. 节点捕捉

能捕捉到点对象、标注定义点或标注文字原点。

5. 象限点捕捉

能捕捉到圆、圆弧、椭圆或椭圆弧的象限点。

6. 交点捕捉

能捕捉到圆、圆弧、椭圆、椭圆弧、直线、多线、多段线、样条曲线、射线、面域或参照线的交点。

7. 插入点捕捉

能捕捉到属性、块、形或文字的插入点。

8. 垂足捕捉

能捕捉到圆、圆弧、椭圆、椭圆弧、直线、多线、多段线、样条曲线、面域、射线、实体或构造线的垂足。

9. 切点捕捉

能捕捉到圆、圆弧、椭圆、椭圆弧或样条曲线的切点。

10. 最近点捕捉

能捕捉到圆、圆弧、椭圆、椭圆弧、直线、多线、多段线、样条曲线、射线或参照线的最近点。

11. 外观交点捕捉

可捕捉不在同一平面但在当前视觉看起来可以相交的两个对象的视觉交点。

12. 平行线捕捉

将直线、多段线、射线或构造线限制为与其他线性对象平行。

13. 延长线捕捉

当光标经过对象的端点时，显示临时延长线或圆弧，以便用户在延长线或圆弧上指定点。

2.5 模块练习

1. 请拉出对象捕捉和标注工具栏。
2. 请设置图形界限为 10000×7000。
3. 分别打开正交模式和极轴模式，试比较其区别。
4. 确定绘制图形的顺序，完成练习图 2-1 所示图形。

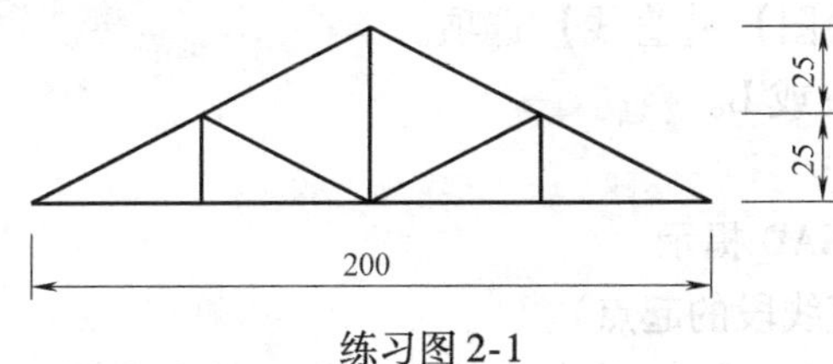

练习图 2-1

模块三　图形绘制

【模块要点】

◆绘制点、直线、射线、构造线、多线和多段线

◆绘制矩形、正多边形

◆绘制圆、圆弧、圆环、椭圆和椭圆弧

◆绘制样条曲线和云线

利用 AutoCAD 2011 既可以绘制二维图形，也可以绘制三维图形。公路与桥梁工程图主要由直线、圆曲线、回旋线等组成，有时也含有少量的椭圆、椭圆弧等曲线。本章结合公路桥梁专业制图的需要，介绍二维图形一些常用的绘图命令。

3.1　直线、射线、构造线、点

3.1.1　绘制直线（Line）

绘制直线的命令 Line 是最基本的绘图命令，几乎所有的直线都可以用此命令绘制。

1. 命令启动

激活 Line 命令，可选择下列方式之一：

1）工具栏：单击【绘图】工具栏上的图标 ／。

2）菜单栏：选择【绘图】→【直线】选项。

3）命令行：输入 Line 或 L。

2. 选项说明

执行 Line 命令，AutoCAD 提示。

指定第一点：(确定直线段的起点)。

指定下一点或［放弃（U)］:（确定直线段的另一端点位置，或执行【放弃（U)】选项重新确定起点)。

指定下一点或［放弃（U)］:（可以直接按 Enter 键或 Space 键结束命令，或确定直线段的另一端点位置，或执行【放弃（U)】选项取消前一次操作)。

指定下一点或［闭合（C）/放弃（U)］:（可以直接按 Enter 键或 Space 键结束命令，或在这样的提示下，继续确定直线段的另一端点位置，或执行【放弃（U)】选项取消前一次操作，或执行【闭合（C)】选项创建封闭多边形)。

完成上述操作后，可绘制出连接对应端点的一系列的直线段，这些直线段均为独立的对象，用户可以对直线段进行单独的编辑操作。

关于命令行提示的其他说明：

执行 AutoCAD 的某一命令，且当 AutoCAD 给出的提示中有多个选择项时，用户可以直接执行默认选项，可以通过键盘输入要执行选项的关键字母（即位于选择项括号内的字母。输入的字母不区分大小写，本书一般采用大写），然后按 Enter 键或 Space 键执行对应的选择项；也可以右击鼠标，从弹出的快捷菜单中确定选择项。

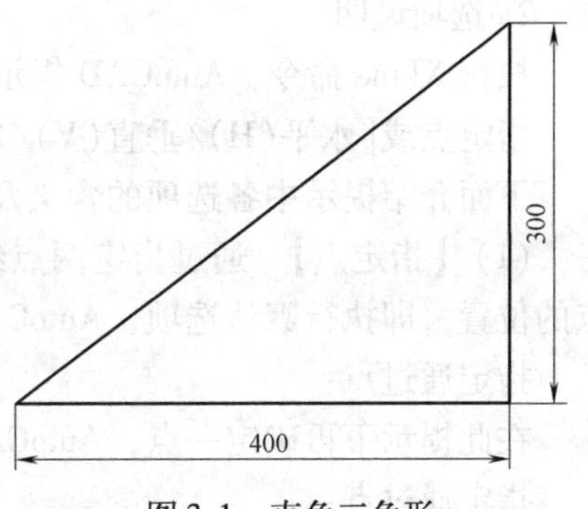

图 3-1　直角三角形

【例 3-1】 绘制如图 3-1 所示的直角三角形。

激活 Line 命令，可选择下列方式之一：

1）工具栏：单击【绘图】工具栏上的图标。

2）菜单栏：选择【绘图】→【直线】选项。

3）命令行：输入 Line 或 L。

执行 Line 命令，AutoCAD 提示：

指定第一点:(在绘图窗口内任意拾取一点作为多边形的左下角)

指定下一点或[放弃(U)]:@400,0↙(采用相对直角坐标绘制水平直线)

指定下一点或[放弃(U)]:@300<90↙(采用相对极坐标绘制垂直直线)

指定下一点或[闭合(C)/放弃(U)]:C↙(封闭图形,绘制出斜线)

结束命令，完成图 3-1。

3.1.2　绘制射线（Ray）

射线是指沿单方向无限延长的直线，一般用作辅助线。

1. 命令启动

激活 Ray 命令，可选择下列方式之一：

1）菜单栏：选择【绘图】→【射线】选项。

2）命令行：输入 Ray。

2. 选项说明

执行 Ray 命令，AutoCAD 提示：

指定起点:(确定射线的起点位置)

指定通过点:(确定射线通过的任一点。确定后 AutoCAD 绘出过起点与该点的射线)

指定通过点:↙(也可以在此提示下继续指定通过点,绘制过同一点的其他射线)

3.1.3　绘制构造线（Xline）

构造线是指沿两个方向无限延长的直线，主要用作绘图时的辅助线。

1. 命令启动

激活 XLine 命令，可选择下列方式之一：

1）工具栏：单击【绘图】工具栏上的图标。

2）菜单栏：选择【绘图】→【构造线】选项。

3）命令行：输入 XLine 或 XL。

2. 选项说明

执行 XLine 命令，AutoCAD 提示：

指定点或[水平(H)/垂直(V)/角度(A)/二等分(B)/偏移(O)]：

下面介绍提示中各选项的含义及其操作。

(1)【指定点】 通过指定两点绘制构造线，为默认选项。如果在上面的提示下确定一点的位置，即执行默认选项，AutoCAD 提示：

指定通过点：

在此提示下再确定一点，AutoCAD 绘制出过指定两点的构造线，同时提示：

指定通过点：

此时如果继续确定点的位置，AutoCAD 会绘制出过第一点与该点的构造线；如果按 Enter 键或 Space 键，结束命令的执行。

(2)【水平（H)】 绘制通过指定点的水平构造线。执行该选项，AutoCAD 提示：

指定通过点：

在此提示下确定一点，AutoCAD 绘制出通过该点的水平构造线，同时继续提示：

指定通过点：

在此提示下继续确定点的位置，AutoCAD 绘制出指定点的水平构造线；如果按 Enter 键或 Space 键，结束命令的执行。

(3)【垂直（V)】 绘制垂直构造线，具体绘制过程与绘制水平构造线类似，在此不再重复。

(4)【角度（A)】 绘制沿指定方向或与指定直线之间的夹角为指定角度的构造线。执行该选项，AutoCAD 提示：

输入构造线的角度（0）或［参照（R)]：

如果在该提示下直接输入角度值，即响应默认选项【输入构造线的角度】，AutoCAD 提示：

指定通过点：

在此提示下确定点的位置，AutoCAD 绘制出通过该点且与 X 轴正方向之间的夹角为指定角度的构造线，而后 AutoCAD 会继续提示【指定通过点】。在这样的提示下，用户可以绘制多条与 X 轴正方向之间的夹角为指定角度的平行构造线。

如果在【输入构造线的角度（0）或［参照（R)]:】提示下执行【参照（R)】选项，表示将绘制与已知直线之间的夹角为指定角度的构造线，AutoCAD 提示：

选择直线对象：

在此提示下选择已有的直线，AutoCAD 提示：

输入构造线的角度：

在此提示下输入角度值后按 Enter 键或 Space 键，AutoCAD 提示：

指定通过点：

在该提示下确定一点，AutoCAD 绘制出过该点，且与指定直线之间的夹角为给定角度的构造线。同样，在后续的【指定通过点:】提示下继续指定新点，可以绘制出多条平行构造线；如果按 Enter 键或 Space 键，结束命令的执行。

(5)【二等分（B)】 确定三点分别作为一个角的顶点、起点和另一端点，绘制平分该角的构造线。执行该选项，AutoCAD 提示：

指定角的顶点：（确定角的顶点位置）

指定角的起点：（确定角的起点位置）

指定角的端点：（确定角的另一端点位置）

(6)【偏移（O)】 绘制与指定直线平行的构造线。执行该选项，AutoCAD 提示：

指定偏移距离或［通过（T)]：

此时，可以通过两种方法绘制构造线。如果执行【通过（T)】选项，表示绘制过指定点且与指定直线平行的构造线。此时，AutoCAD 提示：

选择直线对象：（选择被平行直线）

指定通过点：（确定构造线所通过的点的位置）

选择直线对象：

此时可继续重复上述过程绘制构造线，或按 Enter 键或 Space 键结束命令的执行。

如果在【指定偏移距离或［通过（T)]：】提示下输入一个值，表示要绘制与指定直线平行，且与其距离为输入值的构造线。此时，AutoCAD 提示：

选择直线对象：（选择被平行直线）

指定向哪侧偏移：（相对于所选择直线，在构造线所在一侧的任意位置单击鼠标左键）

选择直线对象：（继续选择直线对象绘制与其平行的构造线，或者按 Enter 键或 Space 键结束命令的执行）

【例 3-2】 使用“构造线”命令，绘制如图 3-2 所示图形中的辅助线。

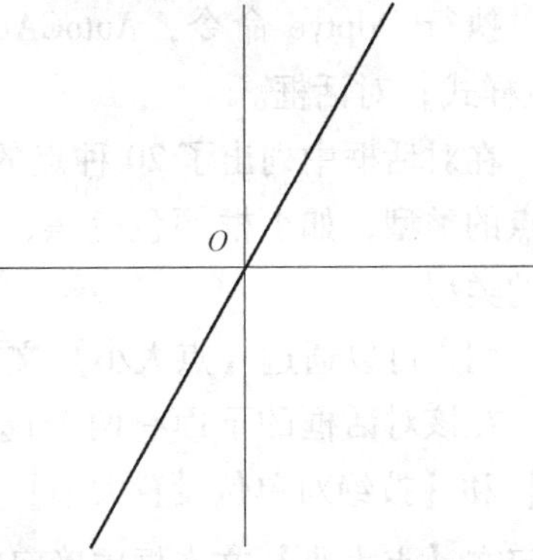

图 3-2　使用“构造线”命令绘制图形辅助线

操作步骤如下：

1）单击【绘图】工具栏上的图标，或选择【绘图】下拉菜单中的“构造线”选项，或在命令行输入 XLine，AutoCAD 提示：

指定点或［水平(H)/垂直(V)/角度(A)/二等分(B)/偏移(O)]：(输入 H，并在绘图窗口中单击，绘制一条水平构造线，按 Enter 键或 Space 键结束命令的执行)

2）再次按 Enter 键或 Space 键，重新发出 XLine 命令，AutoCAD 提示：

指定点或［水平(H)/垂直(V)/角度(A)/二等分(B)/偏移(O)]：(输入 V，并在绘图窗口中单击，绘制一条垂直构造线，按 Enter 键或 Space 键结束命令的执行)

3）再次按 Enter 键或 Space 键，重新发出 XLine 命令，AutoCAD 提示：

指定点或［水平(H)/垂直(V)/角度(A)/二等分(B)/偏移(O)]：(输入 A)

输入构造线的角度(0)或［参照(R)]：(输入60)

指定通过点：(捕捉到 O 点，按 Enter 键或 Space 键结束命令的执行)

3.1.4　绘制单点（Point）

在 AutoCAD 2011 中，点的对象有单点、多点、定数等分和定距等分四种，用户根据需要可以绘制各种类型的点，并且能够设置点的样式。

1. 命令启动

激活 Point 命令，可选择下列方式之一：

1）菜单栏：选择【绘图】→【点】→【单点】选项。

2）命令行：输入 Point 或 PO。

2. 选项说明

执行 Point 命令，AutoCAD 提示：

当前点模式：PDMODE =0 PDSIZE =0.0000

指定点：

在此提示下确定点的位置后，AutoCAD 绘制出相应的点，而后自动退出绘制点模式。

3.1.5 设置点样式（Ddptye）

激活 Ddptye 命令，可选择下列方式之一：

1）菜单栏：选择【格式】→【点样式】选项。

2）命令行：输入 Ddptye。

执行 Ddptye 命令，AutoCAD 打开如图 3-3 所示的【点样式】对话框。

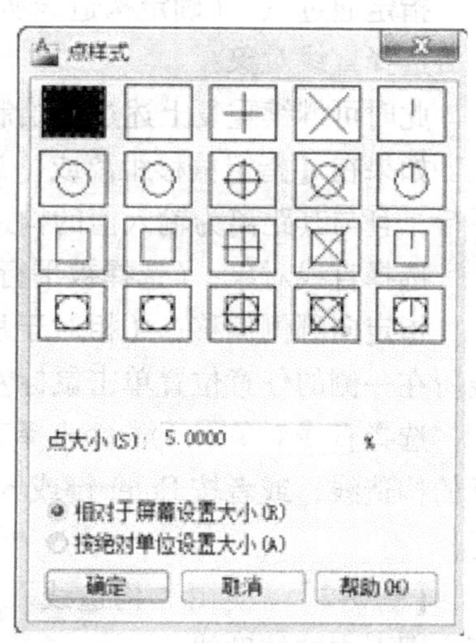

图 3-3 【点样式】对话框

在对话框中列出了 20 种点的类型，单击所要的任一种点的类型，如小框颜色变黑，则表明用户已选中这种点的类型。

用户可以通过【点大小】文本框设置点的大小。

在该对话框的下面有两个选项【相对于屏幕设置大小】和【按绝对单位设置大小】，用户可以利用这两项来确定在【点大小】文本框中确定的点的尺寸是相对于绘图屏幕的百分比设置点的显示大小，还是按实际单位设置点的显示大小。

3.1.6 绘制多点

AutoCAD 可以在指定的多个位置绘制点对象。当需要绘制多个点时，采用绘制多点的方法方便、快捷，可提高绘图效率。

1. 命令启动

激活多点命令，可选择下列方式之一：

1）工具栏：单击【绘图】工具栏上的图标 · 。

2）菜单栏：选择【绘图】→【点】→【多点】选项。

2. 选项说明

执行绘制多点命令，AutoCAD 提示：

当前点模式：PDMODE =0 PDSIZE =0.0000

指定点：

在此提示下确定点的位置后，AutoCAD 绘制出相应的点，而后 AutoCAD 继续提示“指定点:"，即要求用户继续确定点的位置。在该提示下可以绘制出一系列的点，直到用户按 Esc 键，结束命令的执行。

3.1.7　绘制定数等分点（Divide）

绘制定数等分点是指将点对象沿对象的长度方向或周长等间隔排列。

1. 命令启动

激活 Divide 命令，可选择下列方式之一：

1）菜单栏：选择【绘图】→【点】→【定数等分】选项。

2）命令行：输入 Divide 或 DIV。

2. 选项说明

执行 Divide 命令，AutoCAD 提示：

选择要定数等分的对象:（选择对应的对象）

输入线段数目或［块（B）］:

在此提示下直接输入等分数，即响应默认选项，AutoCAD 在指定的对象上绘制出等分点。另外，如果执行【块（B）】选项，即输入 B 并按 Enter 键或 Space 键，系统将提示：

输入要插入的块名:（输入块名并按 Enter 键或 Space 键）

是否对齐块和对象?［是(Y)/否(N)］<Y>:（确定插入的块是否要与对象对齐）

输入线段数目:（确定对象的等分数）

执行上述操作后，AutoCAD 在等分点处插入块。有关块的使用详见模块五。

3.1.8　绘制定距等分点（Measure）

定距等分点是指将点对象在指定的对象上按指定的间隔放置。

1. 命令启动

激活 Measure 命令，可选择下列方式之一：

1）菜单栏：选择【绘图】→【点】→【定距等分】选项。

2）命令行：输入 Measure 或 ME。

2. 选项说明

执行 Measure 命令，AutoCAD 提示：

选择要定距等分的对象:(选择对象)

指定线段长度或[块(B)]:

如果输入长度值,即执行默认选项,AutoCAD 在对象上的对应位置绘制出对应点。如果执行【块(B)】选项,则表示将在对象上按指定的长度插入块,而后 AutoCAD 提示:

输入要插入的块名:(输入要插入块的名字)

是否对齐块和对象?［是(Y)/否(N)］<Y>:(确定块插入时是否要与对象对齐)

指定线段长度:(确定每段的长度值)

执行上述操作后,AutoCAD 在对象上按指定的长度插入块。

提示:

用 Measure 命令绘制点时，在"选择要定距等分的对象:"提示下选择对应的对象后，AutoCAD 总是从对象上离选择点近的端点处开始绘制点。

3.2 矩形、正多边形

3.2.1 绘制矩形（Rectang）

用户可直接绘制矩形，也可以对矩形倒角或倒圆角，还可以改变矩形的线宽。

1. 命令启动

激活 Rectang 命令，可选择下列方式之一：

1）工具栏：单击【绘图】工具栏上的图标□。

2）菜单栏：选择【绘图】→【矩形】选项。

3）命令行：输入 Rectang 或 REC。

2. 选项说明

执行 Rectang 命令，AutoCAD 提示：

指定第一个角点或[倒角(C)/标高(E)/圆角(F)/厚度(T)/宽度(W)]：

下面介绍提示中各选项的含义及其操作。

(1)【指定第一个角点】 根据矩形的角点位置绘制矩形。此选项要求指定矩形的某一角点位置，为默认选项。确定该选项，即确定矩形的一角点位置后，AutoCAD 提示：

指定另一个角点或[面积(A)/尺寸(D)/旋转(R)]：

1）【指定另一个角点】。指定矩形的对角点位置。确定该点后，AutoCAD 绘制出对应的矩形。

2）【面积（A）】。根据面积绘制矩形。执行该选项，AutoCAD 提示：

输入以当前单位计算的矩形面积：(输入所绘制矩形的面积)

计算矩形标注时依据［长度(L)/宽度(W)］<长度>:(利用【长度(L)】或【宽度(W)】选项输入矩形的长或宽。用户确定后，AutoCAD 按指定的面积和对应的尺寸绘制出矩形)

3）【尺寸（D）】。根据矩形的长和宽绘制矩形。执行该选项，AutoCAD 提示：

指定矩形的长度:(输入矩形的长度)

指定矩形的宽度:(输入矩形的宽度)

指定另一个角点或[面积(A)/尺寸(D)/旋转(R)]:(移动鼠标,相对于第一个角点确定矩形的对角点位置,确定后单击,AutoCAD 按指定的长和宽绘制出矩形)

4）【旋转（R）】。绘制旋转指定角度的矩形。执行该选项，AutoCAD 提示：

指定旋转角度或[拾取点(P)]：(输入旋转角度,或通过拾取点的方式确定角度)

指定另一个角点或[面积(A)/尺寸(D)/旋转(R)]：(通过执行某一选项绘制对应的矩形)

(2)【倒角（C)】 确定矩形的倒角尺寸，使所绘矩形在各角点处按设置的尺寸倒角。执行该选项，AutoCAD 提示：

指定矩形的第一个倒角距离：(输入矩形的第一个倒角距离)

指定矩形的第二个倒角距离：(输入矩形的第二个倒角距离)

指定第一个角点或[倒角(C)/标高(E)/圆角(F)/厚度(T)/宽度(W)]：(确定矩形的角点位置或进行其他设置)

(3)【标高（E)】 确定矩形的绘图高度，是指绘图面与 XY 面之间的距离。此功能一般用于三维绘图。执行【标高（E)】选项，AutoCAD 提示：

指定矩形的标高：(输入高度值)

指定第一个角点或[倒角(C)/标高(E)/圆角(F)/厚度(T)/宽度(W)]：(确定矩形的角点位置或进行其他设置)

(4)【圆角（F)】 指定矩形在角点处的圆角半径，以便使所绘矩形在各角点处有圆角。执行该选项，AutoCAD 提示：

指定矩形的圆角半径：(输入圆角的半径值)

指定第一个角点或[倒角(C)/标高(E)/圆角(F)/厚度(T)/宽度(W)]：(确定矩形的角点位置或进行其他设置)

(5)【厚度（T)】 指定矩形的绘图厚度，使所绘矩形具有一定的厚度。此功能一般用于三维绘图。执行【厚度（T)】选项，AutoCAD 提示：

指定矩形的厚度：(输入厚度值)

指定第一个角点或[倒角(C)/标高(E)/圆角(F)/厚度(T)/宽度(W)]：(确定矩形的角点位置或进行其他设置)

(6)【宽度（W)】 设置矩形的线宽。执行该选项，AutoCAD 提示：

指定矩形的线宽：(输入宽度值)

指定第一个角点或[倒角(C)/标高(E)/圆角(F)/厚度(T)/宽度(W)]：(确定矩形的角点位置或进行其他设置)

3.2.2 绘制正多边形（Polygon)

创建正多边形是绘制正方形、等边三角形和八边形等图形的简单方法。在 AutoCAD 2011 中可以绘制边数为 3 ~ 1024 的正多边形。

1. 命令启动

激活 Polygon 命令，可选择下列方式之一：

1）工具栏：单击【绘图】工具栏上的图标⬠。

2）菜单栏：选择【绘图】→【正多边形】选项。

3）命令行：输入 Polygon 或 POL。

2. 选项说明

执行 Polygon 命令，AutoCAD 提示：

输入边的数目：(确定多边形的边数，允许值为 3 ~ 1024)

指定正多边形的中心点或【边(E)】：

下面介绍该提示中各选项的含义及其操作。

(1)【指定正多边形的中心点】 要求用户确定正多边形的中心点，为默认选项。响应该选项，即指定中心点后，AutoCAD 将用多边形的假想外接圆或内切圆来绘制正多边形。执行该选项，即指定多边形的中心点后，AutoCAD 提示：

输入选项【内接于圆（I)/外切于圆（C)】：

提示中的【内接于圆（I)】选项表示所绘多边形将内接于假想的圆，【外切于圆（C)】选项表示所绘多边形将外切于假想的圆。

如果执行【内接于圆（I）】选项，AutoCAD 提示：

指定圆的半径：

在此提示下输入圆的半径后，AutoCAD 会假设有一半径为输入值、圆心位于多边形中心的圆，并按照指定的边数绘制出与该圆内接的多边形。

如果执行【外切于圆（C）】选项，AutoCAD 提示：

指定圆的半径：

在此提示下输入圆的半径后，AutoCAD 会假设有一半径为输入值、圆心位于多边形中心的圆，并按照指定的边数绘制出与该圆外切的多边形。

(2)【边（E）】 根据多边形某一条边的两个端点绘制多边形。执行该选项，AutoCAD 提示：

指定边的第一个端点。

指定边的第二个端点。

确定边的两端点后，AutoCAD 以指定的两点作为多边形的一条边的两个端点，并按指定的边数绘制出等边多边形。

提示：

用【边（E）】选项绘制正多边形时，AutoCAD 总是从指定的第一端点到第二端点并沿逆时针方向绘制出多边形。

3.3 圆、圆弧、圆环、椭圆、椭圆弧

3.3.1 绘制圆（Circle）

圆的绘制方法相对线性对象来说要复杂一点，并且方法也比较多。

1. 命令启动

激活 Circle 命令，可选择下列方式之一：

1）工具栏：单击【绘图】工具栏上的图标⊙。

2）菜单栏：选择【绘图】→【圆】选项。

3）命令行：输入 Circle 或 C。

2. 选项说明

执行 Circle 命令，AutoCAD 提示：

指定圆的圆心或【三点(3P)/两点(2P)/相切、相切、半径(T)】：

下面介绍该提示中各选项的含义及其操作。

(1)【指定圆的圆心】 根据圆心的位置以及圆的半径（或直径）来绘制圆，为默认选项。确定该选项，即指定圆心位置后，AutoCAD 提示：

指定圆的半径或【直径（D）】：

此时可以直接输入半径值来绘制圆；也可以执行【直径（D）】选项，通过指定圆的直径来绘制圆。

(2)【三点（3P）】 绘制通过指定三点的圆。执行该选项，AutoCAD 提示：

指定圆上的第一点：

指定圆上的第二点：

指定圆上的第三点：

指定三个点后，AutoCAD 绘制出过指定三点的圆。

(3)【两点（2P)】 绘制通过指定两点且以这两点之间的距离为直径的圆。执行该选项，AutoCAD 依次提示：

指定圆直径的第一个端点：

指定圆直径的第二个端点：

指定两点后，AutoCAD 绘制出过指定两点且以这两点间的距离为直径的圆。

(4)【相切、相切、半径（T)】 绘制与已有两对象相切，且半径为给定值的圆。执行该选项，AutoCAD 依次提示：

指定对象与圆的第一个切点：(选择第一个相切对象)

指定对象与圆的第二个切点：(选择第二个相切对象)

指定圆的半径：(输入圆的半径)

提示：

当用【相切、相切、半径（T)】选项绘制圆时，如果在【指定圆的半径：】提示下给出的圆半径太小，则不能绘制出圆，AutoCAD 会结束命令的执行，并提示【圆不存在】。

【例 3-3】 绘制如图 3-4 所示的图形。

(1) 绘制矩形　执行 Rectang 命令，AutoCAD 提示：

指定第一个角点或[倒角(C)/标高(E)/圆角(F)/厚度(T)/宽度(W)]:110,140↙(指定一角点)

指定另一个角点或[面积(A)/尺寸(D)/旋转(R)]:@220,110↙(利用相对坐标指定另一个角点)

(2) 绘制圆　选择【绘图】→【圆】→【圆心、半径】命令，AutoCAD 提示：

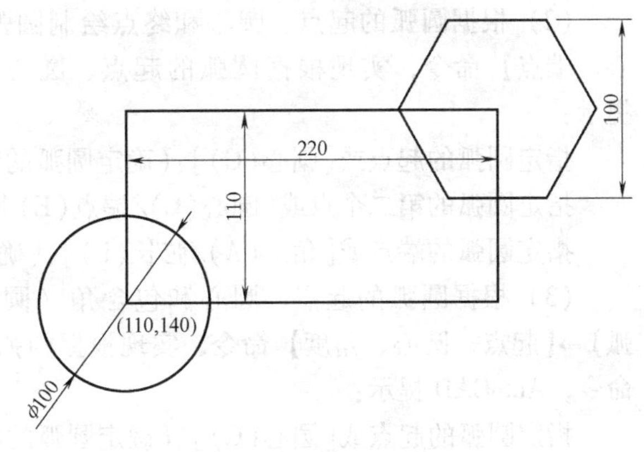

图 3-4　例 3-3 图

指定圆的圆心或[三点(3P)/两点(2P)/相切、相切、半径(T)]:110,140↙(指定圆心)

指定圆的半径或[直径(D)]:50↙(输入半径)

(3) 绘制六边形　选择【绘图】→【正多边形】命令，AutoCAD 提示：

输入边的数目 <4>:6↙

指定正多边形的中心点或[边(E)]:330,250↙

输入选项[内接于圆(I)/外切于圆(C)]<I>:C↙

指定圆的半径:50↙

3.3.2　绘制圆弧（Arc）

AutoCAD 2011 提供了 11 种画圆弧的方法，用户可根据不同的情况选择不同的方法。

1. 命令启动

激活 Arc 命令，可选择下列方式之一：

1）工具栏：单击【绘图】工具栏上的图标。

2）菜单栏：选择【绘图】→【圆弧】子菜单（如图 3-5 所示），根据需要选择相应的画弧方式。

3）命令行：输入 Arc 或 A。

2. 选项说明

执行 Arc 命令，AutoCAD 提示：

指定圆弧的起点或［圆心（C）］：

此时用户可以执行不同的选项来绘制圆弧。下面将通过菜单命令来介绍圆弧的绘制方法。

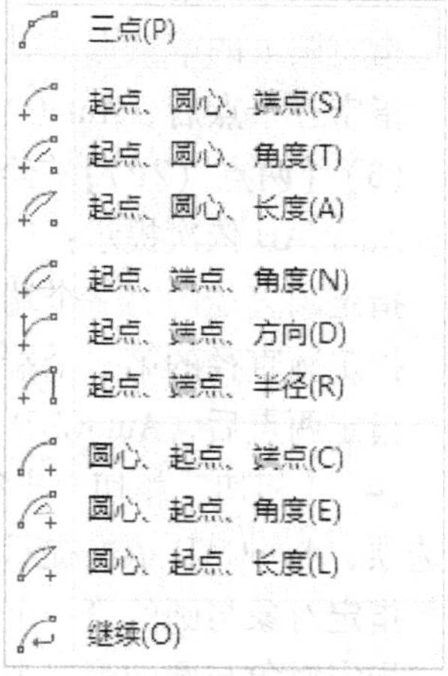

三点(P)
起点、圆心、端点(S)
起点、圆心、角度(T)
起点、圆心、长度(A)
起点、端点、角度(N)
起点、端点、方向(D)
起点、端点、半径(R)
圆心、起点、端点(C)
圆心、起点、角度(E)
圆心、起点、长度(L)
继续(O)

图 3-5 绘制圆弧的子菜单

（1）根据三点绘制圆弧　三点是指圆弧的起点、圆弧上的任意一点以及圆弧终点。通过【绘图】→【圆弧】→【三点】命令可实现根据三点绘制圆弧。执行该命令，AutoCAD 提示：

指定圆弧的起点或［圆心(C)］:(确定圆弧的起点位置)

指定圆弧的第二个点或［圆心(C)/端点(E)］:(确定圆弧上的任一点)

指定圆弧的端点:(确定圆弧的终点位置)

（2）根据圆弧的起点、圆心和终点绘制圆弧　可通过【绘图】→【圆弧】→【起点、圆心、端点】命令，实现根据圆弧的起点、圆心和终点绘制圆弧。执行该命令，AutoCAD 提示：

指定圆弧的起点或［圆心(C)］:(确定圆弧的起点位置)

指定圆弧的第二个点或［圆心(C)/端点(E)］:_c 指定圆弧的圆心:(确定圆弧的圆心)

指定圆弧的端点或［角度(A)/弦长(L)］:(确定圆弧的终点位置)

（3）根据圆弧的起点、圆心和包含角（圆心角）绘制圆弧　可通过【绘图】→【圆弧】→【起点、圆心、角度】命令，实现根据圆弧的起点、圆弧和包含角绘制圆弧。执行该命令，AutoCAD 提示：

指定圆弧的起点或［圆心(C)］:(确定圆弧的起点位置)

指定圆弧的第二个点或［圆心(C)/端点(E)］:_c 指定圆弧的圆心:(确定圆弧的圆心位置)

指定圆弧的端点或［角度(A)/弦长(L)］: _a 指定包含角:(输入圆弧的包含角,即圆心角)

（4）根据圆弧的起点、圆心和弦长绘制圆弧　可通过【绘图】→【圆弧】→【起点、圆心、长度】命令，实现根据圆弧的起点、圆弧和弦长绘制圆弧。执行该命令，AutoCAD 提示：

指定圆弧的起点或［圆心(C)］:(确定圆弧的起点位置)

指定圆弧的第二个点或［圆心(C)/端点(E)］:_c 指定圆弧的圆心:(确定圆弧的圆心位置)

指定圆弧的端点或［角度(A)/弦长(L)］: _l 指定弦长:(输入圆弧的弦长)

（5）根据圆弧的起点、终点和包含角绘制圆弧　可通过【绘图】→【圆弧】→【起点、端点、角度】命令，实现根据圆弧的起点、终点和包含角绘制圆弧。执行该命令，AutoCAD

提示：

指定圆弧的起点或[圆心(C)]:(确定圆弧的起点位置)

指定圆弧的第二个点或[圆心(C)/端点(E)]:_e 指定圆弧的端点:(确定圆弧的终点位置)

指定圆弧的圆心或[角度(A)/方向(D) /半径(R)]: _a 指定包含角:(输入圆弧的包含角)

(6) 根据圆弧的起点、终点和起点切线方向绘制圆弧　可通过【绘图】→【圆弧】→【起点、端点、方向】命令，实现根据圆弧的起点、终点和起点切线方向绘制圆弧。执行该命令，AutoCAD 提示：

指定圆弧的起点或[圆心(C)]:(确定圆弧的起点位置)

指定圆弧的第二个点或[圆心(C)/端点(E)]:_e 指定圆弧的端点:(确定圆弧的终点位置)

指定圆弧的圆心或[角度(A)/方向(D) /半径(R)]: _d 指定圆弧的起点切向:(输入圆弧起点处的切线方向与水平方向的夹角)

提示：

当 AutoCAD 提示【指定圆弧的起点切向:】时，可通过拖动鼠标的方式动态确定圆弧起点的切线。

(7) 根据圆弧的起点、终点和半径绘制圆弧　可通过【绘图】→【圆弧】→【起点、端点、半径】命令，实现根据圆弧的起点、终点和半径绘制圆弧。执行该命令，AutoCAD 提示：

指定圆弧的起点或[圆心(C)]:(确定圆弧的起点位置)

指定圆弧的第二个点或[圆心(C)/端点(E)]:_e 指定圆弧的端点:(确定圆弧的终点位置)

指定圆弧的圆心或[角度(A)/方向(D) /半径(R)]: _r 指定圆弧的半径:(输入圆弧的半径)

(8) 根据圆弧的圆心、起点和终点位置绘制圆弧　可通过【绘图】→【圆弧】→【圆心、起点、端点】命令，实现根据圆弧的圆心、起点和终点位置绘制圆弧。执行该命令，AutoCAD 提示：

指定圆弧的起点或[圆心(C)]: _c 指定圆弧的圆心:(确定圆弧的圆心位置)

指定圆弧的起点:(确定圆弧的起点位置)

指定圆弧的端点或[角度(A)/弦长(L)]:(确定圆弧的终点位置)

(9) 根据圆弧的圆心、起点和包含角绘制圆弧　可通过【绘图】→【圆弧】→【圆心、起点、角度】命令，实现根据圆弧的圆心、起点和包含角绘制圆弧。执行该命令，AutoCAD 提示：

指定圆弧的起点或[圆心(C)]: _c 指定圆弧的圆心:(确定圆弧的圆心位置)

指定圆弧的起点:(确定圆弧的起点位置)

指定圆弧的端点或[角度(A)/弦长(L)]: _a 指定包含角:(输入圆弧的包含角)

(10) 根据圆弧的圆心、起点和弦长绘制圆弧　可通过【绘图】→【圆弧】→【圆心、起点、长度】命令，实现根据圆弧的圆心、起点和弦长绘制圆弧。执行该命令，AutoCAD 提示：

指定圆弧的起点或[圆心(C)]: _c 指定圆弧的圆心:(确定圆弧的圆心位置)

指定圆弧的起点:(确定圆弧的起点位置)

指定圆弧的端点或[角度(A)/弦长(L)]：_l 指定弦长:(输入圆弧的弦长)

(11) 绘制连续圆弧　可通过【绘图】→【圆弧】→【继续】命令，实现以最后一次绘制直线或圆弧时确定的终点作为新圆弧的起点，并以最后所绘直线的方向或以所绘圆弧在终点处的切线方向为新圆弧在起点处的切线方向开始绘制圆弧。执行该命令，AutoCAD 提示：

指定圆弧的端点：

在此提示下确定圆弧的终点，即可绘制出圆弧。

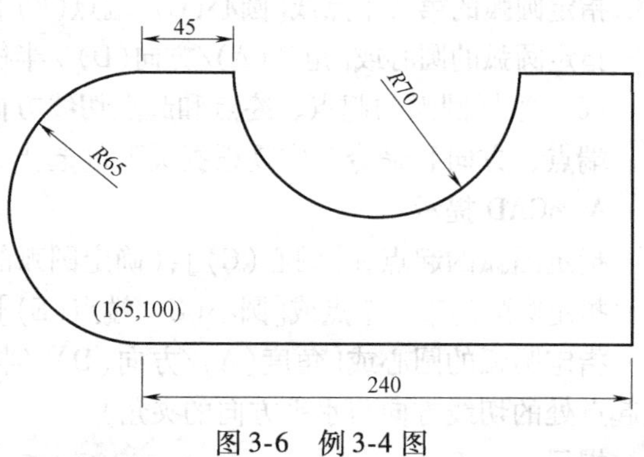

图 3-6　例 3-4 图

【例 3-4】　绘制如图 3-6 所示的图形。

(1) 绘制左侧圆弧　根据圆弧的起点、终点和包含角绘制该圆弧。选择【绘图】→【圆弧】→【起点、端点、角度】命令，AutoCAD 提示：

指定圆弧的起点或[圆心(C)]:165,100↙

指定圆弧的第二个点或[圆心(C)/端点(E)]:_e

指定圆弧的端点:@0,130↙

指定圆弧的圆心或[角度(A)/方向(D) /半径(R)]：_a 指定包含角：-180↙

(2) 绘制位于上方左侧的短直线段　选择【绘图】→【直线】命令，AutoCAD 提示：

指定第一点:165,230↙

指定下一点或[放弃(U)]:@45,0↙

指定下一点或[放弃(U)]:↙

(3) 绘制位于上方的圆弧　根据圆弧的起点、端点和半径绘制该圆弧，选择【绘图】→【圆弧】→【起点、端点、半径】命令，AutoCAD 提示：

指定圆弧的起点或[圆心(C)]:210,230↙

指定圆弧的第二个点或[圆心(C)/端点(E)]:_e

指定圆弧的端点:@140, 0↙

指定圆弧的圆心或[角度(A)/方向(D) /半径(R)]：_r 指定圆弧的半径:70↙

(4) 绘制其余直线段　选择【绘图】→【直线】命令，AutoCAD 提示：

指定第一点:350,230↙

指定下一点或[放弃(U)]:@55,0↙

指定下一点或[放弃(U)]:@0, -130↙

指定下一点或[闭合(C)/放弃(U)]:@ -240,0↙

指定下一点或[闭合(C)/放弃(U)]：↙

3.3.3　绘制圆环 (Donut)

1. 命令启动

激活 Donut 命令，可选择下列方式之一：

1) 菜单栏：选择【绘图】→【圆环】选项。

2）命令行：输入 Donut 或 DO。

2. 选项说明

执行 Donut 命令，AutoCAD 提示：

指定圆环的内径：（输入圆环的内径）

指定圆环的外径：（输入圆环的外径）

指定圆环的中心点或<退出>：（指定圆环的中心点位置；或按 Enter 键或 Space 键，执行【退出】选项，结束命令的执行）

提示：

执行 Donut 命令时，如果在提示【指定圆环的内径】下用 0 响应，AutoCAD 绘制出填充的圆。

3.3.4 绘制椭圆（弧）（Ellipse）

1. 命令启动

激活 Ellipse 命令，可选择下列方式之一：

1）工具栏：单击【绘图】工具栏上的图标。

2）菜单栏：选择【绘图】→【椭圆】选项。

3）命令行：输入 Ellipse 或 EL。

2. 选项说明

执行 Ellipse 命令，AutoCAD 提示：

指定椭圆的轴端点或【圆弧(A)/中心点(C)】：

下面分别介绍各选项的含义及其操作：

(1)【指定椭圆的轴端点】 根据椭圆某一条轴上的两个端点的位置及其他条件绘制椭圆，这是默认选项。执行该选项，即确定椭圆上某一条轴的端点位置后，AutoCAD 提示：

指定轴的另一个端点：（确定同一轴上的另一端点位置）

指定另一条半轴长度或［旋转（R）］：

在此提示下如果直接输入另一条轴的半长，AutoCAD 绘制出相应的椭圆。

如果执行【旋转（R）】选项，AutoCAD 提示：

指定绕长轴旋转的角度：

在此提示下输入角度值，AutoCAD 即可绘制出以所指定两点之间的距离为直径的圆围绕所确定椭圆轴旋转指定角度后得到的投影椭圆。

(2)【中心点（C）】 根据椭圆的中心位置等绘制椭圆。执行该选项，AutoCAD 提示：

指定椭圆的中心点：（确定椭圆的中心位置）

指定轴的端点：（确定椭圆某一轴的某端点位置）

指定另一条半轴长度或［旋转（R）］：（输入另一轴的半长或通过【旋转（R）】选项确定椭圆）

(3)【圆弧（A）】 绘制椭圆弧。执行该选项，AutoCAD 提示：

指定椭圆弧的轴端点或［中心点（C）］：

此时的操作与上面介绍的绘制椭圆的操作相同。确定椭圆形状后，AutoCAD 继续提示：

指定起始角度或［参数（P）］：

下面介绍这两个选项的含义：

1）【指定起始角度】。通过确定椭圆弧的起始角（在椭圆上确定的第一条轴的端点位置为0°方向）来绘制椭圆弧。响应该选项，即输入椭圆弧的起始角，AutoCAD 提示：

指定终止角度或[参数(P)/包含角度(I)]：

其中，【指定终止角度】选项要求用户根据椭圆弧的终止角确定椭圆弧另一端点的位置；【包含角度（I）】选项将根据椭圆弧的包含角确定椭圆弧；【参数（P）】选项将通过参数确定椭圆弧的另一个端点位置，该选项的执行方式与上一提示下选择执行选项【参数（P）】操作相同，如下面介绍。

2）【参数（P）】。允许用户通过指定的参数绘制椭圆弧。执行该选项，AutoCAD 提示：

指定起始参数或［角度（A）]：

其中，【角度（A）】选项可切换到前面介绍的利用角度确定椭圆弧的方式。如果在该提示下输入参数，即执行默认选项【指定起始参数】，AutoCAD 将按下面的公式确定椭圆弧的起始角 P（n）：

$$P(n) = c + a\cos(n) + b\sin(n)$$

其中，n 为用户输入的参数；c 为椭圆弧的半焦距；a 和 b 为椭圆长轴与短轴的半轴长。

输入参数后，AutoCAD 提示：

指定终止参数或［角度(A)/包含角度(I)]：

此时可通过【角度（A）】选项确定椭圆弧另一端点位置；通过【包含角度（I）】选项确定椭圆弧的包含角。如果利用【指定终止参数】默认选项给出椭圆弧的另一参数，AutoCAD 仍按前面介绍的公式确定椭圆弧的另一端点位置。

3.4 多段线、多线

3.4.1 绘制多段线（PLine）

多段线是作为单个对象创建的相互连接的序列线段，由直线段和圆弧段构成且可以有宽度和不同线型的图形对象。

1. 命令启动

激活 PLine 命令，可选择下列方式之一：

1）工具栏：单击【绘图】工具栏上的图标 ⮐。

2）菜单栏：选择【绘图】→【多段线】选项。

3）命令行：输入 PLine 或 PL。

2. 选项说明

执行 PLine 命令，AutoCAD 提示：

指定起点:(确定多段线的起始点)

当前线宽为 0.0000(说明当前的绘图线宽)

指定下一点或[圆弧(A)/半宽(H)/长度(L)/放弃(U)/宽度(W)]：

如果在此提示下再确定一点，即执行【指定下一个点】选项，AutoCAD 按当前线宽设置绘制出连接两点的直线段，同时提示：

指定下一点或[圆弧(A)/闭合(C)/半宽(H)/长度(L)/放弃(U)/宽度(W)]:

该提示比前面的提示多了【闭合(C)】选项。下面介绍该提示中各选项的含义及其操作。

(1)【指定下一点】　确定多段线另一端点的位置，这是默认选项。用户响应后，AutoCAD 按当前线宽设置从前一点向该点绘出一条直线段，而后重复提示:

指定下一点或[圆弧(A)/闭合(C)/半宽(H)/长度(L)/放弃(U)/宽度(W)]:

(2)【圆弧（A)】　由绘制直线段方式切换为绘制圆弧段方式。执行该选项，AutoCAD 将当前点作为新绘制圆弧的起点，并提示:

指定圆弧的端点或

[角度(A)/圆心(CE)/方向(D)/半宽(H)/直线(L)/半径(R)/第二个点(S)/放弃(U)/宽度(W)]:

如果在此提示下直接确定圆弧的端点，即响应默认选项【指定圆弧的端点】，AutoCAD 绘制出以前一点和该点为两端点，以上一次所绘直线的方向或所绘弧的终点切线方向为起始点方向的圆弧，而后继续给出上面所示的绘圆弧提示。

下面介绍绘圆弧提示中其余各选项的含义及其操作。

1)【角度（A)】。根据圆弧的包含角绘制圆弧。执行该选项，AutoCAD 提示:

指定包含角:(输入圆弧的包含角)

指定圆弧的端点或[圆心(CE)/半径(R)]:

用户可以根据提示指定圆弧的终点、圆心或半径绘制圆弧。

2)【圆心（CE)】。根据圆弧的圆心位置绘制圆弧。用户应输入 CE 执行该选项。执行【圆心（CE)】选项，AutoCAD 提示:

指定圆弧的圆心:(确定圆弧的圆心位置)

指定圆弧的端点或[角度(A)/长度(L)]:

用户可以根据提示通过指定圆弧的终点、包含角或弦长来绘制圆弧。

3)【闭合（CL)】。用一条圆弧封闭多段线。用户应输入 CL 执行该选项。封闭圆弧将以前一条直线段方向或前一条圆弧段的终点切线方向作为新绘制圆弧的起点切线方向，以整条多段线的起点作为圆弧的终点。

4)【方向（D)】。确定所绘制圆弧在起始点处的切线方向。执行该选项，AutoCAD 提示:

指定圆弧的起点切向:(指定圆弧的起点切线方向)

指定圆弧的端点:(确定圆弧的另一个端点)

5)【半宽（H)】。确定圆弧的起始半宽与终止半宽。执行该选项，AutoCAD 提示:

指定起点半宽:(输入起始半宽)

指定端点半宽:(输入终点半宽)

指定起始半宽和终点半宽后，AutoCAD 按此设置绘制圆弧段。

6)【直线（L)】。将绘圆弧方式改为绘直线方式。执行该选项，AutoCAD 返回到提示:

指定下一点或[圆弧(A)/闭合(C)/半宽(H)/长度(L)/放弃(U)/宽度(W)]:

7)【半径（R)】。根据半径绘制圆弧。执行该选项，AutoCAD 提示:

指定圆弧的半径:(输入圆弧的半径值)

指定圆弧的端点或[角度(A)]:(指定圆弧的另一个端点或包含角绘制圆弧)

8）【第二个点（S）】。根据圆弧上的其他两点绘圆弧。执行该选项，AutoCAD 依次提示：

指定圆弧上的第二个点：(指定圆弧上任意一点)

指定圆弧的端点：(指定圆弧上的终点)

9）【放弃（U）】。取消上一次绘制的圆弧段。利用该选项，用户可以修改绘图中出现的错误。

10）【宽度（W）】。确定所绘制圆弧的起始和终止宽度。执行该选项，AutoCAD 依次提示：

指定起点宽度：

指定端点宽度：

用户根据提示响应即可。设置宽度后，新绘制的第一条圆弧按设置绘制，以后绘制的圆弧段将按终止宽度绘制。

(3)【闭合（C）】 执行该选项，AutoCAD 从当前点向多段线的起点用当前宽度绘制直线段，即封闭所绘多段线，然后结束命令的执行。

(4)【半宽（H）】 确定所绘多段线的半宽度，即所设值为多段线宽度的一半。执行该选项，AutoCAD 依次提示：

指定起点半宽：

指定端点半宽：

用户依次响应即可。设置半宽后，新绘制的第一条直线段按设置绘制，以后绘制的对象则按所设置的终点半宽绘制。

(5)【长度（L）】 从当前点绘制指定长度的直线段。执行该选项，AutoCAD 提示：

指定直线的长度：

在此提示下输入长度值，AutoCAD 沿前一段直线方向绘出长度为输入值的直线段。如果前一段对象是圆弧，所绘直线的方向沿着该圆弧终点的切线方向。

(6)【放弃（U）】 删除最后绘制的直线段或圆弧段。利用该选项，可以及时修改在绘多段线过程中出现的错误。

(7)【宽度（W）】 确定多段线的宽度。执行该选项，AutoCAD 依次提示：

指定起点宽度：

指定端点宽度：

用户根据提示响应即可。设置宽度后，新绘制的第一条直线段按设置绘制，以后再绘制的对象则按所设置的终止宽度绘制。

3.4.2 绘制多线（MLine）

多线是由两条或两条以上的直线构成的平行线，这些平行线可以有不同的线型和颜色。用户可以自己创建、保存并编辑多线样式。

1. 命令启动

激活 MLine 命令，可选择下列方式之一：

1）菜单栏：选择【绘图】→【多线】 选项。

2）命令行：输入 MLine 或 ML。

2. 选项说明

执行 MLine 命令，AutoCAD 提示：

当前设置：对正 = 上，比例 = 20.00，样式 = STANDARD

指定起点或［对正(J)/比例(S)/样式(ST)］：

提示中的第一行说明当前的绘图模式。该提示示例说明当前的多线对正方式为【上】方式，比例为 20.00，样式为 STANDARD；第二行为绘制多线时的选择项，各选项的含义及其操作如下：

（1）【指定起点】 确定多线的起始点为默认选项。执行该选项，即指定多线的起始点后，AutoCAD 会按当前的多线样式、比例以及对正方式绘制多线，同时提示：

指定下一点：

在此提示下的后续操作与执行 Line 命令绘制直线的操作过程类似。

（2）【对正（J）】 控制如何在指定的点之间绘制多线，即控制多线上的某条线要随光标移动。执行该选项，AutoCAD 提示：

输入对正类型［上(T)/无(Z)/下(B)］<上>：

此提示要求用户确定多线的对正类型。各选项的含义如下：

1）【上（T）】。表示当从左向右绘制多线时，多线上位于最顶端的线将随光标移动。

2）【无（Z）】。表示绘制多线时，多线的中心线将随光标移动。

3）【下（B）】。表示当从左向右绘制多线时，多线上位于最底端的线将随光标移动。

（3）【比例（S）】 确定所绘多线的宽度相对于多线定义宽度的比例，该比例并不影响线型比例。执行该选项，AutoCAD 提示：

输入多线比例：

在此提示下输入新比例值即可。

（4）【样式（ST）】 确定绘制多线时采用的多线样式，默认样式为 STANDARD。执行该选项，AutoCAD 提示：

输入多线样式名或［?］：

此时，可直接输入已有的多线样式名，也可以通过输入“?”，然后按 Enter 键显示已有的多线样式。

3.4.3 定义多线样式（MLstyle）

在绘制多线前应先对多线样式进行定义，然后根据定义的样式绘制多线。通过指定每个元素距多线原点的偏移量可以确定元素的位置。用户还可以设置每个元素的颜色、线型，以及显示或隐藏多线的接头。所谓接头是指那些出现在多线元素每个顶点处的线条。

1. 命令启动

激活 MLstyle 命令，可选择下列方式之一：

1）菜单栏：选择【格式】→【多线样式】选项。

2）命令行：输入 MLstyle。

2. 选项说明

1）执行 MLstyle 命令，AutoCAD 打开如图 3-7 所示的【多线样式】对话框。

2）单击【新建】按钮，弹出【创建新的多线样式】对话框。在【新样式名】文本框中输入名称，如图 3-8 所示。

3）单击【继续】按钮，弹出【新建多线样式】对话框，如图 3-9 所示。

4）在【封口】选项区域，确定多线在起点和端点处的样式、填充和显示连接。

5）在【图元】选项区域，单击【添加】按钮，在元素栏内增加了一个元素。

6）在【偏移】文本框中可以设置新增元素的偏移量。

7）分别利用【颜色】、【线型】按钮设置新增元素的颜色和线型。

8）单击【确定】按钮，返回到【多线样式】对话框。

9）单击【置为当前】按钮，最后单击【确定】按钮，完成定义多线样式。

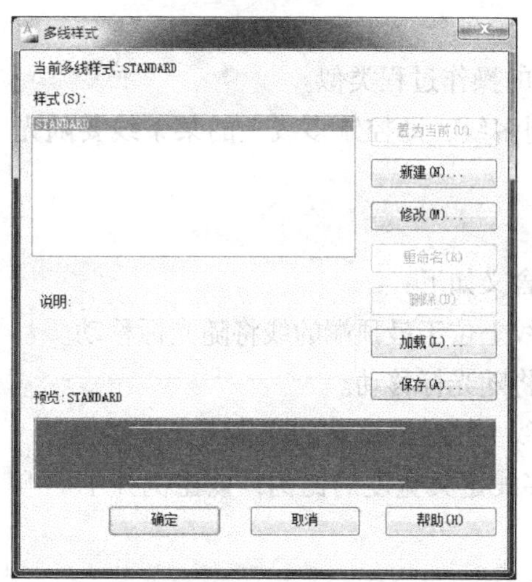

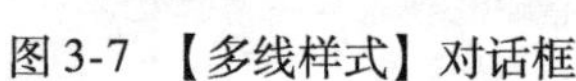
图 3-7 【多线样式】对话框

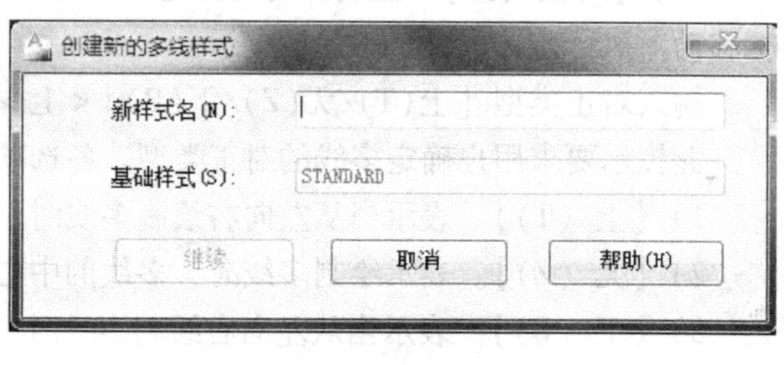

图 3-8 【创建新的多线样式】对话框

图 3-9 【新建多线样式】对话框

3.5 样条曲线、云线

3.5.1 绘制样条曲线（SPLine）

样条曲线为一条多段光滑曲线。

1. 命令启动

激活 SPLine 命令，可选择下列方式之一：

1）工具栏：单击【绘图】工具栏上的图标～。

2）菜单栏：选择【绘图】→【样条曲线】选项。

3）命令行：输入 SPLine 或 SPL。

2. 选项说明

执行 SPLine 命令，AutoCAD 提示：

当前设置:方式 = 控制点　阶数 = 3

指定第一个点或[方式(M)/阶数(D)/对象(O)]：

如果执行【方式(M)】选项，AutoCAD 提示：

输入样条曲线创建方式[拟合(F)/控制点(CV)]＜拟合＞：

即此时有两种绘制样条曲线的方式：拟合方式和控制点方式。拟合方式是指通过指定拟合点来绘制样条曲线；控制点方式则表示通过指定控制点绘制样条曲线。下面分别介绍。

（1）通过拟合点绘制样条曲线　如果在【输入样条曲线创建方式［拟合(F)/控制点(CV)］:】提示下执行【拟合（F）】选项，AutoCAD 提示：

指定第一个点或[方式(M)/节点(K)/对象(O)]：

下面介绍提示中各选项的含义：

1）【指定第一个点】。确定样条曲线上的第一点（即第一拟合点），这是默认项。执行此选项，即确定一点后，AutoCAD 提示：

输入下一个点或[起始相切(T)/公差(L)]：

①【输入下一个点】。在此提示下确定样条曲线上的第二拟合点后，AutoCAD 提示：

输入下一个点或[端点相切(T)/公差(L)/放弃(U)/闭合(C)]：

此时可以继续确定下一个拟合点，也可以执行【端点相切（T）】选项确定样条曲线另一端点的切线方向，确定后绘制出样条曲线，并结束命令。【公差（L）】选项用于确定样条曲线的拟合公差，【放弃（U）】选项用于放弃前一次的操作，【闭合（C）】选项用于绘制封闭的样条曲线，执行该选项，AutoCAD 使样条曲线封闭，并提示：

指定切向：

此时要求确定样条曲线在封闭点（即曲线的起点和终点）处的切线方向。确定切线方向后，即可绘制出对应的封闭样条曲线。

②【起始相切（T）】。确定样条曲线在起点处的切线方向。执行该选项，AutoCAD 提示：

指定起点切向：

同时在起点与当前光标点之间出现一条橡皮筋线，表示样条曲线在起点处的切线方向。此时可以直接输入表示切线方向的角度值，也可以通过拖曳鼠标的方式响应。如果在【指定起点切向:】提示下拖曳鼠标，表示样条曲线起点切线方向的橡皮筋线会随着光标点的移动发生变化，同时样条曲线的形状也发生相应的变化。用此方法动态地确定出样条曲线起点的切线方向后，单击鼠标左键即可。

确定了样条曲线在起点处的切线方向后，AutoCAD 提示：

输入下一个点或[起始相切(T)/公差(L)]：

根据提示响应即可。

③【公差（L)】。根据给定的拟合公差绘制样条曲线。

拟合公差是指样条曲线与拟合点之间所允许偏移距离的最大值。显然，如果拟合公差为0，则绘制出的样条曲线均通过各拟合点；如果给出了拟合公差，绘制出的样条曲线除通过起点和终点外，并不通过其他各拟合点。后一种方法特别适合用于拟合点是大量点的情况。

根据拟合公差绘制样条曲线的过程如下：

在【指定下一点或［闭合(C)/拟合公差(F) <起点切向>:】提示下执行【拟合公差(F)】选项，AutoCAD 提示：

指定拟合公差：

在此提示下输入拟合公差值后按 Enter 键，AutoCAD 继续提示：

输入下一个点或[起始相切(T)/公差(L)]：

在此提示下进行对应的操作即可。

2)【节点（K)】。控制样条曲线通过拟合点时的形状。执行该选项，AutoCAD 提示：

输入节点参数化[弦(C)/平方根(S) /统一(U)]：

用户根据需要选择即可。

3)【对象（O)】。将样条拟合多段线转化成等价的样条曲线并删除多段线。执行该选项，AutoCAD 提示：

选择样条曲线拟合多段线：

在该提示下选择对应的图形对象，即可实现转换。

(2) 通过控制点绘制样条曲线　如果在【输入样条曲线创建方式［拟合(F)/控制点(CV)]:】提示下执行【控制点（CV)】选项，AutoCAD 提示：

指定第一个点或[方式(M)/阶数(D)/对象(O)]：

1)【指定第一个点】。确定样条曲线的下一个控制点。执行该选项，AutoCAD 提示：

输入下一个点:(继续指定下一个控制点)

输入下一个点或[闭合(C)/放弃(U)]:(继续指定下一个控制点,或执行【闭合(C)】选项闭合样条曲线,或执行【放弃(U)】选项放弃上一次的操作。在这样的提示下确定一系列的控制点后,按 Enter 键,结束命令的执行,绘制出样条曲线)

2)【阶数（D)】。设置样条曲线的控制阶数。执行该选项，AutoCAD 提示：

输入样条曲线阶数 <3>：

根据需要响应即可。

3)【对象（O）】。将多段线拟合成样条曲线。执行该选项，AutoCAD 提示：

选择多段线：

在该提示下选择多段线即可。

3.5.2　绘制修订云线（Revcloud）

在 AutoCAD 中圈阅图形经常要用修订云线表明要修改的区域，以便协同工作。

1. 命令启动

激活 Revcloud 命令，可选择下列方式之一：

1）工具栏：单击【绘图】工具栏上的图标。

2）菜单栏：选择【绘图】→【修订云线】选项。

3）命令行：输入 Revcloud。

2. 选项说明

执行 Revcloud 命令，AutoCAD 提示：

最小弧长:15　　最大弧长:15　　样式:普通

指定起点或[弧长(A)/对象(O)/样式(S)]:<对象>:(指定云线起始点;选项(A)指定云线弧长;选项(O)将某图形对象转化成云线;选项(S)指定云线样式)

沿云线路径引导十字光标……

修订云线完成。

说明："修订云线"命令执行后直接拖动鼠标即可绘制云线，当光标接近起点时云线自动闭合，命令结束。也可按 Space 键或 Enter 键强制结束绘制，此时云线可为开口形状。云线的样式分为"手绘云线"和"普通云线"两种。手绘云线弧形的宽度有变化，更接近手工绘制的样式。

3.6　模块练习

1. 坐标练习　用坐标输入方法绘制如练习图 3-1 ~ 练习图 3-7 所示的图形。

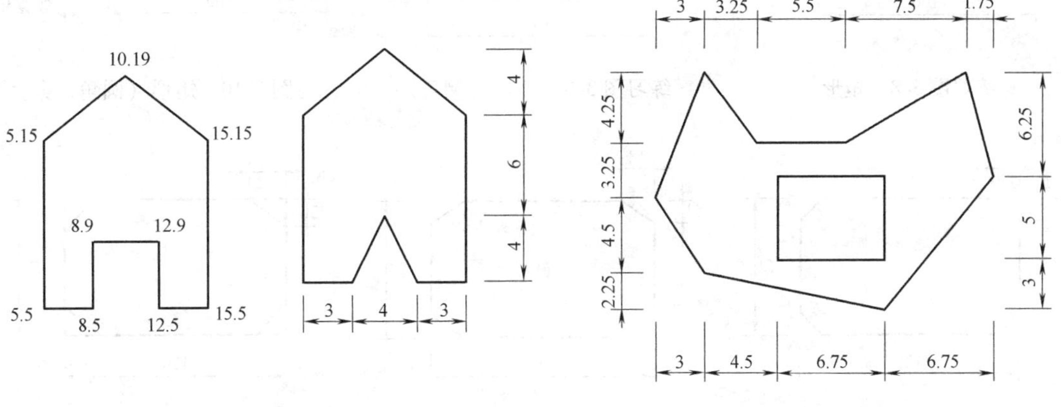

练习图 3-1　绝对坐标　　练习图 3-2　相对坐标　　练习图 3-3　相对坐标

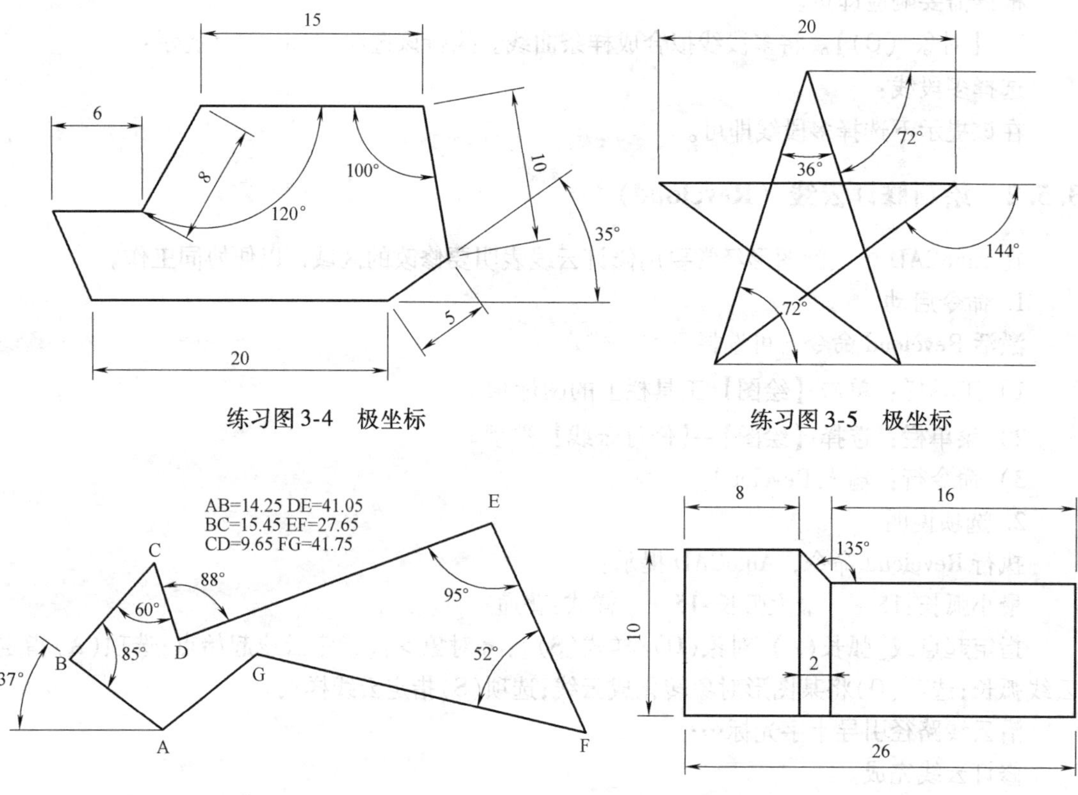

练习图 3-4 极坐标

练习图 3-5 极坐标

练习图 3-6 极坐标

练习图 3-7 极坐标

2. 矩形练习

绘制如练习图 3-8 ~ 练习图 3-13 所示的图形。

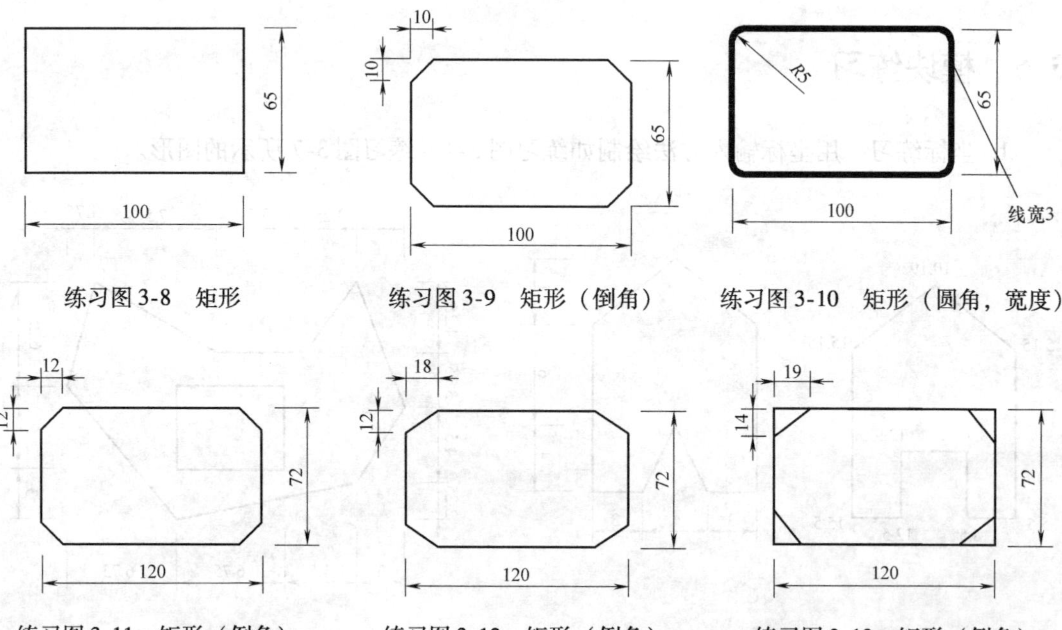

练习图 3-8 矩形

练习图 3-9 矩形（倒角）

练习图 3-10 矩形（圆角，宽度）

练习图 3-11 矩形（倒角）

练习图 3-12 矩形（倒角）

练习图 3-13 矩形（倒角）

3. 多边形练习

绘制如练习图 3-14 ~ 练习图 3-20 所示的图形。

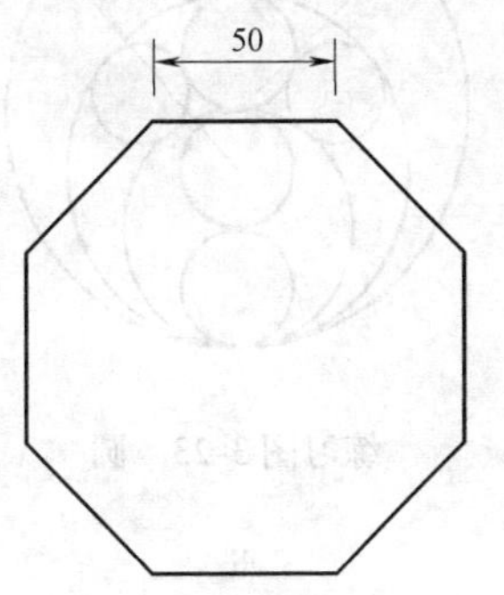

练习图 3-14　正多边形

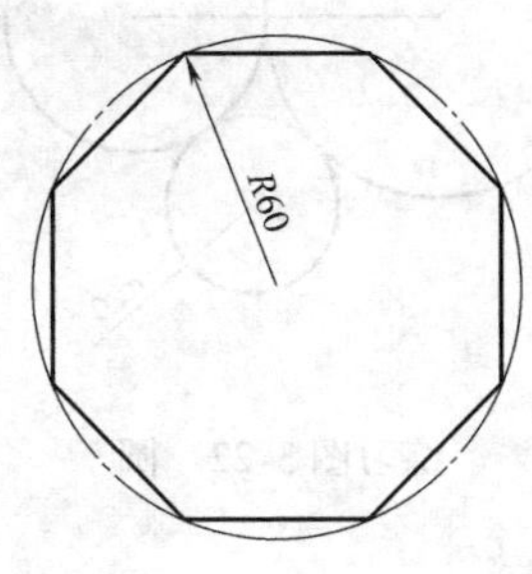

练习图 3-15　正多边形

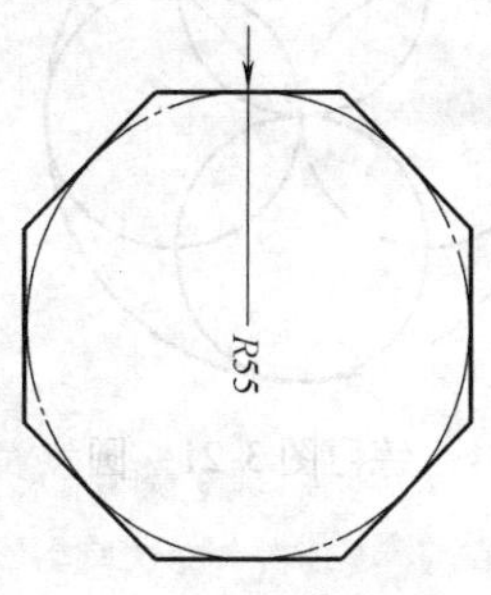

练习图 3-16　正多边形

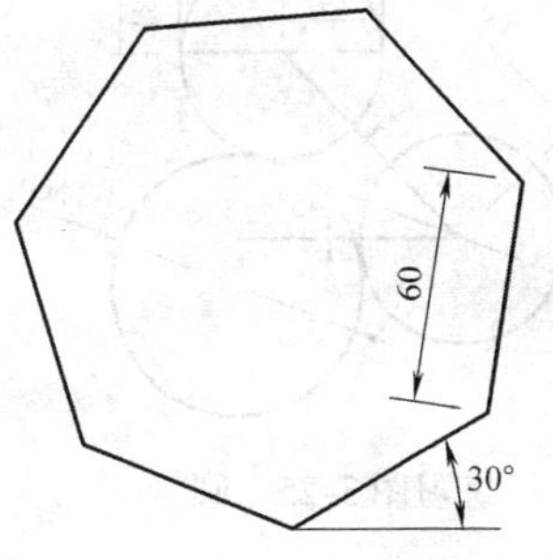

练习图 3-17　正多边形

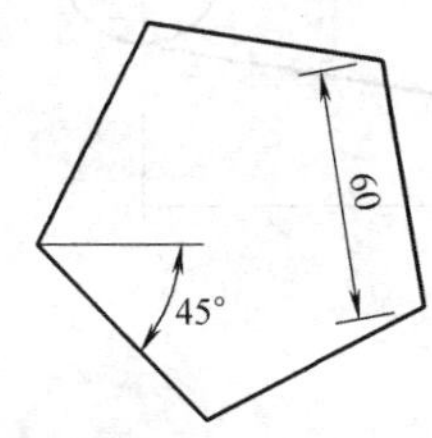

练习图 3-18　正多边形

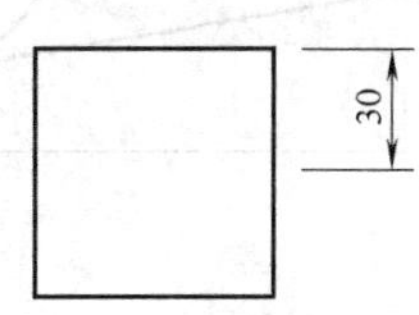

练习图 3-19　正多边形

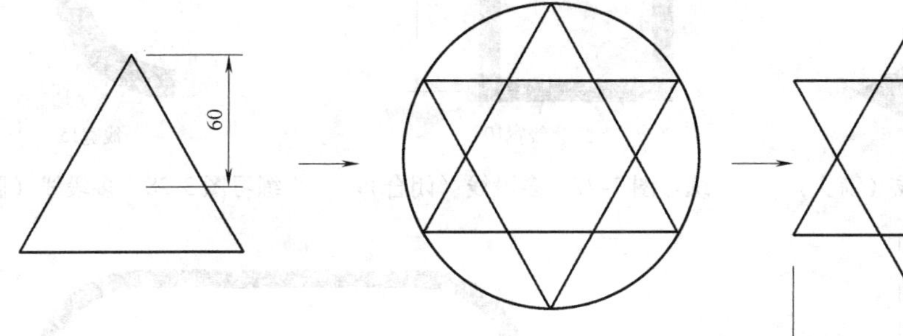

练习图 3-20　正多边形

4. 圆练习

绘制如练习图 3-21 ~ 练习图 3-25 所示的图形。

5. 多段线练习

绘制如练习图 3-26 ~ 练习图 3-30 所示的图形。

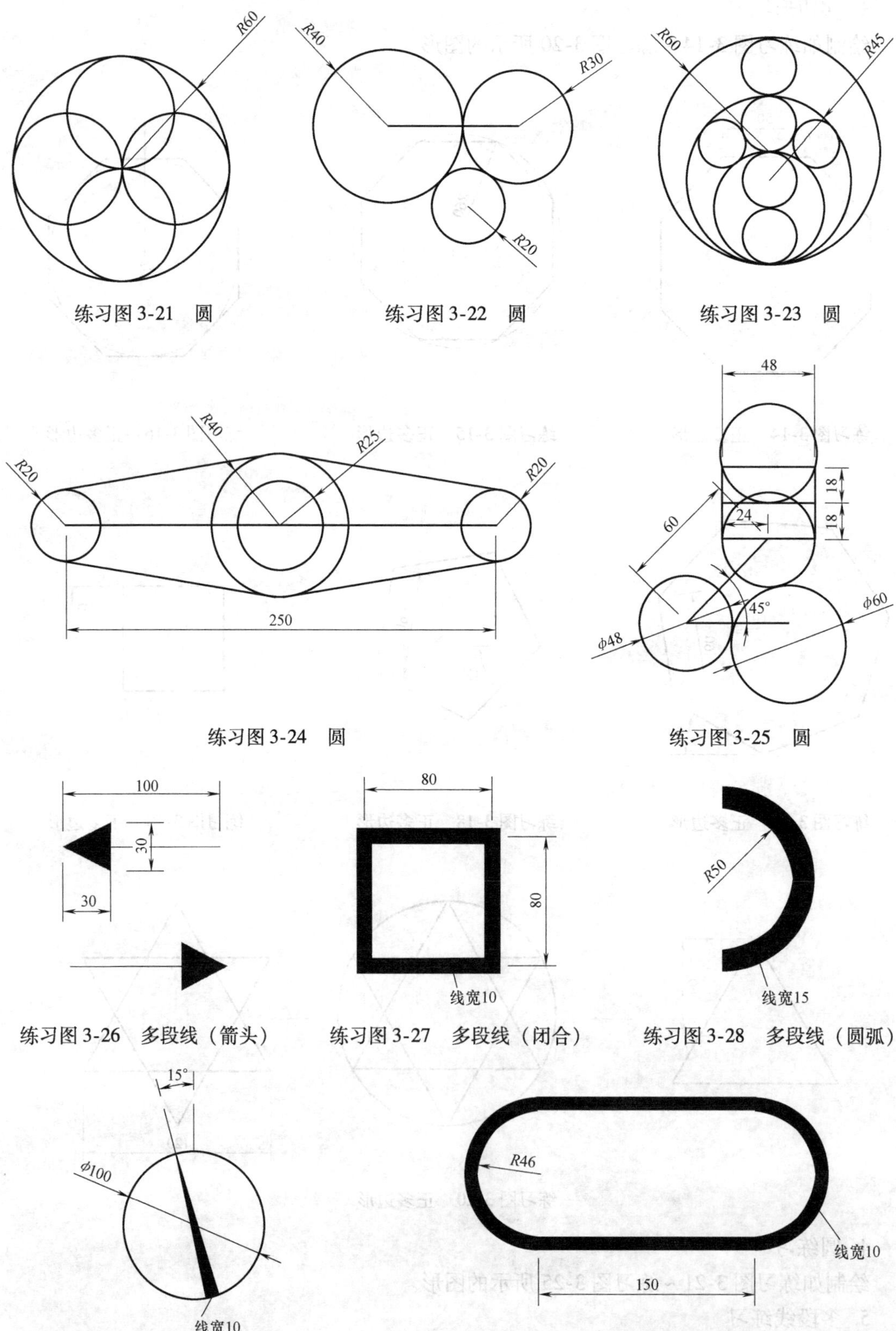

练习图 3-21　圆

练习图 3-22　圆

练习图 3-23　圆

练习图 3-24　圆

练习图 3-25　圆

练习图 3-26　多段线（箭头）

练习图 3-27　多段线（闭合）

练习图 3-28　多段线（圆弧）

练习图 3-29　多段线（指北针）

练习图 3-30　多段线（圆弧 + 直线）

6. 圆弧练习

绘制如练习图 3-31 ~ 练习图 3-36 所示的图形。

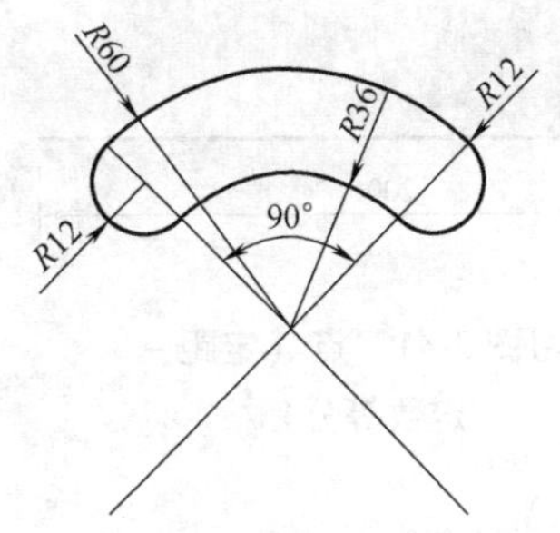

练习图 3-31　圆弧

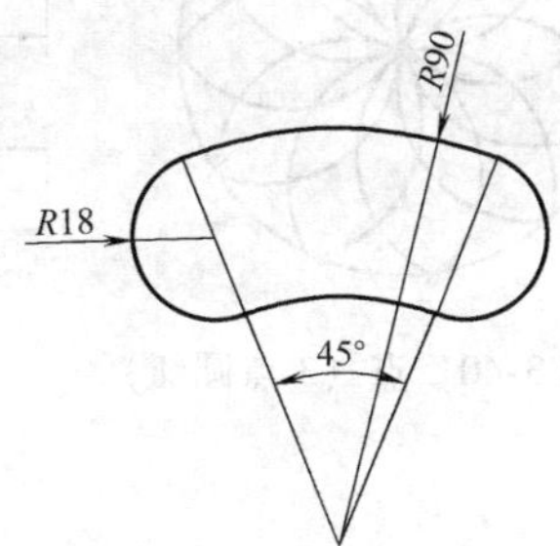

练习图 3-32　圆弧

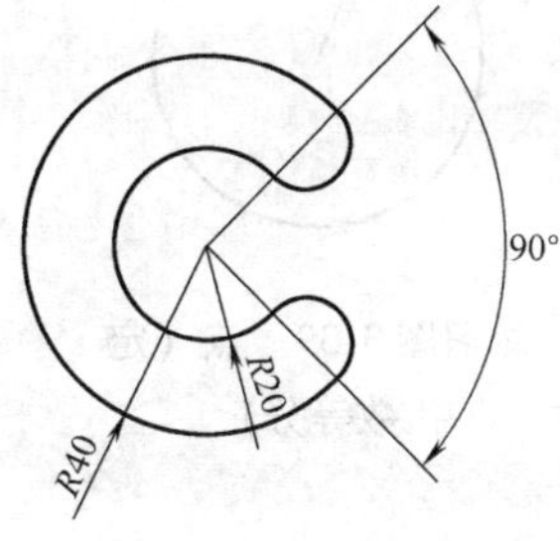

练习图 3-33　圆弧

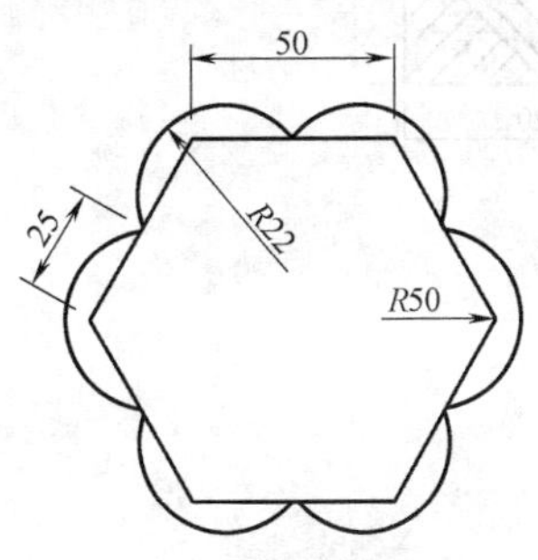

练习图 3-34　圆弧

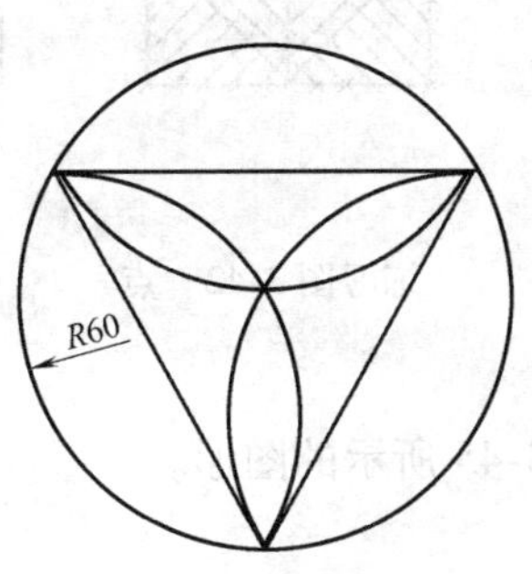

练习图 3-35　圆弧

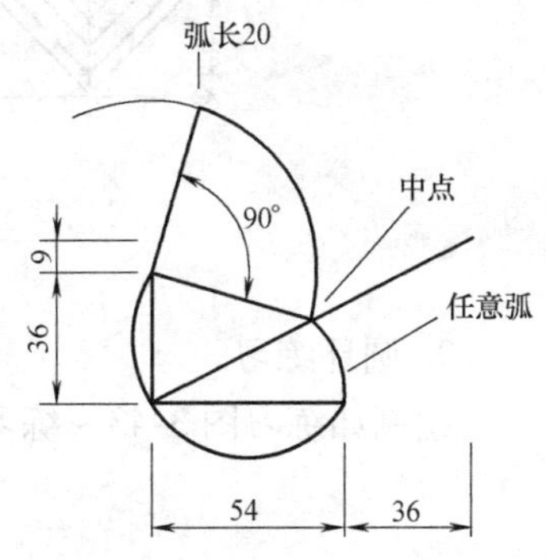

练习图 3-36　圆弧

7. 椭圆练习

绘制如练习图 3-37、练习图 3-38 所示的图形。

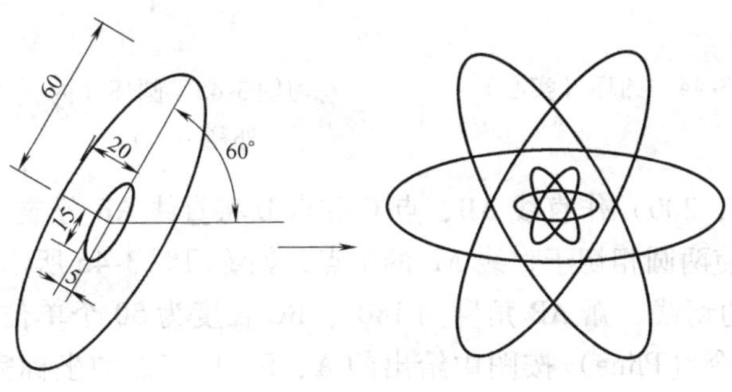

练习图 3-37　椭圆

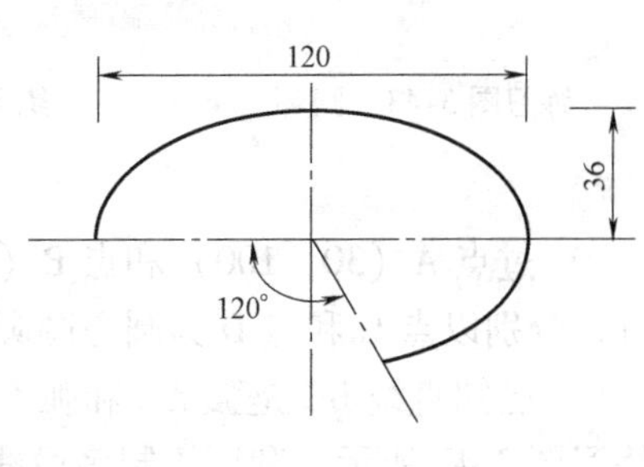

练习图 3-38　椭圆弧

8. 点练习

绘制如练习图 3-39 ~ 练习图 3-42 所示的图形。

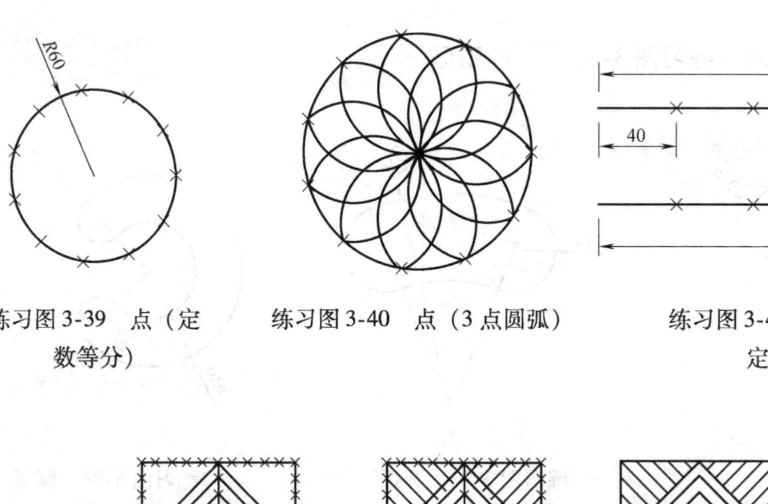

练习图 3-39 点（定数等分）

练习图 3-40 点（3 点圆弧）

练习图 3-41 点（定距 + 定数等分）

练习图 3-42 点

9. 圆环练习

绘制如练习图 3-43 ~ 练习图 3-45 所示的图形。

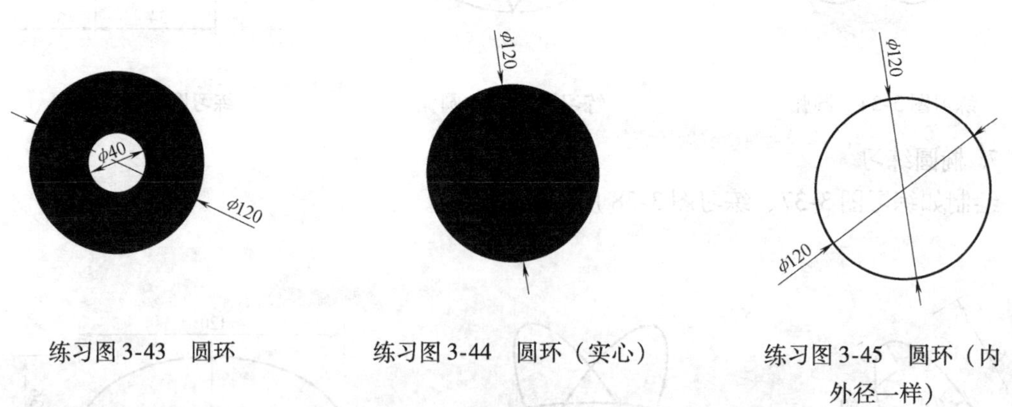

练习图 3-43 圆环

练习图 3-44 圆环（实心）

练习图 3-45 圆环（内外径一样）

10. 过点 A（30，100）和点 B（150，200）作直线 AB，点 C 和点 D 将直线 AB 分成三等分；分别以点 C 和点 D 为圆心画圆，使两圆相切于直线 AB 的中点，如练习图 3-46 所示。

11. 已知直线 BC 是弧 AB 和弧 CD 的切线，弧 AB 角度为 180°，BC 长度为 50 个单位，如练习图 3-47 所示。利用绘制多段线命令（Pline）按图中给出的 A、B、D 三点的坐标完成图形。

12. 绘制如练习图 3-48 所示的图形（箭杆的宽度为 5，长度为 90；箭头的尾部宽度为 15，箭头的端部宽度为 0，箭头的长度为 40）。

13. 用多段线绘制如练习图 3-49 所示的钢筋图（线宽 10）。

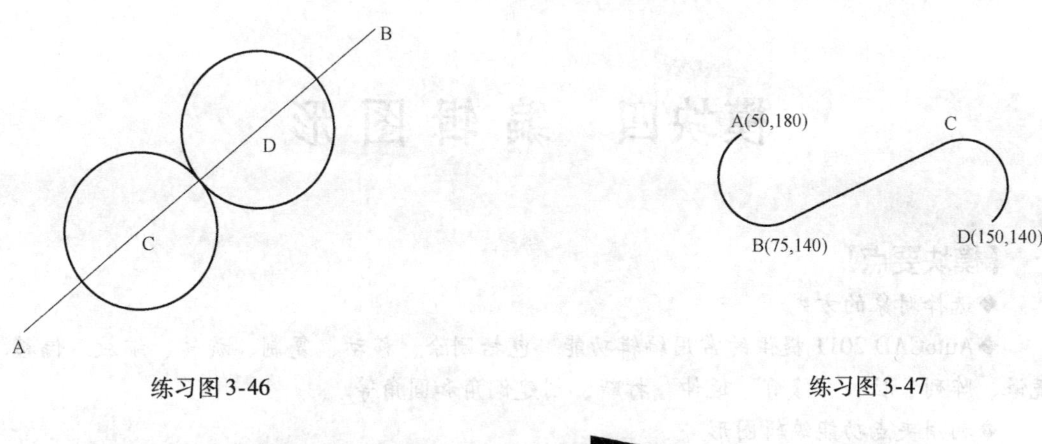

练习图 3-46　　　　练习图 3-47

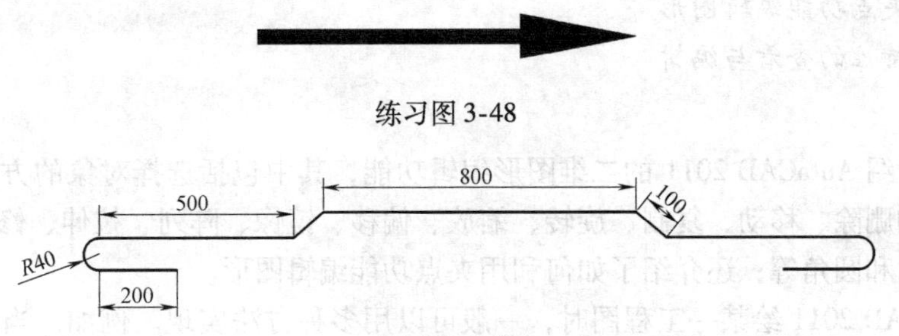

练习图 3-48

练习图 3-49

14. 绘制如练习图 3-50 所示的路基横断面图。

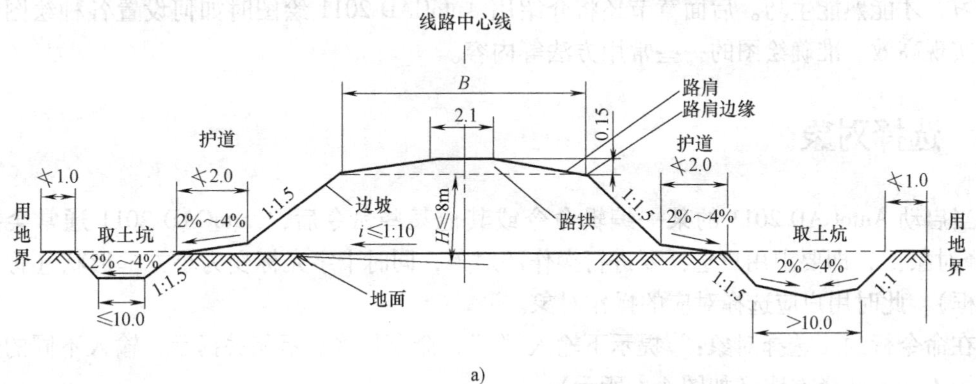

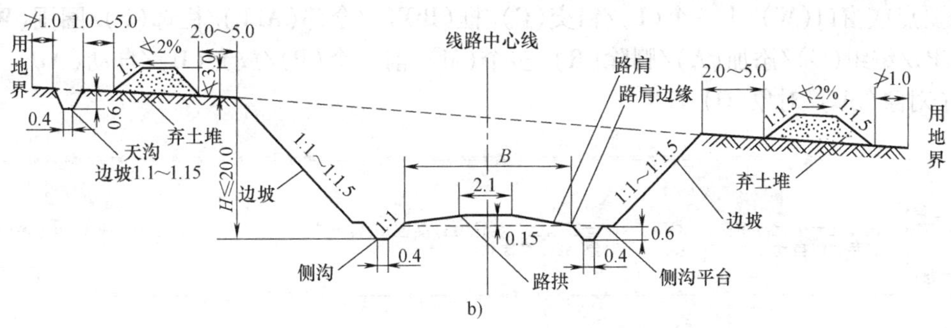

练习图 3-50　路基横断面图

a）路堤横断面图　b）路堑横断面图

模块四　编 辑 图 形

【模块要点】

◆选择对象的方式

◆AutoCAD 2011 提供的常用编辑功能，包括删除、移动、复制、旋转、缩放、偏移、镜像、阵列、拉伸、修剪、延伸、打断、创建倒角和圆角等

◆利用夹点功能编辑图形

◆对象特性的查看与编辑

本模块介绍 AutoCAD 2011 的二维图形编辑功能，其中包括选择对象的方法；各种二维编辑操作，如删除、移动、复制、旋转、缩放、偏移、镜像、阵列、拉伸、修剪、延伸、打断、创建倒角和圆角等；还介绍了如何利用夹点功能编辑图形。

用 AutoCAD 2011 绘某一工程图时，一般可以用多种方法实现。例如，当绘已有直线的平行线时，既可以用 Copy（复制）命令得到，也可以用 Offset（偏移）命令实现，具体采用哪种方法取决于用户的绘图习惯、对 AutoCAD 2011 的熟练程度以及具体绘图要求。只有多练习，才能熟能生巧。后面章节还将介绍用 AutoCAD 2011 绘图时如何设置各种绘图线型以及实现高效、准确绘图的一些常用方法等内容。

4.1　选择对象

当启动 AutoCAD 2011 的某一编辑命令或其他某些命令后，AutoCAD 2011 通常会提示“选择对象:”，即要求用户选择要进行操作的对象，同时十字光标变为小方框形状（称之为拾取框），此时用户应选择对应的操作对象。

在命令行的“选择对象:”提示下输入“?”，命令行将显示相关提示，输入不同的选项将使用不同的选择方法（如图 4-1 所示）。

需要点或窗口(W)/上一个(L)/窗交(C)/框(BOX)/全部(ALL)/栏选(F)/圈围(WP)/圈交(CP)/编组(G)/添加(A)/删除(R)/多个(M)/前一个(P)/放弃(U)/自动(AU)/单个(SI)/子对象(SU)/对象(O)

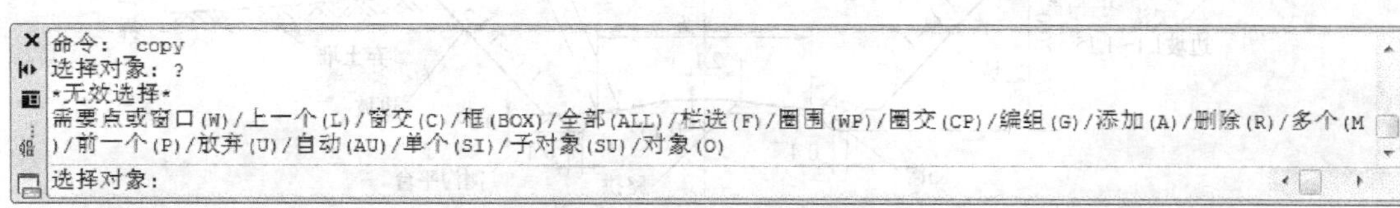

图 4-1　命令行对话框

以上提供的多种选择对象的方法中最常用的是点选、框选、栏选、圈围等。

4.1.1 点选对象

点选对象是 Select 命令默认情况下选择对象的方式。其方法为：直接用鼠标在绘图区中左键单击需要选择的对象，它分为多个选择和单个选择方式。单个选择方式一次只能选中一个对象，如图 4-2 所示即选择了图形最右侧的一条边。可以连续单击需要选择的对象，来同时选择多个对象，如图 4-3 所示。

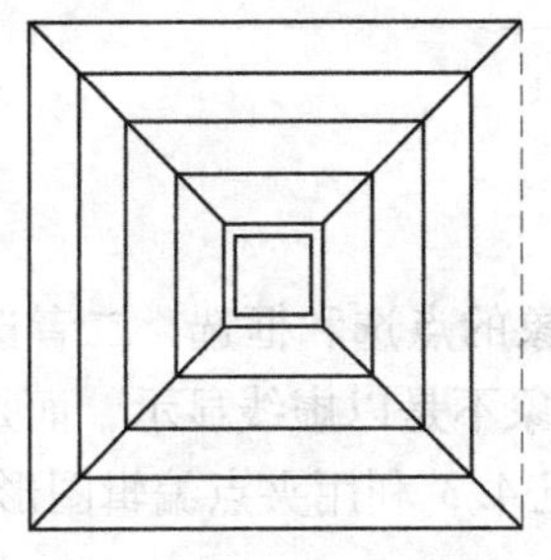

图 4-2 选择单个对象

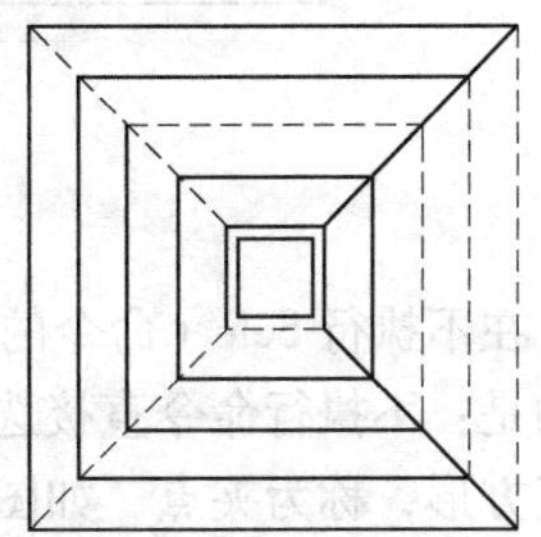

图 4-3 选择多个对象

4.1.2 框选对象

使用框选可以一次性选择多个对象。其操作也比较简单，方法为：按住鼠标左键不放，拖动鼠标成一矩形框，然后通过该矩形选择图形对象。依鼠标拖动方向的不同，框选又分为窗口选择和窗交选择。

1. 窗口选择对象

窗口选择对象是指按住鼠标左键向右上方或右下方拖动，框住需要选择的对象，此时绘图区将出现一个实线的矩形方框，释放鼠标后，被方框完全包围的对象将被选中（如图 4-4a 所示），虚线显示部分为被选择的部分（如图 4-4b 所示）。

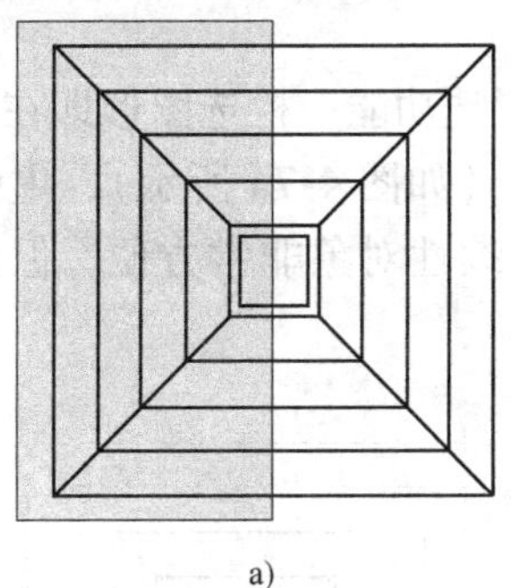

a)

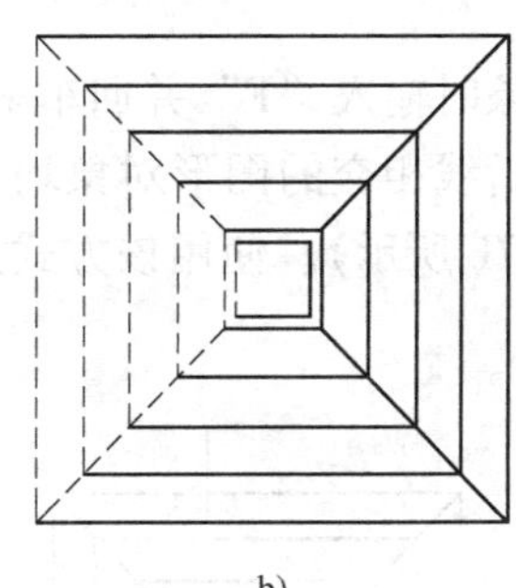

b)

图 4-4 窗口选择对象

2. 窗交选择对象

窗交选择对象的选择方向正好与窗口选择相反，它是按住鼠标左键向左上方或左下方拖动，框住需要选择的对象，此时绘图区将出现一个虚线的矩形方框，释放鼠标后，与方框相交和被方框完全包围的对象都将被选中（如图 4-5a 所示），虚线显示部分为被选择的部分（如图 4-5b 所示）。

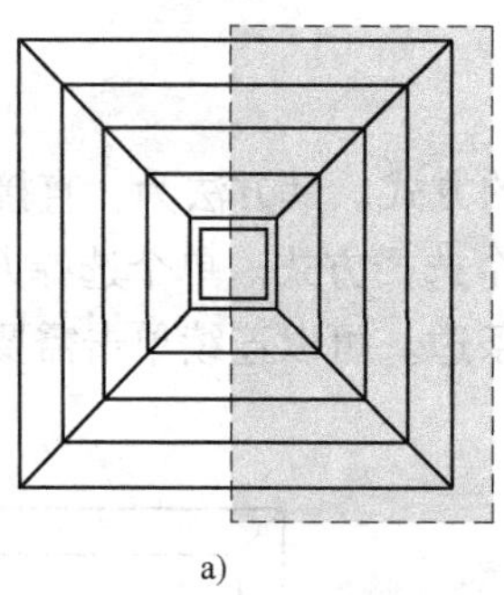
a)

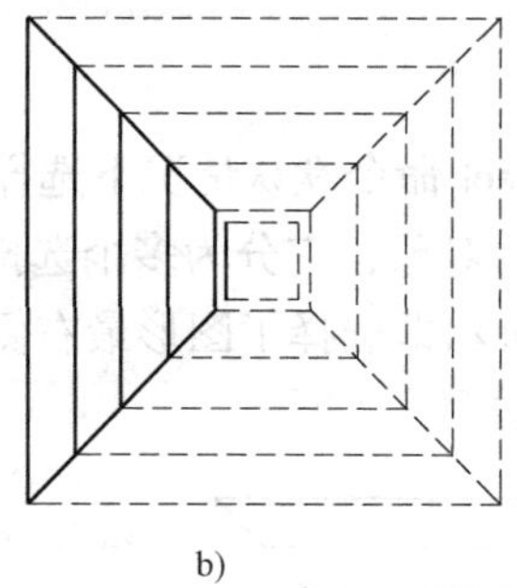
b)

图 4-5 窗交选择对象

提示：在不执行 Select 命令的情况下，也可以进行对象的点选和框选，二者选择方式相同，不同的是：不执行命令直接选择对象后，被选中的对象不是以虚线显示，而是在其上出现一些小正方形，称为夹点，如图 4-6 所示。（夹点介绍见 4.3 利用夹点编辑图形对象）

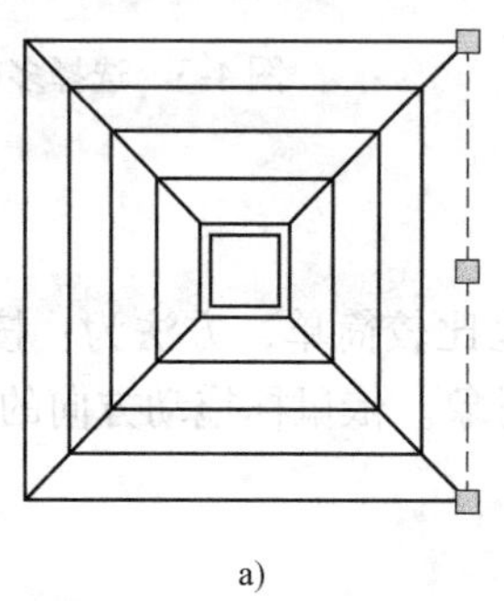
a)

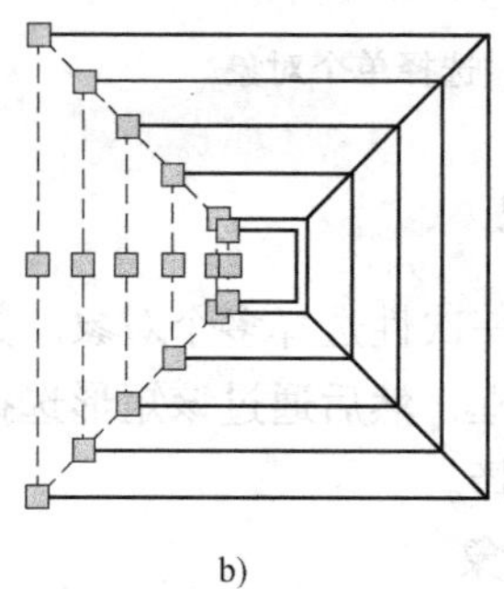
b)

图 4-6 夹点显示选择的对象

4.1.3 栏选对象

在提示选择对象时输入“F”并回车来激活栏选功能。栏选图形即在选择图形时拖拽出任意折线，凡是与折线相交的图形对象均被选中（如图 4-7a 所示），虚线显示部分为被选择的部分（如图 4-7b 所示）。使用该方式选择连续性对象非常方便，但栏选线不能封闭或相交。

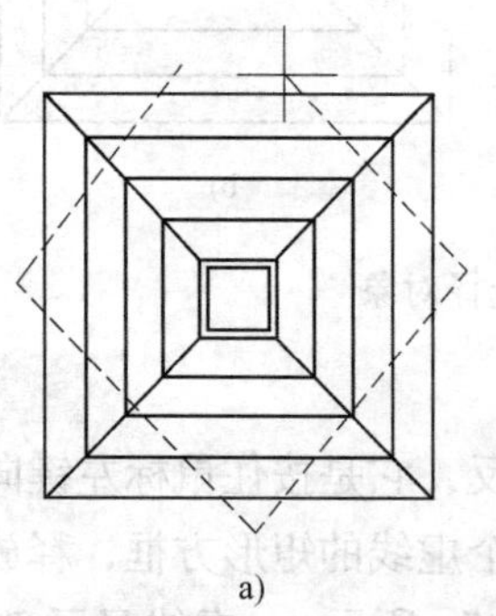
a)

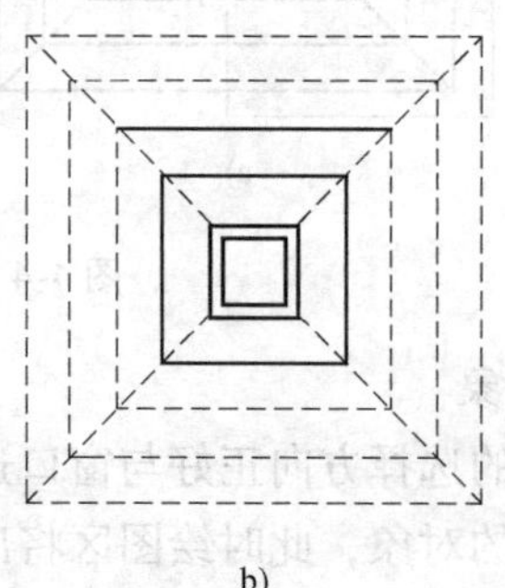
b)

图 4-7 栏选对象

4.1.4　围选对象

围选对象是根据需要自己绘制不规则的选择范围，它包括圈围和圈交两种方法。

1. 圈围对象

在提示选择对象时输入“WP”并回车来激活圈围功能。圈围是一种多边形窗口选择方法，与窗口选择对象的方法类似，不同的是圈围方法可以构造任意形状的多边形，完全包含在多边形区域内的对象才能被选中（如图4-8a所示），虚线显示部分为被选择的部分（如图4-8b所示）。

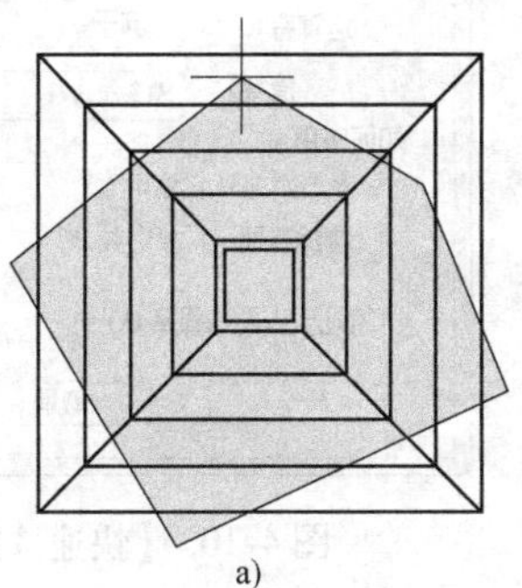
a)

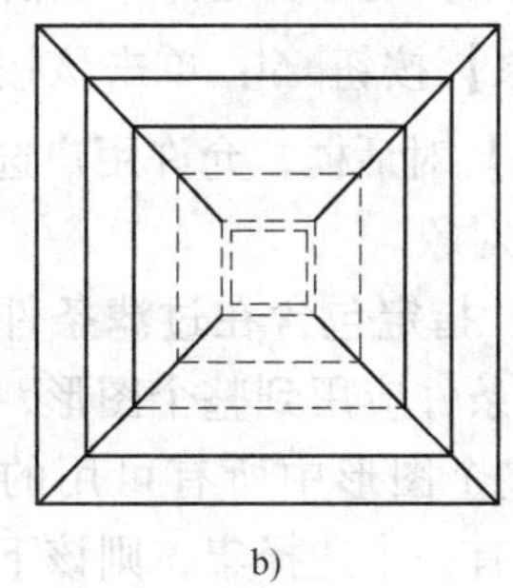
b)

图4-8　圈围对象

2. 圈交对象

在提示选择对象时输入“CP”并回车来激活圈交功能。圈交是一种多边形窗交选择方法，与窗交选择对象的方法类似，但不同的是，圈交方法可以构造任意形状的多边形，可以绘制任意闭合但不能与选择框自身相交或相切的多边形，选择完毕可以选择多边形中与它相交的所有对象（如图4-9a所示），虚线显示部分为被选择的部分（如图4-9b所示）。

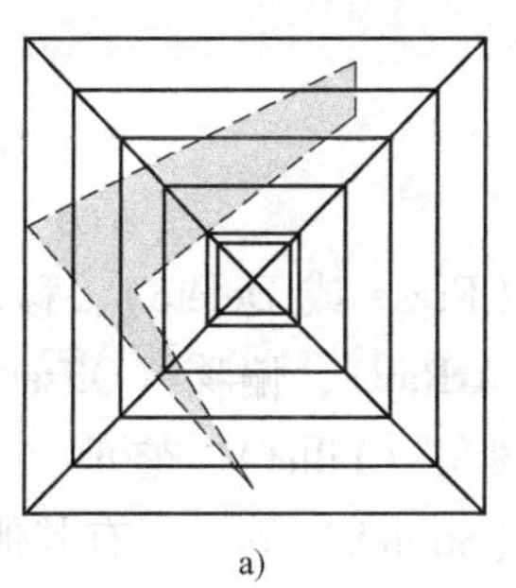
a)

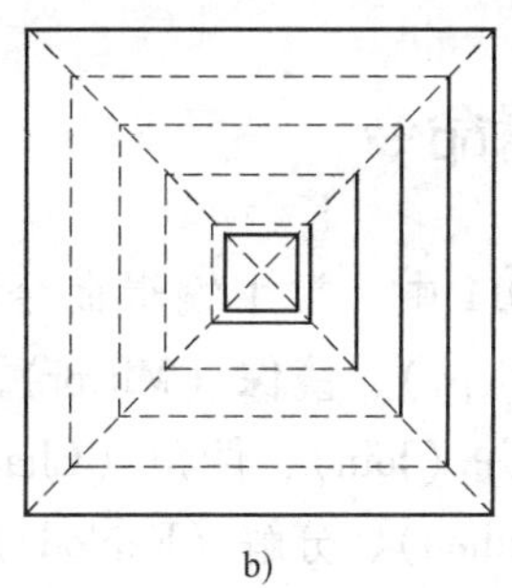
b)

图4-9　圈交对象

4.1.5　用“快速选择”对话框选择对象

选择集是选择所有对象的集合。使用快速选择，可以根据设置的过滤条件快速定义选择集。它既可以一次将指定属性的对象加入选择集，也可以将其排除在选择集之外；既可以在整个图形中使用，又可以在已有的选择集中使用，还可以指定选择集用于替换当前选择集还是将其附加到当前选择集之中。

执行快速选择命令，可选择下列方式之一：

1）菜单栏：【工具】→【快速选择】。

2）命令行：QSelect。

执行该命令后，系统将弹出一个【快速选择】对话框，如图 4-10 所示。其中各选项的含义如下：

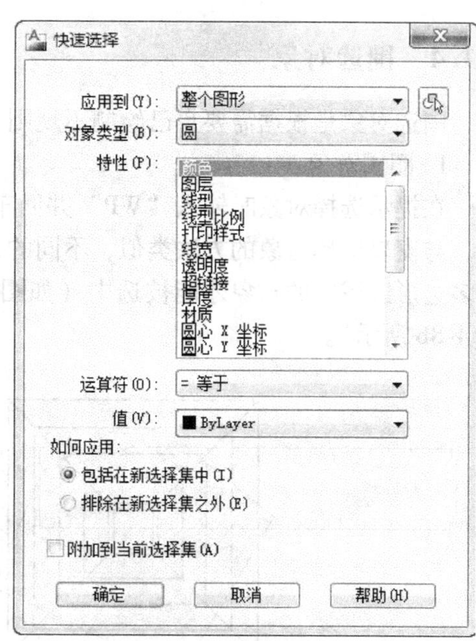

图 4-10 【快速选择】对话框

1）应用到：选择所设置的过滤条件是应用整个图形还是应用到当前的选择集。如果当前图形中已有一个选择集，则可以选择“当前选择”。

2）【选择对象】按钮：单击该按钮将临时关闭【快速选择】对话框，允许用户选择要对其应用过滤条件的对象。

3）对象类型：指定包含在过滤条件中的对象类型，如果过滤条件应用到整个图形，则该下拉列表中将列出整个图形中所有可用的对象类型。如果图形中已有一个选择集，则该下拉列表中将只列出该选择集中的对象类型。

4）特性：指定过滤器的对象特性。

5）运算符：控制过滤器中对象特性的运算范围。

6）值：指定过滤器的特性值。

7）如何应用：指定是将符合给定过滤条件的对象包括在新选择集内还是排除在新选择集之外。

8）“附加到当前选择集”复选框：指定创建的选择集替换还是附加到当前选择集。

4.2 常用编辑命令

在 AutoCAD 2011 中，常用编辑命令有删除（Erase 或 Delete）、移动（Move）、旋转（Rotate）、复制（Copy）、镜像（Mirror）、阵列（ArRay）、偏移（Offset）、缩放（Scale）、打断（Break）、合并（Join）、倒角（Chamfer）、圆角（Fillet）、修剪（Trim）、延伸（Extend）、拉长（Lengthen）、分解（Explode）、拉伸（Stretch）等，还有其他的一些编辑命令，在后面的其他编辑命令中介绍。

4.2.1 删除对象 Erase（E）

1. 命令启动

1）菜单栏：【修改】→【删除】。

2）工具栏：【修改】→【删除】。

3）命令行：Erase（E）或 Delete 键。

删除命令可以删除多余或绘制有错误的图形对象。

2. 选项说明

执行 Erase 或 Delete 命令后，AutoCAD 2011 命令行会提示："选择对象"，可以用相应的选择对象的方式，选择要删除的对象，最常用的有"点选""窗选""窗交"等。在此重复提示下按回车键、空格键或单击鼠标右键来结束对象选择并执行命令。

3. 操作实例

用 Erase 命令删除图 4-11a 中的圆和五边形，结果如图 4-11b 所示。

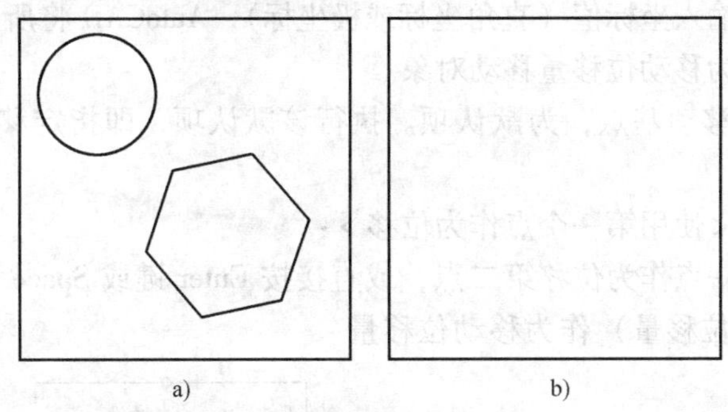

图 4-11 用删除命令删除图形

操作如下：

命令：Erase	//执行 Erase 命令
选取对象：	//选取删除对象,点选圆
选择对象：找到 1 个	//提示已选择对象数
选取对象：	//选取删除对象,点选五边形
选择对象：找到 1 个,总计 2 个	//提示已选择对象
选取对象：↙	//按 Enter 键结束对象选择并删除对象

4. 提示

1）执行 Erase 或 Delete 命令后，选择的对象在屏幕上消失，但它们只是临时性地删除，不退出当前图样或不存盘，都可以用 Undelete 或 Undo 命令将删除的对象恢复。键入 Undelete 命令可还原最近的删除选择设置。如果删除实体后又有了其他操作，用 Undelete 命令还原实体不能像用 Undo 命令那样还原所有修改。

2）在"选择对象："提示下，要采用目标选择方式来选择要删除的对象，键入 L，则删除自动选择最近绘制的一个对象。

4.2.2 移动对象 Move（M）

1. 命令启动

1）菜单栏：【修改】→【移动】。

2）工具栏：【修改】→【移动】✥。

3）命令行：Move（M）。

Move 命令用于将对象在指定的基点移动到另一新的位置。移动过程中并不改变对象的尺寸和方位。在命令执行过程中，需要确定的参数有：需要移动的对象，移动基点和第二点。

2. 选项说明

执行Move命令后，AutoCAD 2011命令行提示：“选择对象:”，然后继续提示：“指定基点或［位移（D）］ <位移>:”，然后继续提示：“指定第二个点或 <使用第一个点作为位移>:”，完成移动命令。

（1）位移（D） 根据位移量移动对象。执行该选项，AutoCAD提示：

指定位移:

如果在此提示下输入坐标值（直角坐标或极坐标），AutoCAD将所选择对象按与各坐标值对应的坐标分量作为移动位移量移动对象。

（2）基点 确定移动基点，为默认项。执行该默认项，即指定移动基点后，AutoCAD提示：

指定第二个点或<使用第一个点作为位移>:

在此提示下指定一点作为位移第二点，或直接按Enter键或Space键，将第一点的各坐标分量（也可以看成位移量）作为移动位移量移动对象。

基点是移动对象的基准点，基点可以指定在被移动的对象上，也可以不指定在被移动的对象上。选择基点时尽量要选择一些特殊点或有相对关系的点。

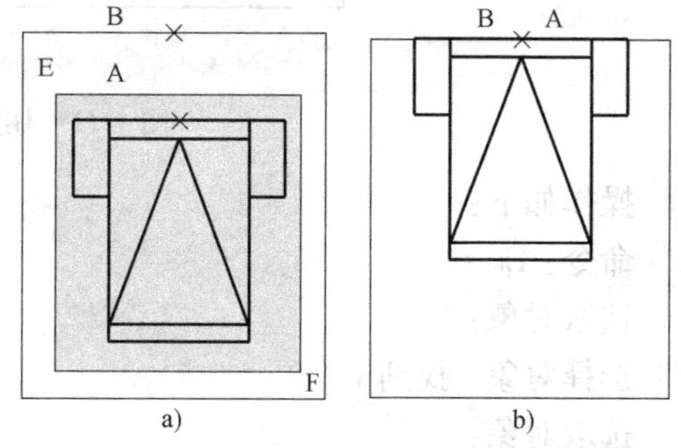

图4-12 用Move命令移动对象

3. 操作实例

用Move命令将图4-12a中床-床头柜以床中点A为基准后移到墙上B点，如图4-12b所示。操作如下：

命令:Move //执行Move命令

选择对象:点选点F //指定窗交对象的第一点

指定对角点:点选点E //指定窗交对象的第二点

选择对象：指定对角点：找到8个 //提示已选择对象数

选择对象:↙ //按Enter键结束对象选择

指定基点或［位移(D)］<位移>:捕捉点A //指定移动的基点

指定第二个点或 <使用第一个点作为位移>:

捕捉点B↙ //指定移动的基点

命令: //按Enter键结束命令

4. 提示

1）用户可借助对象捕捉功能来确定移动时所需的基点。

2）夹点功能也能实现对形体的移动。

3）“使用Move（移动）命令移动图形”将改变图形的实际位置，从而使图形产生物理上的变化；“使用Pan（实时平移）命令移动图形”只能在视觉上调整图形的显示位置，并不能使图形发生物理上的变化。

4.2.3 复制对象 Copy（CO）

1. 命令启动

1）菜单栏：【修改】→【复制】。

2）工具栏：【修改】→【复制】。

3）命令行：Copy（CO）。

Copy 命令能将多个对象复制到指定位置。

2. 选项说明

执行 Copy 命令后，AutoCAD 2011 命令行提示："选择对象"，可用任何一种目标选择方式选择要复制的对象，系统继续提示："指定基点或［位移（D）/模式（O）］<位移>:"，AutoCAD 2011 默认的模式是多个复制，如果要改变可到"模式（O）"中设置。

（1）指定基点　确定复制基点，为默认项。执行该默认项，即指定复制基点后，AutoCAD 提示：

指定第二个点或<使用第一个点作为位移>：

在此提示下再确定一点，AutoCAD 将所选择对象按由两定点确定的位移矢量复制到指定位置；如果在该提示下直接按 Enter 键或 Space 键，AutoCAD 将第一点的各坐标分量作为位移量复制对象。

（2）位移（D）根据位移量复制对象，执行该选项，AutoCAD 提示：

指定位移：

如果在此提示下输入坐标值（直角坐标或极坐标），AutoCAD 将所选择对象按与各坐标值对应的坐标分量作为位移量复制对象。

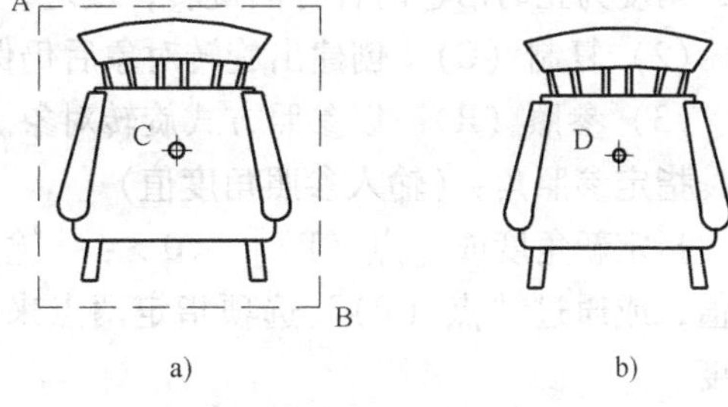

图 4-13　用 Copy 命令复制图形

（3）模式（O）　确定复制模式。执行该选项，AutoCAD 提示：

输入复制模式选项［单个（S）/多个（M）］<多个>：

其中，"单个（S）"选项表示执行 Copy 命令后只能对选择的对象执行一次复制；而"多个（M）"选项表示可以多次复制，AutoCAD 默认为"多个（M）"。

3. 操作实例

用 Copy 命令复制图 4-13a 所示的沙发，结果如图 4-13b 所示。

操作如下：

命令:Copy　　//执行 Copy 命令
选择对象:点选点 B　　//指定窗交对象的第一点
指定对角点:点选点 A　　//指定窗交对象的第二点
选择对象：指定对角点：找到 1 个　　//提示已选择对象数,对象为一个块
选取对象:↙　　//按 Enter 键结束对象选择
定基点或［位移(D)/模式(O)］<位移>：
点选点 C　　//指定复制基点

指定第二个点或 <使用第一个点作为位移>:

点选点 D↙ //指定位移点

命令: //按 Enter 键结束命令

4. 提示

1）使用 Copy 命令在一个图形文件进行多次复制，如果要在图形文件之间进行复制，应按 Ctrl + C 组合键，它将复制对象复制到 Windows 的剪贴板上，然后在另一个图形文件中按 Ctrl + V 组合键将剪贴板上的内容粘贴到图样中。

2）有规则的多次复制可用“阵列（ArRay）”命令，无规则性的多次复制可选择多次（M）选项。

4.2.4 旋转对象 Rotate（RO）

1. 命令启动

1）菜单栏：【修改】→【旋转】。

2）工具栏：【修改】→【旋转】。

3）命令行：Rotate（RO）。

旋转对象是指将指定的对象绕指定点（称其为基点）旋转指定的角度。

2. 选项说明

执行 Rotate 命令后，AutoCAD 2011 命令行提示：“选择对象：”然后继续提示：“指定基点:”，键入旋转点后，继续提示：“指定旋转角度，或［复制（C)/参照（R)］<0>:”。

（1）指定旋转角度　输入角度值，AutoCAD 会将对象绕基点转动该角度。在默认设置下，角度为正时沿逆时针方向旋转；反之，沿顺时针方向旋转。

（2）复制（C）　创建出旋转对象后仍保留原对象。

（3）参照（R）　以参照方式旋转对象。执行该选项，AutoCAD 提示：

指定参照角:（输入参照角度值）

指定新角度或［点（P)］<0>:［输入新角度值，或通过“点（P)”选项指定两点来确定新角度］

执行结果：AutoCAD 根据参照角度与新角度的值自动计算旋转角度（旋转角度 = 新角度 - 参照角度），然后将对象绕基点旋转该角度。

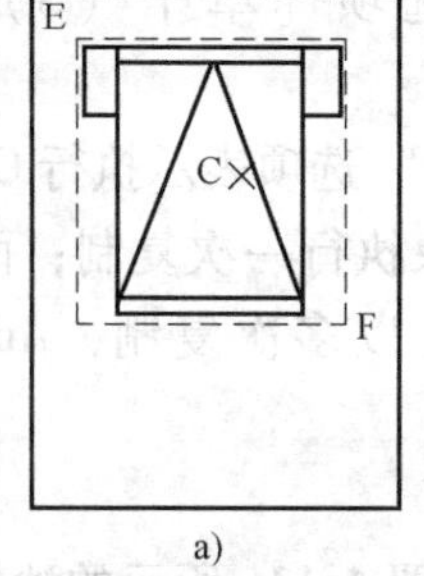

a)

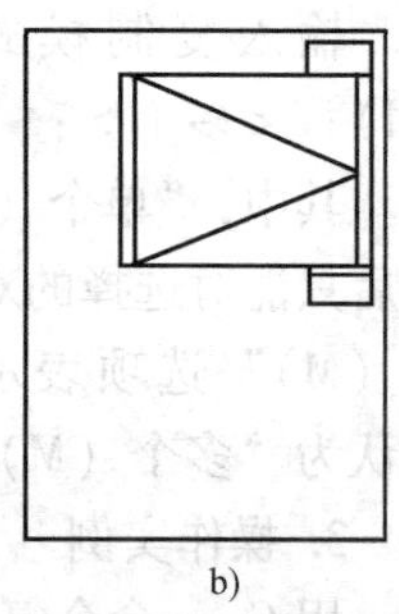

b)

图 4-14　用 Rotate 命令进行旋转

3. 操作实例

用 Rotate 命令将图 4-14a 中的床-床头柜以点 C 为旋转基点，旋转 -90°，结果如图 4-14b 所示。

操作如下:

命令:Rotate↙ //执行 Rotate 命令

选择对象:点选点 F //指定窗交对象的第一点

另一角点:点选点 E //指定窗交对象的第二点

选择集中的对象:8 //提示已选择对象数

选择对象:↙ //按 Enter 键结束对象选择

指定基点:点选点 C　　　　　　　　　　　　//指定旋转点

指定旋转角度或【复制(C)/参照(R)】<0>:

-90↙　　　　　　　　　　　　　　　　　　//指定旋转角度

命令:　　　　　　　　　　　　　　　　　　//按 Enter 键结束命令

4. 提示

旋转基点的选择与图样的具体情况有关，但是指定基点最好采用目标捕捉方式。

4.2.5　镜像对象 Mirror（Mi）

1. 命令启动

1）菜单栏：【修改】→【镜像】。

2）工具栏：【修改】→【镜像】。

3）命令行：Mirror（Mi）。

Mirror 命令用于复制具有对称性或部分具有对称性的图样，将指定的对象按给定的镜像线镜像处理。

2. 选项说明

执行 Mirror 命令后，AutoCAD 2011 会提示：“选择对象:”，可采用目标实体选择方式中的任何一种方法操作，当选择好镜像对象后，系统再次提示：“选择对象:”时，可按 Enter 键或 Space 键结束选择镜像对象，之后提示“指定镜像线的第一点:”，确定好之后提示“指定镜像线的第二点:”，确定好之后提示“是否删除源对象？[是（Y)/否（N)]　<N>:”。

1）镜像线的第一点：指定镜像线的起点。

2）镜像线的第二点：指定镜像线的终点。

3）是否删除源对象？［是（Y)/否（N)］<N>：镜像处理时，是否删除源对象，默认值 N，即不删除。

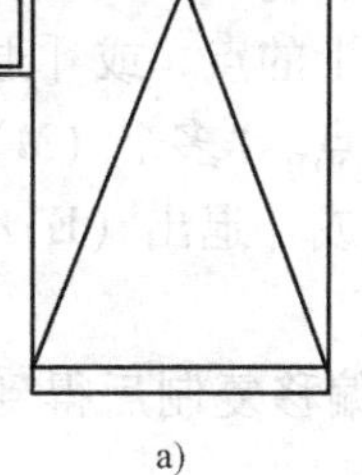
a)

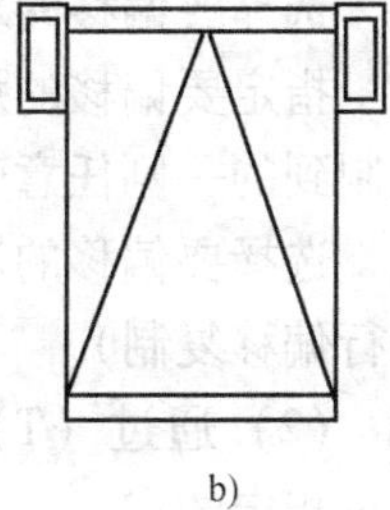
b)

图 4-15　用 Mirror 命令镜像图形

3. 操作实例

用 Mirror 命令将如图 4-15a 所示床头柜镜像到另一边，如图 4-15b 所示。操作如下：

命令:Mirror　　　　　　　　　　　　　　　//执行 Mirror 命令

选择对象：点选床头柜　　　　　　　　　　//选取镜面对象

选择对象：找到 1 个　　　　　　　　　　　//提示已选择对象数

选择对象:　　　　　　　　　　　　　　　　//按 Enter 键结束对象选择

指定镜像线的第一点:

捕捉床的中点 O　　　　　　　　　　　　　//指定镜面线起点

指定镜像线的第二点:

在床的中心线上取一点　　　　　　　　　　//指定镜面线终点

是否删除源对象？[是(Y)/否(N)]<N>:　　//键入 N,按 Enter 键结束命令

4. 提示

1）对于水平或垂直的对称轴，更简便的方法是使用正交功能。确定了对称轴的第一点后，打开正交开关。此时光标只能在经过第一点的水平或垂直路径上移动，此时任取一点作

为对称轴上的第二点即可。

2）对某些具有对称线（面），但不完全对称的图样，也可以用 Mirror 命令操作，然后稍做编辑即可。

4.2.6 偏移对象 Offset（O）

1. 命令启动

1）菜单栏：【修改】→【偏移】。

2）工具栏：【修改】→【偏移】 。

3）命令行：Offset（O）。

Offset 命令将直线、圆、多段线等做同心复制，对于直线而言，其圆心在无穷远，相当于平行移动一定距离进行复制。

2. 选项说明

执行 Offset 命令后，系统提示："指定偏移距离或［通过（T）/删除（E）/图层（L）］<通过>："，按 Enter 键后提示："选择要偏移的对象，或［退出（E）/放弃（U）］<退出>："，选择完偏移对象后自动结束对象选择，紧接着提示："指定要偏移的那一侧上的点，或［退出（E）/多个（M）/放弃（U）］<退出>："，指定通过左键点取。

（1）指定偏移距离。根据偏移距离偏移复制对象 在"指定偏移距离或［通过（T）/删除（E）/图层（L）］："提示下直接输入距离值，AutoCAD 提示：

选择要偏移的对象，或［退出（E）/放弃（U）］<退出>：（选择偏移对象）

指定要偏移的那一侧上的点，或［退出（E）/多个（M）/放弃（U）］<退出>：（在要复制到的一侧任意确定一点。"多个（M）"选项用于实现多次偏移复制）

选择要偏移的对象，或［退出（E）/放弃（U）］<退出>：↙（也可以继续选择对象进行偏移复制）

（2）通过（T） 使偏移复制后得到的对象通过指定的点。

（3）删除（E） 实现偏移源对象后删除源对象。

（4）图层（L） 确定将偏移对象创建在当前图层上还是源对象所在的图层上。

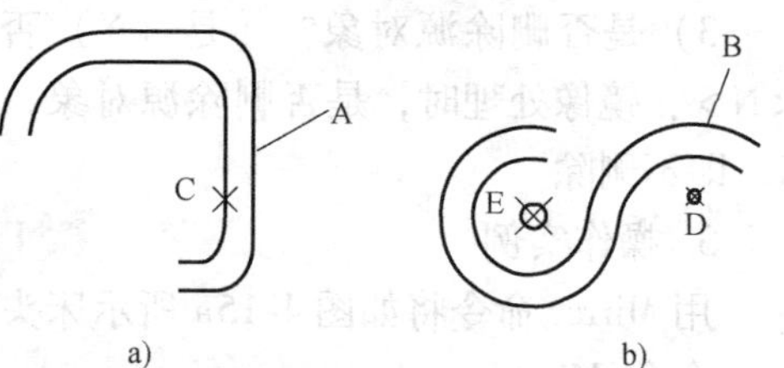

图 4-16 用 Offset 命令平移复制曲线

3. 操作实例

用 Offset 命令平移复制曲线 A（图 4-16a）和曲线 B（图 4-16b）。

操作如下：

命令：Offset↙ //执行 Offset 命令

指定偏移距离或［通过(T)/删除(E)/图层(L)］：↙ //按 Enter 键选择通过点选项

选择要偏移的对象，或［退出(E)/放弃(U)］<退出>：点选点 A //如图 4-16a 所示，指定选择对象

指定通过点或［退出(E)/多个(M)/放弃(U)］<退出>：点选点 C //指定通过点

选择要偏移的对象，或［退出(E)/放弃(U)］<退出>：↙ //按 Enter 键结束命令

命令：Offset↙ //执行 Offset 命令

指定偏移距离或[通过(T)/删除(E)/图层(L)]:50　//键入平移距离 50

选择要偏移的对象,或[退出(E)/放弃(U)] <退出>:点选点 B　//如图 4-16b 所示,指定选择对象

指定要偏移的那一侧上的点,或[退出(E)/多个(M)/放弃(U)] <退出>:点选点 D　//在平移方向上指定一点

选择要偏移的对象,或[退出(E)/放弃(U)] <退出>:↙　//按 Enter 键结束命令

4. 提示

1）Offset 命令指定一定距离或一个点创建新对象，在 AutoCAD 2011 中，Offset 命令可操作的对象有直线、圆、圆弧、二维多段线、椭圆、椭圆弧、射线和构造线等，但是该命令不能用在三维面或三维对象上。

2）弯曲实体的偏移出现更大或更小的曲线，这取决于复制体在原实体的哪一边。比如，在圆外复制一个平行实体出现更大的同心圆；在圆内复制一平行实体出现更小的同心圆。

3）偏移多段线时，AutoCAD 2011 将偏移所选定的形体控制点，如果将某个顶点偏移到样条曲线或多段线的一个锐角内时，则可能出现意想不到的后果。如图 4-16b 所示，将偏移点指定在 E 处，所得结果出人所料。

4.2.7　阵列对象 ArRay（AR）

1. 命令启动

1）菜单栏：【修改】→【阵列】。

2）工具栏：【修改】→【阵列】 。

3）命令行：ArRay（AR）。

ArRay 命令按矩形或环形方式多重复制指定的对象。

2. 选项说明

执行 ArRay 命令后，AutoCAD 2011 将打开如图 4-17 所示的【阵列】对话框，其选项含义及功能如下：

阵列样式有矩形阵列（R）和环形阵列（P）两种，默认是矩形阵列（R）。

（1）矩形阵列（R）　矩形阵列（R）是按行和列方式复制对象。执行 ArRay 命令出现【阵列】对话框。做矩形阵列操作如下：

1）选择“矩形阵列（R）”单选按钮。

2）在“行数”和“列数”文本框中输入矩形阵列的行数和列数。

3）设置“偏移距离和方向”的参数。

① 在“行偏移”文本框输入阵列的行间距。

② 在“列偏移”文本框输入阵列的列间距。

③ 在“阵列角度”文本框输入阵列的倾斜角度。

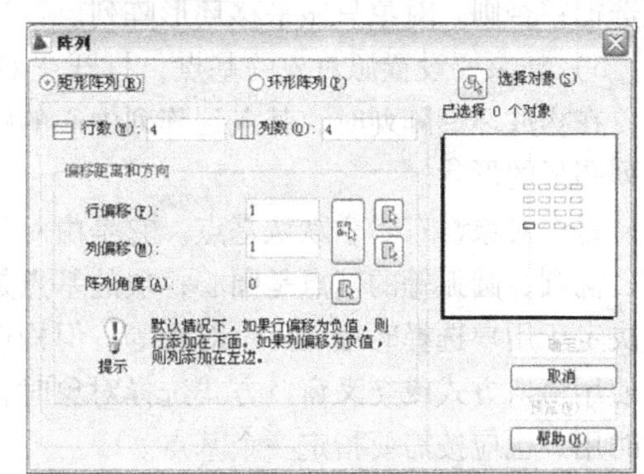

图 4-17　矩形阵列

行偏移、列偏移可有正、负，如果行偏移为正，阵列向上方复制；列偏移为正，阵列向右方复制；否则相反。而“阵列角度”则是“行”与当前 UCS 的 X 轴的夹角。

另外，“偏移距离和方向”区中的按钮是用来在图形窗口设定上述参数的：“长方形按钮”是通过指定两个角点形成一个矩形，即单位单元。该矩形的高与宽分别作为矩形阵列的行偏移和列偏移。单位单元的两点位置与点取的先后顺序则确定了矩形阵列的方向：例如先点取左上角，再点取右下角，则将向下、向右形成复制阵列；另外三个小按钮则用来返回图形窗口，用点取两个点的方法来输入对应项目的值。

4）单击【选择对象】按钮，切换到图形窗口，选择阵列的源对象。选择完毕按 Enter 键返回对话框，此时可单击【确定】按钮结束操作，或单击【预览】按钮预览阵列效果之后单击【确定】按钮，这样便于参数设置错误时的修改。

（2）环形阵列（R）　环形阵列（P）是围绕一个中心点做等角距复制对象。执行 ArRay 命令出现后【阵列】对话框。做环形阵列的操作如下：

1）选择“环形阵列”单选按钮。【阵列】对话框将切换为如图 4-18 所示的样式。

2）在“中心点”的文本框输入环形阵列中心点的 X、Y 坐标，也可以单击拾取按钮在图形窗口直接拾取。

3）在“方法和值”区确定构成环形阵列所使用的方法与有关数值。

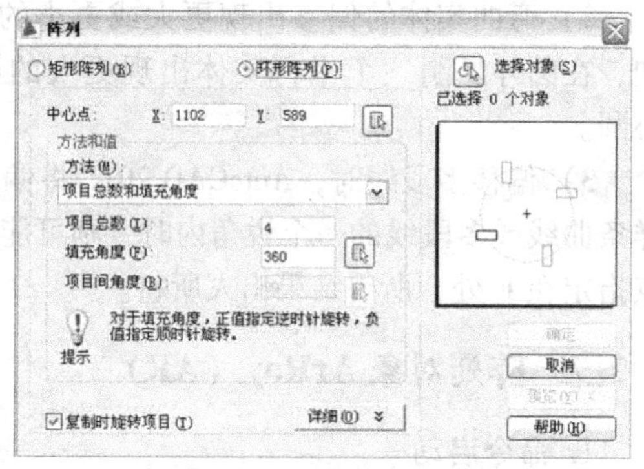

图 4-18　环形阵列

①“方法”下拉列表中有三个选项供选择：“项目总数和填充角度”、“项目总数和项目间的角度”、“填充角度和项目间的角度”。

“项目总数”中应包括源对象本身；“填充角度”是指总的填充角度；“项目间角度”是指每个对象之间的夹角。

输入角度如为正，将按逆时针方向进行环形复制；为负，则按顺时针方向复制。

② 选完方法后，既可在该区相应的文本框输入参数，也可单击按钮在图形窗口中拾取。

4）如阵列时每个对象都要相对于本身的基点做相应旋转，则选中“复制时旋转项目”复选框；否则，对象只做平移环形阵列。

5）如果要设置源对象的基点，打开“对象基点”区。

在构成环形阵列时，基点到阵列中心的距离保持不变。显然，基点不同将影响平移环形阵列图形的形状。

每个对象都有一个默认基点。它是由对象的性质决定的，如直线取第一个端点为基点；圆、椭圆、圆弧等的基点是圆心；块的基点是插入点；文字以定位点为基点；选择集上的基点决定于用户选择时最后一个对象等。但构造阵列时也可以不用默认的基点。另外，如果用户使用窗口方式或交叉窗口方式选择对象时，也很难确定哪个是选择集中的最后一个对象，这时用户也应按需要指定一个基点。

有三种设置基点的方法：

① 选择“设为对象的默认值”单选按钮。

② 在“基点”的文本框中输入基点坐标值。

③ 单击该区右下角的拾取按钮，切换到图形窗口直接拾取基点。

3. 操作实例

将沙发用 ArRay 命令进行阵列复制，如图 4-19 所示。

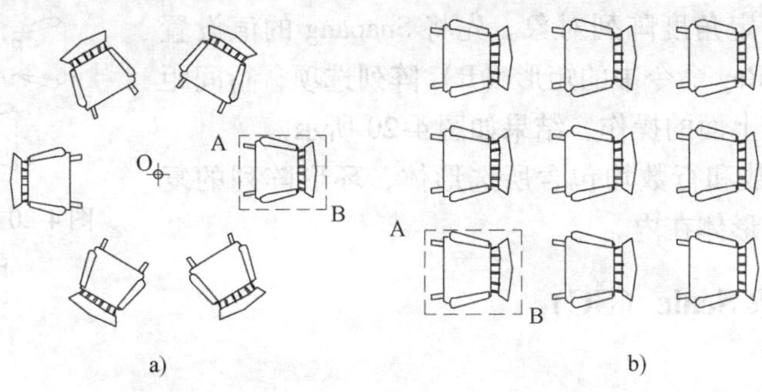

图 4-19　用 ArRay 命令进行阵列复制

操作如下：

命令：ArRay　　//执行 ArRay 命令

打开如图 4-18 所示的对话框，在“中心点”文本框右边单击拾取按钮点取点 O，指定环形阵列中心

在项目总数文本框中输入 6　　//键入阵列项数目

在“填充角度”文本框中输入 360　　//指定阵列角度

单击【选择对象】按钮　　//选择对象

选取阵列对象：点选点 B　　//指定窗交对象的第一点

另一角点：点选点 A　　//指定窗交对象的第二点

选择集中的对象：1　　//提示已选择对象数

选取阵列对象：　　//按 Enter 键结束对象选择

命令：ArRay　　//执行 ArRay 命令

打开如图 4-17 所示的对话框

在“行数”文本框输入矩形阵列的行数 3　　//键入阵列的行数 3

在“列数”文本框输入矩形阵列的列数 3　　//键入阵列的列数 3

在“行偏移”文本框输入阵列的行间距 50　　//指定行的行间距 50

在“列偏移”文本框输入阵列的列间距 60　　//指定列的列间距 60

单击【选择对象】按钮

选取阵列对象：点选点 B　　//指定窗交对象的第一点

另一角点：点选点 A　　//指定窗交对象的第二点

↙　　//按 Enter 键结束对象选择

选择集中的对象：1　　//提示已选择对象数

单击【确定】按钮　　//按 Enter 键结束命令

4. 提示

1）矩形阵列，输入的行距和列距为负值，则加入的行在原行的下方，加入的列在原列

的左方。对环形阵列，输入的角度为正值，沿逆时针方向旋转；反之，则沿顺时针方向旋转。

2）用改变系统角度变量 Snapang 命令，改变捕捉和网格的方向，再用 ArRay 命令中的矩形阵列（R）选项阵列复制时，可复制成沿一定角度阵列对象。先将 Snapang 的值设置为 30°，然后用 ArRay 命令中的矩形（R）阵列选项，行间距和列间距的设置同上面的操作，结果如图 4-20 所示。

3）矩形的列数和行数均包含所选形体，环形阵列的复制份数也包括原始形体在内。

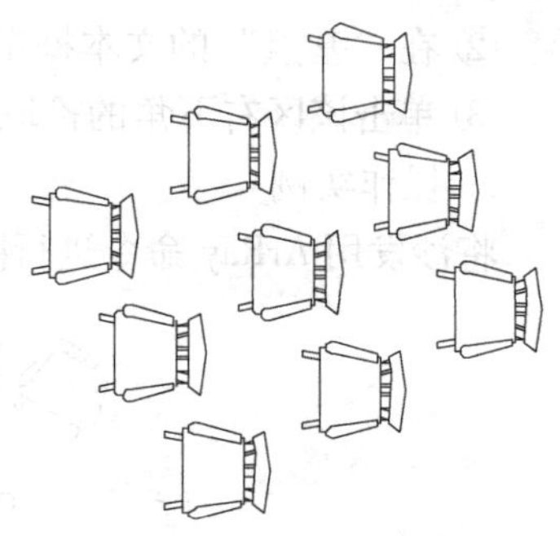

图 4-20 行间距和列间距的设置结果

4.2.8 缩放对象 Scale（SC）

1. 命令启动

1）菜单栏：【修改】→【缩放】。

2）工具栏：【修改】→【缩放】。

3）命令行：Scale（SC）。

Scale 用于将对象按指定的比例因子相对于指定的基点放大或缩小。

2. 选项说明

执行 Scale 命令后，AutoCAD 2011 提示“选择对象:”，结束对象选择之后，接着继续提示：“指定基点:”，指定基点之后继续提示：“指定比例因子或［复制（C）/参照（R）］:”。

（1）指定比例因子 确定缩放比例因子，为默认项。执行该默认项，即输入比例因子后按 Enter 键或 Space 键，AutoCAD 将所选择对象根据该比例因子相对于基点缩放，且 0 < 比例因子 < 1 时缩小对象，比例因子 > 1 时放大对象。

（2）复制（C） 创建出缩小或放大的对象后仍保留原对象。执行该选项后，根据提示指定缩放比例因子即可。

（3）参照（R） 将对象按参照方式缩放。执行该选项，AutoCAD 提示：

指定参照长度:（输入参照长度的值）

指定新的长度或［点（P）］:（输入新的长度值或通过“点（P）”选项通过指定两点来确定长度值）

执行结果：AutoCAD 根据参照长度与新长度的值自动计算比例因子（比例因子 = 新长度值 ÷ 参照长度值），并进行对应的缩放。

3. 操作实例

用 Scale 命令将汽车图样（如图 4-21a 所示）缩小一半，结果如图 4-21b 所示。

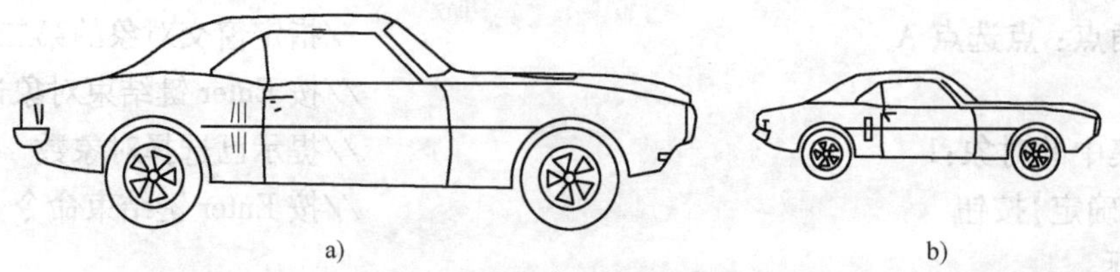

图 4-21 用 Scale 命令缩小图形

操作如下：

命令：Scale　　//执行 scale 命令

选择对象：　　//指定窗选对象第一点

指定对角点：　　//指定窗选对象第二点

指定对角点：找到 1 个　　//提示已选择对象数

选择对象：　　//按 Enter 键结束对象选择

指定基点：在图 4-21a 所示汽车后轮上拾取一点　　//指定比例缩放基点

指定比例因子或【复制(C)/参照(R)】<1.0000>：

0.5　　//键入缩放比例因子

4. 提示

1）当 Scale 大于 1 时，放大对象；当 Scale 大于 0 且小于 1 时，缩小对象；当 Scale 等于 1 时不改变对象尺寸。

2）选择基点最好指定在对象的几何中心或对象的特殊点上，可用目标捕捉的方式来指定。

3）Scale 命令与夹点功能都可以对对象进行缩放操作。

4）Scale 命令与 Zoom 命令有区别，前者可改变实体的尺寸大小，后者只是缩放显示实体，并不改变实体的尺寸值。所以说，Zoom 命令是透明命令。

4.2.9　拉伸对象 Stretch（S）

1. 命令启动

1）菜单栏：【修改】→【拉伸】。

2）工具栏：【修改】→【拉伸】。

3）命令行：Stretch（S）。

Stretch 命令可将图样拉伸或压缩一定的值。该命令用交叉方式选择操作对象，与窗口相交的对象可拉伸或压缩，而窗口内的对象将被移动。

2. 选项说明

执行 Stretch 命令后，AutoCAD 2011 命令行提示："以交叉窗口或交叉多边形选择要拉伸的对象...　"选择对象:"，完成对象选择之后继续提示："指定基点或［位移（D）］<位移>："，指定位移基点，系统接着提示："指定第二个点或 <使用第一个点作为位移>："，指定位移第二点，则由基点与第二点决定拉伸距离。

（1）指定基点　确定拉伸或移动的基点。

（2）位移（D）　根据位移量移动对象。

3. 操作实例

1）用 Stretch 命令将门水平拉伸到新位置，如图 4-22 所示。

操作如下：

命令：Stretch　　//执行 Stretch 命令

以交叉窗口或交叉多边形选择要拉伸的对象……：

点取点 A　　//指定窗选第一点

指定对角点：点取点 B　　//指定窗选第二点

找到 11 个：　　//提示已选择对象数

选择对象：　　//按 Enter 键结束对象选择

指定基点或［位移(D)］<位移>:点取点 C　　//指定拉伸的基点

指定第二个点或 <使用第一个点作为位移>：

点取点 D　　//指定拉伸到的基点

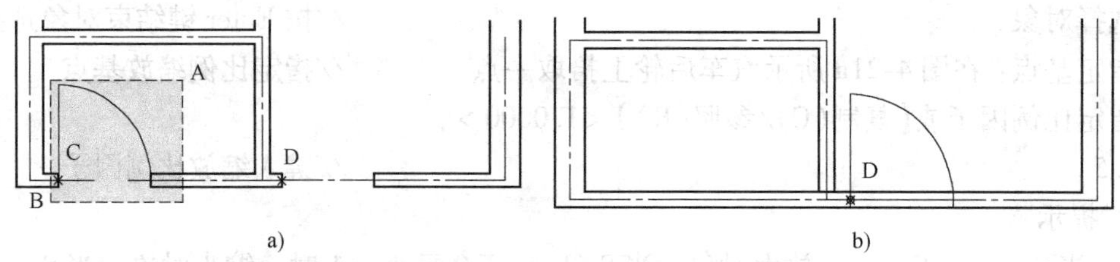

图 4-22　用 Stretch 命令将门水平拉伸到新的位置

2）用 Stretch 命令将窗水平拉长，如图 4-23 所示。

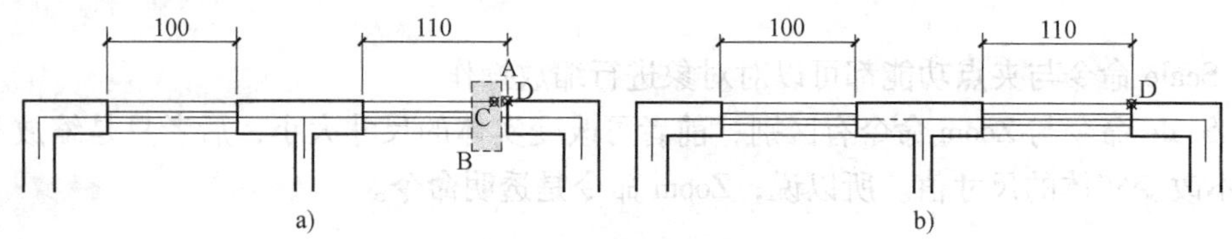

图 4-23　用 Stretch 命令将窗水平拉长

操作如下：

命令：Stretch　　//执行 Stretch 命令

以交叉窗口或交叉多边形选择要拉伸的对象...：

点取点 A　　//指定窗选第一点

指定对角点：点取点 B　　//指定窗选第二点

找到 6 个：　　//提示已选择对象数

选择对象：　　//按 Enter 键结束对象选择

指定基点或［位移（D）］<位移>：点取点 C　　//指定拉伸的基点

指定第二个点或 <使用第一个点作为位移>：

点取点 D　　//指定拉伸到的基点

4. 提示

1）Stretch 命令能拉伸或压缩线段、弧、多义线等对象，但是不能拉伸或压缩圆、文本、图块和属性定义等，只能将其移动。

2）选择拉伸对象时应注意，当选择对象在窗选框内时，对象被移动；当有部分在框内时，则被拉伸或压缩。

4.2.10　拉长对象 Lengthen（LEN）

1. 命令启动

1）菜单栏：【修改】→【拉长】。

2）命令行：Lengthen（LEN）。

Lengthen 命令用于改变直线、圆弧的长度。

2. 选项说明

执行 Lengthen 命令后，AutoCAD 2011 提示：“选择对象或［增量（DE）/百分数（P）/全部（T）/动态（DY）］:”，各选项分别介绍如下：

（1）选择对象 显示指定直线或圆弧的现有长度和包含角（对于圆弧而言）。

（2）增量（DE） 通过设定长度增量或角度增量改变对象的长度。执行此选项，AutoCAD 提示：

输入长度增量或［角度（A）］：在此提示下确定长度增量或角度增量后，再根据提示选择对象，可使其长度改变。

（3）百分数（P） 使直线或圆弧按百分数改变长度。

（4）全部（T） 根据直线或圆弧的新长度或圆弧的新包含角改变长度。

（5）动态（DY） 以动态方式改变圆弧或直线的长度。

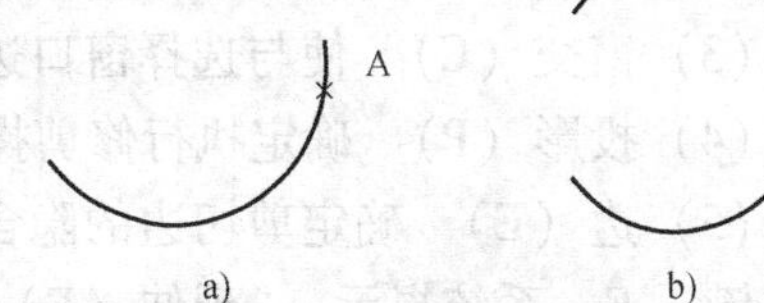

图 4-24 用 Lengthen 命令改变图中圆弧的长度

3. 操作实例

用 Lengthen 改变图 4-24a 中圆弧的长度，结果如图 4-24b 所示。

操作如下：

命令：Lengthen //执行 Lengthen 命令

选择对象或［增量(DE)/百分数(P)/全部(T)/动态(DY)］:

DE //键入 DE,选择增量选项

输入长度增量或［角度(A)］<0.0000>：300 //键入长度增量

选择要修改的对象或［放弃(U)］:

点选点 A 旁的一段 //选择对象需要拉长的那一端

选择要修改的对象或［放弃(U)］: //按 Enter 键结束命令

4. 提示

1）Lengthen 命令总是使对象在离拾取点近端改变长度，且只对非封闭图形有效。

2）通过增量（DE）方式改变长度时，键入正值，拉伸对象；键入负值，缩短对象。

3）通过百分比（P）方式改变长度时，百分比如果小于 100，则缩短对象；大于 100，则拉伸对象。

4.2.11 修剪对象 Trim（TR）

1. 命令启动

1）菜单栏：【修改】→【修剪】。

2）工具栏：【修改】→【修剪】 。

3）命令行：Trim（TR）。

Trim 用做为剪切边的对象修剪指定的对象（称后者为被剪边），即将被修剪对象沿修剪边界（即剪切边）断开，并删除位于剪切边一侧或位于两条剪切边之间的部分。

可以被 Trim 命令修剪的对象有直线、圆、圆弧、非封闭的 2D 或 3D 多段线、射线、样条曲线、面域、尺寸、文本等对象；修剪边界（即剪切边）可以使用于除图块、网格、三维面、文本、轨迹线以外的任何对象。

2. 选项说明

执行Trim命令后，系统提示：“选择剪切边...”，“选择对象或 <全部选择>:”，选取对象后，系统接着提示：“选择要修剪的对象，或按住Shift键选择要延伸的对象，或［栏选（F）/窗交（C）/投影（P）/边（E）/删除（R）/放弃（U）］:”：

（1）选择要修剪的对象，或按住Shift键选择要延伸的对象　在上面的提示下选择被修剪对象，AutoCAD会以剪切边为边界，将被修剪对象上位于拾取点一侧的多余部分或将位于两条剪切边之间的部分剪切掉。如果被修剪对象没有与剪切边相交，在该提示下按下Shift键后选择对应的对象，AutoCAD则会将其延伸到剪切边。

（2）栏选（F）　以栏选方式确定被修剪对象。

（3）窗交（C）　使与选择窗口边界相交的对象作为被修剪对象。

（4）投影（P）　确定执行修剪操作的空间。

（5）边（E）　确定剪切边的隐含延伸模式。

键入E，系统提示：“延伸（E）/不延伸（N）<不延伸（N）>:”，分别说明如下：

延伸（E）：该选项确定用隐含的延伸边界来修剪对象，而实际上边界和修剪对象并没有真正相交。AutoCAD 2011会假想将修剪边延长，然后再进行修剪。

不延伸（N）：该选项确定边界不延伸，而只有边界与修剪对象真正相交后才能完成修剪操作。

（6）删除（R）　删除指定的对象。

（7）放弃（U）　取消上一次的操作。

3. 操作实例

用Trim命令将图4-25a所示矩形内的直线剪掉，结果如图4-25b所示。

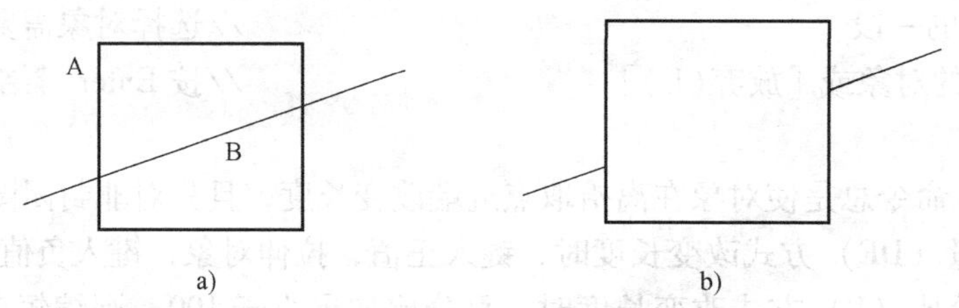

图4-25　用Trim命令将矩形内的直线部分剪掉

操作如下：

命令:Trim　　//执行Trim命令

选择剪切边...

选择对象或 <全部选择>:点选矩形框A　　//选择修剪边界

找到1个:　　//提示已选择对象数

选择对象:　　//按Enter键结束选择对象

选择要修剪的对象,或按住Shift键选择要延伸的对象,

或[栏选(F)/窗交(C)/投影(P)/边(E)/删除(R)/放弃(U)]:

点选直线B　　//选取对象修剪

选择要修剪的对象,或按住 Shift 键选择要延伸的对象,
或[栏选(F)/窗交(C)/投影(P)/边(E)/删除(R)/放弃(U)]:
//按 Enter 键执行命令

4. 提示

1）Trim 命令的一个对象既可以作为修剪边界，又可以作为修剪对象。

2）有一定宽度的多段线被修剪时，修剪的交点按其中心线计算，且保留宽度信息；宽多段线的终点仍然是方的，切口边界与多段线的中心线垂直。

3）Trim 命令可以采用隐含边界（E），如图 4-26a 所示选择隐含边界 A，结果如图 4-26b 所示。

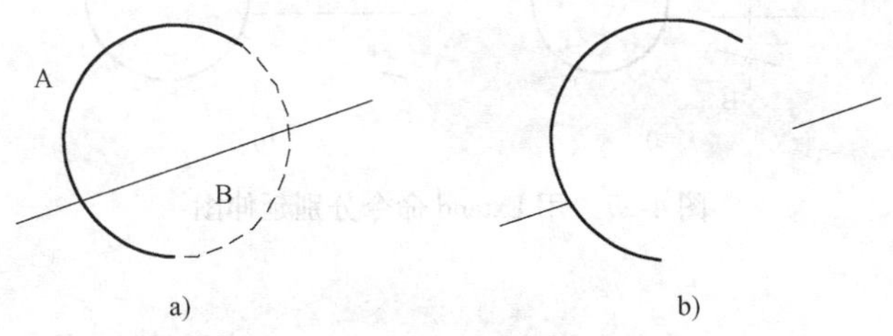

图 4-26　Trim 命令采用隐含边界

4.2.12　延伸对象 Extend（EX）

1. 命令启动

1）菜单栏：【修改】→【延伸】。

2）工具栏：【修改】→【延伸】。

3）命令行：Extend（EX）。

Extend 命令用于将指定的对象延伸到指定的边界上。通常能用 Extend 命令延伸的对象有圆弧、椭圆弧、直线、非封闭的 2D 和 3D 多义线、射线等。如果以一定宽度的 2D 多义线作为延伸边界，AutoCAD 2011 会忽略其宽度，直接将延伸对象延伸到多义线的中心线上。

2. 选项说明

执行 Extend 命令后，系统提示："选择边界的边..."，"选择对象或 <全部选择>:"，选取对象后，系统继续提示："选择要延伸的对象，或按住 Shift 键选择要修剪的对象，或[栏选（F）/窗交（C）/投影（P）/边（E）/放弃（U）]:"。

（1）选择要延伸的对象，或按住 Shift 键选择要修剪的对象　选择对象进行延伸或修剪，为默认项。用户在该提示下选择要延伸的对象，AutoCAD 把该对象延长到指定的边界对象。如果延伸对象与边界交叉，在该提示下按下 Shift 键，然后选择对应的对象，那么 AutoCAD 会修剪它，即将位于拾取点一侧的对象用边界对象将其修剪掉。

（2）栏选（F）　以栏选方式确定被延伸对象。

（3）窗交（C）　使与选择窗口边界相交的对象作为被延伸对象。

（4）投影（P）　确定执行延伸操作的空间。

（5）边（E）　确定延伸的模式。

键入 E，系统提示："延伸（E）/不延伸（N）<不延伸（N）>:"，分别说明如下：

延伸（E）：该选项确定用隐含的延伸边界来修剪对象，而实际上边界和修剪对象并没

有真正相交。AutoCAD 2011 会假想将修剪边延长，使延伸边延长到与对象相交的位置。

不延伸（N）：该选项确定边界不延伸，而只有边界与延伸对象真正相交后才能延伸操作对象。

（6）放弃（U） 取消上一次的操作。

3. 操作实例

用 Extend 命令分别延伸图 4-27a 所示的四条直线与圆 C 相交，结果如图 4-27b 所示。

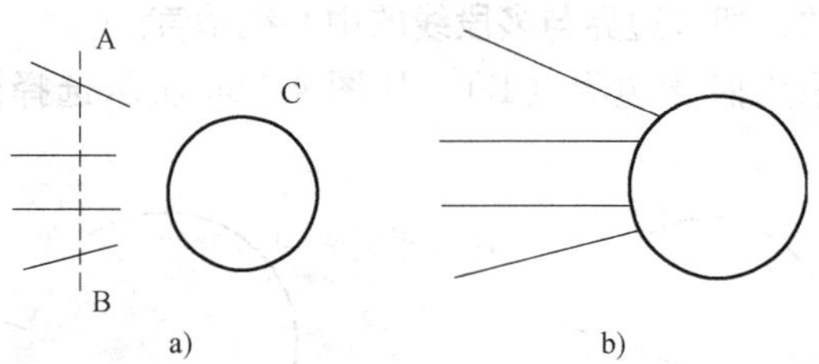

图 4-27 用 Extend 命令分别延伸图

操作如下：

命令:Extend //执行 Extend 命令

选择边界的边…

选择对象或<全部选择>：点选圆 C //选取边界对象

找到 1 个： //提示已选择中的对象数

选择对象： //结束对象选择

选择要延伸的对象,或按住 Shift 键选择要修剪的对象,

或[栏选(F)/窗交(C)/投影(P)/边(E)/放弃(U)]：

F //键入 F,选择围栏

指定第一个栏选点：点取点 A //确定围栏第一点

指定下一个栏选点或[放弃(U)]:点取点 B //确定围栏第一点

指定下一个栏选点或[放弃(U)]： //结束围栏选择,执行命令

选择要延伸的实体，或按住 Shift 键

选择要延伸的对象,或按住 Shift 键选择要修剪的对象,

或[栏选(F)/窗交(C)/投影(P)/边(E)/放弃(U)]： //按 Enter 键结束命令

4. 提示

1）用 Extend 命令延伸具有一定宽度的多段线，当边界与多段线的中心线不垂直时，宽多段线会超出边界，直到其中心到达边界为止。如果宽多段线是渐变的，按原来的斜度延伸后其末端的宽度要出现负值，则该端的宽度将改为 0。如图 4-28a 所示中宽多段线的 A 端，延伸后其宽度变为 0，结果如图 4-28b 所示。

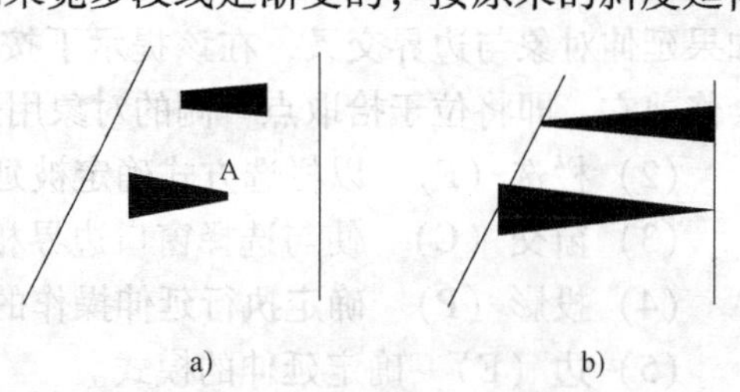

图 4-28 用 Extend 命令延伸具有一定宽度的多段线

2）Extend 命令可延伸一个相关的尺寸标注，当延伸操作完成后，其尺寸值也会自动修正。

3）射线可以朝一个方向延伸，而构造线不能用 Extend 命令操作。

4）选择延伸对象时，应从拾取框靠近延伸

对象边界的那一端来选择延伸对象。

4.2.13　打断对象 Break（BR）

1. 命令启动

1）菜单栏：【修改】→【打断】。

2）工具栏：【修改】→【打断】。

3）命令行：Break（BR）。

Break 命令用于将对象从某一点处断开或删除对象的某一部分。该命令可对直线、圆弧、圆、多段线、椭圆、射线以及样条曲线等进行断开和删除某一部分的操作。

2. 选项说明

执行 Break 命令后，AutoCAD 2011 会提示“选择对象:”，可以用点选的方式选择操作对象，系统接着提示：“指定第二个打断点 或［第一点（F）］:”，键入 F，系统接着提示：“指定第一个打断点:”，拾取第一打断点后，系统接着提示：“指定第二个打断点:”，拾取第二打断点。

（1）指定第二个打断点　此时 AutoCAD 以用户选择对象时的拾取点作为第一断点，并要求确定第二断点。用户可以有以下选择：

如果直接在对象上的另一点处单击拾取键，AutoCAD 将对象上位于两拾取点之间的对象删除掉。

如果输入符号“@”后按 Enter 键或 Space 键，AutoCAD 在选择对象时的拾取点处将对象一分为二。

如果在对象的一端之外任意拾取一点，AutoCAD 将位于两拾取点之间的那段对象删除掉。

（2）第一点（F）　重新确定第一断点。执行该选项，AutoCAD 提示：

指定第一个打断点:（重新确定第一断点）

指定第二个打断点:

在此提示下，可以按前面介绍的三种方法确定第二断点。

3. 操作实例

用 Break 命令删除图 4-29a 中的 AB 段，结果如图 4-29b 所示。

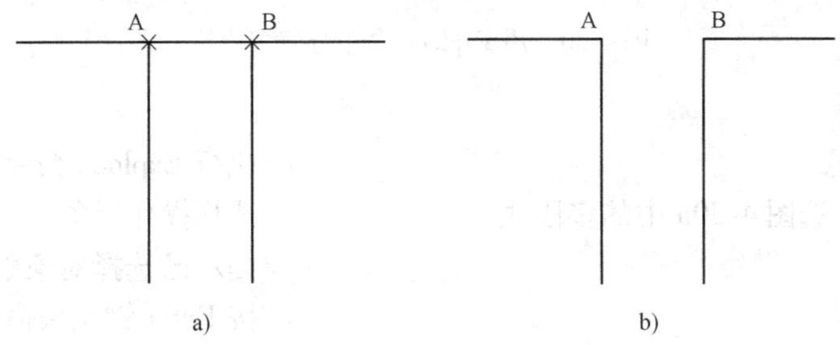

图 4-29　用 Break 命令删除线段

操作如下：

命令:Break↙　　　　//执行 Break 命令

选择对象：点选直线 AB，如图 4-29a 所示　　　　//选择操作对象
指定第二个打断点 或［第一点(F)］:F　　　　//选第一切断点
指定第一个打断点：捕捉 A 点　　　　//指定断开的第一点
指定第二个打断点：捕捉 B 点　　　　//指定断开的第二点

4. 提示

1）可以将实体断为两部分，可以断开弧、圆、椭圆、线段、多段线、射线和直线。当使用该工具时必须两点断开。默认情况下选择实体时点取的点即为第一打断点；否则，可使用第一点选项选择第一打断点。

2）将实体打断为两部分且不清除实体的一部分，确定第一打断点后，系统提示：“第二打断点”，此时单击符号@来响应，而不是确定第二打断点，即同工具栏上的“打断于点”按钮。

4.2.14 分解对象 Explode（X）

1. 命令启动

1）菜单栏：【修改】→【分解】。

2）工具栏：【修改】→【分解】。

3）命令行：Explode（X）。

Explode 命令用于将复合对象分解为若干基本的组成对象。它能够分解的对象有图块、三维线框或实体、尺寸、剖面线、多段线和面域等。

执行 Explode 命令后，AutoCAD 2011 命令行提示“选择对象:”，用目标选择方式中的任意一种方法选择操作对象，然后按 Enter 键即可。

2. 操作实例

用 Explode 命令分解图 4-30a 中的多段线，结果如图 4-30b 所示。

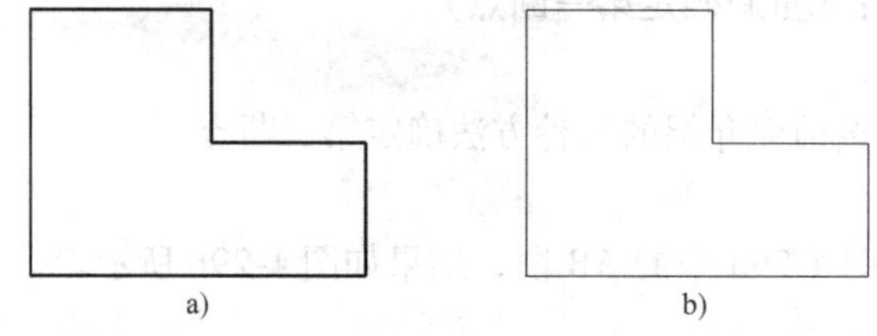

图 4-30　用 Explode 命令分解多段线

操作如下：

命令：Explode↙　　　　//执行 Explode 命令
选择对象：点选图 4-30a 中的多段线　　　　//选择操作对象
找到 1 个：　　　　//提示已选择对象数
选择对象：　　　　//按 Enter 键结束命令

3. 提示

1）如何区别复合对象与分解对象：通过点选对象，然后观察夹点来区别。

2）Explode 命令分解带属性的图块后，将使属性值消失，并还原为属性定义标签。

3）具有一定宽度的多义线分解后，AutoCAD 2011 将放弃多段线的任何宽度和切线信

息，分解后的多段线的宽度、线型、颜色将随当前层而改变，如图 4-30b 所示，分解后的多义线的宽度发生了变化。

4.2.15　合并对象 Join（J）

1. 命令启动

1）菜单栏：【修改】→【合并】。

2）工具栏：【修改】→【合并】 。

3）命令行：Join（J）。

Join 命令用于将两个实体连接成一个实体。

2. 选项说明

执行 Join 命令后，AutoCAD 2011 会提示："选择源对象:"，可以用点选的方式选择第一条线或弧。

1）当选择直线时，系统提示："选择要合并到源的直线:"，点选第二条直线，按 Enter 键后，提示已将 1 条直线合并到源。

2）当选择弧线时，系统提示："选择要合并到源的圆弧:"，点选第二条弧线，按 Enter 键后，提示已将 1 个圆弧合并到源。

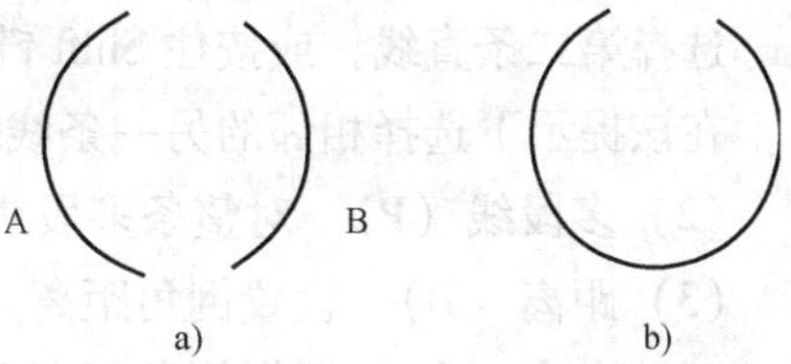

图 4-31　用 Join 命令连接图形

3. 操作实例

用 Join 命令连接如图 4-31a 所示的 A 和 B 两段弧线，结果如图 4-31b 所示。

操作如下：

命令:Join↙　//执行 Join 命令

选择源对象:点选弧线 A,如图 4-31a 所示　//指定连接的弧线

选择要合并到源的圆弧:点选弧线 B　//指定连接的弧线

找到 1 个　//提示已选择对象数

选择要合并到源的圆弧:　//按 Enter 键连接两段弧线

合并的圆弧段组成了一个圆。要转换为圆吗?

[是(Y)/否(N)]<是>:　//按 Enter 键表示是组成一个圆

已合并 2 个圆弧,并将它们转换为圆　//提示对象已连接

4. 提示

1）两条线必须平行；两条弧必须有共同的圆心和半径。

2）当连接两条线时，远端点保持原有位置；程序在两点间绘制一条新直线。弧是逆时针连接，从选择的第一条弧到第二条弧。

4.2.16　创建倒角 Chamfer（CHA）

1. 命令启动

1）菜单栏：【修改】→【倒角】。

2）工具栏：【修改】→【倒角】 。

3）命令行：Chamfer（CHA）。

通过延伸或修剪的方法，Chamfer 命令用一条斜线连接两个非平行的对象。可用于倒角的对象有直线、多段线、构造线和射线等。此外，Chamfer 命令还可以对三维实体进行倒角处理。

2. 选项说明

执行 Chamfer 命令后，系统提示：

（“修剪”模式）当前倒角距离 1 = 0.0000，距离 2 = 0.0000

“选择第一条直线或［放弃(U)/多段线(P)/距离(D)/角度(A)/修剪(T)/方式(E)/多个(M)］:”

提示的第一行说明当前的倒角操作属于“修剪”模式，且第一、第二倒角距离分别为 0 和 0。

（1）选择第一条直线　要求选择进行倒角的第一条线段，为默认项。选择某一线段，即执行默认项后，AutoCAD 提示：

选择第二条直线，或按住 Shift 键选择要应用角点的直线：

在该提示下选择相邻的另一条线段即可。

（2）多段线（P）　对整条多段线倒角。

（3）距离（D）　设置倒角距离。

（4）角度（A）　根据倒角距离和角度设置倒角尺寸。

（5）修剪（T）　确定倒角后是否对相应的倒角边进行修剪。

（6）方式（E）　确定将以什么方式倒角，即根据已设置的两倒角距离倒角，还是根据距离和角度设置倒角。

（7）多个（M）　如果执行该选项，当用户选择了两条直线进行倒角后，可以继续对其他直线倒角，不必重新执行 Chamfer 命令。

（8）放弃（U）　放弃已进行的设置或操作。

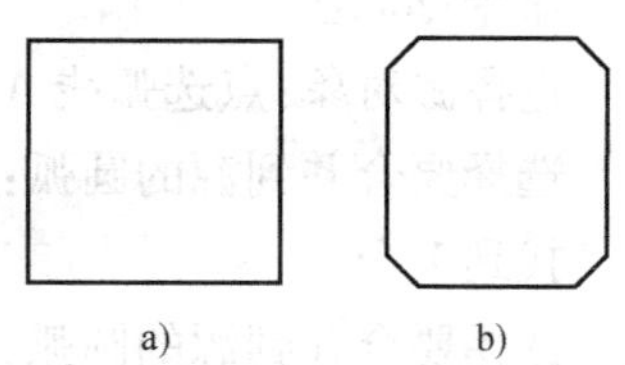

图 4-32　用 Chamfer 命令对四边形倒角

3. 操作实例

用 Chamfer 命令将图 4-32a 所示的用多段线绘制的四边形倒角，结果如图 4-32b 所示。

操作如下：

命令:Chamfer

（“修剪”模式）当前倒角距离 1 = 0.0000，距离 2 = 0.0000

选择第一条直线或［放弃(U)/多段线(P)/距离(D)/角度(A)/修剪(T)/方式(E)/多个(M)］: D

第一倒角距离:10,第二倒角距离:10

选择二维多段线:多段线(P)

点选矩形图样,如图 4-32a 所示。

显示倒角结果,如图 4-32b 所示。

4. 提示

1）如果实体在同一层，倒角在该层中进行；如果实体在不同的层，倒角将在当前层进行。倒角线的颜色、线型和线宽都随图层而变化。

2）默认状态下，延伸超出倒角的实体部分通常被删除，可以通过在绘图设置对话框中确定删除角或保留角，如图 4-33 所示。

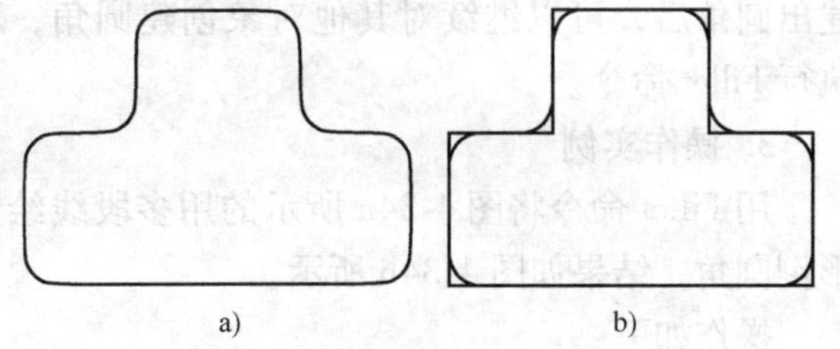

图 4-33　在绘图设置对话框中确定删除角或保留角
a）删除角　b）保留角

3）当倒角一条多段线时，可以采用选取对象的方式在多段线两分段间倒角多个分段，或者采用多段线（P）方式倒角整个多段线。

4）当图形界线打开时，如果在绘图边界内两倒角对象没有交点时，AutoCAD 2011 会拒绝倒角操作。

5）倒角具有关联性的剖面线区域的边界时，如果由 Line 形成的边界，则倒角后，剖面线的关联性撤销；如果是多段线形成的边界，则倒角后，保留剖面线的关联性。

6）当两个倒角距离均为 0 时，Chamfer 延伸两条直线使之相交，但是不产生倒角。

4.2.17　创建圆角 Fillet（F）

1. 命令启动

1）菜单栏：【修改】→【圆角】。

2）工具栏：【修改】→【圆角】。

3）命令行：Fillet（F）。

Fillet 命令用一段指定半径的圆弧光滑地连接两个对象。它可以处理的对象有直线、多段线（非圆弧）、样条曲线、构造线、射线等。同 Chamfer 一样，Fillet 命令也能对三维实体进行操作。

2. 选项说明

执行 Fillet 命令后，系统提示：

当前设置：模式 = 修剪，半径 = 0.0000

选择第一个对象或［放弃（U）/多段线（P）/半径（R）/修剪（T）/多个（M）］：

提示中，第一行说明当前的创建圆角操作采用了“修剪”模式，且圆角半径为 0。第二行的含义如下：

（1）选择第一个对象　此提示要求选择创建圆角的第一个对象，为默认项。用户选择后，AutoCAD 提示：

选择第二个对象，或按住 Shift 键选择要应用角点的对象：

在此提示下选择另一个对象，AutoCAD 按当前的圆角半径设置对它们创建圆角。如果按住 Shift 键选择相邻的另一对象，则可以使两对象准确相交。

（2）多段线（P）　对二维多段线创建圆角。

（3）半径（R）　设置圆角半径。

(4) 修剪 (T) 确定创建圆角操作的修剪模式。

(5) 多个 (M) 执行该选项且用户选择两个对象创建出圆角后，可以继续对其他对象创建圆角，不必重新执行 Fillet 命令。

3. 操作实例

用 Fillet 命令将图 4-34a 所示的用多段线绘制的四边形倒圆角，结果如图 4-34b 所示。

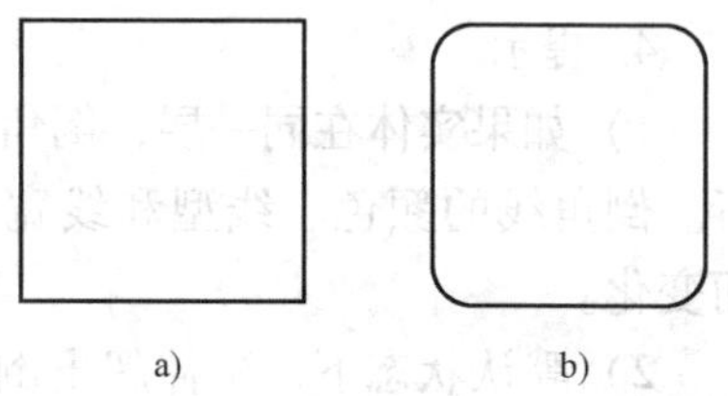

图 4-34 用 Fillet 命令对四边形倒圆角

操作如下：

命令:Fillet

当前设置:模式 = 修剪,半径 = 0.0000

选择第一个对象或 [放弃(U)/多段线(P)/半径(R)/修剪(T)/多个(M)]:R

输入半径:10

选择二维多段线:选取倒圆角的四边形,如图 4-34a 所示。

显示倒圆角的结果,如图 4-34b 所示。

4. 提示

1) 平行的直线、构造线或射线可以倒圆角，因为两条平行直线唯一确定一个平面，倒圆就在这个平面上进行。倒圆的第一边必须是直线或射线，第二边可以是直线、构造线或射线等。倒圆的半径等于两平行线之间的距离，而当前的设置将不起作用，也不会改变。

2) 如果两倒圆对象在同一图层中，则倒圆也在同一图层上；否则，倒圆将在当前图层上，倒圆的颜色、线型和线宽都随当前层而变化。

3) 倒圆具有关联性的剖面线区域的边界时，如果由 Line 形成的边界，则倒圆后，剖面线的关联性撤销；如果是多段线形成的边界，则倒圆后，保留剖面线的关联性。

4) 当圆角半径设为 0 时，Fillet 命令延伸两条直线使之相交，但是不产生倒圆。

5) 当倒角一条多段线时，可以采用选取对象的方式在多段线两分段间圆角多个分段，或者采用多段线 (P) 方式倒角整个多段线。

6) 在多段线中，如果一条弧线段隔开两条相交的直线段，那么该弧线段在倒角时被删除而替代为一个圆角。如图 4-35a 中的多段线圆角后的结果如图 4-35b所示。

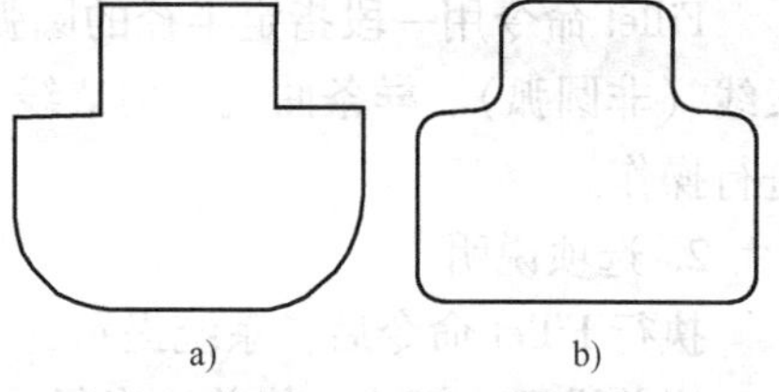

图 4-35 带弧线段的多段线倒圆角
a) 倒圆角前 b) 倒圆角后

7) 默认状态下，延伸超出圆角的实体部分通常被删除，可以在绘图设置对话框中确定删除角或保留角。

4.3 利用夹点编辑图形对象

夹点是一些实心小方框。当在“命令:”提示下不激活命令而直接选择对象后，在对象的各关键点（比如中点、端点、圆心等）处就会显示出夹点（又称为特征点）。用户可以通过拖动这些夹点的方式方便地进行拉伸、移动、旋转、缩放以及镜像等编辑操作。

4.3.1　夹点概述

在启用了“动态输入”模式之后，利用夹点可以很方便地知道某个图形的一些基本信息。例如，将光标悬停在矩形的任意夹点上，系统将快速标注出该矩形的长度和宽度，如图4-36a所示；将光标悬停在直线的任意一个夹点上，系统将快速标注出该直线的长度以及水平方向的夹角，如图4-36b所示。

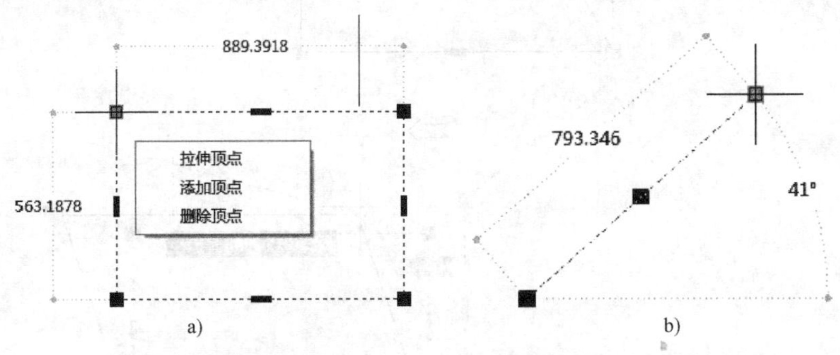

图4-36　通过夹点显示图形的基本信息

如果要通过夹点控制来编辑图形，那么首先就要选择夹点，也就是选择作为操作基点的夹点（基准夹点），被选中的夹点也称为热夹点。将十字光标置于夹点上，然后单击鼠标左键就可以将相应的夹点选中，如图4-37所示；如果要选择多个夹点，按住Shift键不放，同时用鼠标左键连续单击要选择的夹点。

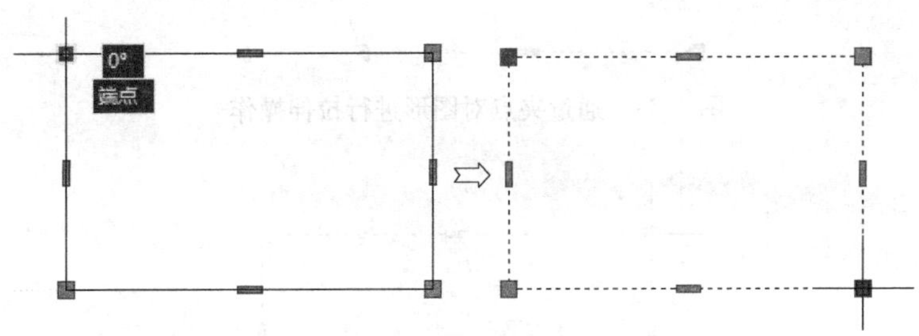

图4-37　选择多个夹点

在使用夹点进行绘图操作时，用户可以使用一个夹点作为操作的基准点，也可以使用多个夹点作为操作的基准夹点。当选择多个夹点进行操作时，被选定夹点之间的图形保持不变。如图4-38所示，前者是选中一个夹点进行拉伸操作，后者是选中两个夹点进行拉伸操作，从拉伸的结果可以看出，被选中夹点之间的图形不会产生任何变化。

此外，AutoCAD 2011的夹点编辑功能中还提供了添加顶点和删除顶点等新功能。将光标放置在夹点处，系统将自动显示一个如图4-39所示的快捷菜单。

选择“添加顶点”命令即可为图形添加顶点，如图4-40所示。选择其中的“删除顶点”命令即可删除所选中的顶点，如图4-41所示。

通过夹点编辑功能，用户可以对图形进行拉伸、移动、旋转、缩放和镜像操作。当选定一个夹点的时候，系统默认可以对齐进行拉伸操作，此时按Enter键或Space键可以循环选

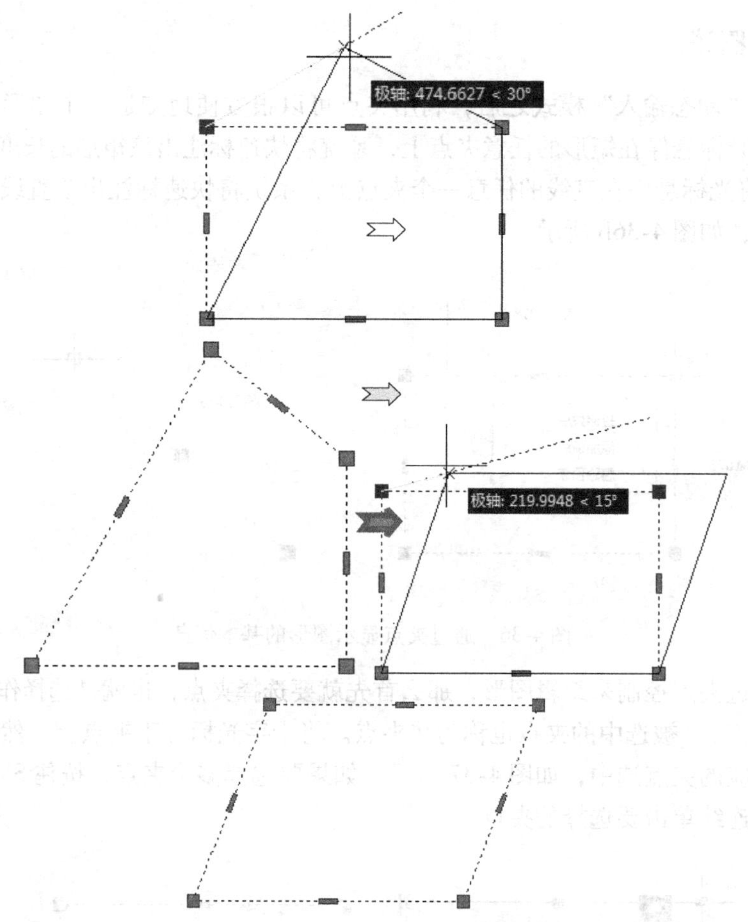

图 4-38 通过夹点对图形进行拉伸操作

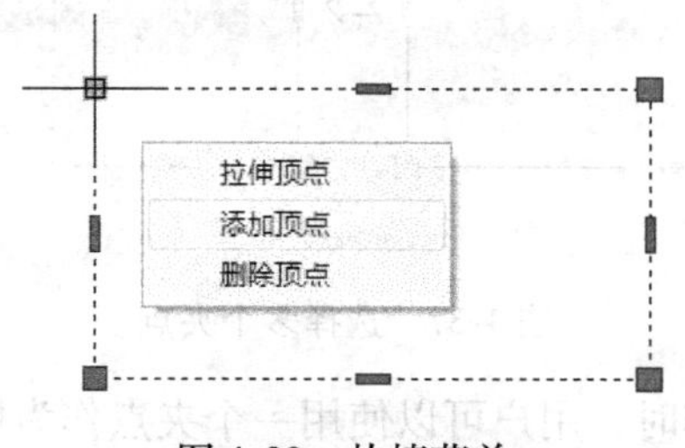

图 4-39 快捷菜单

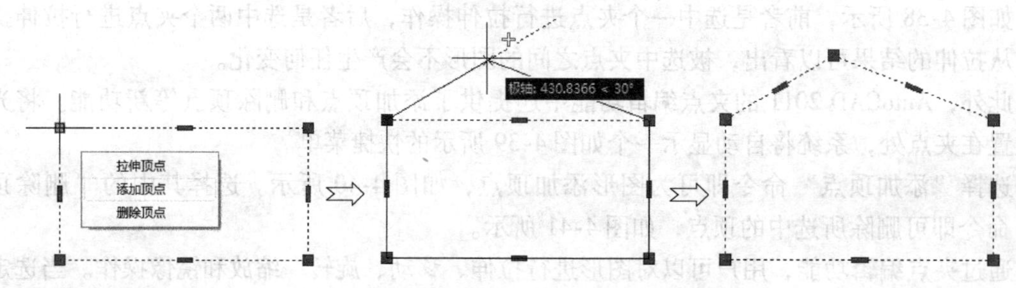

图 4-40 添加顶点

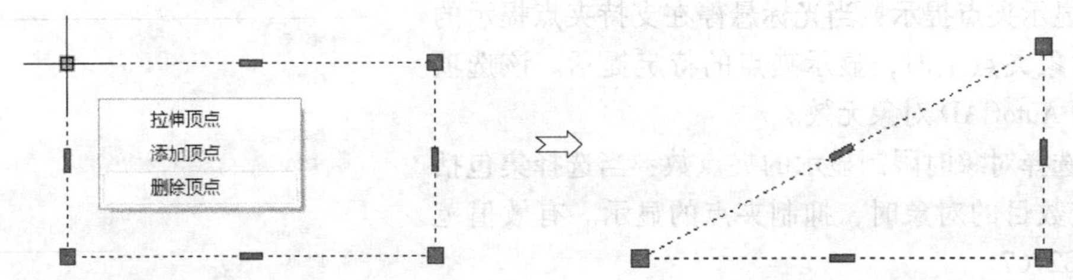

图 4-41　删除顶点

择夹点编辑模式。

4.3.2　设置夹点

用户可以根据实际需要对夹点进行设置，如改变夹点的颜色和大小。执行【工具】→【选项】菜单栏命令，系统将弹出一个【选项】对话框，选择其中的【选择集】选项卡，如图 4-42 所示。

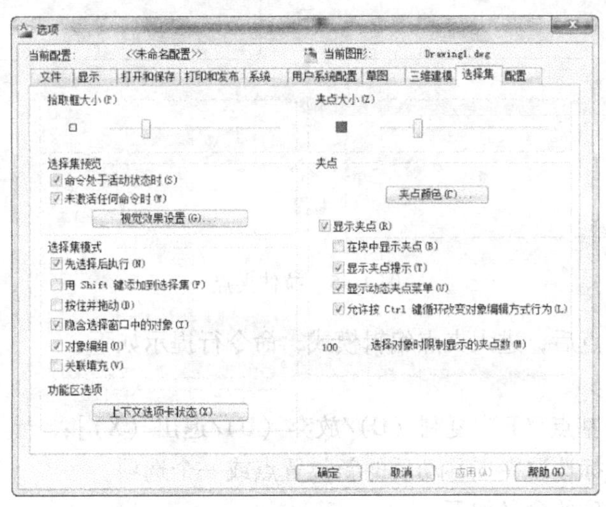

图 4-42　【选择集】选项卡

选项卡中与夹点相关的选项含义如下：

1）夹点大小：控制夹点的显示尺寸。拖动滑块可以改变夹点的大小。

2）未选中/选中/悬停夹点颜色：指定相应夹点的颜色。如果从颜色列表中选择了“夹点颜色”，系统将弹出【夹点颜色】对话框，如图 4-43 所示。

3）显示夹点：设置在选择对象时是否显示夹点。该选项即控制是否使用夹点编辑对象。

4）在块中显示夹点：设置在选择块后是否显示夹点。

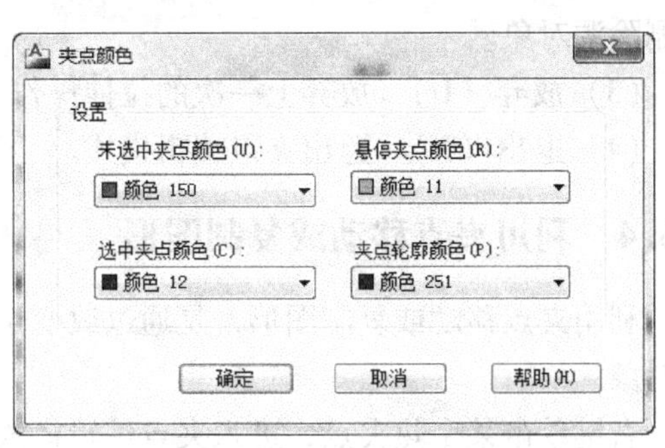

图 4-43　【夹点颜色】对话框

5）显示夹点提示：当光标悬停在支持夹点提示的自定义对象夹点上时，显示夹点的特定提示。该选项对标准的 AutoCAD 对象无效。

6）选择对象时限制显示的夹点数：当选择集包括多于指定数目的对象时，抑制夹点的显示。有效值范围为 1 ~32767。

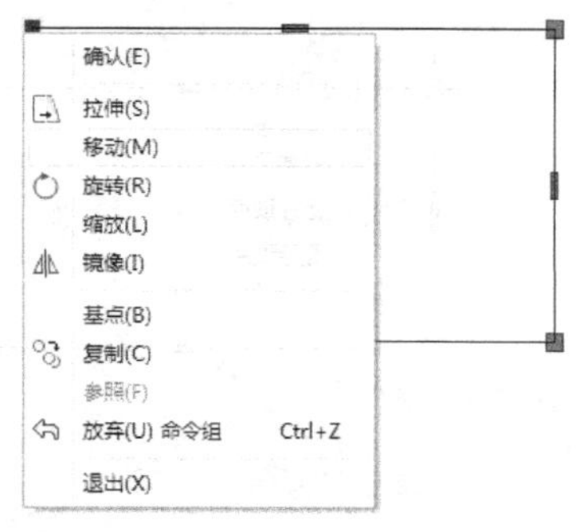

图 4-44　夹点编辑模式

4.3.3　利用夹点拉伸图形对象

用鼠标点选某个夹点，使其成为热夹点，然后右键单击该热夹点弹出夹点编辑模式菜单，进入夹点编辑模式后（如图 4-44 所示），可以改变选中夹点的位置，从而改变对象的形状和位置，如图 4-45 所示。默认的夹点模式是“拉伸”。

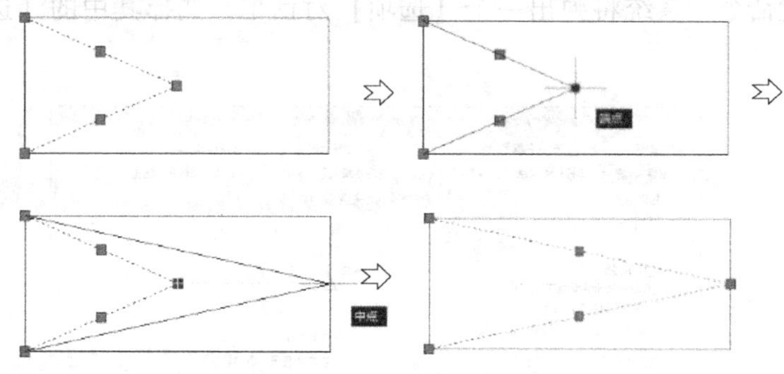

图 4-45　拉伸夹点

右键单击某个夹点后，进入夹点编辑模式，命令行提示如下：

** 拉伸 **

指定拉伸点或［基点（B）/复制（C）/放弃（U）/退出（X）］：

输入坐标或用鼠标选取夹点移动后的新位置点或一个选项。

命令行中各备选项的含义如下：

（1）基点（B）　当单击某夹点使其成为热夹点时，该夹点即成为对象拉伸时的基点，选择该项，可以重新指定基点。

（2）复制（C）　将热夹点拉伸或移动到多个指定的点，可以创建多个对象副本，并且不删除源对象。

（3）放弃（U）　放弃上一次的拉伸操作。

（4）退出（X）　退出夹点编辑模式。

4.3.4　利用夹点移动或复制图形

利用夹点移动或复制图形，是通过改变选中夹点的位置，从而改变选定对象的位置或复制对象。

右键单击某个热夹点，进入夹点编辑横式后，转换到“移动”模式，命令行提示如下：

** 移动 **

指定移动点或［基点（B）/复制（C）/放弃（U）/退出（X）］:

输入或鼠标选取所选夹点移动后的新位置，完成对象的移动或复制，如图 4-46 所示。

利用夹点移动或复制对象与利用夹点拉伸对象的操作比较相似，其命令行中各备选项的含义如下：

（1）基点（B）　重新指定夹点移动的基点。

（2）复制（C）　将热夹点移动到多个指定的点，创建多个对象副本，并且不删除源对象，如图 4-47 所示。

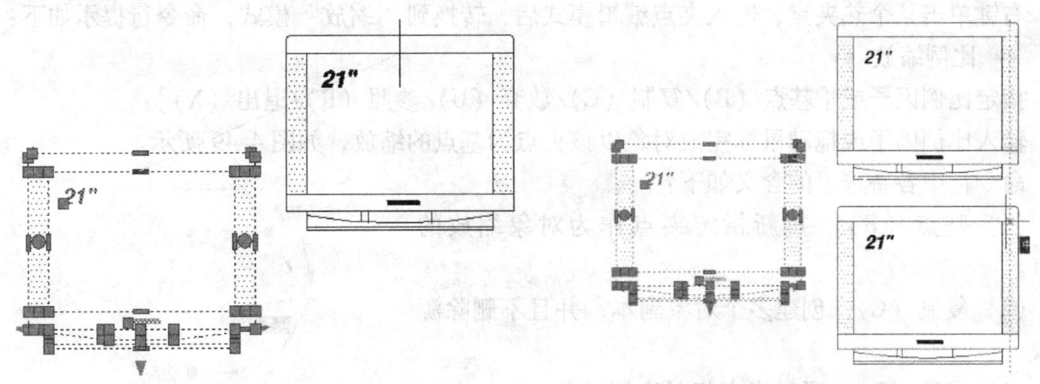

图 4-46　利用夹点移动图形　　图 4-47　利用夹点复制图形

技巧：打开动态输入方式，移动时就可以直观地指示移动的距离和角度。

4.3.5　利用夹点旋转图形

通过指定旋转角度使图形绕基准夹点进行旋转，用户可以输入角度值来进行精确旋转。图 4-48 所示为将油压表指针逆时针旋转 45°。

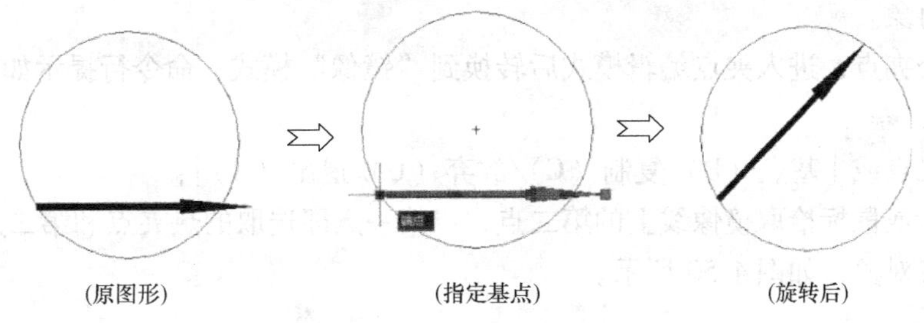

图 4-48　旋转箭头

右键单击某个热夹点，进入夹点编辑模式后转换到“旋转”模式，命令行提示如下：

** 旋转 **

指定旋转角度或［基点（B）/复制（C）/放弃（U）/参照（R）/退出（X）］:

指定旋转的角度或用鼠标拖动来绕基点旋转选定对象。

命令行中各备选项的含义如下：

1）基点（B）　重新指定夹点作为对象旋转的基点。

2）复制（C）　创建多个对象副本，并且不删除源对象。

3）参照（R） 通过指定相对角度来旋转对象。

提示：在执行夹点编辑功能时，命令行提示也将同步显示相应的命令操作提示。它主要有两大作用：一是告诉用户当前是什么夹点编辑模式，比如是拉伸还是移动；二是提示用户进行精确操作。

4.3.6 利用夹点缩放图形

利用夹点可以将对象以指定的热夹点为基点进行比例缩放。

右键单击某个热夹点，进入夹点编辑模式后，转换到“缩放”模式，命令行提示如下：

** 比例缩放 **

指定比例因子或［基点（B）/复制（C）/放弃（U）/参照（R）/退出（X）］：

输入比例因子或拖动鼠标完成对象以该夹点为基点的缩放，如图4-49所示。

命令行中各备选项的含义如下：

（1）基点（B） 重新指定夹点作为对象缩放的基点。

（2）复制（C） 创建多个对象副本，并且不删除源对象。

（3）参照（R） 通过指定相对比例对象。

提示：如果输入的缩放比例因子小于1，那么图形将被缩小。除了通过输入比例因子进行精确缩放之外，还可以通过拖动鼠标的方式进行缩放。

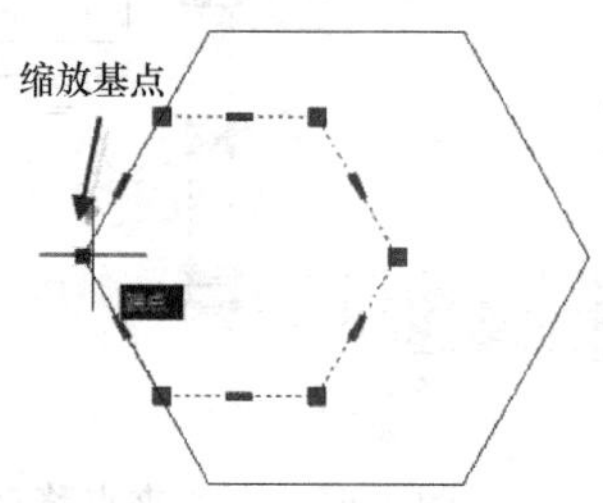

图4-49 利用夹点缩放对象

4.3.7 利用夹点镜像图形

利用夹点镜像图形可以将对象以指定的热夹点作为镜像线上第一点，再选择另一点确定轴线来镜像对象。

单击某个夹点，进入夹点编辑模式后转换到“镜像”模式，命令行提示如下：

** 镜像 **

指定第二点或［基点（B）/复制（C）/放弃（U）/退出（X）］：

输入坐标或鼠标拾取镜像线上的第二点，以第一点即选取的热夹点和第二点的连线为对称轴镜像图形对象，如图4-50所示。

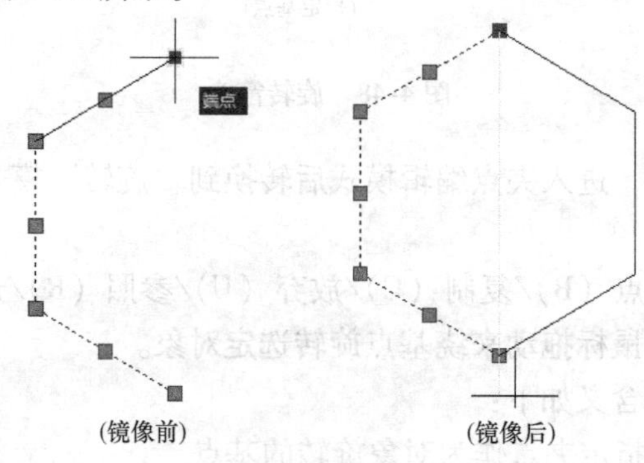

图4-50 利用夹点镜像图形

命令行中各备选项的含义如下：

（1）基点（B）　重新指定夹点作为镜像轴线上的第一个点。

（2）复制（C）　创建多个对象副本，并且不删除源对象。

4.4　其他编辑命令

以下将介绍其他编辑命令，包括编辑多段线（Pedit）和编辑多线（Mledit）。

4.4.1　编辑多段线 Pedit（PE）

1. 命令启动

1）菜单栏：【修改】→【对象】→【多段线】。

2）工具栏：【修改】→【对象】→【多段线】 。

3）命令行：Pedit（PE）。

编辑多段线命令 Pedit 专用于对已存在的多段线进行编辑修改，也可以将直线或曲线转化为多段线。

2. 选项说明

启动命令后，选择需要编辑的多段线命令行提示如下：

命令:PE↙　　　　　　　　　　　　　　　　　　　　//启动命令

Pedit 选择多段线或［多条(M)］：　　　　　　　　　　//选择一条或多条多段线

输入选项［闭合(C)/合并(J)/宽度(W)/编辑顶点(E)/拟合(F)/样条曲线(S)/非曲线化(D)/线型生成(L)/反转(R)/放弃(U)］：　　　　　　//提示选择备选项

下面介绍常用的备选项用法：

（1）合并多段线　“合并”备选项是 Pedit 命令中最常用的一种编辑操作，可以将首尾相连的不同多段线合并成一个多段线。

更具实际意义的是，它能够将首尾相连的非多段线（如直线、圆弧等）连接起来，并转化成一个单独的多段线，这个功能在三维建模中非常有用。

（2）打开/关闭多段线　对于首尾相连的闭合多段线，可以选择“打开”备选项，删除多段线的最后一段线段。对于非闭合的多段线，可以选择“闭合”备选项，使多段线的起点和终点相连，形成闭合多段线。

（3）拟合/还原多段线　多段线和平滑曲线之间可以相互转换，相关操作的备选项含义如下：

1）拟合（F）：用曲线拟合方式将已存在的多段线转化为平滑曲线。曲线经过多段线的所有顶点并成切线方向，如图 4-51 所示。

2）样条曲线（S）：用样条拟合方式将已存在的多段线转化为平滑曲线。曲线经过第一个和最后一个顶点，如图 4-52 所示。

3）非曲线化（D）：将平滑曲线还原成为多段线，并删除所有拟合曲线，如图 4-53 所示。

（4）顶点编辑　选择【编辑顶点】备选项，可以对多段线的顶点进行增加、删除、移动等操作，从而修改整个多段线的形状。选择该备选项后，命令行进入顶点编辑模式。

图 4-51　拟合

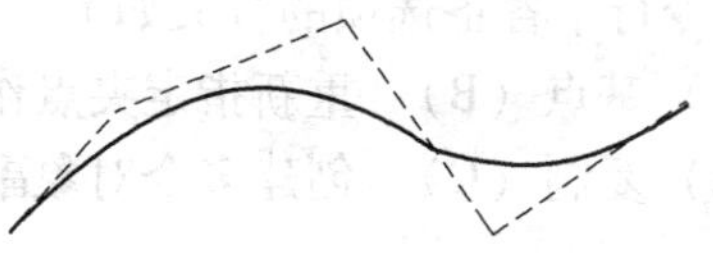

图 4-52　样条曲线

输入顶点编辑选项

[下一个(N)/上一个(P)/打断(B)/插入(I)/移动(M)/重生成(R)/拉直(S)/切向(T)/宽度(W)/退出(X)] <N>:

各备选项功能说明如下:

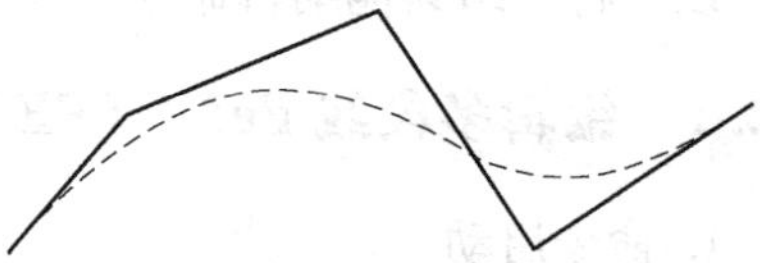

图 4-53　非曲线化

1）下一个/上一个：用于选择编辑顶点。选择相应的备选项后，屏幕上的“×”形光标将移到下一顶点或上一顶点，以便选择其他编辑选项对其进行编辑。

2）打断（B）：使多段线在编辑顶点处断开。选择该备选项后，需要在下一命令中，选择【执行】备选项，操作才能生效。

3）移动（M）：移动编辑顶点的位置，从而改变整个多段线形状。

4）插入（I）：在编辑顶点处增加新顶点，从而增加多段线的线段数目。

5）拉直（S）：删除顶点并拉直多段线。选择该备选项后，在下一备选项中移动“×”形光标，并选择【执行】备选项，移动过程中经过的顶点将被删除，从而拉直多段线。

6）切向（T）：为编辑顶点增加一个切线方向。将多段线拟合成曲线时，该切线方向将会被用到。该选项对现有的多段线形状不会有影响。

7）宽度（W）：设置编辑顶点处的多段线宽度。

8）重生成（R）：重画多段线，对编辑后的多段线进行屏幕刷新，显示编辑后的效果。

9）退出（X）：退出顶点编辑模式。

(5) 其他备选项

1）宽度（W）：修改多段线线宽。这个选项只能使多段线各段具有统一的线宽值。如果要设置各段不同的线宽值或渐变线宽，可到顶点编辑模式下选择【宽度】编辑选项。

2）线型生成：生成经过多段线顶点的连续图案线型。关闭此选项，将在每个顶点处以点画线开始和结束生成线型。【线型生成】不能用于带变宽线段的多段线。

4.4.2 编辑多线 Mledit

1. 命令启动

1）菜单栏：【修改】→【对象】→【多线】。

2）命令行：Mledit。

使用编辑多线命令 Mledit，可以对已存在的多线进行编辑修改。

2. 选项说明

启动 Mledit 命令后，弹出如图 4-54 所示的【多线编辑工具】对话框。对话框中共有 4 列 12 种多线编辑工具。第一列用于控制交叉的多线；第二列用于控制 T 形相交的多线；第

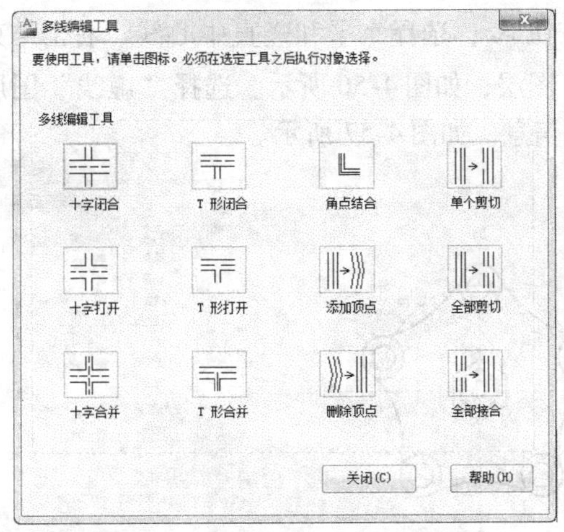

图 4-54　【多线编辑工具】对话框

三列用于控制角点结合和顶点；第四列用于控制多线的中断或接合。每种工具的样例图案显示了多线编辑前后的效果。操作时，单击需要的编辑工具，然后选择需要编辑的多线对象即可。

4.5　特性编辑

在 AutoCAD 中，所绘制的每一个对象都具有特性，有些特性是基本特性，适用于多数对象，例如图层、颜色、线型和打印样式；有些特性是专用于某个对象的特性，例如，圆的特性包括半径和面积，直线的特性包括长度和角度。通过“特性”和“特性匹配”命令，用户可以方便地查看和编辑对象的特性。

4.5.1　使用“特性”选项板修改图形属性 Properties

在 AutoCAD 中，所有的图形都具有自身的一种属性，这些属性都可以在【特性】选项板中显示出来。因此，用户可以通过【特性】选项板中的参数来修改图形。

打开【特性】选项板的方法有多种，具体如下：

1）方法一：执行菜单栏【工具】→【选项板】→【特性】。

2）方法二：执行菜单栏【修改】→【特性】。

3）方法三：按 Ctrl + 1 组合键。

4）方法四：单击工具栏【标准】→【特性】按钮。

5）方法五：选中一个图形，然后单击鼠标右键，在弹出的快捷菜单中选择【特性】。

6）方法六：在命令行输入 Properties 命令并回车。

在【特性】选项板中，用户可以修改任何能通过指定新值进行修改的属性。修改特性的操作步骤如下：

1）打开某 CAD 图形，如图 4-55 所示。

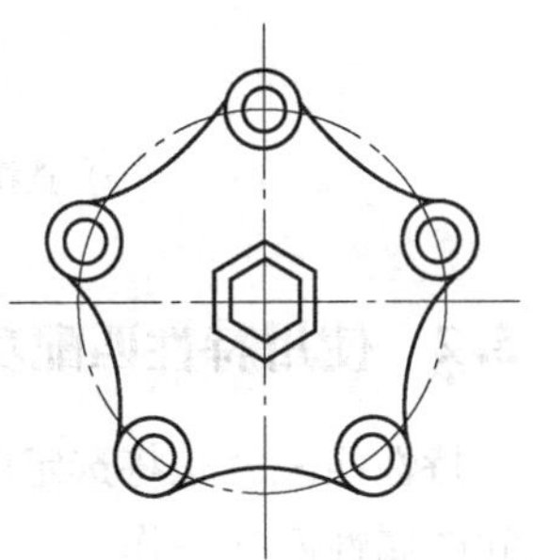

图 4-55　原始图形

2）执行【修改】→【特性】菜单命令，打开【特性】选项板，单击【选择对象】按钮，选择水平和竖直中心线，右击结束选择，然后在【图层】下拉列表中选择“虚线”图层，如图 4-56 所示。选择“虚线”图层后，【特性】选项板中将会显示出该对象的特性信息，如图 4-57 所示。

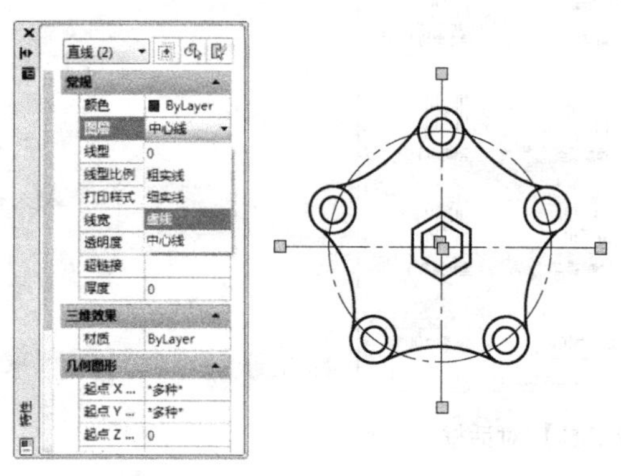

图 4-56 选择对象

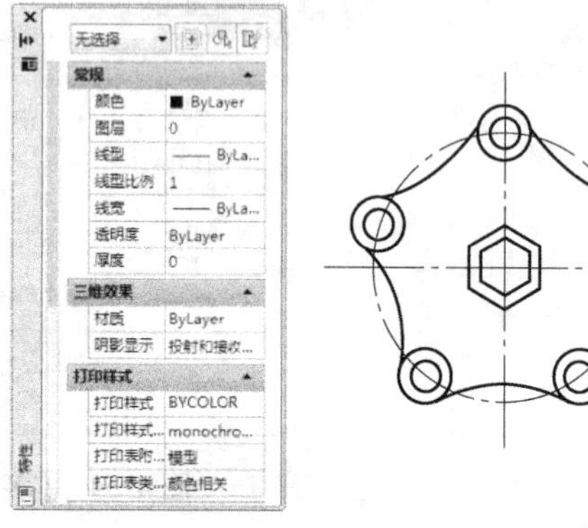

图 4-57 显示对象信息

当选择多个图形时，【特性】选项板只能显示所有被选中图形的公共特性；当未选择图形时，【特性】选项板只显示当前图层的基本属性、打印样式、UCS 信息等，如图 4-58 所示。

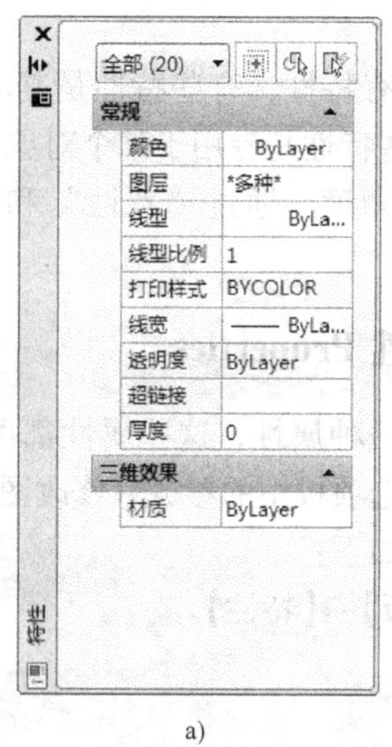

a)

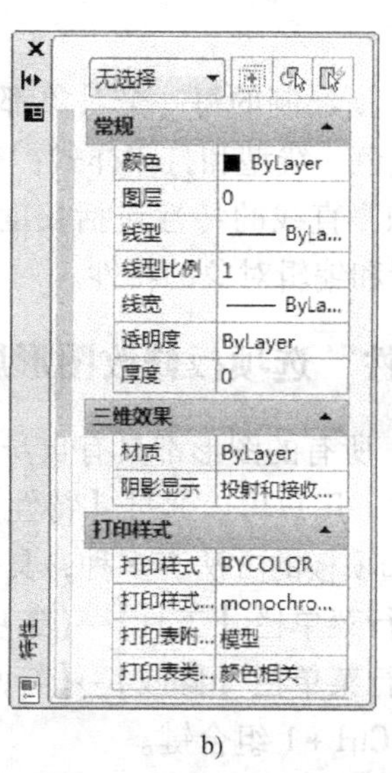

b)

图 4-58 不同选择时的特性选项板

a）选择多个图形时的特性选项板 b）未选择图形时的特性选项板

4.5.2 使用特性匹配功能修改图形属性 Matchprop（MA）

特性匹配就是将选定图形的属性应用到其他图形上，使用特性匹配命令就可以进行图形之间的属性匹配操作。

执行特性匹配命令的方法有以下三种：

1）执行菜单栏【修改】→【特性匹配】。

2）单击工具栏【标准】中的【特性匹配】按钮。

3）在命令行输入 Matchprop（MA）并回车。

执行该命令后，命令行提示如下：

选择源对象：　　　　　　　　　　　　　　　　　　　　//选择源对象

当前活动设置:颜色、图层、线型、线型比例、线宽、透明度、厚度、打印样式、标注、文字、填充图案、多段线、视口、表格材质、阴影显示、多重引线

选择目标对象或［设置(S)］：指定对角点:S　　　　　　//输入“S”进行设置

1. 匹配所有属性

这种方法就是将一个图形的所有属性应用到其他图形，可以应用的属性包括颜色、图层、线型、线型比例、线宽、打印样式和三维厚度。执行该操作的步骤如下：

1）打开 CAD 文件，如图 4-59 所示。

2）执行【修改】→【特性匹配】菜单命令，然后根据命令行提示进行操作，如图 4-60 所示。命令行提示如下：

命令:Matchprop

选择源对象：　　　　　　　　　　　　　　　　　　　　//选择源对象

当前活动设置:颜色、图层、线型、线型比例、线宽、透明度、厚度、打印样式、标注、文字、填充图案、多段线、视口、表格材质、阴影显示、多重引线

选择目标对象或［设置(S)］：指定对角点：　　　　　　//输入“S”进行设置

选择目标对象或［设置(S)］：↙　　　　　　　　　　　//按 Enter 键结束命令

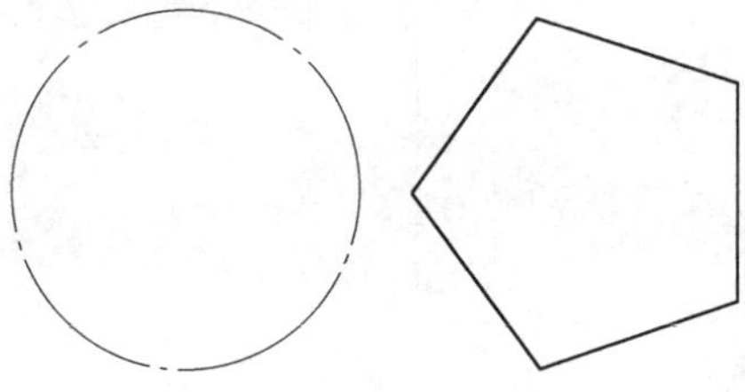

图 4-59　原始图形

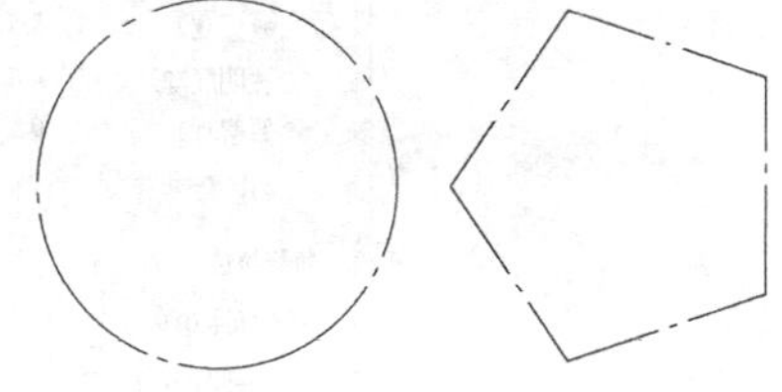

图 4-60　【特性匹配】操作

2. 匹配指定属性

默认情况下，所有可应用的属性都自动从选定的原图形应用到其他的图形。如果不希望应用源图形中的某个属性，可通过【设置】选项取消这个属性。

把一个图形的指定属性应用到其他图形的操作过程如下：

1）打开 CAD 文件，如图 4-61 所示。

2）执行【修改】→【特性匹配】菜单命令，然后根据命令行提示进行操作，把圆的线型属性应用到目标图形，如图 4-62 所示。

命令行提示如下：

命令：Matchprop

选择源对象:未选择对象

选择源对象：　　　　　　　　　　　　　　　　　　　　　//选择源对象

当前活动设置:颜色、图层、线型、线型比例、线宽、透明度、厚度、打印样式、标注、文字、填充图案、多段线、视口、表格材质、阴影显示、多重引线

选择目标对象或［设置(S)］: S

//输入"S"进行设置,打开【特性设置】对话框,在其中取消对"线宽"的选择,如图 4-63 所示。

当前活动设置:颜色、图层、线型、线型比例、线宽、透明度、厚度、打印样式、标注、文字、填充图案、多段线、视口、表格材质、阴影显示、多重引线

选择目标对象或［设置(S)］: 指定对角点:　　　　　　　//框选右边的矩形和直线

选择目标对象或［设置(S)］:↙　　　　　　　　　　　//按 Enter 键结束命令

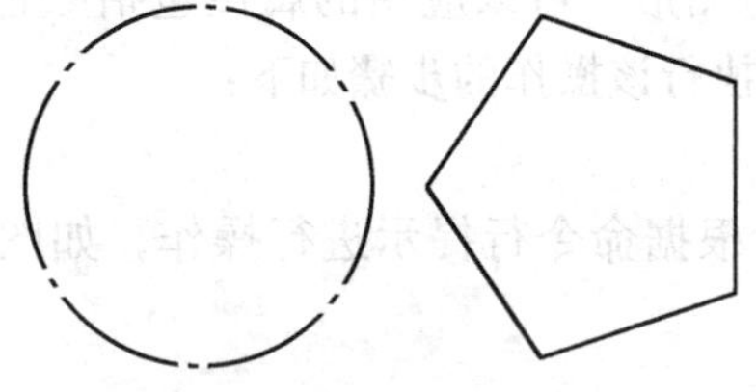

图 4-61　原始图形

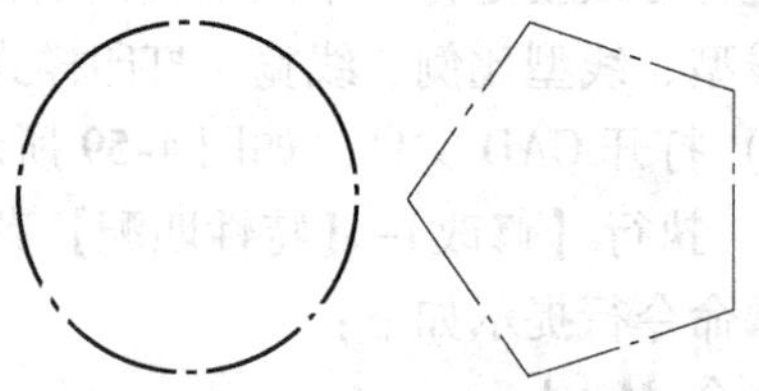

图 4-62　【特性匹配】操作

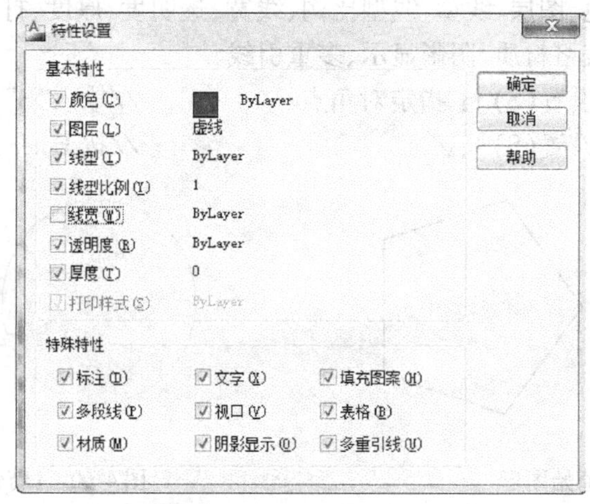

图 4-63　修改【特性匹配】

4.6 清除及修复

4.6.1 清除命令

(1) 菜单栏:【文件】→【绘图实用程序】→【清理】。

(2) 命令行: Purge (PU)。

激活 Purge 命令之后弹出【清理】对话框,如图 4-64 所示。Purge 这个命令可以清除图中所有的没有用到的设置、图块、图层、文字样式、线型等,使图形文件体积减少,也就是常说的"减肥"。请读者在输出图形时,都先用 PU 命令清理一下。

4.6.2　修复命令

1. 命令启动

1）菜单栏：【文件】→【绘图实用程序】→【修复】。

2）命令行：Audit。

2. 选项说明

修正检测到的错误？是（Y）/否（N）/<否（N）>：Y

3. 提示

1）Audit 修复命令对 CAD 很有用，如果图形大时，死机或非正常退出就应该使用 Purge（清理）及 Audit（修复）两个命令。

2）这两个命令还有相当大的作用。比如，有时从别处复制来的图形，会在修改进行中出现致命错误，然后自动退出。这种情况一般应该是原图中有错误所致，可以使用 Purge（清理）和 Audit（修复）命令进行补救。

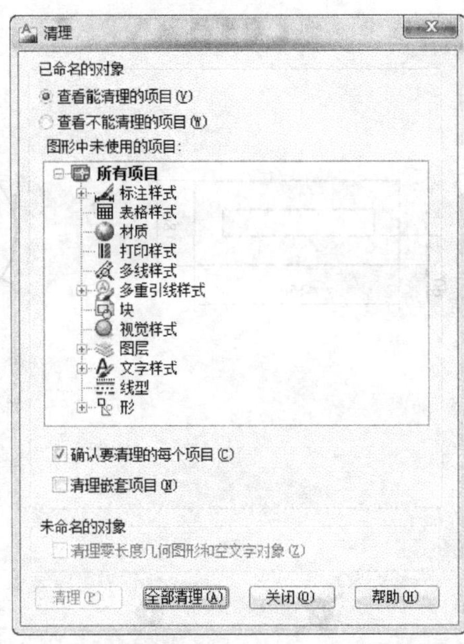

图 4-64　【清理】对话框

3）直接打开 CAD 文档有时候会出现块炸不开或其他类似的问题，先打开 CAD，然后再从 CAD 中打开图形，用 Audit 修复命令修复之后，一般就可以使用炸开（分解）命令了。

4.7　模块练习

1. 完成如练习图 4-1 ~ 练习图 4-3 所示的镜像、缩放、偏移练习。

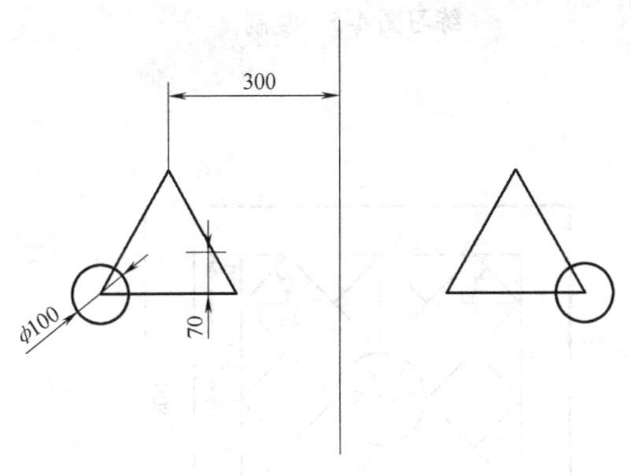

练习图 4-1　镜像

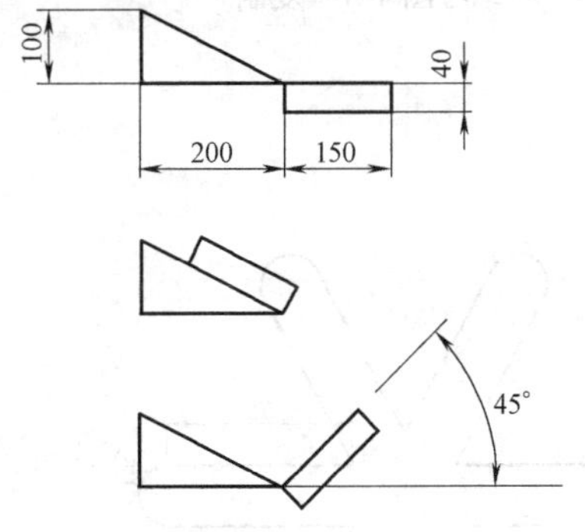

练习图 4-2　缩放

2. 完成如练习图 4-4、练习图 4-5 所示的复制练习。
3. 完成如练习图 4-6 ~ 练习图 4-12 所示的阵列练习。
4. 完成如练习图 4-13 ~ 练习图 4-19 所示的修剪练习。
5. 完成如练习图 4-20 ~ 练习图 4-26 所示的综合练习。

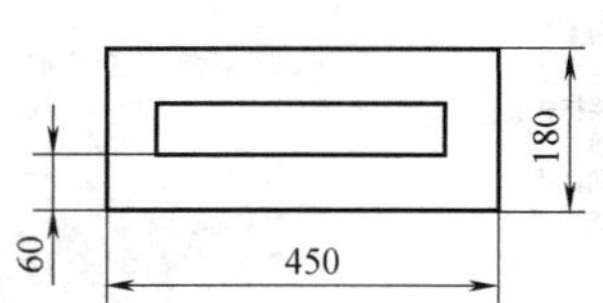

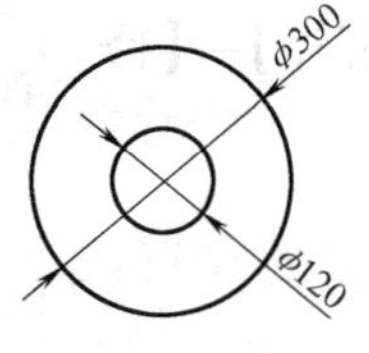

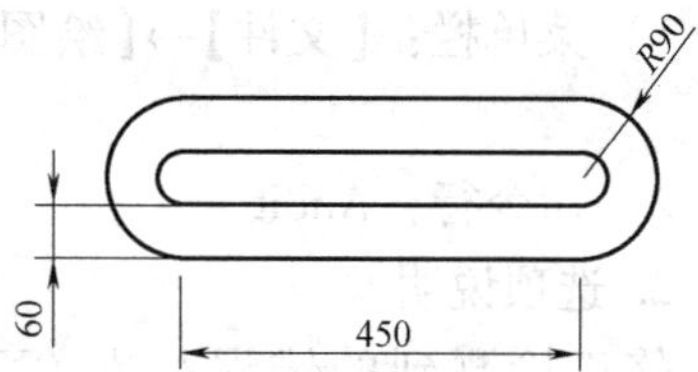

练习图 4-3 偏移

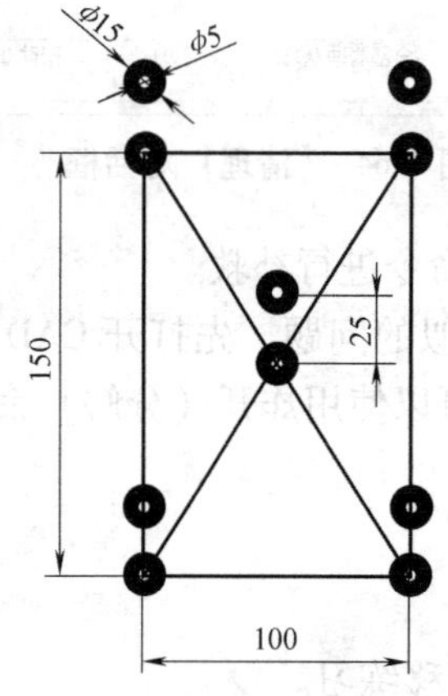

练习图 4-4 复制

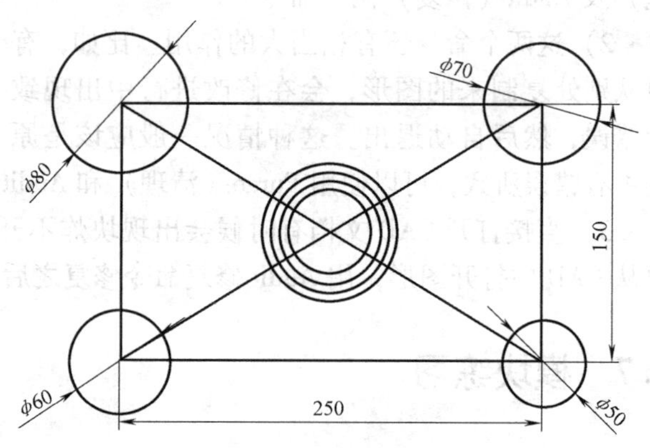

练习图 4-5 复制

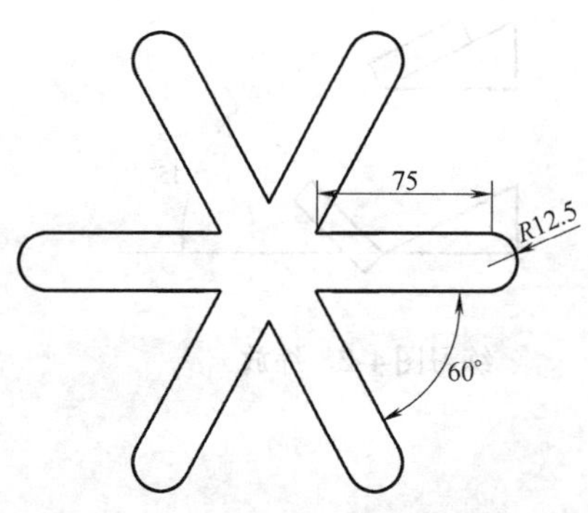

练习图 4-6 阵列

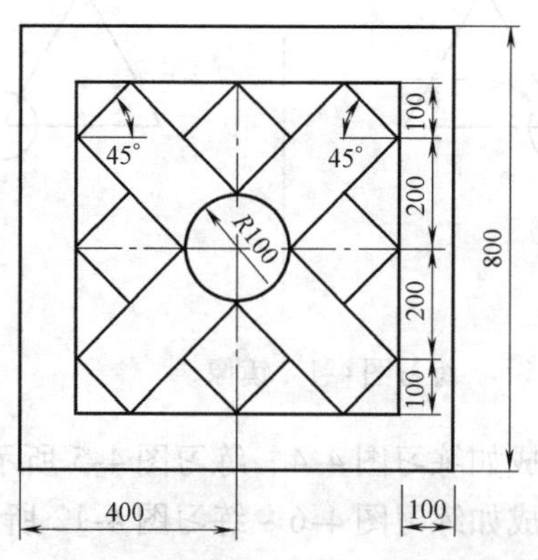

练习图 4-7 阵列

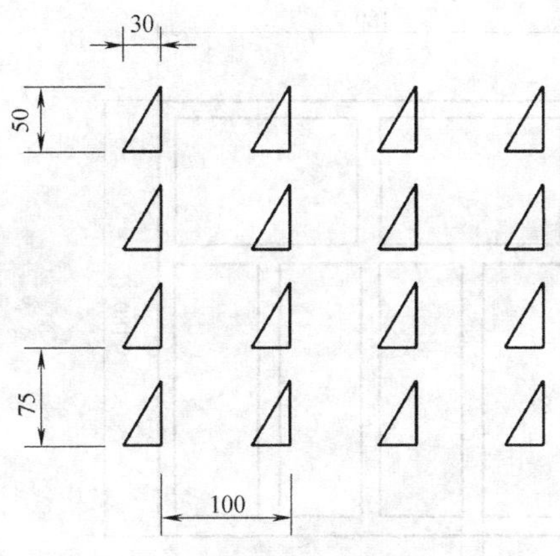

练习图 4-8　阵列

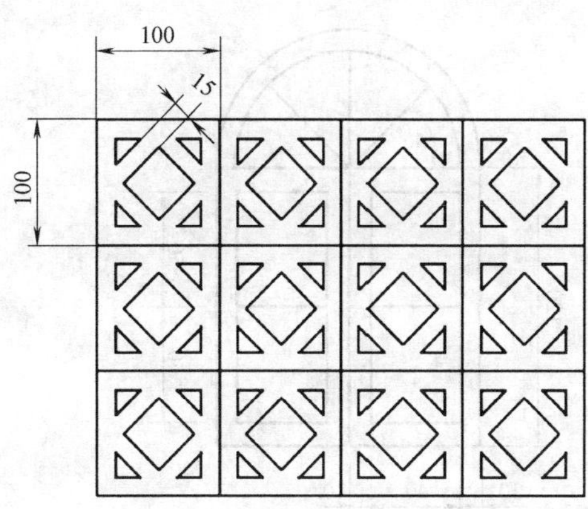

练习图 4-9　阵列

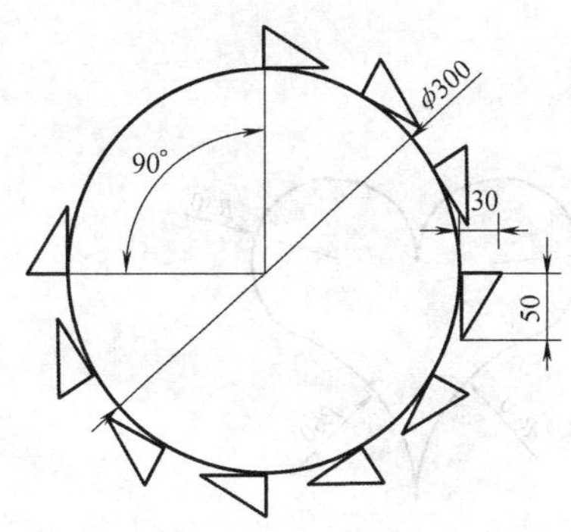

练习图 4-10　阵列

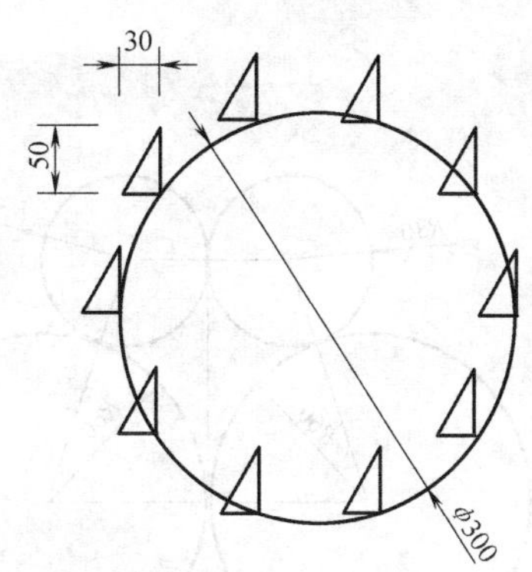

练习图 4-11　阵列

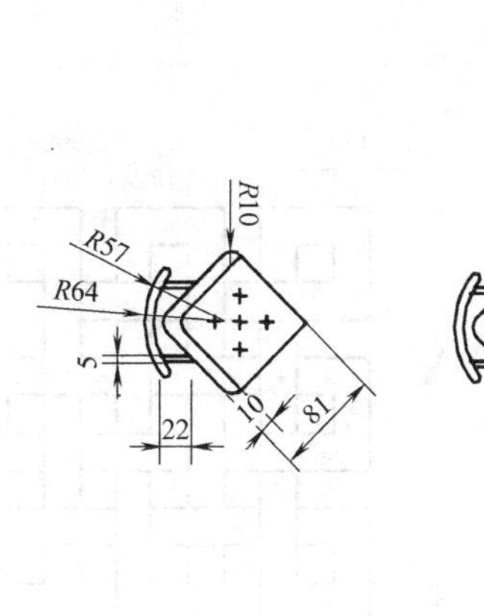

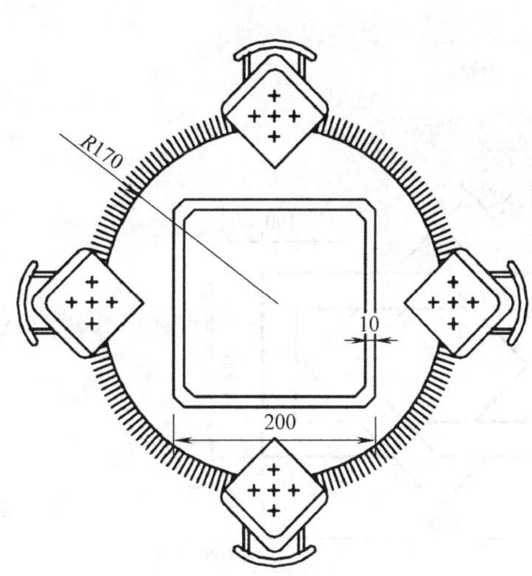

练习图 4-12　阵列

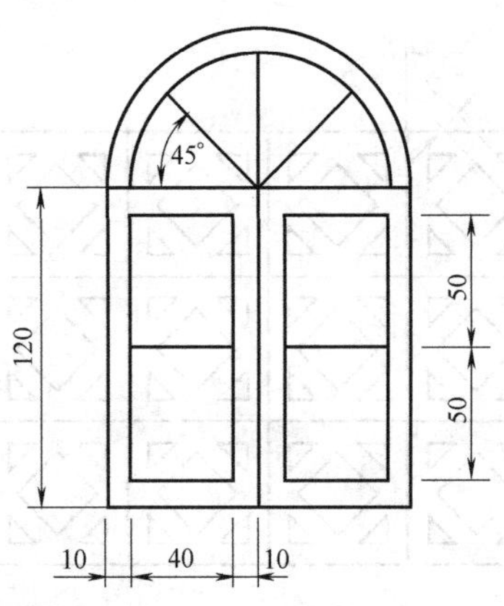

练习图 4-13 修剪（窗 1）

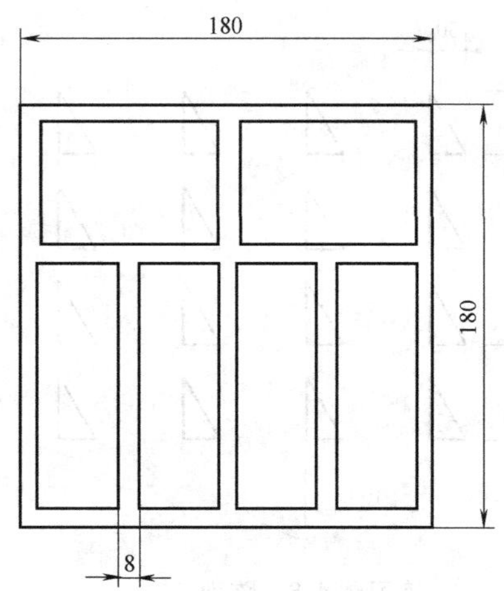

练习图 4-14 修剪（窗 2）

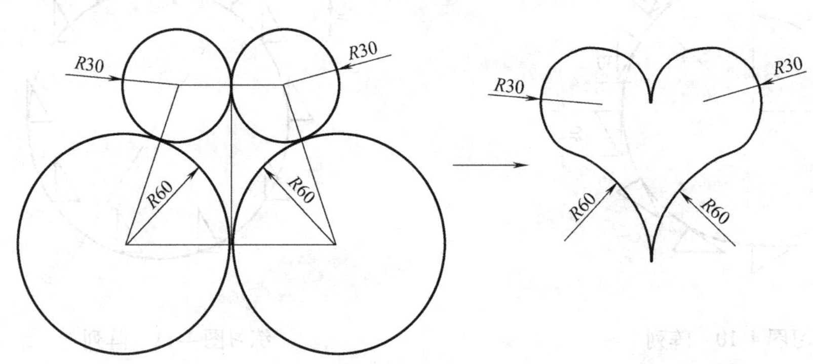

练习图 4-15 修剪（心）

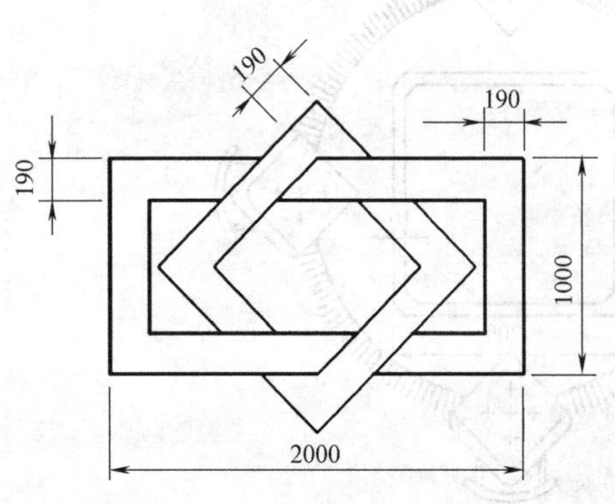

练习图 4-16 修剪

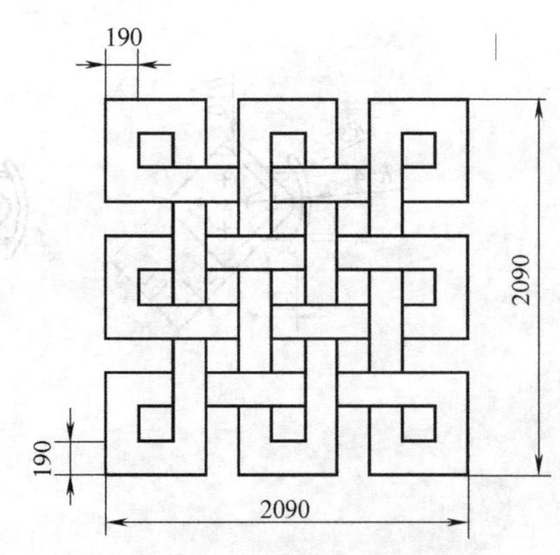

练习图 4-17 修剪

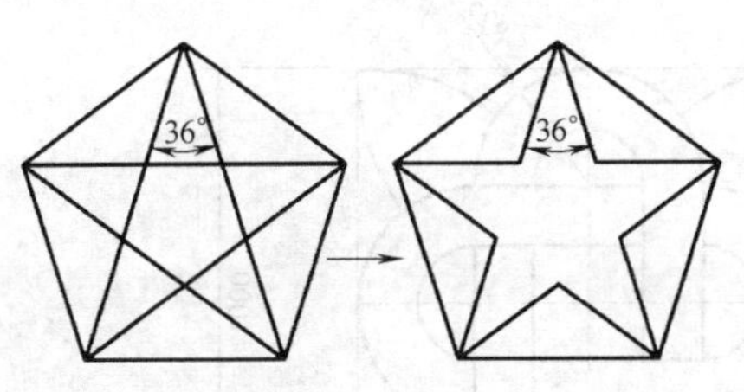

练习图 4-18　修剪

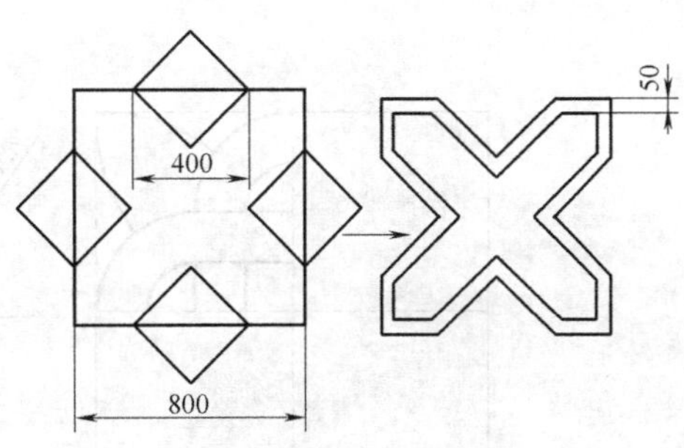

练习图 4-19　修剪

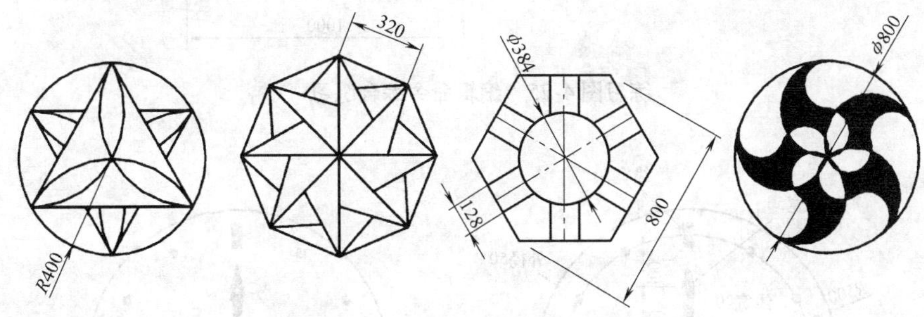

练习图 4-20　编辑命令综合练习

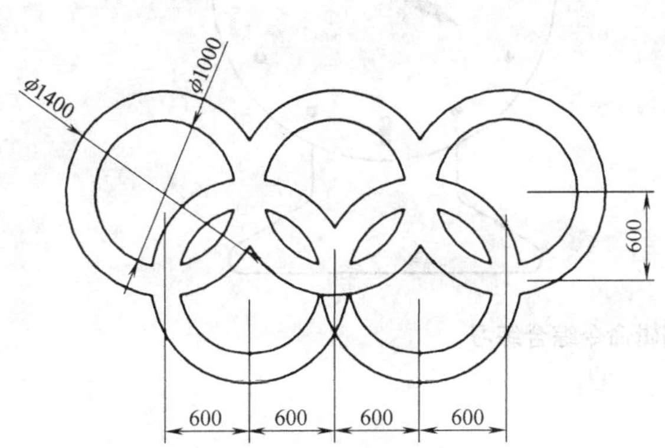

练习图 4-21　编辑命令综合练习

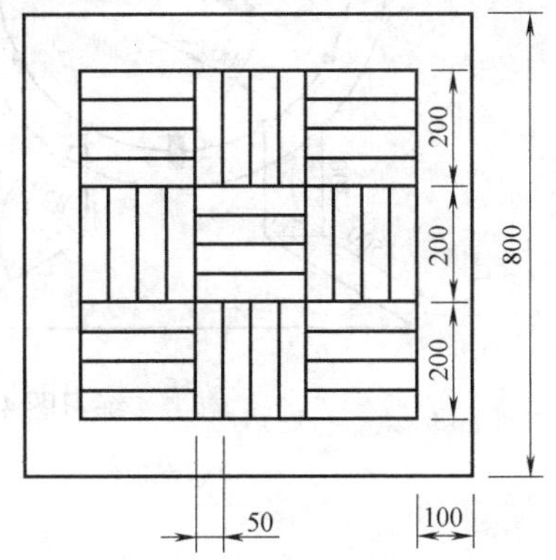

练习图 4-22　编辑命令综合练习

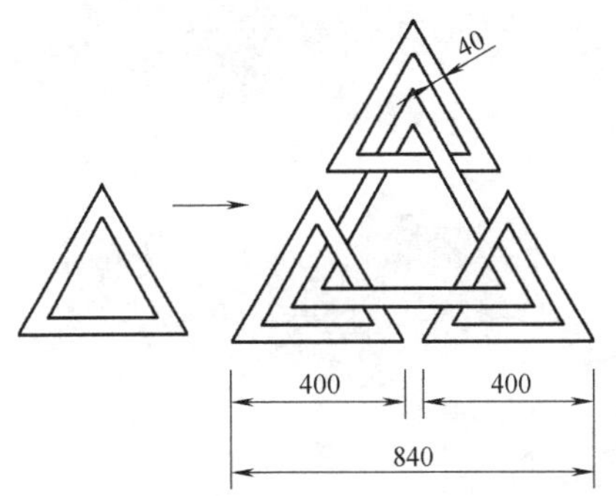

练习图 4-23　编辑命令综合练习

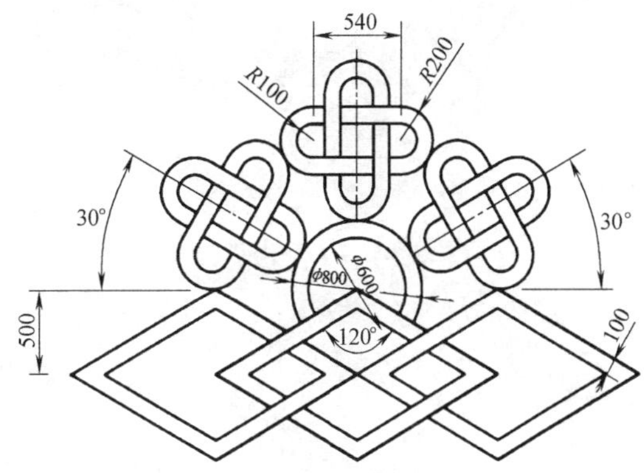

练习图 4-24　编辑命令综合练习

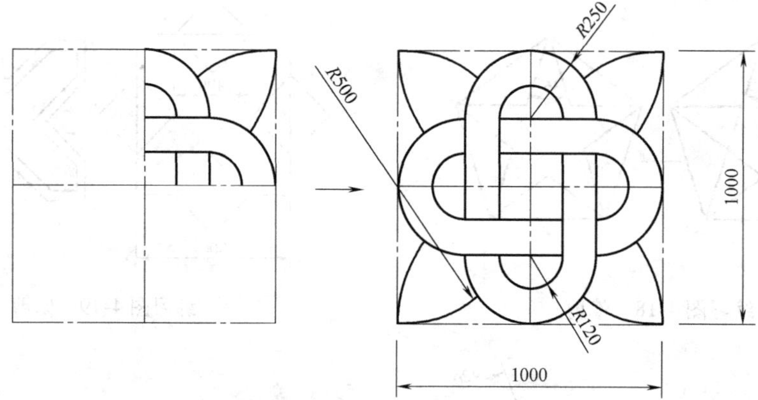

练习图 4-25 编辑命令综合练习

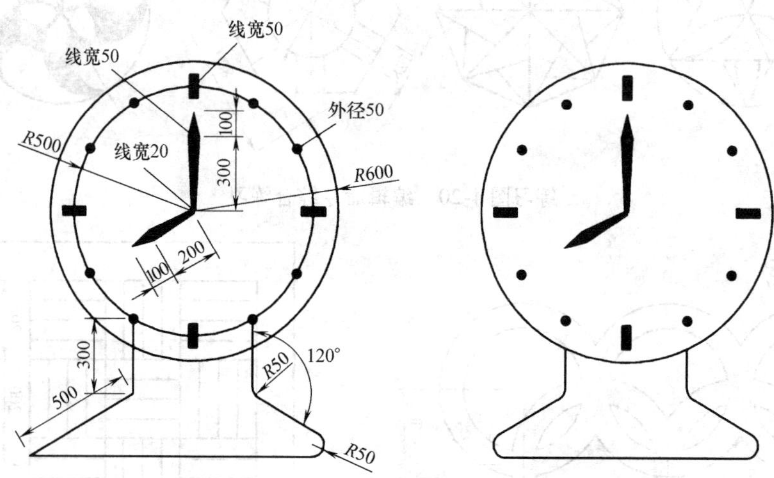

练习图 4-26 编辑命令综合练习

模块五　辅助绘图命令

【模块要点】

◆文字样式设置、文本标注、新建表格

◆创建标注样式、线性标注、对齐标注、角度标注、直径标注、半径标注、连续标注、基线标注、编辑标注、编辑标注文字

◆填充图案、编辑填充图案

◆定义图块、图块存盘、插入图块、图块属性

◆对象特性、查询编辑、打印出图

5.1　文本标注、新建表格

5.1.1　文字样式

在向 AutoCAD 图形界面添加文字之前，首先定义使用文字的样式，包括文字的字体样式、字高、倾角等参数。如果在创建文字之前未对文字样式进行定义，键入的所有文字都将使用前文字样式，即默认字体和格式设置。

文字样式是对文字的字体、字高、宽高比、倾斜角度等进行编辑。

1. 命令启动

1）菜单栏：【格式】→【文字样式】。

2）工具栏：【文字】→ A 。

3）命令行：Style（ST）。

2. 选项说明

执行 Style 命令后，AutoCAD 2011 会弹出如图 5-1 所示的【文字样式】对话框。

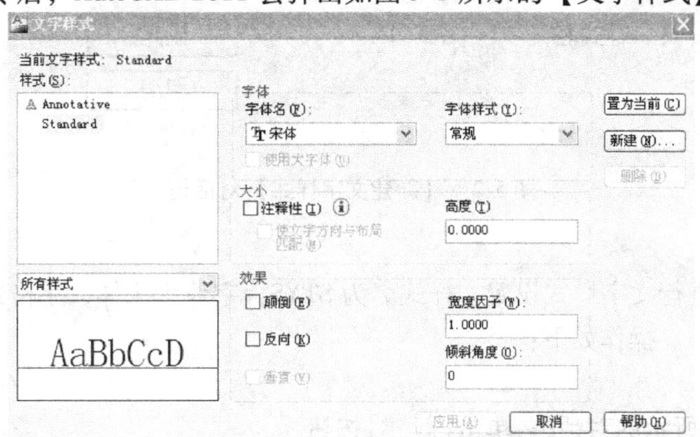

图 5-1　【文字样式】对话框

【文字样式】对话框中各选项的含义如下：

（1）当前文字样式　显示当前文字样式的名称，图 5-1 显示当前文字样式为 Standard，是 AutoCAD 2011 提供的默认标注样式。

（2）样式　列表框中列有当前已定义的文字样式，用户可从中选择相应的样式作为当前样式或进行样式修改。

（3）样式列表过滤器　位于“样式”列表框下方的下拉列表框为样式列表过滤器，用于确定将在“样式”列表框中显示哪些文字样式。列表中有“所有样式”和“IE；在使用的样式”两种选择。

（4）预览框　预览所选择或所确定的文字样式的标注效果。

（5）字体　确定文字样式采用的字体。用户可以通过“字体名”下拉列表选择字体文件，并通过“字体样式”下拉列表确定字体格式（如斜体、粗体等）。

（6）大小　指定文字高度。

（7）效果　用于确定字体的某些特性。下面对各选项进行说明：

1）颠倒：确定是否将文字颠倒标注。

2）反向：确定是否将文字反向标注。

3）垂直：确定是否将文字垂直标注。

4）宽度因子：确定文字的宽高比。当宽度比例小于 1 时，字变窄；当宽度比例大于 1 时，字变宽。

5）倾斜角度：确定文字的倾斜角度。倾斜角度为 0 时，不倾斜；倾斜角度为正值时向右倾斜；倾斜角度为负值时向左倾斜。

（8）置为当前　将“样式”列表框中选中的样式置为当前样式。

（9）新建　增加新的文字样式。单击该按钮，会弹出如图 5-2 所示的【新建文字样式】对话框。在“样式名”文本框中输入新文字样式的名称后，单击【确定】按钮即可。

（10）删除　删除某一文字样式。从“样式名”下拉列表中选择要删除的文字样式，然后单击该按钮。

（11）应用　确定用户对文字样式的设置。

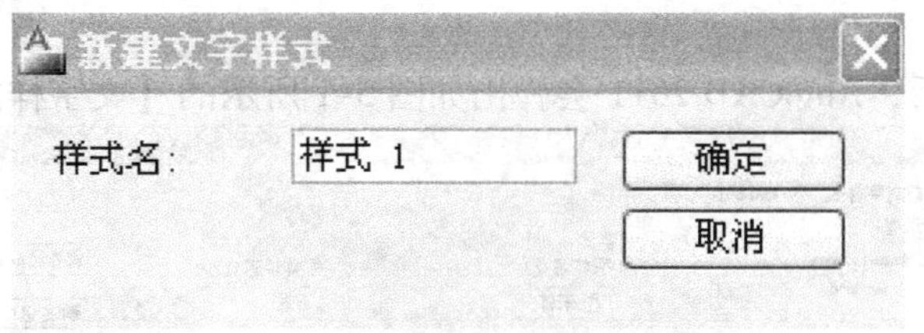

图 5-2　【新建文字样式】对话框

3. 操作实例

用 Style 命令进行文字样式设置，样式名为 STYS，字体为宋体，字格式为粗体，宽度比例为 0.8，字高为 5。操作如下：

命令:Style　　//执行 Style 命令

弹出如图 5-1 所示的对话框,单击【新建】按钮　　//新建文字样式

弹出如图 5-2 示对话框,在【样式名】文本框中输入 STYS,单击【确定】按钮 //输入样式名

在“字体名”下拉列表中选择“宋体”　　//选择字体
在“字体样式”下拉列表中选择“粗体”　　//确定字格式
“字高”输入:5　　//确定字高度
“宽度因子”输入:0.8　　//确定字宽高比例
单击“应用”、“关闭”　　//结束命令

4. 说明

1）用户可以在同一图形中定义多个文字样式。若需要某一样式来标注文字时，应首先将该样式设为当前样式。

2）文字样式删除时，只能删除当前图形中没有使用的文字样式。

5.1.2　文字标注

本部分主要介绍多行文字的标注。

1. 命令启动

1）菜单栏：【绘图】→【文字】→【多行文字】。

2）工具栏：【绘图】→A。

3）命令行：Dtext（T）。

利用文字格式标注文本。

2. 选项说明

执行Dtext命令后，AutoCAD 2011命令行提示：“指定第一角点”，单击工作界面后，提示“定对角点或［高度（H）/对正（J）/行距（L）/旋转（R）/样式（S）/宽度（W）/栏（C）］”，左键在矩形框对角点再单击一下，会弹出如图5-3所示【在位文字编辑器】的对话框。各选项说明：

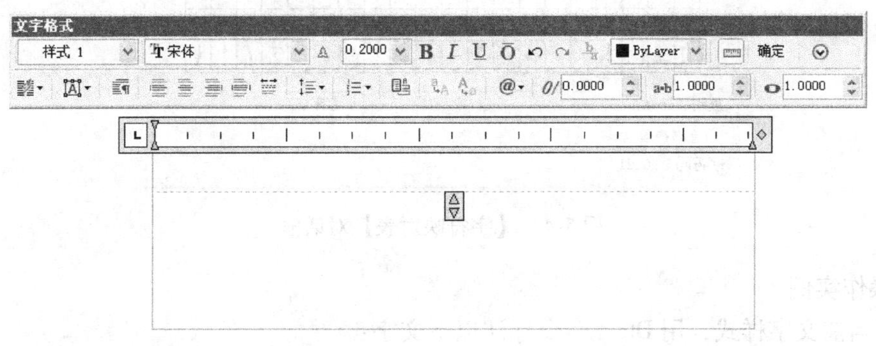

图5-3　【在位文字编辑器】对话框

（1）样式　该下拉列表中列有当前已定义的文字样式，用户可以通过下拉列表选择需要的样式。

（2）“字体”下拉列表　用于设置或改变字体。

（3）“文字高度”　用于设置或更改文字高度。

（4）“粗体” **B**　文字是否以粗体形式标注。

（5）“斜体” *I*　文字是否以斜体形式标注。

（6）“下画线” U 文字是否加下画线。

（7）“上画线” Ō 文字是否加上画线。

（8）“堆叠/非堆叠” 实现堆叠与非堆叠的切换。

（9）多行文字对正 设置文字的堆砌方式，从弹出的列表中进行选择即可，默认为“左上”。

（10）符号 @ 在光标位置插入符号或不间断空格。单击该按钮，会弹出相应的列表，列表中列出了常用符号及控制符等，用户可以根据需要自己选择。如果选择“其他”选项，则会打开【字符映射表】对话框，如图 5-4 所示。对话框中包含了系统中各种可用字体的整个字符集。

（11）倾斜角度 0/ 使输入或选定的字符倾斜一定的角度。

（12）追踪 a•b 增大或减小输入或选定字符之间的距离。

（13）宽度因子 增大或减小输入或选定字符之间的宽度。

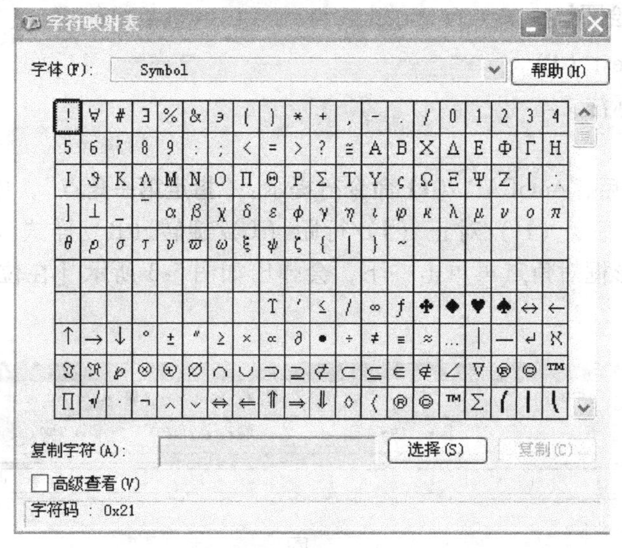

图 5-4 【字符映射表】对话框

3. 操作实例

利用当前文字样式，用 Dtext 命令标注以下文字：

1）未注圆角半径 R5

2）未注角度 45°

3）未注直径 ϕ2

命令：DText //执行 Style 命令

指定第一角点：在屏幕上单击鼠标 //指定第一角点

定对角点或[高度(H)/对正(J)/行距(L)/旋转(R)/样式(S)/宽度(W)/栏(C)]：

//执行 Style 命令：

在矩形框对角点再单击鼠标 //指定矩形框第二角点

弹出“在位文字编辑器”,在对应位置输入以下文字(输入一行后按 Enter 换行)

//文字输入

输入完毕单击[确定]按钮 //结束命令

1）未注圆角半径 R5

2）未注角度 45%%d（输入“%%d”后，AutoCAD 自动将其转换成°）

3）未注直径%%c2

4. 说明

1）若输入的文字在屏幕上出现“?”时，是因为没有相应的汉字库来支持它。其改正方法是将字体选择为“宋体”后，再用鼠标单击【应用】按钮即可。

2）若要对已有的文字进行编辑，双击文字，然后可以进行编辑。

5.1.3 创建表格

该功能用于在图形中创建指定行数和列数的表格对象。

1. 命令启动

1）菜单栏：【绘图】→【表格】。

2）工具栏：【绘图】→▦。

3）命令行：Table。

2. 选项说明

执行 Table 命令后，会弹出如图 5-5 所示的【插入表格】对话框。对【插入表格】对话框完成设置后，单击“确定”按钮，即可将表格插入到图形中。

各选项说明如下：

(1) 表格样式 选择表格样式。单击▣，会弹出【表格样式】对话框，如图 5-6 所示。单击“新建”按钮，会出现【新建表格样式】对话框。在“新样式名”后输入表格样式名称即可，单击“继续”，如图 5-7 所示。

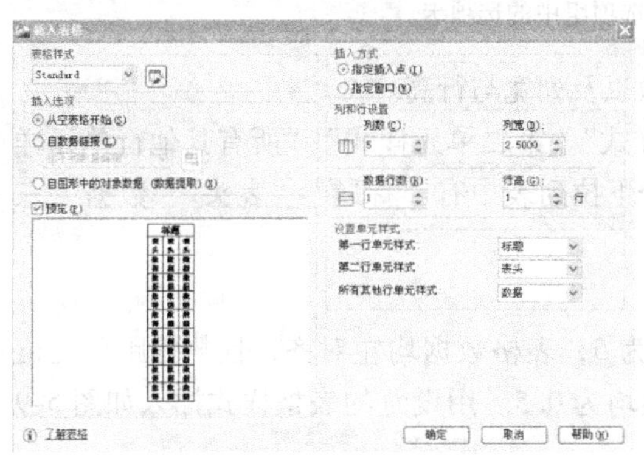

图 5-5 【插入表格】对话框

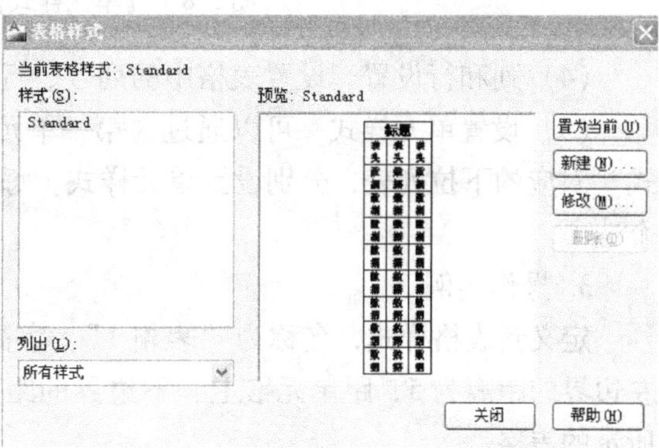

图 5-6 【表格样式】对话框

1）起始表格：用户指定已有表格作为新建表格样式的起始表格。

2）常规：通过“表格方向”下拉列表确定插入表格时的表格方向。

3）单元样式：在该下拉列表中选择要设置的对象，有“数据”“标题”“表头”三个选项。“单元样式”选项组中，“常规”“文字”“边框”三个选项卡分别用于设置表格中的基本内容、文字和边框，对应的选项卡如图 5-8 所示。

其中，“常规”选项卡用于设置文字在单元格中对齐方式等基本特性；“文字”选项卡用于设置文字样式等特性；“边框”选项卡用于设置表格的边框属性。设置完成，可以通过下面的“单元样式预览”框进行预览。

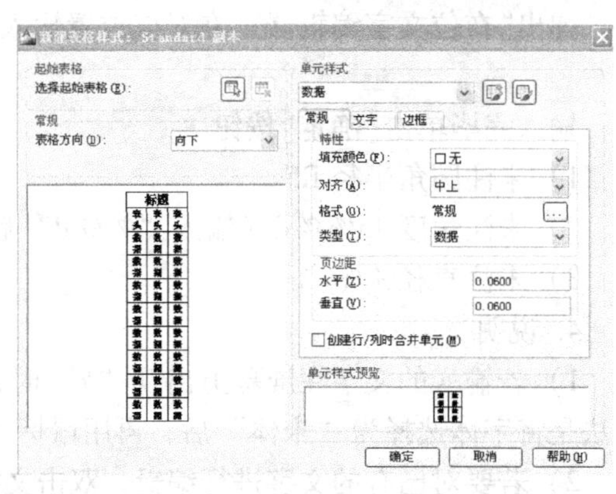

图 5-7 【新建表格样式】对话框

（2）插入选项 确定如何为表格填写数据。

（3）插入方式 选择“指定插入点”单选按钮，表格可以通过在绘图窗口指定一点作为表的一角点位置的方式插入；选择“指定窗口”单选按钮，表格将通过指定一窗口的方式确定大小与位置。

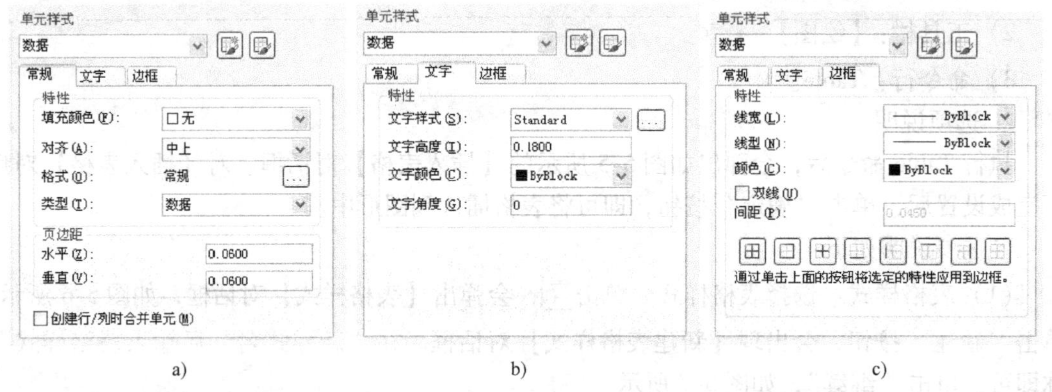

图 5-8 【单元样式】选项组中的选项卡

（4）列和行设置 设置表格中的列数、行数以及列宽与行高。

（5）设置单元样式 可以通过“第一单元样式”“第二单元样式”“所有其他行单元样式”对应的下拉列表，分别设置单元样式。每个下拉列表中有“标题”“表头”“数据”三个选项。

3. 操作实例

定义新表格样式，名称为“表格 1”，字高为 5，表格数据均左对齐，且数据距单元格左边界的距离为 5，距单元格上、下边界的距离均为 0.5。用设置的表格样式插入如图 5-9 所示的表格。

序号	L	数量
1	85	10
2	89	12
3	92	10

图 5-9 表格练习

命令:Table　　//执行 Style 命令

弹出如图 5-5 所示对话框,单击表格样式设置,单击“新建”按钮

//新建表格样式

弹出【创建新表格样式】对话框,输入样式名为“表格 1”　　//输入样式名

单击“继续”按钮,弹出如图 5-7 所示的对话框,在“单元样式”选中“数据”,对“常规”“文字”“边框”三个选项卡分别按照题目要求设置,如图 5-10 所示。

//设置单元样式内容

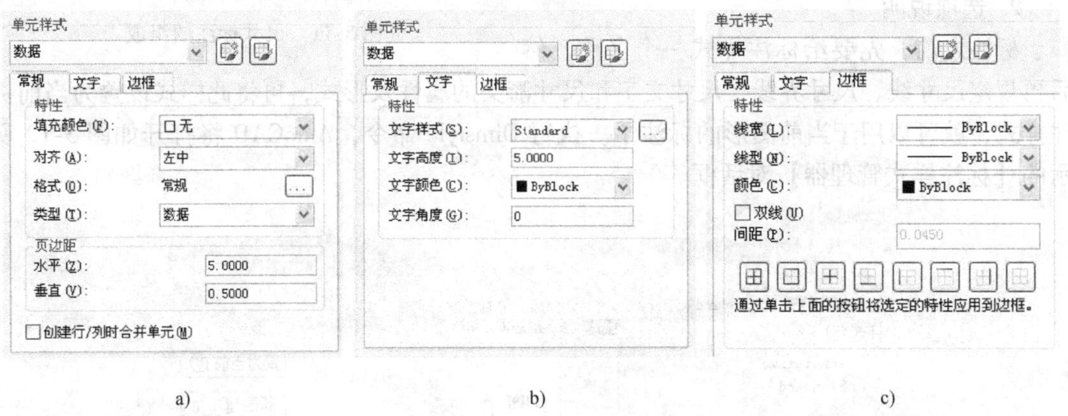

a)　　b)　　c)

图 5-10　单元样式设置

单击“确定”按钮后“置为当前”,再单击“关闭”按钮关闭对话框,

返回【插入表格】对话框　　//完成样式设置

在“插入表格”输入 3 列 2 行,“第一行单元样式”和

“第二行单元样式”均选择“数据”。单击“确定”　　//插入表格

此时光标上带有表格,单击即插入了表格。　　//插入命令结束

输入要编辑的文字即可完成图 5-9 所示表格的内容。

4. 说明

1）如果表格的行宽、行高尺寸不合适，可以通过夹点功能改变某一列的宽度或某一行的高度。

2）合并表格时，只需要选中要合并的表格，单击右键，根据需要选择“合并”中的“按行”、“按列”或“全部”即可。

5.2　尺寸标注

尺寸标注是工程制图中很重要的环节，也是计算机绘图中较难掌握的部分。一个完整的尺寸标注由尺寸线、延伸线、尺寸箭头和文字四个部分组成，如图 5-11 所示。

5.2.1　创建标注样式

1. 命令功能

1）菜单栏：【格式】→【标注样式】。

2）工具栏：【样式】→【标注样式】。

3）命令行：Dimstyle（DDIM）。

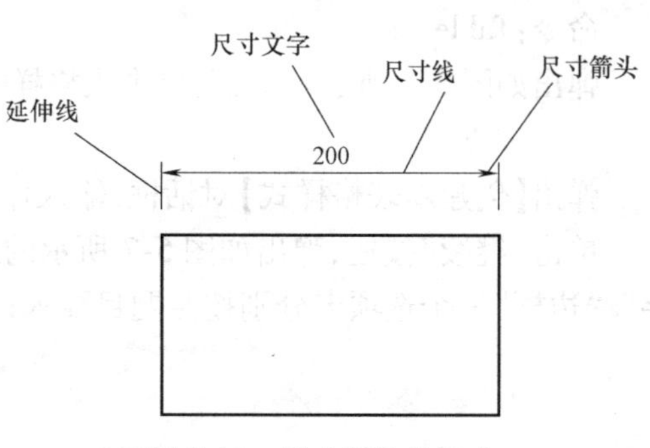

图 5-11　尺寸标注的组成

为了保证图样上的所有标注都具有相同的形式和统一的风格，使图形清晰、易读，定义各种标注类型的格式，并命名这些格式，称为创建标注样式。

2. 选项说明

标注之前，先要给标注样式一个名称，然后再规定尺寸线、尺寸界线、尺寸文字和尺寸箭头的属性及形式，再将此样式设置为当前标注样式，就可以用于当前图形的标注了。执行 Dimstyle 命令，AutoCAD 将打开如图 5-12 所示的【标注样式管理器】对话框。

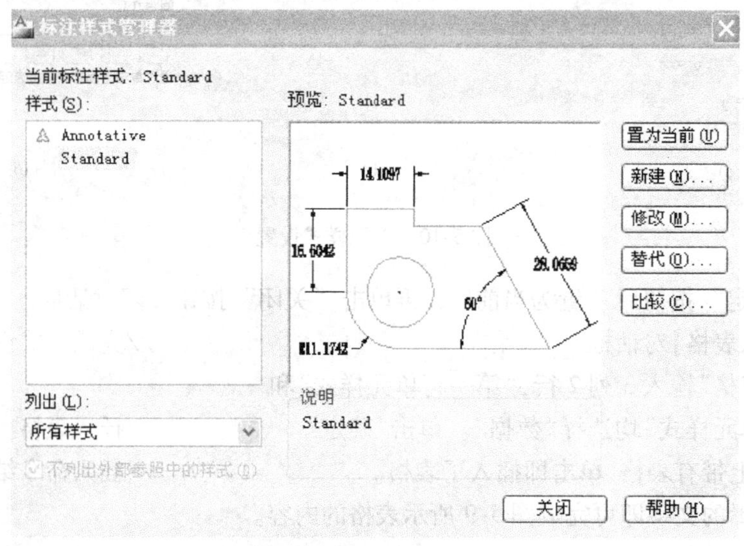

图 5-12　【标注样式管理器】对话框

【标注样式管理器】对话框中各选项的说明如下：

（1）当前标注样式　显示的是系统默认样式：ISO-25。该样式是 AutoCAD 的标准标注样式，它提供了关于标注的完整定义，一般情况下用户可以采用此样式进行标注。但由于工程图样的标注要求各不相同，用户还可以根据图样特点定义自己的标注样式。

（2）样式　该列表框显示当前图形文件的标注样式。当在“列出”下拉列表中选择的是“所有样式”选项时，则“样式”列表框中显示全部标注样式；若选择的是“正在使用的样式”选项时，则显示当前正在使用的标注样式。

（3）不列出外部参照中的样式　选中该复选框，则在“样式”列表框中不列出外部参照中的样式。

（4）预览　该图形框中，显示正在编辑的标注样式的图示，使用户能直观地了解标注样式的具体形式。

（5）置为当前　该按钮将在“样式”列表框中选中的样式设置为当前标注样式。先在“样式”列表框中选中某个标注样式，然后单击该按钮。

（6）新建　该按钮用于创建一个新的标注样式。单击该按钮，系统将打开如图 5-13 所示的【创建新标注样式】对话框。各项说明：

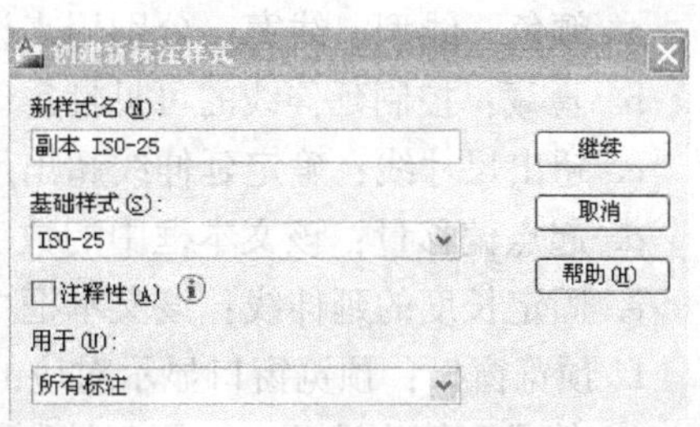

图 5-13　【创建新标注样式】对话框

1）新样式名：用于输入要创建的新的标注样式名称。

2）基础样式：系统允许在其他已有的样式基础上通过修改来创建新样式。在“基础样式”中选择已有的样式作为新样式的起始样式。

3）用于：该下拉列表用于指定新样式的使用范围。

4）继续：该按钮用于修改已存在的标注样式，单击该按钮系统弹出如 5-14 所示的【新建标注样式】对话框。各项说明：

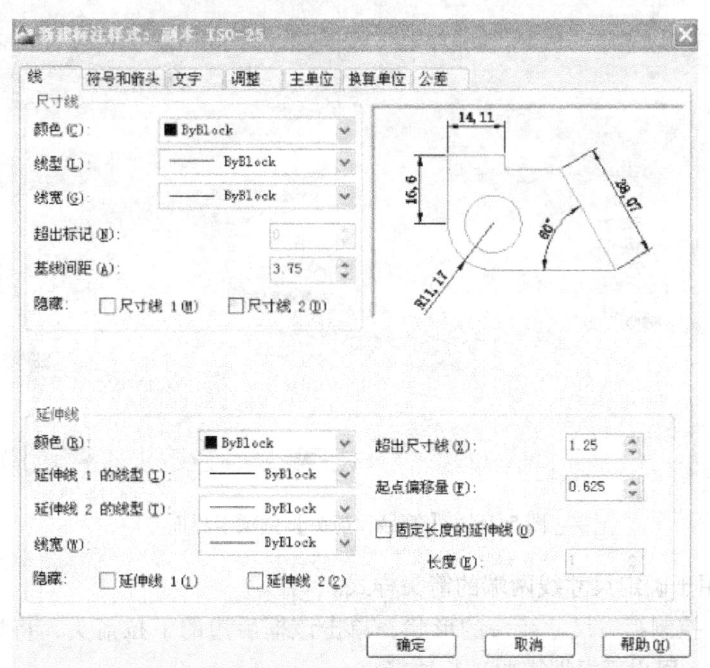

图 5-14　【新建标注样式】对话框

① 线选项卡：用于设置尺寸线和延伸线的格式与属性。各选项说明：

A. 尺寸线：用于设置尺寸线的样式，选项说明：

a. 颜色、线型、线宽：分别用来设置尺寸线的颜色、线型和线宽。

b. 超出标记：当尺寸箭头为短斜线时，用该变量来控制尺寸线超出延长线的长度。只有尺寸箭头为斜短线时，该文本对话框才被激活，否则呈淡灰色而无效。

c. 基线间距：当采用基线方式标注尺寸时，用该文本框中填入的数字来控制两个尺寸线之间的距离。

B. 延伸线：控制延伸线的几何特征，选项说明：

a. 颜色、线型、线宽：分别用来设置延伸线的颜色、线型和线宽。

b. 隐藏：控制延伸线的可见性。

c. 超出尺寸线：确定延伸线超出尺寸线的距离。

d. 起点偏移量：该文本框中的数字用于控制延伸线起始点与选择点之间的偏移量。

e. 固定长度的延伸线：该文本框中的数字用于确定所有标注尺寸采用相同的尺寸界线。

f. 预览窗口：预览窗口显示对应的标注效果示例。

② 符号和箭头选项卡：用于控制尺寸箭头的大小和形状，进行符号的设置，如图 5-15 所示。各选项说明：

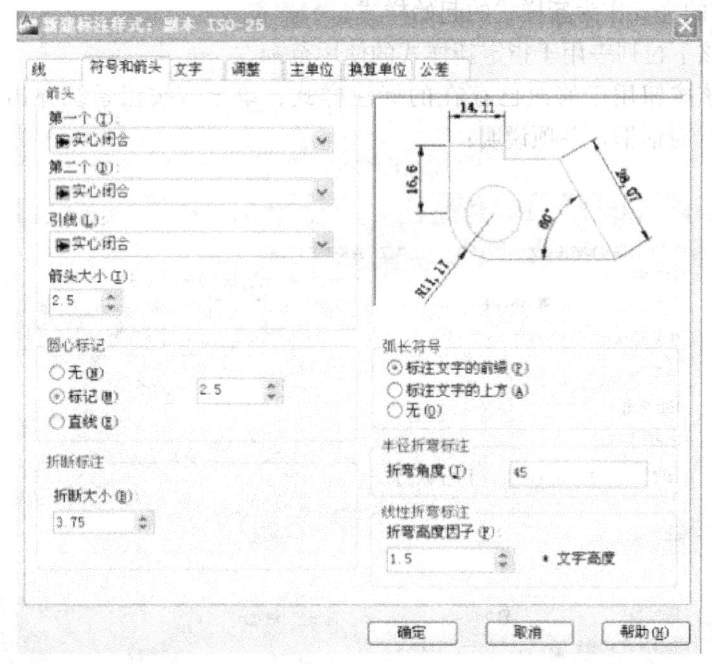

图 5-15 【符号和箭头】选项卡界面

A. 箭头：用于确定尺寸线两端的箭头样式。

a. 第一个：控制第一尺寸箭头的形状，单击该框后边的下拉箭头，将显示出系统所有尺寸箭头的名称，用户可根据需要进行选择。

b. 第二个：控制第二尺寸箭头的形状。系统允许第一箭头和第二箭头的形状不一样。单击该框后边的下拉箭头，可以定义第二尺寸箭头。

c. 引线：控制指引标注尺寸箭头的形状。

d. 箭头大小：设置尺寸箭头的大小。在文本框输入适当的数字，系统按此定义箭头大小。

B. 圆心标记：用于设置是否给圆或圆弧绘制圆心标记。

a. 无：将不创建圆心标记或中心线。

b. 标记：创建圆心标记。

c. 直线：创建中心线。

d. 微调框：用于调整圆心标记的大小。

C. 折断标注：允许在标注或延长线与其他线重叠处打断标注或延长线。

D. 弧长符号：用于为圆弧标注长度尺寸。

a. 标注文字的前缀：将弧长符号放在标注文字的前面。

b. 标注文字的上方：将弧长符号放在标注文字的上方。

c. 无：不显示弧长符号。

E. 半径折弯标注：文本框中输入折弯的角度值。

F. 线性折弯标注：折弯高度 h 为折弯高度因子与尺寸文字高度的乘积。用户可以在“折弯高度因子”微调框中输入折弯高度因子值。

③ 文字选项卡：用于设置文字的外观、位置以及对齐方式，如图 5-16 所示【文字】对话框。各选项说明：

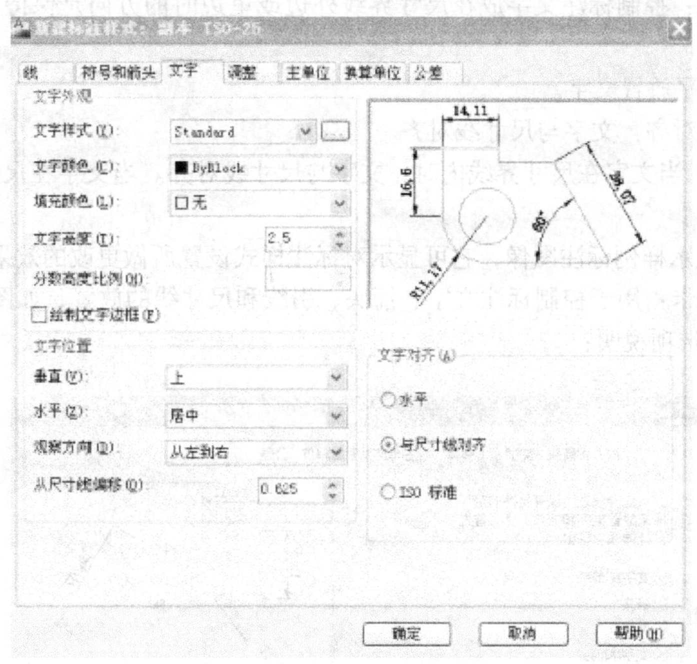

图 5-16　【文字】对话框

A. 文字外观：控制标注文字的格式和大小。

a. “文字样式”：显示“文字样式”对话框，从中可以创建或修改文字样式。

b. 文字颜色：设定标注文字的颜色，可以输入颜色名或颜色号。

c. 填充颜色：设定标注中文字背景的颜色。

d. 文字高度：设定当前标注文字样式的高度。

e. 分数高度比例：设定相对于标注文字的分数比例。仅当在“主单位”选项卡上选择“分数”作为“单位格式”时，此选项才可用。

f. 绘制文字边框：选中此复选框，将在标注文字周围绘制一个边框。

B. 文字位置：控制标注文字的位置。

a. 垂直：控制标注文字相对尺寸线的垂直位置。居中是将标注文字放在尺寸线的两部分中间；上方是将标注文字放在尺寸线上方；外部是将标注文字放在尺寸线上远离第一个定义点的一边；JIS 是按照日本工业标准放置标注文字；下方是将标注文字放在尺寸线下方。从尺寸线到文字的最低基线的距离就是当前的文字间距。请参见“从尺寸线偏移”选项。

b. 水平：控制标注文字在尺寸线上相对于尺寸界线的水平位置。居中是将标注文字沿尺寸线放在两条尺寸界线的中间；第一条尺寸界线是沿尺寸线与第一条尺寸界线左对正；第二条尺寸界线是沿尺寸线与第二条尺寸界线右对正；第一条尺寸界线上方是沿第一条尺寸界线放置标注文字或将标注文字放在第一条尺寸界线之上；第二条尺寸界线上方是沿第二条尺寸界线放置标注文字或将标注文字放在第二条尺寸界线之上。

c. 观察方向：控制标注文字的观察方向。

d. 从尺寸线偏移：用于设定当前文字间距，文字间距是指当尺寸线断开以容纳标注文字时标注文字周围的距离。

C. 文字对齐：控制标注文字放在尺寸界线外边或里边时的方向是保持水平还是与尺寸界线平行。

a. 水平：水平放置文字。

b. 与尺寸线对齐：文字与尺寸线对齐。

c. ISO 标准：当文字在尺寸界线内时，文字与尺寸线对齐。当文字在尺寸界线外时，文字水平排列。

D. 预览：显示样例标注图像，它可显示对标注样式设置所做更改的效果。

④ 调整选项卡：用于控制标注文字、箭头、引线和尺寸线的放置，如图 5-17 所示【调整】对话框。各选项说明：

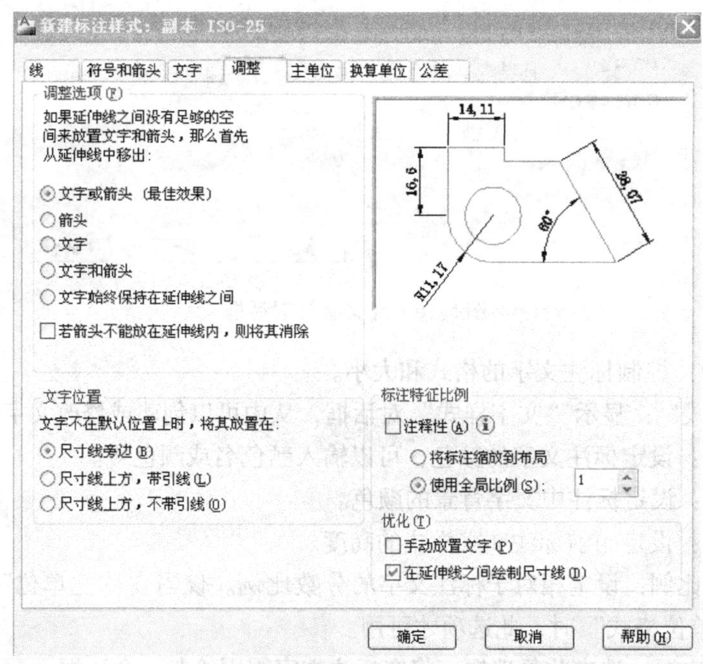

图 5-17 【调整】对话框

A. 调整选项：控制基于尺寸界线之间可用空间的文字和箭头的位置。如果有足够大的空间，文字和箭头都将放在尺寸界线内；否则，将按照“调整”选项放置文字和箭头。

a. 文字或箭头（最佳效果）：按照最佳效果将文字或箭头移动到尺寸界线外。

b. 箭头：先将箭头移动到尺寸界线外，然后移动文字。

c. 文字：先将文字移动到尺寸界线外，然后移动箭头。

d. 文字和箭头：当尺寸界线间距离不足以放下文字和箭头时，文字和箭头都移到尺寸界线外。

e. 文字始终保持在尺寸界线之间：始终将文字放在尺寸界线之间。

f. 若箭头不能放在延伸线内，则将其消除：如果尺寸界线内没有足够的空间，则不显示箭头。

B. 文字位置：设定标注文字从默认位置（由标注样式定义的位置）移动时标注文字的位置。

a. 尺寸线旁边：如果选定，只要移动标注文字，尺寸线就会随之移动。

b. 尺寸线上方，带引线：如果选定，移动文字时，尺寸线不会移动。如果将文字从尺寸线上移开，将创建一条连接文字和尺寸线的引线。当文字非常靠近尺寸线时，将省略引线。

c. 尺寸线上方，不带引线：如果选定，移动文字时，尺寸线不会移动。远离尺寸线的文字不与带引线的尺寸线相连。

C. 预览：显示样例标注图像，它可显示对标注样式设置所做更改的效果。

D. 标注特征比例：设定全局标注比例值或图纸空间比例。

a. 注释性：指定标注为注释性，单击信息图标以了解有关注释性对象的详细信息。

b. 将标注缩放到布局：根据当前模型空间视口和图纸空间之间的比例确定比例因子。

c. 使用全局比例：为所有标注样式设置设定一个比例，这些设置指定了大小、距离或间距，包括文字和箭头大小。

E. 优化：提供用于放置标注文字的其他选项。

a. 手动放置文字：忽略所有水平对正设置，并把文字放在“尺寸线位置”提示下指定的位置。

b. 在延伸线之间绘制尺寸线：即使箭头放在测量点之外，也在测量点之间绘制尺寸线。

⑤ 主单位选项卡：设定主标注单位的格式和精度，并设定标注文字的前缀和后缀，如图 5-18 所示【主单位】对话框。各选项说明：

A. 线性标注：设定线性标注的格式和精度。

a. 单位格式：设定除角度之外的所有标注类型的当前单位格式。

b. 精度：显示和设定标注文字中的小数位数。

c. 分数格式：设定分数格式。

d. 小数分隔符：设定用于十进制格式的分隔符。

e. 舍入：为除“角度”之外的所有标注类型设置标注测量值的舍入规则。如果输入 0.25，则所有标注距离都以 0.25 为单位进行舍入。如果输入 1.0，则所有标注距离都将舍入为最接近的整数。小数点后显示的位数取决于“精度”设置。

f. 前缀：在标注文字中包含前缀。可以输入文字或使用控制代码显示特殊符号。例如，输入控制代码 %%c 显示直径符号。当输入前缀时，将覆盖在直径和半径等标注中使用的

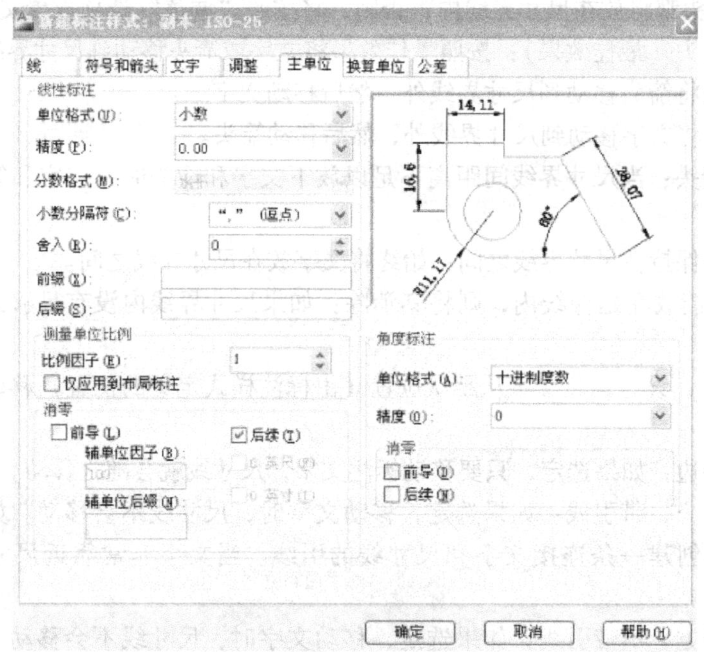

图 5-18 【主单位】对话框

任何默认前缀。

g. 后缀：在标注文字中包含后缀。可以输入文字或使用控制代码显示特殊符号。输入的后缀将替代所有默认后缀。

B. 测量单位比例：定义线性比例选项，主要应用于传统图形。

a. 比例因子：设置线性标注测量值的比例因子。

b. 仅应用到布局标注：仅将测量单位比例因子应用于布局视口中创建的标注。除非使用非关联标注；否则，该设置应保持取消复选状态。

C. 消零：控制是否禁止输出前导零和后续零以及零英尺和零英寸部分。前导是指不输出所有十进制标注中的前导零。例如，0.5000 变为 .5000。辅单位因子是指将辅单位的数量设定为一个单位。它用于在距离小于一个单位时以辅单位为单位计算标注距离。例如，如果后缀以 m 而辅单位后缀以 cm 显示，则输入 100；辅单位后缀是指在标注值辅单位中包括一个后缀。可以输入文字或使用控制代码显示特殊符号。例如，输入 cm 可将 0.96m 显示为 96cm；后续是指不输出所有十进制标注中的后续零。例如，12.5000 变成 12.5，30.0000 变成 30。

D. 角度标注：显示和设定角度标注的当前角度格式。

a. 单位格式：设定角度单位格式。

b. 精度：设定角度标注的小数位数。

E. 消零：控制是否禁止输出前导零和后续零。

a. 前导：禁止输出角度十进制标注中的前导零。例如，0.5000 变成 .5000。辅单位因子是将辅单位的数量设定为一个单位；辅单位后缀在标注文字辅单位中包含后缀。

b. 后续：禁止输出角度十进制标注中的后续零。

F. 预览：显示样例标注图像，它可显示对标注样式设置所做更改的效果。

⑥ 换算单位选项卡：用于指定标注测量值中换算单位的显示并设定其格式和精度，如图所示 5-19【换算单位】对话框。各项说明：

A. 换算单位：显示和设定除角度之外的所有标注类型的当前换算单位格式。

a. 单位格式：设定换算单位的单位格式。

b. 精度：设定换算单位中的小数位数。

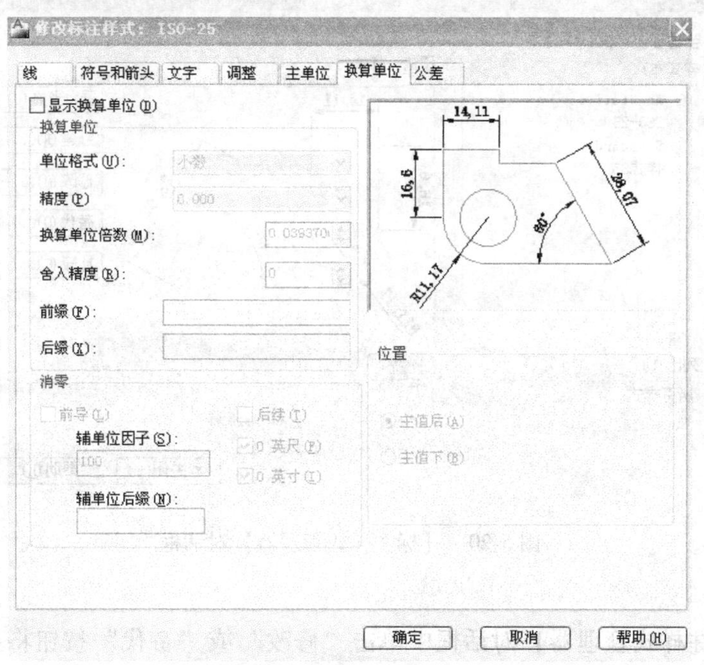

图 5-19　【换算单位】对话框

c. 换算单位倍数：指定一个倍数，作为主单位和换算单位之间的转换因子使用。

d. 舍入精度：设定除角度之外的所有标注类型的换算单位的舍入规则。

B. 位置：控制标注文字中换算单位的位置。“主值后”是指将换算单位放在标注文字中的主单位之后；“主值下”是指将换算单位放在标注文字中的主单位下面。

C. 预览：显示样例标注图像，它可显示对标注样式设置所做更改的效果。

⑦ 公差选项卡：指定标注文字中公差的显示及格式。公差标注用于对零件加工的误差范围进行限定。此不详述。

（7）修改　修改已有的标注样式。

（8）替代　用于设置当前样式的替代样式。

（9）比较　比较两种标注样式的特性或显示一种标注样式的所有特性。单击“比较”，将显示“比较”和“与”两个选项。“比较”是指定要进行比较的第一个标注样式；“与”是指定要进行比较的第二个标注样式。

3. 操作实例

用 Dimstyle 命令定义标注样式，样式名称为“尺寸35”，其余采用默认值。操作如下：

命令：Dimstyle　　　　//执行 Dimstyle 命令

弹出如图5-11所示的对话框,单击“新建”按钮　　//新建标注样式

弹出如图5-12所示的对话框，在“新样式名”文本框中输入“样式35”，单击【继续】按钮。

其他采用默认值，单击【确定】按钮，如图5-20所示，新创建的“样式35”已经显示在“样式”列表框中。

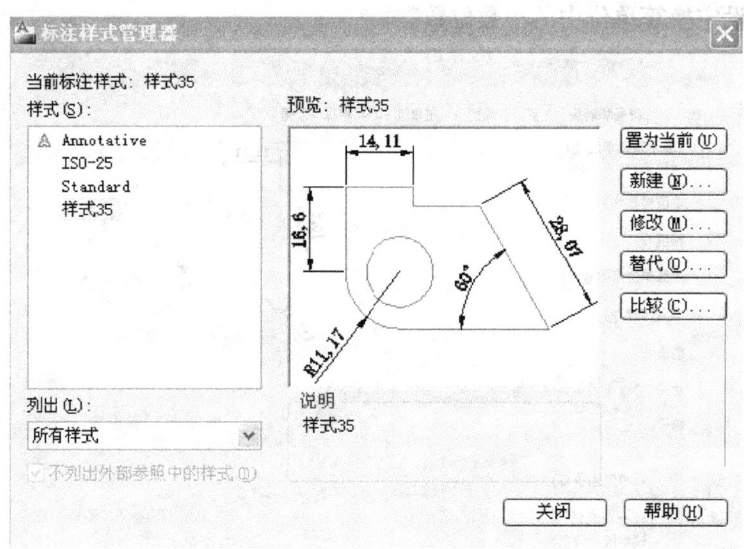

图5-20　【标注样式管理器】对话框

4. 说明

1）在【标注样式管理器】对话框中单击“修改”或“替代”按钮将显示【修改标注样式】对话框或【替代标注样式】对话框。虽然是修改或替代现有标注样式而不是创建新标注样式，但这些对话框的内容和【新建标注样式】对话框的内容是相同的。

2）“使用全局比例”所设置的比例并不更改标注的测量值。

5.2.2 线性标注

在AutoCAD2011中，使用水平、竖直或旋转的尺寸线创建线性标注。

1. 命令功能

1）菜单栏：【标注】→【线性】。

2）工具栏：【标注】→⊢⊣。

3）命令行：DIMLineAR（DLI）。

2. 选项说明

执行DIMLineAR后，将显示以下提示：指定第一个延伸线原点或 <选择对象>；指定点后提示：指定延伸线第二点；指定点后将显示下面的提示：“指定尺寸线位置或［多行文字（M）/文字（T）/角度（A）/水平（H）/垂直（V）/旋转（R）］：”各项说明如下：

1）尺寸线位置：使用指定点定位尺寸线。

2）多行文字：显示在位文字编辑器，可用它来编辑标注文字。

3）文字：在命令行提示下，自定义标注文字。标注文字特性在【新建标注样式】【修

改标注样式】和【替代标注样式】对话框的“文字”选项卡上进行设定。

4）角度：修改标注文字的角度。

5）水平：创建水平线性标注。

6）垂直：创建垂直线性标注。

7）旋转：创建旋转线性标注。

8）选择对象：在选择对象之后，自动确定第一条和第二条尺寸界线的原点。

3. 操作实例

用 DIMLineAR 命令，标注图 5-21a 所示的直线，结果如图 5-21b 所示。

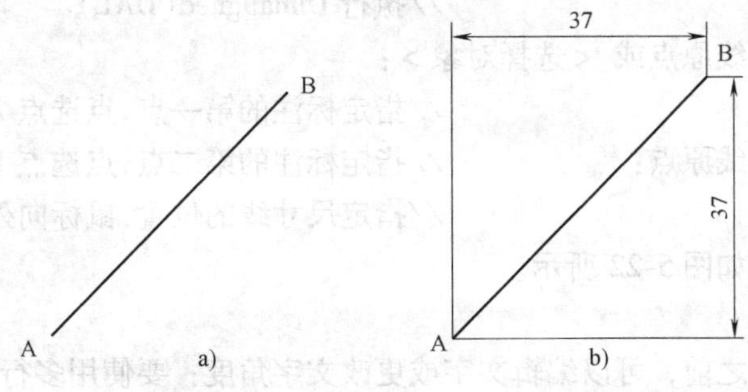

图 5-21　用“线性标注”标注文字

操作如下：

命令:DIMLineAR	//执行 DIMLineAR(DLI)
指定第一个延伸线原点或 <选择对象>:	//指定标注的第一点,点选点 A
指定第二条延伸线原点:	//指定标注的第二点,点选点 B
	//指定尺寸线的位置,鼠标向上(下)或左(右)拉,单击鼠标

命令结束，结果如图 5-21b 所示。

4. 提示

线性标注只能创建水平或垂直的标注。

5.2.3　对齐标注

对齐标注是指创建与尺寸界线的原点对齐的线性标注。

1. 命令功能

1）菜单栏：【标注】→【对齐】。

2）工具栏：【标注】→ 。

3）命令行：Dimaligned（DAL）。

2. 选项说明

执行 Dimaligned 命令后，AutoCAD 2011 命令行提示：指定第一个尺寸界线原点或 <选择对象>：指定第一条尺寸界线原点，系统将提示指定第二条尺寸界线原点。

1）对象选择：在选择对象之后，自动确定第一条和第二条尺寸界线的原点。

2）尺寸线位置：指定尺寸线的位置并确定绘制尺寸界线的方向。指定位置之后，Dimaligned 命令结束。

3）多行文字：显示在位文字编辑器，可用它来编辑标注文字。

4）文字：在命令行提示下，自定义标注文字。

5）角度：修改标注文字的角度。

3. 操作实例

用 Dimaligned 命令，标注图 5-21a 所示的直线，结果如图 5-22 所示。

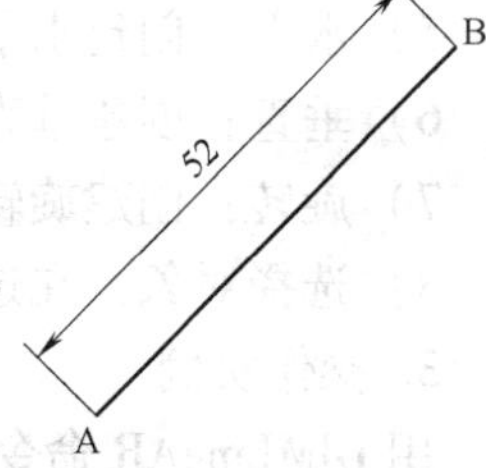

图 5-22 用“对齐标注”标注图形

操作如下：

命令：Dimaligned　　//执行 Dimaligned(DAL)

指定第一个延伸线原点或 <选择对象>：

　　//指定标注的第一点，点选点 A

指定第二条延伸线原点：　　//指定标注的第二点，点选点 B

　　//指定尺寸线的位置，鼠标向外拉。单击鼠标

命令结束，结果如图 5-22 所示。

4. 说明

指定尺寸线位置之前，可以编辑文字或更改文字角度：要使用多行文字编辑文字，请输入 M（多行文字），在“在位文字编辑器”中修改文字。单击【确定】按钮；要使用单行文字编辑文字，请输入 T（文字），在命令行提示下修改文字，然后按 Enter 键；要旋转文字，请输入 A（角度），然后输入文字角度。

5.2.4 角度标注

1. 命令功能

1）菜单栏：【标注】→【角度】。

2）工具栏：【标注】→△。

3）命令行：Dimangular（DAN）。

创建角度标注。

2. 选项说明

执行 Dimangular 命令后，AutoCAD 2011 命令行会提示：选择圆弧、圆、直线或 <指定顶点>；选择一条线后，提示选择第二条直线，选择第二条线后，提示：指定标注弧线位置或[多行文字（M）/文字（T）/角度（A）/象限点（Q）]，鼠标左键确定尺寸线的位置。

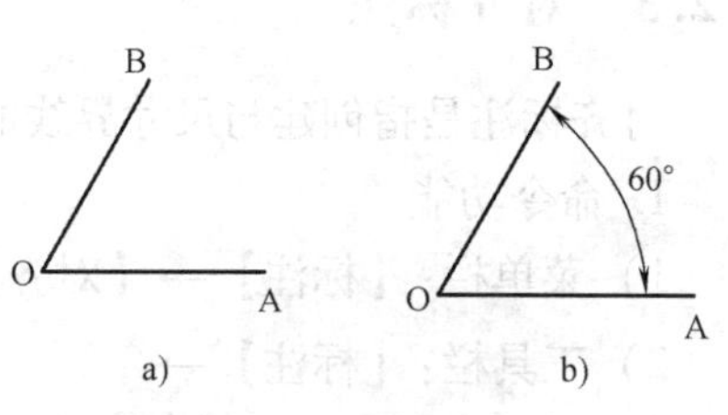

图 5-23 角度标注

3. 操作实例

用 Dimangular 命令，标注图 5-23a，结果如图 5-23b 所示。

操作如下：

命令：Dimangular　　//执行 Dimangular 命令

选择圆弧、圆、直线或 <指定顶点>：　　//确定标注的第一条线，单击线 OA

选择第二条线：　　//指定标注的第二条线,单击线 OB

指定标注弧线位置或［多行文字(M)/文字(T)/角度(A)/象限点(Q)］：　　//确定尺寸线位置,单击鼠标

//结束命令,结果如图 5-23b 所示。

4. 说明

要标注圆，请在角的第一端点选择圆，然后指定角的第二端点；要标注其他对象，请选择第一条直线，然后选择第二条直线。

5.2.5　直径标注

直径标注是指为圆或圆弧标注直径尺寸。

1. 命令功能

1）菜单栏：【标注】→【直径】。

2）工具栏：【标注】→⊘。

3）命令行：Dimdiameter（DDI）。

2. 选项说明

执行 Dimdiameter 命令后，AutoCAD 2011 命令行会提示：选择圆弧或圆，鼠标单击圆弧或圆，命令行提示："指定尺寸线位置或［多行文字（M）/文字（T）/角度（A）］:"，要编辑标注文字内容，请输入 T（文字）或 M（多行文字），在尖括号后编辑更改标注值；要编辑标注文字角度，请输入 A（角度），最后确定引线的位置。

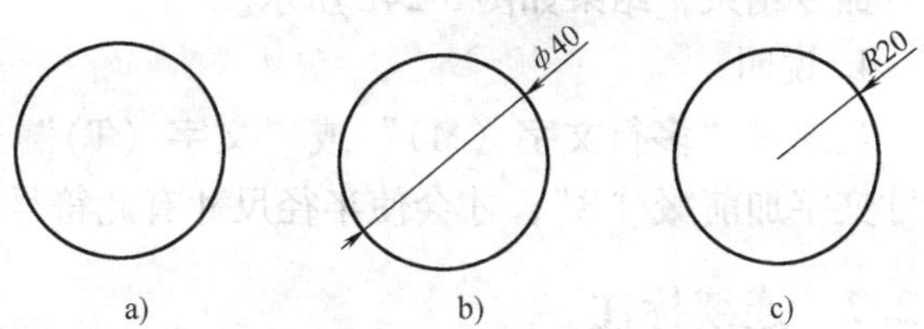

图 5-24　直径标注和半径标注

3. 操作实例

用 Dimdiameter 命令，标注图 5-24a，结果如图 5-24b 所示。

操作如下：

命令：Dimdiameter　　//执行 Dimdiameter 命令

选择圆弧或圆：　　//选择标注对象,点选圆

标注文字 = 40;指定尺寸线位置或

［多行文字(M)/文字(T)/角度(A)］：　　//确定引线位置,单击鼠标

命令结束，结果如图 5-24b 所示。

4. 说明

当通过"多行文字（M）"或"文字（T）"选项重新编辑尺寸文字时，只有在输入的尺寸文字加前缀"%%C"，才会使标出的直径尺寸有直径符号（φ）。

5.2.6　半径标注

1. 命令功能

1）菜单栏：【标注】→【半径】。

2）工具栏：【标注】→◷。

3）命令行：Dimradius（DRA）。

为圆或圆弧标注半径尺寸。

2. 选项说明

执行 Dimradius 命令后，AutoCAD 2011 命令行会提示：选择圆弧或圆，鼠标单击圆弧或圆，命令行提示：“指定尺寸线位置或［多行文字（M）/文字（T）/角度（A）］:”，要编辑标注文字内容，请输入 T（文字）或 M（多行文字），在尖括号后编辑更改标注值；要编辑标注文字角度，请输入 A（角度），最后确定引线的位置。

3. 操作实例

用 Dimradius 命令，标注图 5-24a，结果如图 5-24c 所示。

操作如下：

命令:Dimradius　　//执行 Dimradius 命令

选择圆弧或圆:　　//选择标注对象,点选圆

标注文字 = 20;指定尺寸线位置或

[多行文字(M)/文字(T)/角度(A)]:　　//确定引线位置,单击鼠标

命令结束，结果如图 5-24c 所示。

4. 说明

当通过“多行文字（M）”或“文字（T）”选项重新编辑尺寸文字时，只有在输入的尺寸文字加前缀“R”，才会使半径尺寸有此符号。

5.2.7 连续标注

1. 命令功能

1）菜单栏:【标注】→【连续】。

2）工具栏:【标注】→卌。

3）命令行：Dimcontinue（DCO）。

创建从先前创建的标注的尺寸界线开始的标注。

2. 选项说明

先创建一个标注，再执行 Dimcontinue 命令，AutoCAD 2011 命令行会提示：“指定第二条延伸线原点:”，此时使用对象捕捉指定其他尺寸界线原点，直至无尺寸界线原点，按两次 Enter 键或空格键结束命令。

3. 操作实例

用 Dimcontinue 命令标注图 5-25a，结果如图 5-25b 所示。

操作如下:

命令:Dimaligned　　//执行 Dimaligned 命令

指定第一个延伸线原点或 <选择对象>:　　//确定标注的第一点,单击 A 点

指定第二条延伸线原点:　　//确定标注的第二点,单击 B 点

指定尺寸线位置或[多行文字(M)/文字(T)/

角度(A)/水平(H)/垂直(V)/旋转(R)]:

标注文字 = 20　　//确定尺寸线的位置,Dimaligned 命令结束

命令:Dimcontinue　　//执行 Dimcontinue 命令

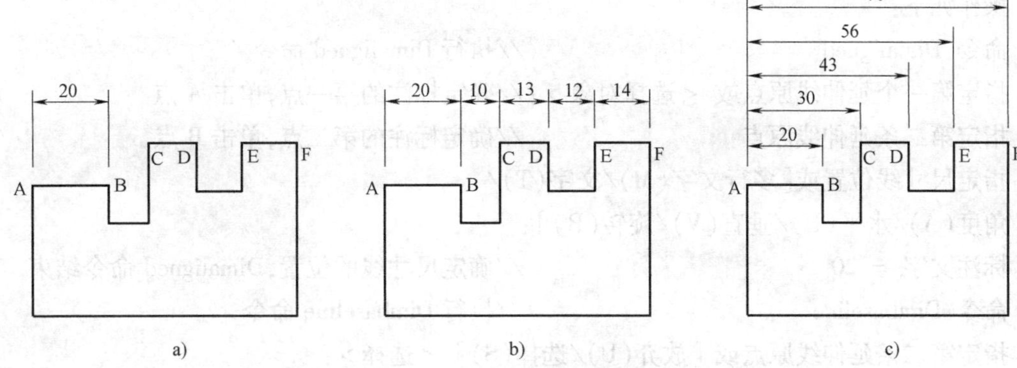

图 5-25　连续标注和基线标注

指定第二条延伸线原点或［放弃(U)/选择(S)］<选择>:
标注文字 = 10　　　　　　　　　　//确定标注第三点,单击 C 点
指定第二条延伸线原点或［放弃(U)/选择(S)］<选择>:
标注文字 = 13　　　　　　　　　　//确定标注第四点,单击 D 点
指定第二条延伸线原点或［放弃(U)/选择(S)］<选择>:
标注文字 = 13　　　　　　　　　　//确定标注第五点,单击 E 点
指定第二条延伸线原点或［放弃(U)/选择(S)］<选择>:
标注文字 = 14　　　　　　　　　　//确定标注第六点,单击 F 点
指定第二条延伸线原点或［放弃(U)/选择(S)］<选择>:
　　　　　　　　　　　　　　　　//按 Enter 键两次

命令结束，结果如图 5-25b 所示。

4. 说明

执行连续标注前，必须先标注出一个尺寸，以确定连续标注所需要的已有尺寸的尺寸界线。

5.2.8　基线标注

1. 命令功能

1）菜单栏:【标注】→【基线】。

2）工具栏:【标注】→ 。

3）命令行: Dimbaseline（DBA）。

从上一个标注或选定标注的基线处创建线性标注、角度标注或坐标标注。

2. 选项说明

先创建一个标注，再执行 Dimbaseline 命令，AutoCAD 2011 命令行会提示:“指定第二条延伸线原点:”，此时使用对象捕捉指定其他尺寸界线原点，直至无尺寸界线原点，按两次 Enter 键或 Space 键结束命令。

3. 操作实例

用 Dimbaseline 命令标注图 5-25a，结果如图 5-25c 所示。

操作如下：

命令:Dimaligned //执行 Dimaligned 命令

指定第一个延伸线原点或 <选择对象>://确定标注的第一点,单击 A 点

指定第二条延伸线原点: //确定标注的第二点,单击 B 点

指定尺寸线位置或[多行文字(M)/文字(T)/

角度(A)/水平(H)/垂直(V)/旋转(R)]:

标注文字 = 20 //确定尺寸线的位置,Dimaligned 命令结束

命令:Dimbaseline //执行 Dimbaseline 命令

指定第二条延伸线原点或[放弃(U)/选择(S)] <选择>:

标注文字 = 30 //确定标注第三点,单击 C 点

指定第二条延伸线原点或[放弃(U)/选择(S)] <选择>:

标注文字 = 43 //确定标注第四点,单击 D 点

指定第二条延伸线原点或[放弃(U)/选择(S)] <选择>:

标注文字 = 56 //确定标注第五点,单击 E 点

指定第二条延伸线原点或[放弃(U)/选择(S)] <选择>:

标注文字 = 70 //确定标注第六点,单击 F 点

指定第二条延伸线原点或[放弃(U)/选择(S)] <选择>:

//按 Enter 键两次结束命令,

命令结束，结果如图 5-25c 所示。

4. 说明

执行基线标注前，必须先标注出一个尺寸，以确定连续标注所需要的已有尺寸的尺寸界线。

5.2.9 编辑标注

在 AutoCAD2011 中，可以单独修改图形中现有标注对象的所有部分，也可以使用标注样式修改图形中现有标注对象的所有部分。

1. 命令功能

1）工具栏：【标注】→ 。

2）命令行：Dimedit（DED）。

编辑标注文字和尺寸界线。

2. 选项说明

执行 Dimedit 命令后，AutoCAD 2011 命令行会提示：“输入标注编辑类型［默认（H）/新建（N）/旋转（R）/倾斜（O）］<默认>：”再输入选项或按 Enter 键。各选项说明：

1）默认：将旋转标注文字移回默认位置。

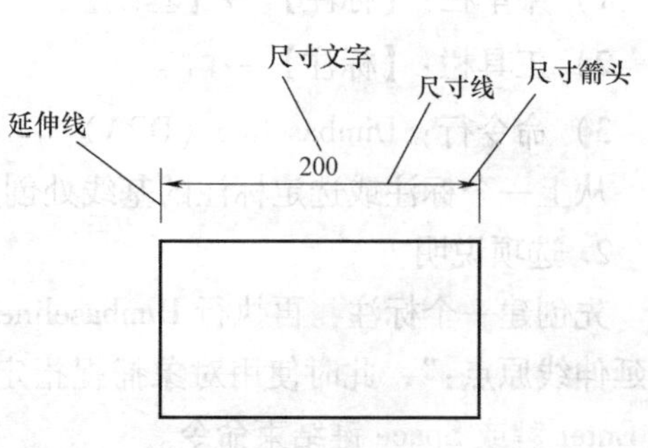

图 5-26 修改标注

2）新建：使用在［位文字编辑器］更改标注文字。

3）旋转：旋转标注文字。

4）倾斜：当尺寸界线与图形的其他要素冲突时有用处。

3. 操作实例

用 Dimedit 命令将图 5-25b 所示标注中的 20 修改成如图 5-26 所示。

操作如下：

命令：Dimedit　　//执行 Dimedit 命令

输入标注编辑类型［默认(H)/新建(N)/
旋转(R)/倾斜(O)］＜默认＞：　　//确定编辑内容，键盘输入 R，按 Enter 键

指定标注文字的角度：　　//提示输入角度值，输入 -15，按 Enter 键

选择对象：　　//提示选择对象，单击 20，

选择对象：找到 1 个　　//提示已选择对象数

选取对象：↙　　//结束对象选择并修改对象

5.2.10　编辑标注文字

1. 命令功能

1）菜单栏：【标注】→【对齐文字】。

2）工具栏：【标注】→ 。

3）命令行：Dimtedit。

移动和旋转标注文字并重新定位尺寸线。

2. 选项说明

执行 Dimtedit 命令后，AutoCAD 2011 命令行会提示：选择标注，选择后提示："为标注文字指定新位置或［左对齐（L）/右对齐（R）/居中（C）/默认（H）/角度（A）］："各选项说明：

1）标注文字的位置：拖曳时动态更新标注文字的位置。

2）左：沿尺寸线左对正标注文字。

3）右：沿尺寸线右对正标注文字。

4）中：将标注文字放在尺寸线的中间。

5）默认：将标注文字移回默认位置。

6）角度：修改标注文字的角度。

3. 操作实例

用 Dimtedit 命令将图 5-25b 所示标注中的 20 修改成如图 5-27 所示。

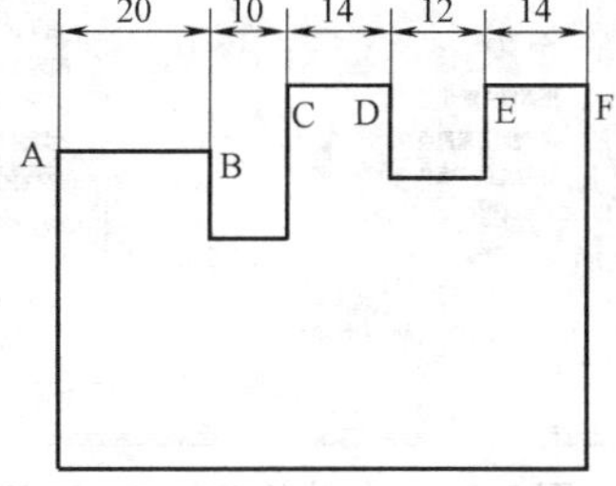

图 5-27　编辑标注文字

操作如下：

命令：Dimtedit　　//执行 Dimtedit 命令

选择标注：　　//选择标注的对象，单击标注 20

为标注文字指定新位置或［左对齐(L)/
右对齐(R)/居中(C)/默认(H)/角度(A)］：　　//确定编辑内容，键盘输入 L

↙　　//按 Enter 键结束命令

5.3 图案填充

在公路施工设计图中，经常需要将某种图案填充到某一区域。例如：平面图中需要填充剖面线表示建筑物；路基标准横断面中需填充不同的图案以区分路面结构层。

5.3.1 填充图案

1. 命令功能

1）菜单栏：【绘图】→【图案填充】。

2）工具栏：【绘图】→ 。

3）命令行：Bhatch 。

用指定的图案填充指定的区域。

2. 选项说明

执行 Bhatch 命令，AutoCAD 打开如图 5-28 所示的【图案填充和渐变色】对话框。

（1）“图案填充”选项卡 该选项卡用于设置填充图案以及相关的填充参数。

1）“类型”：用于选择图案类型。下拉列表中有“预定义”“用户定义”“自定义”三个选项。

2）“图案”：显示当前图案填充名，单击其后的“…”按钮将弹出【填充图案选项板】对话框（如图 5-29 所示），从中可以查看所有预定义和自定义的预览图案，以便用户选择。

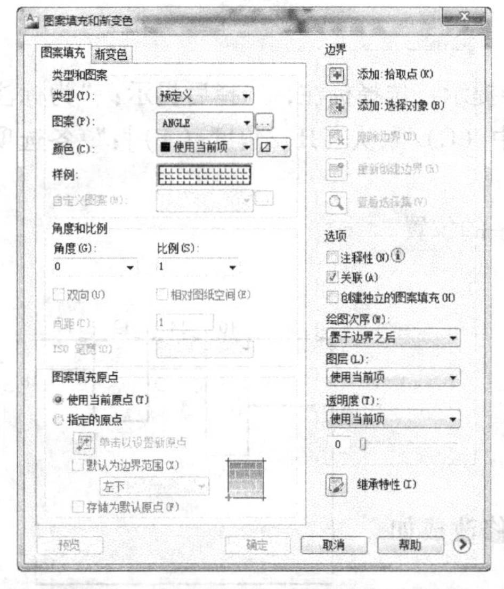

图 5-28 【图案填充和渐变色】对话框

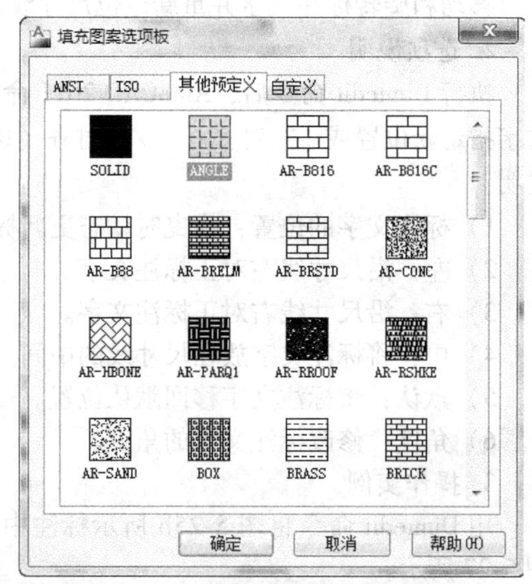

图 5-29 【填充图案选项板】对话框

3）“样例”：显示当前填充图案。

4）“角度”：控制填充图案相对水平方向的倾斜角度。

5）“比例”：放大或缩小填充图案，以控制图案的疏密程度。

6）“图案填充原点”：控制填充图案生成的起始位置。在绘图过程中，某些图案（如砖块图案）需要与图案填充边界上的一点对齐，或在剖视图中采用“剖中剖”时，可通过改变图案填充原点的方法使剖面线错开。默认情况下，所有图案填充原点都对应于当前 UCS 的原点。

7）“添加：拾取点”：提示用户在图案填充边界内任选一点，系统按一定的方式自动搜索，从而生成封闭边界。

8）“添加：选择对象”：用选择对象的方法确定填充边界。

9）“关联”：默认所填充的图案与边界建立关联，此时修改边界将影响已填充的图案。

10）“创建独立的图案填充”：选择该选项，在将同一个填充图案同时应用于图形的多个区域时，每个填充区域都是一个独立的对象。以后，用户可以修改一个区域中的图案填充，而不会改变其他区域中的图案填充。

11）“绘图次序”：填充图案可以放在所有其他对象之后、所有其他对象之前、图案填充边界之后或图案填充边界之前。

12）“继承特性”：选用图形中已有的填充图案作为当前填充图案。

13）“预览”：单击该按钮，预览填充效果，以便及时修改。

14）“确定”：单击该按钮，按所选的设置进行图案填充。

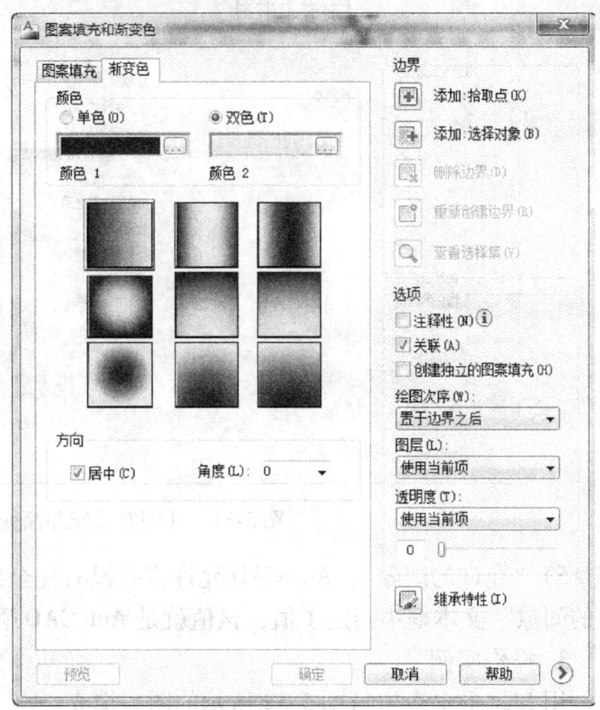

图 5-30　【渐变色】选项卡

（2）【渐变色】选项卡（如图 5-30 所示）　该选项卡用于以渐变方式实现填充。其中，“单色”和“双色”两个单选按钮用于确定是以一种颜色填充，还是以两种颜色填充。还可以通过“角度”下拉列表确定以渐变方式填充时的旋转角度，通过“居中”复选框指定对称的渐变配置。如果没有选择该选项，渐变填充将朝左上方变化，可创建出光源在对象左边的图案。

（3）其他选项　如果单击【图案填充和渐变色】对话框中位于右下角位置的小箭头，对话框则变为如图 5-31 所示的形式，用于确定是否进行孤岛检测以及孤岛检测的方式。

1）“孤岛检测”：将位于填充区域内的封闭区域称为孤岛。当以拾取点的方式确定填充边界后，AutoCAD 会自动确定包围该点的封闭填充边界，同时自动确定出对应的孤岛边界，孤岛显示的样式有“普通”“外部”“忽略”三种。

2）“保留边界”：用于指定是否将填充边界保留为对象，并确定其对象类型。

3）“对象类型”：下拉列表用于确定新边界对象的类型，用户有面域和多段线两种选择。

4）“边界集”：当以拾取点的方式确定填充边界时，AutoCAD 将根据哪些对象确定填充边界。

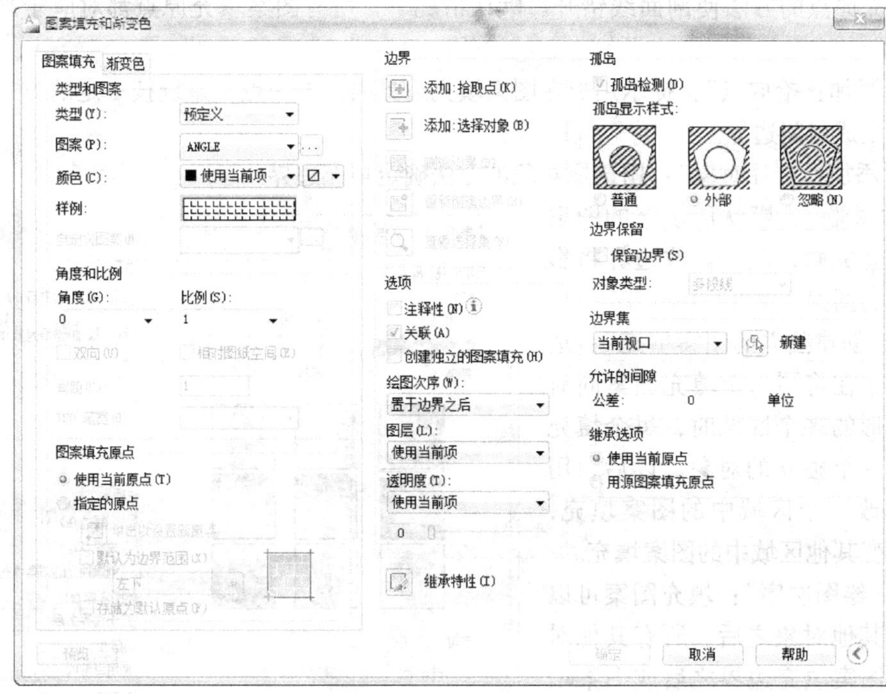

图 5-31 【图案填充和渐变色】对话框

5）“允许的间隙”：AutoCAD 允许将并没有完全封闭的边界用作填充边界。如果在“允许的间隙”文本框中指定了值，该值就是 AutoCAD 确定填充边界时可以忽略的最大间隙。

3. 操作实例

用 Bhatch 命令进行图 5-32 所示的图案填充。

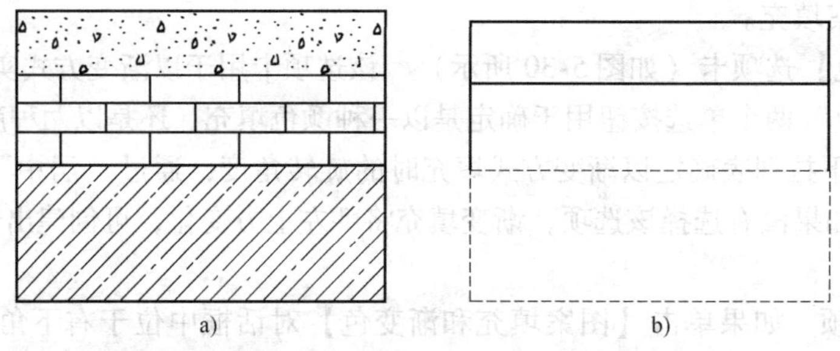

图 5-32 图案填充实例

a）图案填充结果 b）选择图案填充边界

操作如下：

命令:Bhatch //执行 Bhatch 命令

弹出 5-28 所示的对话框,单击“图案”下拉列表

右边的按钮。打开如图 5-29 所示的“填充图案选项板”对话框,从中选择所需图案,

然后单击“确定”按钮。 //选择填充的图案

单击对话框右边的“拾取点”按钮,拾取

封闭区域内一点　　　　　　　　　　　//选择填充边界，如图 5-32b 所示
单击“预览”按钮　　　　　　　　　　//查看图案的填充结果，符合后
命令↙　　　　　　　　　　　　　　　//按 Enter 键结束命令，若不符合要求
<Esc>键　　　　　　　　　　　　　//返回图 5-28 所示对话框，调整角度、比例
重复执行 Bhatch 命令　　　　　　　　// 直到满足要求，结果如图 5-32a 图所示

4. 提示

1）设置用于图案填充的图层为当前层。

2）选择图案填充类型，并根据所选类型设置图案特性参数，也可用“继承特性”选项，继承已画好的某个图案填充对象。

5.3.2　编辑图案

1. 命令功能

1）菜单栏：【修改】→【对象】→图案填充。

2）工具栏：【修改Ⅱ】→ 。

3）命令行：Hatchedit。

编辑指定的图案。

2. 选项说明

执行“编辑图案”命令后，弹出如图 5-28 所示的【图案填充】对话框，利用相关的选项可修改已有图案填充的各项特性。

当填充的图案关联时，通过夹点功能改变填充边界，也可以编辑填充的图案。

5.4　图块

在工程制图中经常要绘制一些固定的图形符号，如标高符号、剖面符号、钢筋符号等。AutoCAD 中的图块功能可以将这种固定的图形符号制作成块，在应用时将其插入图形固定位置，可以对整个图块进行复制、移动、旋转、比例缩放、镜像、删除和阵列等操作；也可以为块定义属性，即定义从属于块的文字信息，这样可以大大提高绘图速度，节省存储空间。

5.4.1　定义图块

图块是图形对象的集合，通常用于绘制复杂、重复的图形。用户根据系统提出的要求，确定组成图块的三个要素，即图块名、组成图块的实体和插入点。

1. 命令启动

1）菜单栏：【绘图】→【块】→【创建】。

2）工具栏：【绘图】→ 。

3）命令行：Block（B）。

将选定的对象定义成图块。

2. 选项说明

执行 Block 命令后，AutoCAD 2011 会弹出如图 5-33 所示的【块定义】对话框。

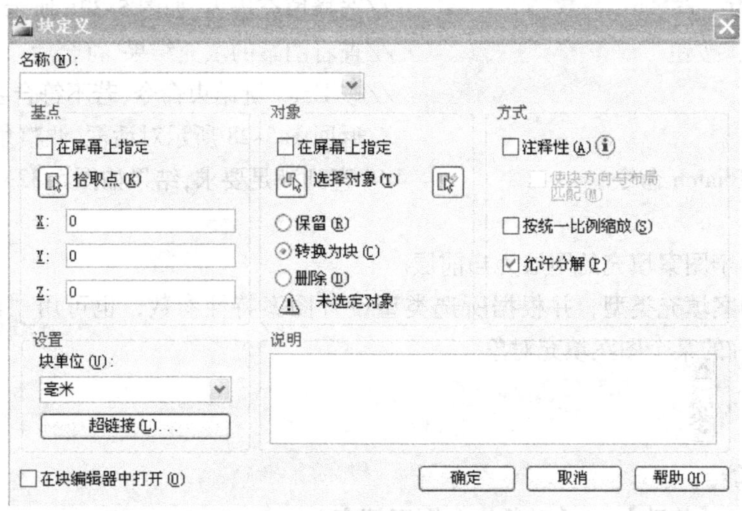

图 5-33 【块定义】对话框

下面介绍该对话框中各选项的含义。

（1）名称　给要定义的块取名，在文本框中输入即可。

（2）基点　当以后插入该图块时，此基点变为块的坐标系原点，基点最好选择图形的特征点。确定基点的方法可以直接在“基点”区的 X、Y、Z 文本框中输入插入基点的坐标，也可以单击“拾取点”按钮，用鼠标在图中拾取插入基点。

（3）对象　选择组成块的对象。在定义块的同时，系统提供三种处理块的方法。

1）保留：定义块后，块实体仍然保留在绘图区。

2）转换为块：定义块时，系统将选择的块实体转换为块。

3）删除：定义块时，系统将块实体从图中删掉。用户可以用 Opps 命令恢复块实体。

（4）方式　指定块的设置。

1）注释性：指定块是否是注释性对象。

2）按统一比例缩放：指定插入块时是按统一比例缩放，还是沿各坐标轴方向采用不同的缩放比例。

3）允许分解：指定插入块后是否可以将其分解，即分解成组成块的各基本对象。

（5）设置　指定插入块时的尺寸单位和超链接。

1）块单位：确定插入块时的尺寸单位。

2）超链接：单击该按钮，建立一个与块定义相关的超链接。

（6）说明　预览图块时关于块的文字描述。

3. 操作实例

用 Block 命令，将图 5-34a 所示的螺母图样定义成块，块名为 NUT，如图 5-34b 所示。

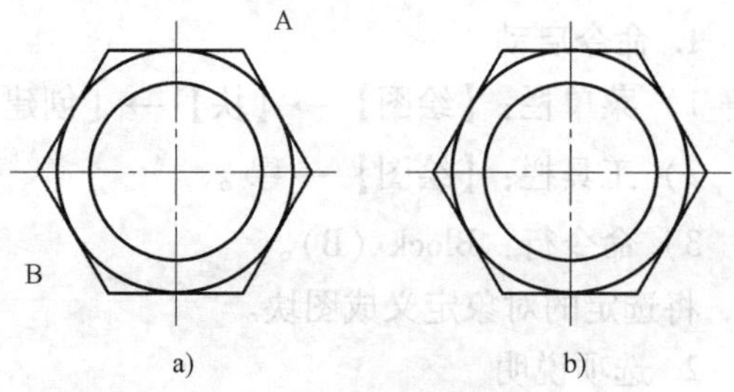

图 5-34　螺母

操作如下：

命令:Block　　//执行 Block 命令
弹出[块定义]对话框　　//输入块名称,在"名称"文本框中输入:NUT
单击"对象"选项组的"选择对象"按钮
选择对象:　　//指定窗交对象的第一点,点选点 A
指定对角点:　　//指定窗交对象的第二点,点选点 B
选择对象: 指定对角点: 找到 7 个　　//提示已选择对象数
选取对象:↙　　//按 Enter 键结束对象选择
回到"块定义"对话框 ,选择"转换为块"单选铵钮
单击"确定"铵钮　　//结束命令

4. 提示

用 Block 命令定义的块，其信息不能单独存在，只能附着在当前图形文件中。所以，只有打开该文件才可以使用块。如果当前文件不被保存，那么附着在该图形中的所有块也随之消失。要想使块信息永久地保存在磁盘中，就必须使用 Wblock 命令来写块。

5.4.2　图块存盘

图块存盘是将创建的图块信息永久地保存在计算机中，图块存盘的命令是 Wblock。

1. 命令启动

命令行：Wblock（W）。

命令即定义外部块，可以将块以单独的文件名保存在指定的位置。

2. 选项说明

执行 Wblock 命令后，AutoCAD 2011 会弹出如图 5-35 所示的【写块】对话框。下面介绍该对话框中各选项的含义。

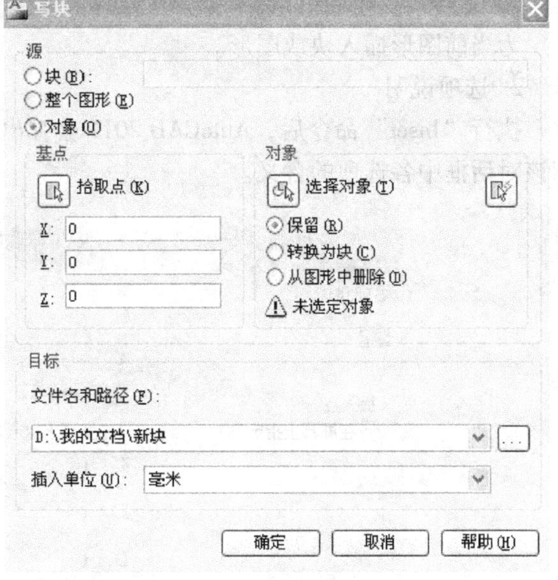

图 5-35　【写块】对话框

(1) 源　设定进行块存盘的源（图形、块)，系统提供下面三种选择。

1）"块"：选择已建立的图块。选择此项后，块右边的组合框被激活，系统显示所有已存在的图块，用户选择其一。

2）整个图形：选择此项后，系统将当前图形所有的实体定义为块。

3）对象：选择此项后，对话框中"基点"区和"对象"区被激活，用户按照定义块的方法选择插入点和块实体。

(2) 基点、对象　"基点"用于确定块的插入基点位置；"对象"用于确定组成块的对象。只有在"源"中选中"对象"单选按钮后，这两个选项组才有效。

(3) 目标　在该区中用户确定要存盘的目标文件的文件名、路径和插入时的尺寸单位。确定上述块源和目标文件后，单击"确定"按钮，系统将图块永久保存在用户指定的位置。

3. 操作实例

用 Wblock 命令将名称为 NUT 的图块保存到 D：\ 我的文档，如图 5-35 所示。

操作如下：

命令：Wblock↙　　　　　　　　　　　　　　　　//执行 Wblock 命令

弹出“写块”对话框，选择“源”中的块 NUT　　　　//选择要写的块

在“文件名和路径”下：D:\我的文档　NUT　　　　//选择存盘路径

单击“确定”按钮　　　　　　　　　　　　　　　//结束命令

4. 提示

用 Wblock 命令保存的文件称为块文件，其文件格式为 *. dwg。块文件是保存在磁盘中的文件，其信息可以永久保存。

5.4.3　插入图块

1. 命令功能

1）菜单栏：【插入】→【块】。

2）工具栏：【绘图】→。

3）命令行：Inset（I）。

为当前图形插入块或图形。

2. 选项说明

执行“Inset”命令后，AutoCAD 2011 会弹出如图 5-36 所示的【插入】对话框。下面介绍该对话框中各选项的含义。

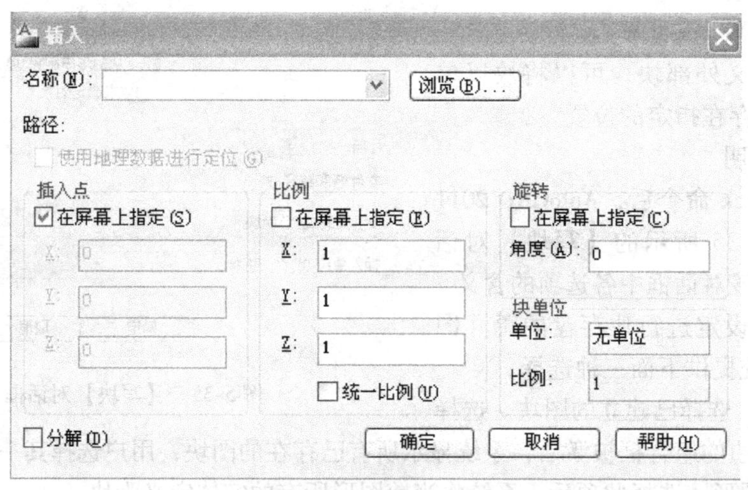

图 5-36　【插入】对话框

（1）名称　图形文件名称或块名。用户可以单击下拉按钮，从当前图形所有的块中选择某一图块，也可以单击“浏览”按钮，用浏览方式从所有文件中选择要插入的图块或图形，若选择图形插入时，系统自动将其转换为图块。

（2）插入点　用于确定块在图形中的插入位置。用户可以在 X、Y 和 Z 文本框中输入点的坐标，也可以选中“在屏幕上指定”复选框，以便在绘图窗口指定插入点。

（3）比例　用于确定块的插入比例。用户可以在 X、Y 和 Z 文本框中输入块在三个方向的比例，也可以选“在屏幕上指定”复选框，通过命令行指定比例。

（4）旋转　用于确定插入块时块的旋转角度，默认值为“0”度。用户可以直接在“角度”文本框中输入角度数字，按逆时针方向旋转，角度为正；反之，为负。

（5）块单位　显示关于块单位的信息。

（6）分解　用于确定插入块后，是否将块分解成组成块的各个基本对象。

3. 操作实例

用 Inset 命令在当前图形中插入一个块，块名称为 NUT。

操作如下：

命令:Inset↙　　//执行 Inset 命令

在【插入】对话框的“名称 ”文本框中输入:NUT　　//选取块

在“插入点”区,选中“在屏幕上指定”复选框　　//确定块在图形中的插入位置

在“比例”区,按系统默认值 X = 1,Y = 1,Z = 1 输入　　//确定块的插入比例

在“旋转”区,输入旋转角度 0(系统默认值)　　//确定插入块时块的旋转角度

单击“确定”按钮即可　　//结束命令

此时鼠标上带有 NUT 图块,左键在工作界面单击即可　　//完成操作

4. 提示

当插入的块需要修改时，应该使用分解命令分解；若图块中还有图块，则一次分解后，还需要进行二次分解。

5.4.4　图块属性

1. 命令功能

1）菜单栏：【绘图】→【块】→【定义属性】。

2）命令行：Attdef。

创建块的属性，包括图块的格式、标题、类别、属性值等。

2. 选项说明

执行 Attdef 命令后，AutoCAD 2011 会弹出如图 5-37 所示的【属性定义】对话框。下面介绍该对话框中各选项的含义。

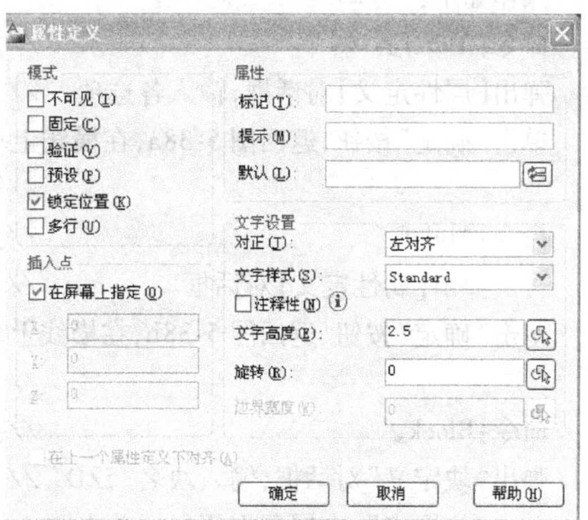

图 5-37　【属性定义】对话框

（1）模式

1）不可见：选中为不可见，否则为可见。

2）固定：选中为常量不可变，否则为可变。

3）验证：选中为重检校，否则为不检校。

4）预设：选中为预设初始属性值，否则为不预设。

5）锁定位置：若没有锁定位置，插入块后，可利用夹点功能改变属性的位置。

6）多行：指定属性值是否可以包含多行文字。如果选中此复选框，可以通过“文字设置”选项组中“边界宽度”文本框指定边界宽度。

(2) 属性

1) 标记：输入属性标记。

2) 提示：插入属性块时，出现在命令行的提示信息。

3) 值：输入初始属性值。

(3) 插入点　确定属性文字的插入点，可以输入点 X、Y、Z 坐标，也可以选中“在屏幕上指定”复选框，在屏幕上指定。

(4) 文字设置　确定属性文字的对齐方式、样式、字高和旋转角度。

1) 对正：指定文本对齐方式。

2) 文字样式：选定文字样式。

3) 文字高度：指定属性文字高。

4) 旋转：指定属性文本的文字角度。

3. 操作实例

用 Attdef 命令给图 5-38a 所示图形建立属性。

图 5-38　水准点符号图形加入属性

a) 水准点符号图形　b) 加入第一个属性　c) 加入第二个属性　d) 具有两个属性的块

操作如下：

命令:Attdef↙　　//执行 Attdef 命令

弹出【属性定义】对话框,输入各选项　　// 设置属性,如图 5-39a 所示

单击“确定”按钮,返回图 5-38a,在横线上单击左键

//第一属性定义完成,如图 5-38b 所示

命令:Attdef↙　　//执行 Attdef 命令

再次弹出【属性定义】对话框　　// 设置属性,输入各选项,如图 5-39b 所示。

单击“确定”按钮,返回图 5-38b,在横线上单击左键

//第二属性定义完成,如图 5-38c 所示

命令:Block↙　　//执行 Block 命令

弹出“块定义”对话框,输入块名“SZD”　//输入块名称

单击“拾取点”,在屏幕上用鼠标单击圆心作为块插入点

//选择插入点

单击“对象”里面的“选择对象”

选择对象：指定对角点：找到 7 个　　//提示已选择对象数

选取对象:↙　　//按 Enter 键结束对象选择

回到“块定义”对话框，单击“确定”　//结束命令

回到“编辑属性”对话框　　//显示属性

单击“确定”按钮　　//结束加入属性命令

定义块结束，如图 5-38d 所示。

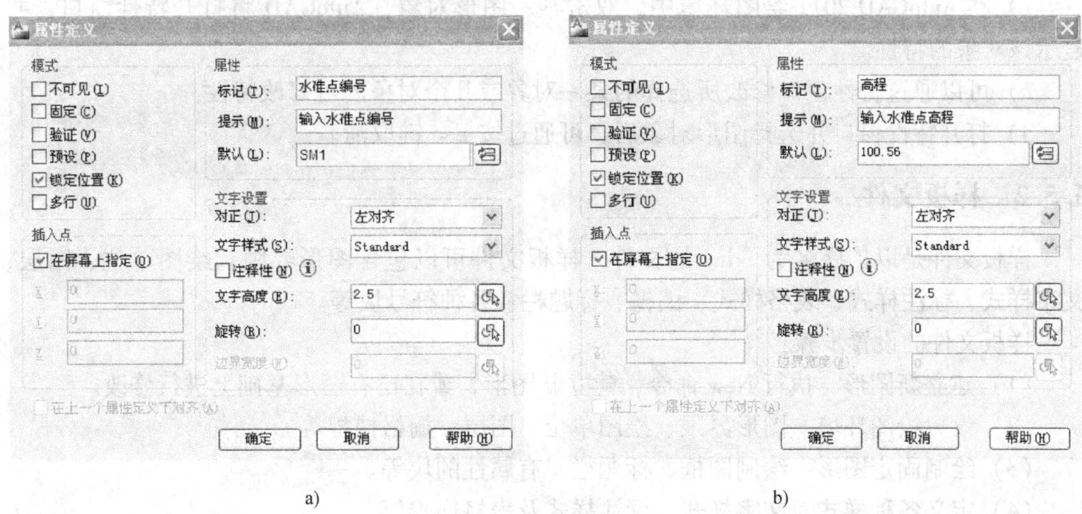

图 5-39　【属性定义】对话框

4. 提示

1）创建块时，当选择作为块的对象时，不仅要选择用做块的各个图形对象，而且还应选择全部属性标记。

2）对已经创建的图块进行编辑，只需要在已有的图块上双击，然后可以进行编辑。

5.5　对象特性查询、编辑

5.5.1　特性窗口

1. 命令功能

1）菜单栏：【工具】→【选项板】→【特性】。

2）工具栏：【标准】→ 。

3）命令行：Properties（CH）。

利用 AutoCAD 2011 提供的“特性”窗口，用户可以浏览、修改已有的对象特性。

2. 选项说明

执行 Properties 命令后，AutoCAD 2011 会弹出如图 5-40 所示的特性窗口。如果没有在绘图窗口选中图形对象，窗口内显示绘图环境的特性及其当前设置；如果选择单一对象，在窗口内列出该对象的全部特性及其当前设置；如果选择同一类型的多个对象，在窗口内列出这些对象的共有特性及其当前设置；如果选择的是不同类型的多个对象，在窗口内则列出这些对象的基本特性以及它们的当前设置。

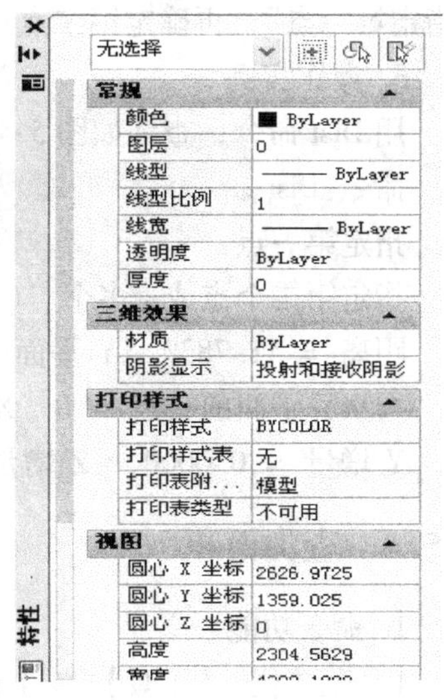

图 5-40　特性窗口

3. 说明

1）在 AutoCAD 2011 绘图环境中，双击某一图形对象，AutoCAD 将打开特性窗口，并显示该对象的特性。

2）可以通过特性窗口修改所选择的某一对象或几个对象的可修改特性。

3）打开特性窗口并选择图形对象后，可通过按 Esc 键取消。

5.5.2 样板文件

样板文件是以扩展名为 .dwt 的文件，样板文件可以包含图形界限、绘图单位、图层、文字样式、标注样式、表格样式、图框、标题栏、各种符号块等。

样板文件的设置步骤：

（1）建立新图形　执行 New 命令，建立新图形，或在已有图形基础上进行修改。

（2）设置绘图环境　图形界限、绘图单位、图层、栅格捕捉等。

（3）绘制固定图形　绘制图框、标题栏、有属性的块等。

（4）定义各种样式　文字样式、标注样式及表格样式等。

（5）打印设置　打印页面、打印设备等。

（6）保存图形　执行 Saveas 命令，将当前图形以 .dwt 格式保存。

5.5.3 查询距离

1. 命令功能

1）菜单栏：【工具】→【查询】→【距离】。

2）工具栏：【查询】→▭。

3）命令行：Dist（DI）。

查询两点之间的距离以及相关数据使用 Dist 命令。

2. 选项说明

执行 Dist 命令后，AutoCAD 2011 提示：“指定第一点:”，确定第一点后，命令栏提示“指定第二点”，再确定第二点。

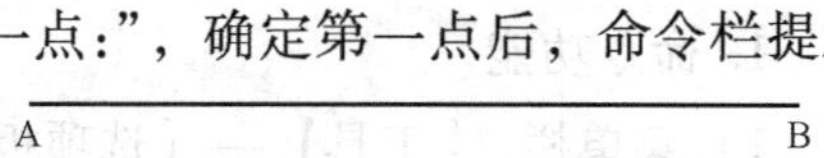

A　　　　B

图 5-41　直线查询

3. 操作实例

用 Dist 命令，查询如图 5-41 所示的 AB 直线。

命令:Dist↙　　　　//执行 Dist 命令

指定第一点:　　　　//提示指定第一点,单击 A 点

指定第二个点或［多个点(M)］:　　　　//提示指定第二点,单击 B 点

距离 = 41.7839,XY 平面中的倾角 = 0,

与 XY 平面的夹角 = 0　X 增量 = 41.7839,

Y 增量 = 0.0000,　Z 增量 = 0.0000　//提示指定第二点,单击 B 点,命令结束。

5.5.4 查询面积

1. 命令功能

1）菜单栏：【工具】→【查询】→【面积】。

2）工具栏：【查询】→ 。

3）命令行：Area（AA）。

2. 选项说明

执行 Area 命令后，AutoCAD 2011 提示："指定第一个角点或［对象（O）/增加面积（A)/减少面积（S)］<对象（O）>："，指定一点后，AutoCAD 继续提示："指定下一个点或［圆弧（A)/长度（L)/放弃（U)］："。

各选项说明：

（1）对象　计算由指定对象所围成区域的面积。

（2）增加面积　依次将计算出的新面积加到总面积中。

（3）减少面积　将新计算的面积从总面积中扣除。

3. 操作实例

用 Area 命令，查询图 5-42 所示三角形 ABC 的面积。

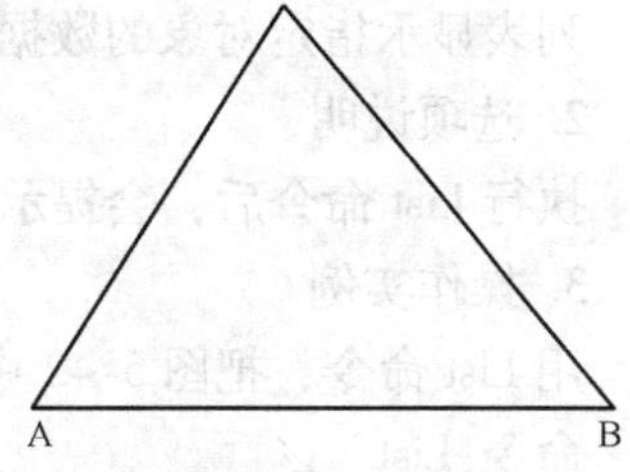

图 5-42　查询面积

命令:Area↙　　//执行 Area 命令

指定第一个角点或［对象(O)/增加面积(A)/减少面积(S)］<对象(O)>：　　//提示指定第一点,单击 A 点

指定下一个点或［圆弧(A)/长度(L)/放弃(U)］：　　//提示指定第二点,单击 B 点

指定下一个点或［圆弧(A)/长度(L)/放弃(U)］：　　//提示指定第三点,单击 C 点

指定下一个点或［圆弧(A)/长度(L)/放弃(U)/总计(T)］<总计>:↙　　//按 Space 或 Enter 键结束命令

区域 = 582.1291,周长 = 111.6097//命令执行后的结果

4. 说明

利用"特性"窗口可查询图案填充区域的面积。

5.5.5　查询点的坐标

1. 命令功能

1）菜单栏：【工具】→【查询】→【点坐标】。

2）工具栏：【查询】→ 。

3）命令行：ID。

查询指定点的坐标。

2. 选项说明

执行 ID 命令后，命令行提示指定点，用鼠标单击指定点即可。

3. 操作实例

用 ID 命令，查询图 5-42 中图点 A 的坐标。

命令:ID ↙　　//执行 ID 命令

指定点;　　//提示指定要查询点,单击 A 点

X = 1135.7534　Y = 1485.6880　Z = 0.0000　//命令执行后的结果

5.5.6 列表显示

1. 命令功能

1）菜单栏：【工具】→【查询】→【列表】。

2）工具栏：【查询】→ 。

3）命令行：List（LI）。

列表显示指定对象的数据库信息。

2. 选项说明

执行 List 命令后，会提示选择对象，鼠标选择要列表查询的对象即可。

3. 操作实例

用 List 命令，把图 5-42 中的数据，列表显示出来。

命令：List ↙ //执行 List 命令

选择对象：↙ //提示指定要查询对象，选择三角形

AutoCAD 文本框列表显示查询 //命令结束

5.5.7 快速计算

1. 命令功能

1）菜单栏：【工具】→【选项板】→【快速计算器】。

2）命令行：Quickcalc。

执行各种数学计算和三角计算。

2. 选项说明

执行 Quickcalc 命令，AutoCAD 2011 会弹出如图 5-43 所示的对话框，用户可以通过此对话框进行数学计算和三角计算，也可以进行单位转换等操作。

图 5-43 快速计算器

5.6 打印图形

5.6.1 页面设置

1. 命令功能

1）菜单栏：【文件】→【页面设置管理器】。

2）命令行：Pagesetup。

设置图样尺寸及打印设备等。

2. 选项说明

执行 Pagesetup 命令，AutoCAD 2011 会弹出如图 5-44 所示的对话框。

各选项说明：

（1）当前布局 页面设置的当前布局。

（2）页面设置 显示当前页面设置，将另一个不同的页面设置为当前，创建新的页面

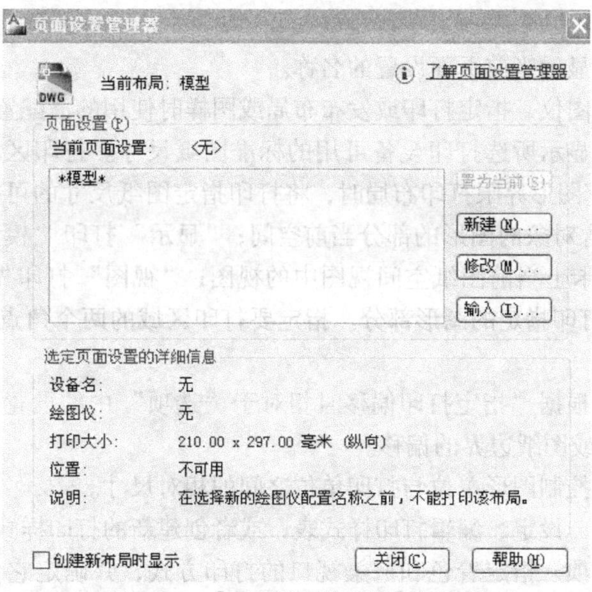

图 5-44　【页面设置管理器】对话框

设置，修改现有页面设置，以及从其他图样中输入页面设置。当前页面设置：显示应用于当前布局的页面设置。

1）置为当前：将所选页面设置设定为当前布局的当前页面设置。

2）新建：显示【新建页面设置】对话框，从中可以为新建页面设置输入名称，并指定要使用的基础页面设置。

3）修改：显示“页面设置”对话框，从中可以编辑所选页面设置的设置。

单击“新建”按钮，弹出【页面设置】对话框，单击“确定”按钮，弹出如图5-45所示的对话框。

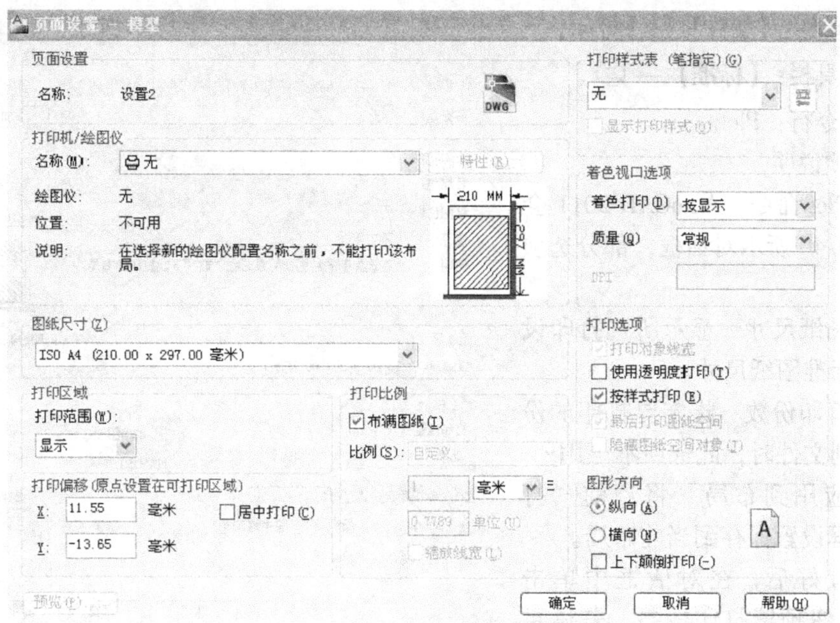

图 5-45　【页面设置】对话框

各选项说明：

（1）页面设置　显示当前页面设置的名称。

（2）打印机/绘图仪　指定打印或发布布局或图样时使用的已配置的打印设备。

（3）图纸尺寸　显示所选打印设备可用的标准图纸尺寸。打印区域：指定要打印的图形区域。其中：布局/图形界限打印布局时，将打印指定图纸尺寸的可打印区域内的所有内容；“范围”打印包含对象的图形的部分当前空间；“显示”打印“模型”选项卡当前视口中的视图或布局选项卡上当前图纸空间视图中的视图；“视图”打印先前通过 View 命令保存的视图；“窗口”打印指定的图形部分。指定要打印区域的两个角点时，“窗口”按钮才可用。

（4）打印偏移　根据“指定打印偏移时相对于“选项”中的设置，指定打印区域相对于可打印区域左下角或图纸边界的偏移。

（5）打印比例　控制图形单位与打印单位之间的相对尺寸。

（6）打印样式表　设定、编辑打印样式表，或者创建新的打印样式表。

（7）着色视口选项　指定着色和渲染视口的打印方式，并确定它们的分辨率级别和每英寸点数（DPI）。

（8）打印选项　指定线宽、透明度、打印样式、着色打印和对象的打印次序等选项。

（9）图形方向　为支持纵向或横向的绘图仪指定图形在图纸上的打印方向。

3. 说明

如果在“打印区域”中指定了“布局”选项，则无论在“比例”中指定了何种设置，都将以1∶1的比例打印布局。

5.6.2　打印

1. 命令功能

1）菜单栏：【文件】→【打印】。

2）工具栏：【标准】→🖨。

3）命令行：Plot。

2. 选项说明

执行 Plot 命令，AutoCAD 2011 会弹出如图 5-46 所示对话框，部分选项说明：

（1）图纸尺寸　显示所选打印设备可用的标准图纸尺寸。

（2）打印份数　指定要打印的份数。打印到文件时，此选项不可用。

（3）应用到布局　将当前“打印”对话框设置保存到当前布局。

均设置好后，在对话框中单击“预览”按钮预览打印效果，若满足打印要求，单击“确定”按钮，即可

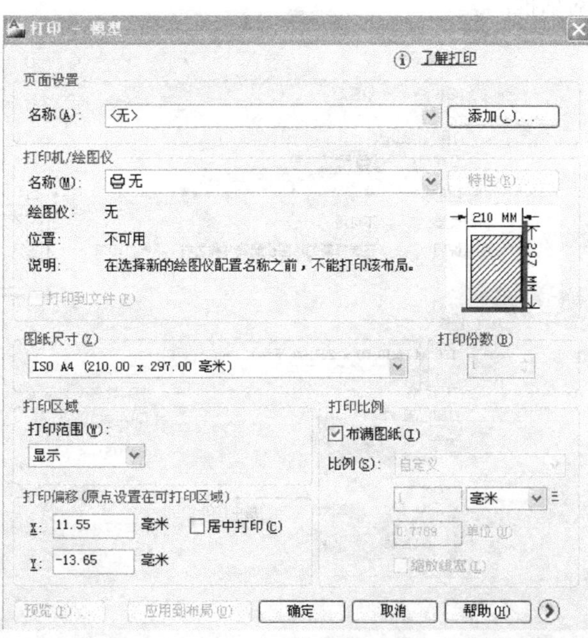

图5-46　【打印】对话框

将图形打印输出到图纸。

3. 操作实例

绘制如图 5-47 所示的图形，并打印出图。

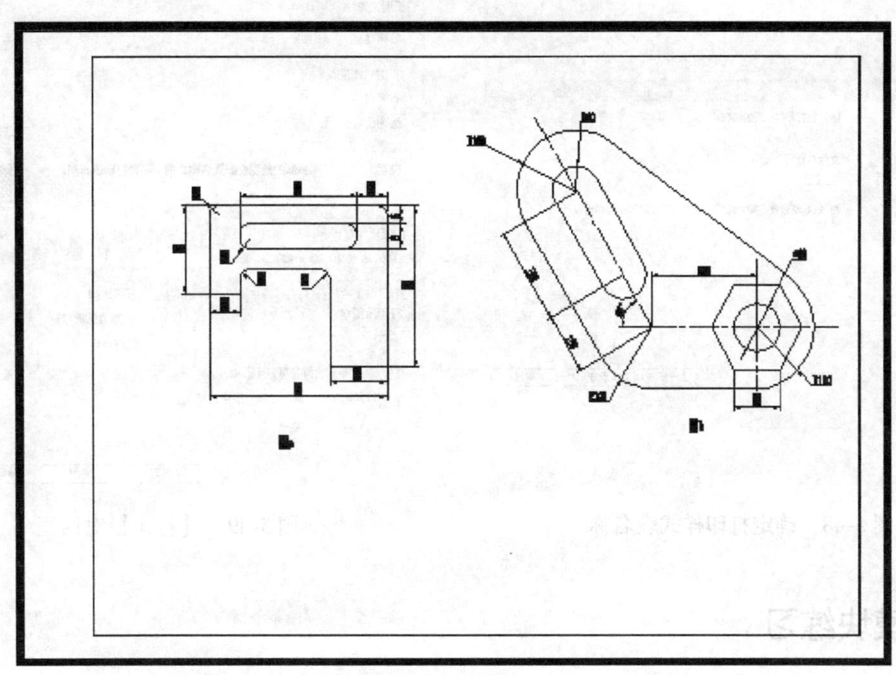

图 5-47　打印图形

命令:New　　//执行 New 命令,建立新图形

设置图层绘图形、标注尺寸、文字成图 5-47(过程略)

命令:Pagesetup ↙　　//执行 Pagesetup 命令,弹出图 5-44 所示对话框

单击“新建”　　//新建页面设置,输入“A4 图纸”

单击“确定”　　//设置页面,弹出图 5-45 所示对话框

“打印下拉列表”选择“新建”单击　　//设置打印样式表

选择“新建打印样式表”,单击“下一步”　//设置打印样式表,弹出图 5-48 所示对话框

在“文件名”下输入“工程图”　　//设置打印样式名称

单击“下一步”、“完成”　　//完成打印样式设置,返回图 5-46 所示对话框

选择好图纸尺寸,单击确定　　//返回到图 5-45 所示对话框

将新页面设置为“A4 图纸”,并置为当前设置 //选择新页面设置

单击“确定”　　//完成页面设置

命令:Plot　　//执行 Plot 命令

弹出图 5-49 对话框,通过页面设置下拉列表“A4 图纸”,单击“确定”　　//完成打印

4. 说明

用户可以根据自己需要进行不同页面设置，如设置不同的图纸尺寸、打印设备以及打印比例等。

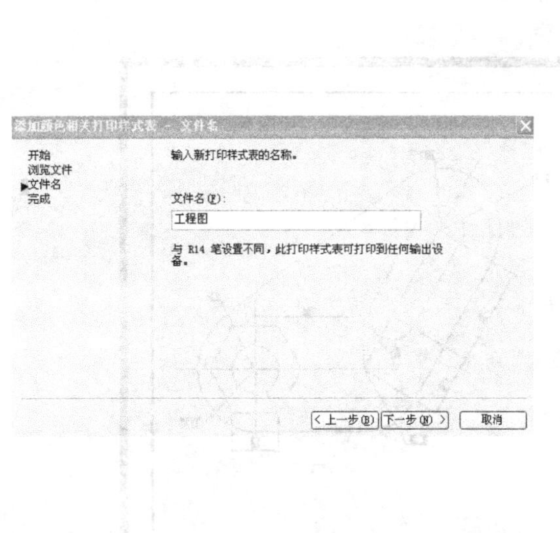

图 5-48　确定打印样式表名称

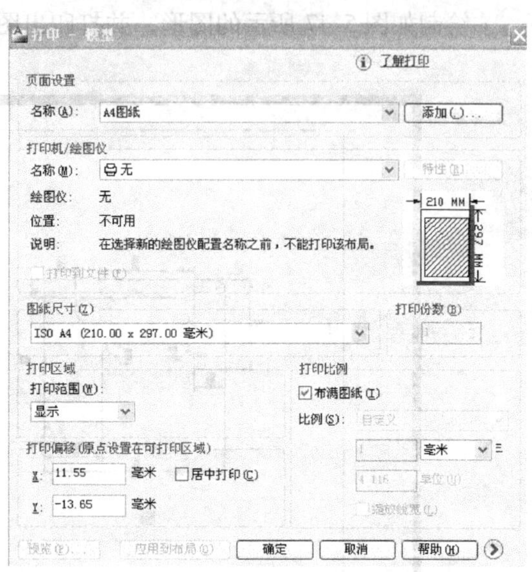

图 5-49　【打印】对话框

5.7　模块练习

1. 请在 AutoCAD 2011 中绘制如练习图 5-1 所示的表格并填写文字（宋体，宽高比为 0.7），其中标题的字高为 5mm，其他文字的字高为 3.5mm。

0号桥台桩基材料数量表

<table>
<tr><th>编号</th><th>直径
/mm</th><th>单根长度
/cm</th><th>根数</th><th>共长
/m</th><th>共重
/kg</th><th>总重
/kg</th></tr>
<tr><td>1</td><td>$\phi22$</td><td>2172</td><td>44</td><td>955.68</td><td>2847.93</td><td>2847.9</td></tr>
<tr><td>2</td><td>$\phi16$</td><td>391</td><td>22</td><td>86.02</td><td>135.91</td><td>135.9</td></tr>
<tr><td>3</td><td>$\phi8$</td><td>42264</td><td>2</td><td>845.28</td><td>333.89</td><td rowspan="2">356.3</td></tr>
<tr><td>4</td><td>$\phi8$</td><td>2837</td><td>2</td><td>56.74</td><td>22.41</td></tr>
<tr><td>5</td><td>$\phi16$</td><td>53</td><td>88</td><td>46.64</td><td>73.69</td><td>73.7</td></tr>
<tr><td colspan="5">C25混凝土/m^3</td><td colspan="2">63.11</td></tr>
</table>

练习图 5-1　表格绘制练习

2. 请完成练习图 5-2 所示圆管涵横断面的图尺寸标注。

3. 已知有如练习图 5-3a 所示图形，利用“特性”窗口，修改图中尺寸，修改结果如练习图 5-3b 所示，并设置在 A4 的图纸上打印出图。

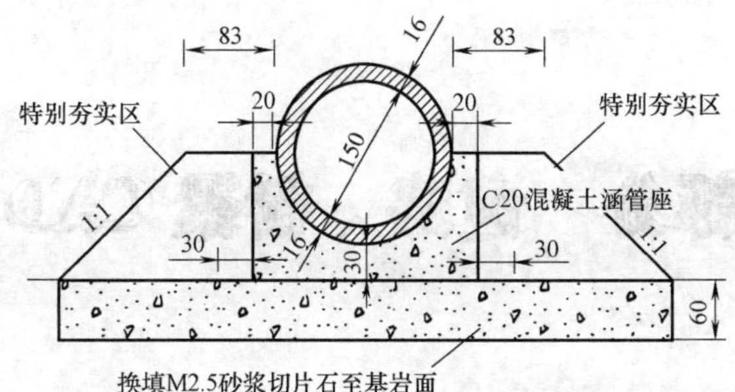

练习图 5-2　钢筋混凝土圆管涵横断面图

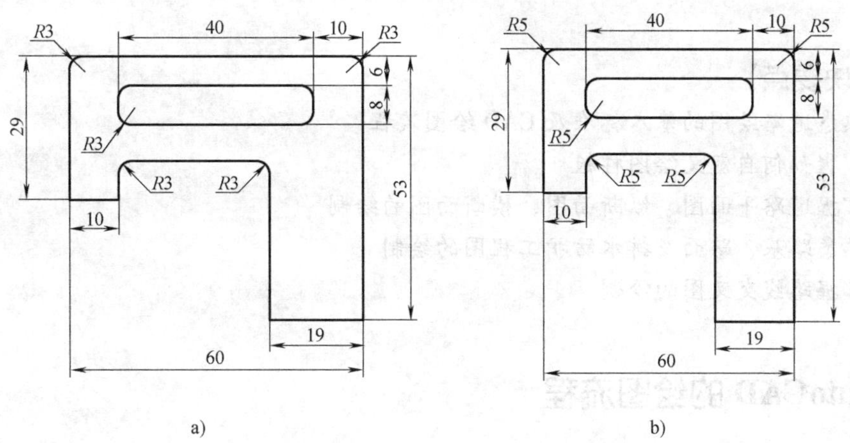

练习图 5-3　利用“特性”修改图

第三部分　道路、桥梁CAD绘图

模块六　道路路线图绘制实例

【模块要点】

- ◆ 熟悉道路绘图的基本标准及CAD绘图流程
- ◆ 掌握如何自定义绘图样板
- ◆ 掌握道路平面图、纵断面图、横断面图的绘制
- ◆ 熟悉路基、路面及排水防护工程图的绘制
- ◆ 掌握路线交叉图的绘制

6.1　AutoCAD的绘图流程

由于绘制的工程图样形形色色，并且每个人使用AutoCAD的习惯和方式也不尽相同，因此，绘图时的具体操作顺序和手法也有一定差异。但无论绘制哪一类工程图样，要达到准确、高效绘制，其绘图的总体流程或思路还是可以寻找到一定的规律的。以下先介绍AutoCAD绘图的一般流程。

6.1.1　使用AutoCAD 2011绘图的一般流程

1. 设置绘图环境

主要包括绘图界限、绘图单位、工具条调整、捕捉栅格间距设置、对象捕捉方式、尺寸标注样式、文字样式和图层（包括颜色、线型、线宽）等的设定。对于单张工程图纸，其中的文字样式和尺寸标注样式也可以在需要时临时设定。对于整套图纸，可以在全部设定完后，保存成样板，以便以后绘制新图时使用。一般工程中常用此方法。

2. 绘制图形

进行工程图样绘制时，一般先绘制辅助线，用来确定尺寸的基准位置。绘制图形的过程中，应根据对象的类别和性质设置不同的图层，并在绘图时随时切换到相应图层。绘图过程中应充分利用计算机的特点，让AutoCAD完成重复工作，充分发挥AutoCAD绘图命令和编辑命令的优势，对同样的操作尽可能一次完成。采用必要的捕捉、追踪等功能进行精确绘图。

3. 标注尺寸

该步骤用于标注图样中必要的尺寸和文字说明，具体的标注过程应该遵循《道路工程

制图标准》（GB 50162—1992）的相应要求。

4. 整饰图形

整饰图形包括完成图案填充、绘制标题栏、清理图形中多余部分、调整图形布局等。整饰图形对于更好地发挥工程制图功用有着非常重要的意义，也是不可忽视的一个步骤。往往通过对图形对象的整饰可以发现问题并及时修改。

5. 保存图形、输出图形

将图形保存在计算机上以备后期的打印出图或修改调整。

6.1.2　绘图的一般原则

为了使用 AutoCAD 准确、高效地完成工程图样的绘制，并且能在今后方便地使用 AutoCAD 图样来指导工程建设，在使用 AutoCAD 绘制工程图样时，应该遵循如下原则。

1）先设定绘图界限、绘图单位、图层及绘图工具栏后再进入图形的绘制。

2）尽量采用 1:1 的比例绘制图样，最后在布局中控制输出比例。

3）注意命令提示信息，避免误操作。对于初学者这点尤为重要。

4）采用捕捉、对象捕捉等精确绘图工具辅助绘图。

5）图框不要和图形绘制在一起，应分层放置。先绘制图形后把图框整合在一起。

6）常用的设置（如图层、文字样式、尺寸标注样式等）应该保存成样板图，新建图形时直接利用样板生成初始绘图环境。

6.2　定义绘图样板

在每次开始绘图时，如果都要设置绘图环境，包括文字样式、尺寸标注样式、图层、颜色和线型、图框、标题栏、会签栏等内容，则重复工作太多，工作效率不高。实际上 AutoCAD 在开始绘制一个新图形时，都要使用一个样板图，默认的样板图是 acadiso. dwt。在这个默认的样板图中，定义默认的图层是 0 层、白色、连续线型；当前颜色、当前线型、当前线宽都是 Bylayer（随层）；文字样式为 Standard，使用 TXT. SHX 字体；默认的尺寸标注样式为 ISO-25；绘图界限为（0，0）~（420，297），为标准的 A3 图纸，没有图框、标题栏和会签栏。

实际绘图时可以事先定义样板图，在样板图中设置常用的内容，如图层样式、文字样式、尺寸标注样式等，使用自定义的样板图会省去很多重复的工作。

6.2.1　自定义样板图的方法

启动 AutoCAD 2011，设置好绘图环境后，选择“文件”→“另存为”命令，则弹出【图形另存为】对话框，在对话框中的“文件类型”下拉列表中选择“AutoCAD 图形样板（*. dwt）”，在“文件名”下拉列表中输入所定义的样板图的名称，例如 A3，如图 6-1 所示。单击“确定”按钮后，关闭对话框，就会生成一个文件名为 A3. dwt 的绘图样板。

6.2.2　自定义样板图

在道路工程制图中，常用的图纸幅面有 A3、A2、A1、A0 等标准幅面，在定义样板图时，可以采用 1:1 的比例，使用样板图新建一个图形。

下面以 A3 图纸幅面为例，说明样板图的定义方法。对于其他各种幅面的图纸，可以参照 A3 图纸样板图定义的方法分别定义。

启动 AutoCAD 2011 后，按照下述步骤进行操作。

1. 设置图层

设置“中心线”“粗实线”“细实线”“虚线”“辅助线”“尺寸标注”“文字”“图框”等图层，各个图层的颜色、线型、线宽等，然后先绘制哪个内容就把相应图层设置为当前图层，如图 6-2 所示，把单击“中心线”图层，然后单击图上箭头所指的“√”按钮来设置成了当前层，最后单击“ ×”按钮关闭对话框。

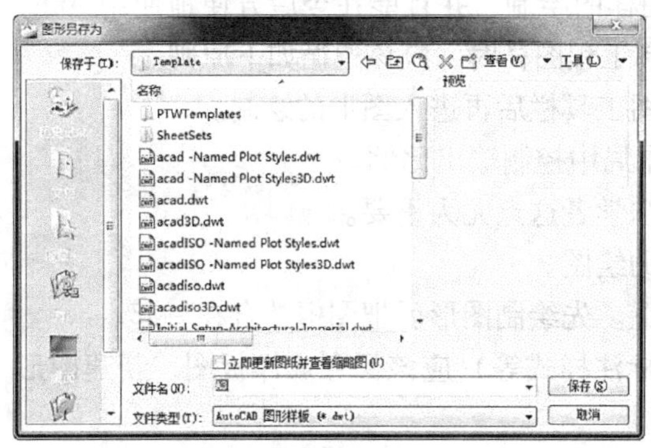

图 6-1 【图形另存为】对话框

图 6-2 设置图层

2. 新建文字样式

如图 6-3a 所示，在文字样式对话框中选择单击“新建”按钮，在弹出的【新建文字样式】对话框中输入样式名称“国标-文字”，单击确定按钮，之后再设置字体为 gbenor. shx 和 gbcbig. shx，字高为 0，宽度因子为 1，如图 6-3b 所示。单击“应用”按钮后单击“关闭”按钮关闭对话框，则文字样式“国标-文字”成为当前文字样式。

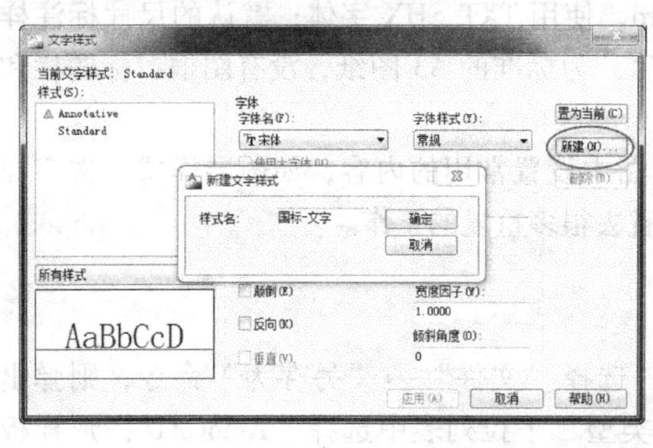

a)

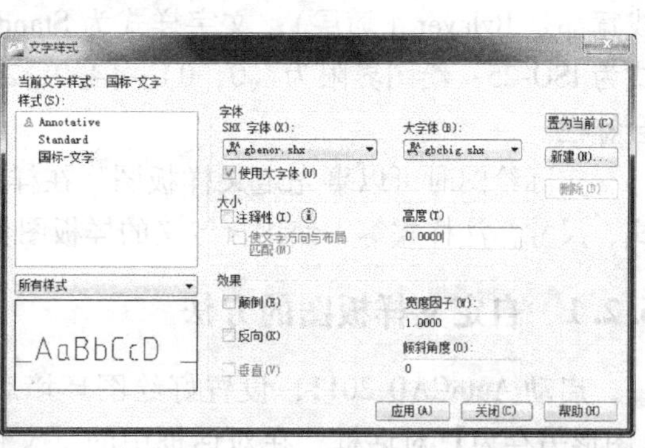

b)

图 6-3 设置文字样式

3. 设置尺寸标注样式

按照《道路工程制图标准》（GB 50162—1992）要求，尺寸应标注在视图醒目的位置。

计量时，应以标注的尺寸数字为准，不得用量尺直接从图中量取。尺寸应由尺寸界线、尺寸线、尺寸起止符和尺寸数字组成。

尺寸界线与尺寸线均应采用细实线。尺寸起止符宜采用单边箭头表示，箭头在尺寸界线的右边时，应标注在尺寸线之上；反之，应标注在尺寸线之下。箭头大小可按绘图比例取值。尺寸起止符也可采用斜短线表示。把尺寸界线按顺时针转45°，作为斜短线的倾斜方向。在连续表示的小尺寸中，也可在尺寸界线同一水平的位置，用黑圆点表示尺寸起止符。

尺寸数字宜标注在尺寸线上方中部。当标注位置不足时，可采用反向箭头。最外边的尺寸数字，可标注在尺寸界线外侧箭头的上方，中部相邻的尺寸数字，可错开标注，如图6-4所示。

尺寸界线的一端应靠近所标注的图形轮廓线，另一端宜超出尺寸线1～3mm。图形轮廓线、中心线也可作为尺寸界线。尺寸界线宜与被标注长度垂直；当标注困难时，也可不垂直，但尺寸界线应相互平行，如图6-5所示。

尺寸数字和文字书写方向应按图6-6所示标注。

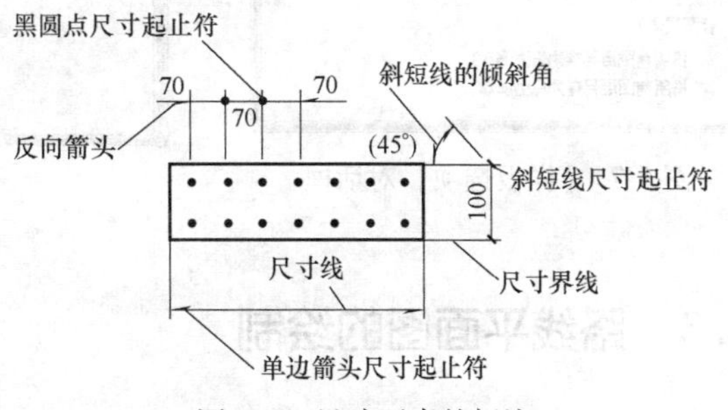

图6-4　尺寸要素的标注

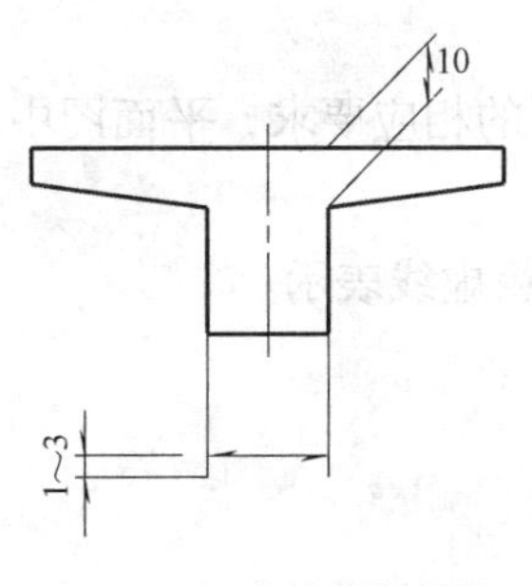

图6-5　尺寸界线的标注

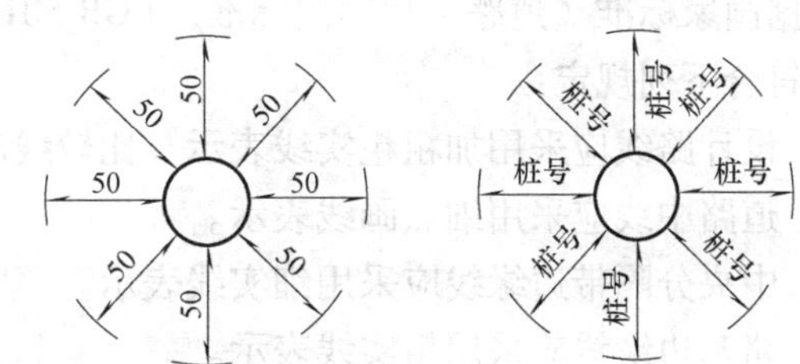

图6-6　尺寸数字和文字的标注

具体关于AutoCAD 2011中标注样式的设置方法参见模块5中关于标注设置的内容，在此不再重复。

4. 存盘

完成以上新建样板图，设置文字样式和标注样式之后，选择“文件”→“另存为”命令，在弹出的对话框中选择文件类型为“图形样板（＊.dwt）”，输入文件名为A3，单击“保存”按钮，弹出“样板选项”对话框，如图6-7所示。在该对话框中输入文字说明，单击“确定”按钮后，即可生成一个文件名为A3.dwt的样板图。

6.2.3　使用自定义的样板图

要想在绘图时使用自定义的样板图，可以在执行“新建”文件命令后在【选择样板】对话框（图6-8）中选择样板文件A3.dwt，单击“打开”按钮，即可生成以A3.dwt为样板图的新图形，这个新图形的各项绘图环境设置与样板图A3.dwt完全一样。

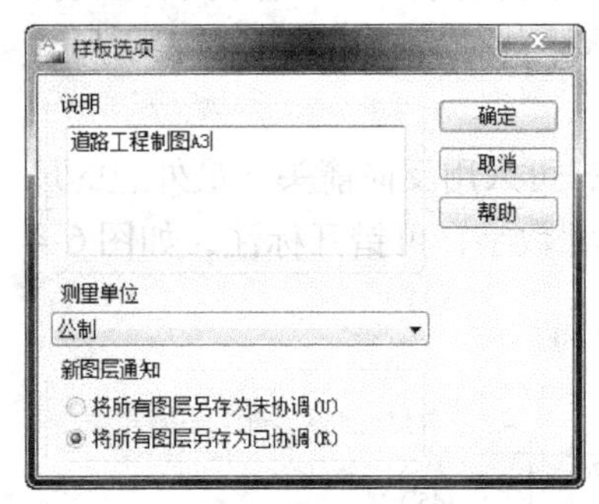

图 6-7 【样板选项】对话框

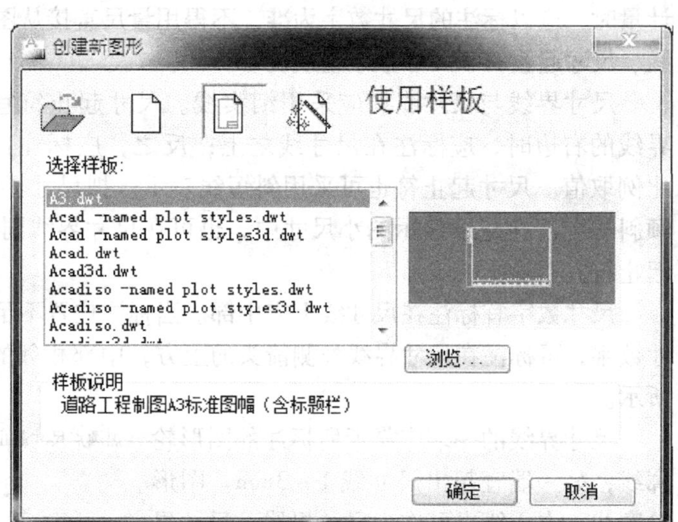

图 6-8 【选择样板】对话框

6.3 路线平面图的绘制

路线平面图是绘有道路中心线的地形图，其作用是表达路线的方位、平面线形、沿路线两侧一定范围内的地形、地物情况和构筑物的平面位置。

根据国家标准《道路工程制图标准》（GB 50162—1992）的相应要求，平面图中常用的图线应符合下列规定：

1）设计路线应采用加粗粗实线表示，比较线应采用加粗粗虚线表示。

2）道路中线应采用细点画线表示。

3）中央分隔带边缘线应采用细实线表示。

4）路基边缘线应采用粗实线表示。

5）导线、边坡线、护坡边缘线、边沟线、切线、引出线、原有道路边线等，应采用细实线表示。

6）用地界线应采用中粗点画线表示。

7）规划红线应采用粗双点画线表示。

道路的平面线形要素是由直线和曲线构成，曲线中最主要的是圆曲线和缓和曲线。在道路路线设计中，一般沿路线进行里程桩号的标注，以表达该里程桩至路线起点的水平距离。根据《道路工程制图标准》（GB 50162—1992）的相应要求，里程桩号的标注应在道路中线上从路线起点至终点，按从小到大，从左到右的顺序排列。公里桩宜标注在路线前进方向的左侧，用符号“◐”表示；百米桩宜标注在路线前进方向的右侧，用垂直于路线的短线表示。也可在路线的同一侧，均采用垂直于路线的短线表示公里桩和百米桩。

平曲线特殊点，如第一缓和曲线起点、圆曲线起点、圆曲线中点、第二缓和曲线终点、第二缓和曲线起点、圆曲线终点的位置，宜在曲线内侧用引出线的形式表示，并应标注点的名称和桩号。

在图纸的适当位置，应列表标注平曲线要素：交点编号、交点位置、圆曲线半径、缓和曲线长度、切线长度、曲线总长度、外距等。高等级公路应列出导线点坐标表。

6.3.1 圆曲线的绘制

绘制平曲线中的圆曲线，如已知各曲线要素，则有许多的绘制方法，但最为快捷的方法是“相切、相切、半径”绘圆法。其具体绘法是先根据路线导线的交点坐标绘制路线导线，然后根据各交点的圆曲线半径作出与两条导线相切的圆，使用修剪命令剪切圆曲线，从而得到圆曲线和路线设计线。

如图 6-9 所示，路线导线共有三个交点，加上起点和终点共有五个顶点，已知数据如下：

JD0：X = 98.9680，Y = 672.2657

JD1：X = 268.0996，Y = 733.8653，$\alpha1 = 45°$，JD0 ~ JD1 = 180

JD2：X = 449.3791，Y = 649.3801，$\alpha2 = 50°$，JD1 ~ JD2 = 200

JD3：X = 585.3118，Y = 712.8018，$\alpha3 = 40°$，JD2 ~ JD3 = 150

JD4：X = 778.5080，Y = 661.0790，JD3 ~ JD4 = 200

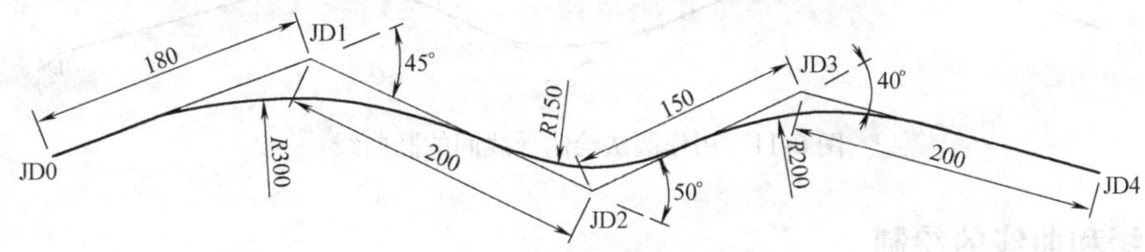

图 6-9　圆曲线绘制实例

绘制过程如下。

1. 绘制路线导线

利用多段线命令 PLine 绘制 JD0 ~ JD4 导线，绘制的结果如图 6-10 所示。

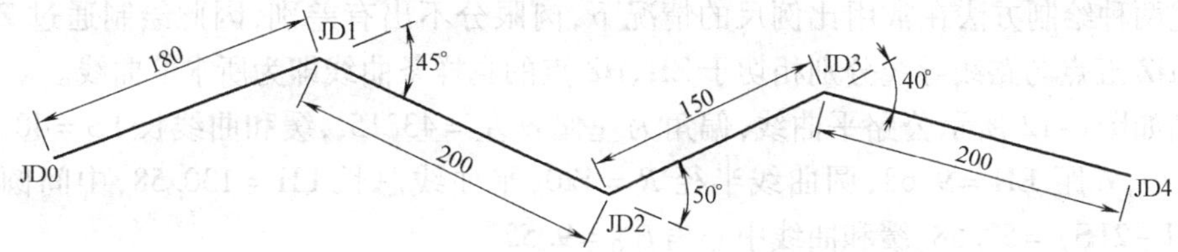

图 6-10　多段线绘制路线导线

2. 绘制圆曲线

通过设计已经得知 JD1、JD2 和 JD3 处的圆曲线半径分别为 $R = 300$，150 和 200。绘制过程如下。

命令：Circle

指定圆的圆心或[三点(3P)/两点(2P)/相切、相切、半径(T)]：T ↙

指定对象与圆的第一个切点：(鼠标左键点取 JD0 ~ JD1 线段)

指定对象与圆的第二个切点：(鼠标左键点取 JD1 ~ JD2 线段)

指定圆的半径:300↙

命令:/(重复执行 Circle 命令)

指定圆的圆心或[三点(3P)/两点(2P)/相切、相切、半径(T)]:T↙

指定对象与圆的第一个切点:(鼠标左键点取 JD1 ~ JD2 线段)

指定对象与圆的第二个切点:(鼠标左键点取 JD2 ~ JD3 线段)

指定圆的半径 <300.0000>:150↙

命令:/(重复执行 Circle 命令)

指定圆的圆心或[三点(3P)/两点(2P)/相切、相切、半径(T)]:T↙

指定对象与圆的第一个切点:(鼠标左键点取 JD1 ~ JD2 线段)

指定对象与圆的第二个切点:(鼠标左键点取 JD2 ~ JD3 线段)

指定圆的半径 <150.0000>:200↙

3. 修剪绘制的相切圆

保留部分如图 6-11 所示。

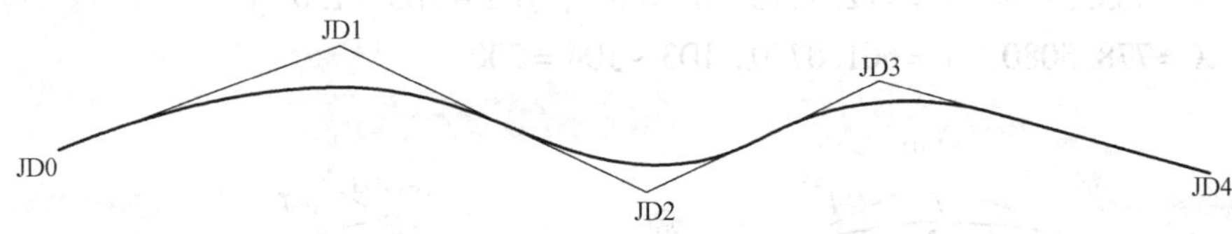

图 6-11　用作圆法绘制导线间的圆曲线

6.3.2　缓和曲线的绘制

由于 AutoCAD 不能直接绘制缓和曲线,可以使用以下几种方法进行绘制。在 AutoCAD 中可以使用多段线命令 PLine 绘制通过直缓 ZH、缓圆 HY、曲中 QZ、圆缓 YH、缓直 HZ 五点的折线,再使用编辑多段线命令 Pedit 选择“样条曲线(S)”选项,将折线转换成曲线;也可以使用样条曲线 SpLine 命令直接绘制。一般情况下,AutoCAD 中的样条曲线最接近公路平曲线的形状。上述两种绘制方法在常用比例尺的情况下,肉眼分不出有差别,因此绘制通过 ZH、HY、QZ、YH、HZ 五点与路线导线分别相切于 ZH、HZ 点的真样条曲线即为所求的曲线。

绘制如图 6-12 所示公路平曲线,偏角为左偏 α 左 = 43°15′,缓和曲线长 LS = 40,切线长 TH = 67.79,外距 EH = 9.68,圆曲线半径 R = 120,平曲线总长 LH = 130.58,中间圆曲线长 LY = (LH − 2LS) = 50.58,缓和曲线中心角 β_0 = 9.55°。

1. 绘制路线导线

利用多段线命令 PLine 绘制导线 ZH ~ JD 和导线 JD ~ HZ。各点数据如下。

ZH 点:任意值

JD 点:@67.79,0

HZ 点:@67.79 <43°15′

绘制完毕得到如图 6-13 所示的图形。

2. 添加辅助线

根据道路设计中路线平面图设计的相关原理,先绘制 JD 处的角平分线,方法有很多,下面介绍的方法是其中的一种。

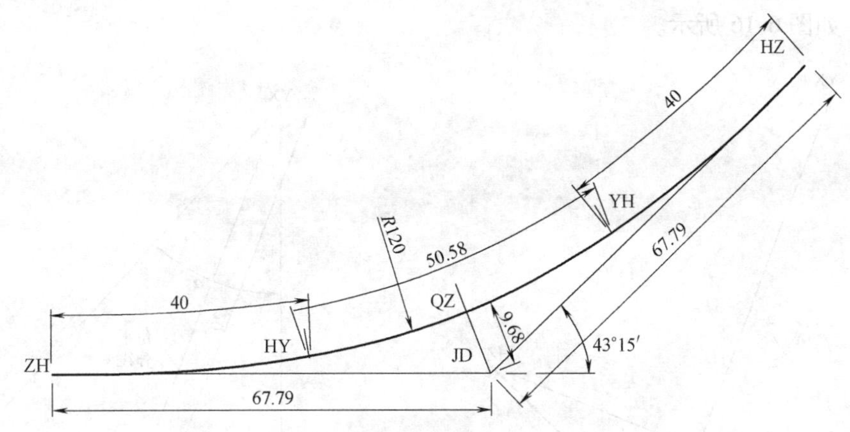

图 6-12　缓和曲线绘制实例

由于两根导线长度一致，所以可以用 Line 命令连接 ZH 点和 HZ 点形成一根直线，再用 Line 命令连接 JD 和刚绘制直线的中点，此时绘制的直线即为角平分线，如图 6-14 所示。

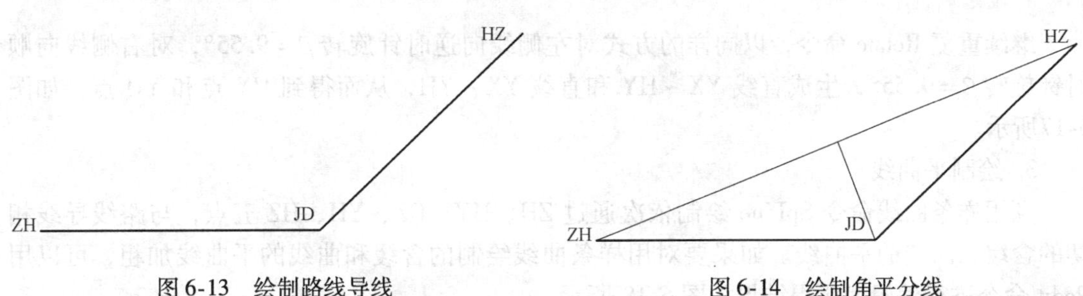

图 6-13　绘制路线导线　　　　图 6-14　绘制角平分线

从 JD 处沿角平分线方向分别绘制外距 EH = 9.68 和圆曲线半径 $R = 120$。方法是激活 Line 命令，然后第一点左键点选角平分线上的 JD 点，再把光标放置在角平分线的另一点（此时不点击鼠标任何键），以此方法来确定绘制直线的方向，然后输入外距 EH 长度 9.68，得到外距线 JD ~ QZ。

以上述同样的方法，从绘制的外距线 JD ~ QZ 上的 QZ 点处沿角平分线方向，从 QZ 点开始绘制出圆曲线半径直线 QZ ~ YX，如图 6-15 所示。

利用 Rotate 命令，以 YX 点为旋转基点，对直线 QZ ~ YX 进行复制旋转，旋转角度为 α 左的一半 21.5°7.5′。

命令：Rotate ↙

选择对象：　　　　　　　　　　　　//点选直线 QZ ~ YX

选择对象：找到 1 个

选择对象：　　　　　　　　　　　　//右键结束对象选择

指定基点：　　　　　　　　　　　　//左键点选 YX 点作基点

指定旋转角度，或［复制（C）/参照（R）］ <0>：C　　　　//复制旋转对象

指定旋转角度，或［复制（C）/参照（R）］ <0>：21.5°7.5′ //逆时针旋转角度

重复 Rotate 命令，方法一样，只是输入角度为 −21.5°7.5′，得到两根位于角平分线两侧的直线，如图 6-16 所示。

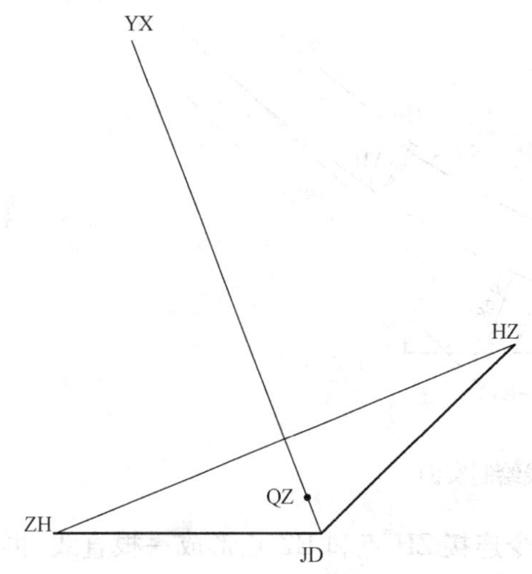

图 6-15　绘制外距和圆曲线半径

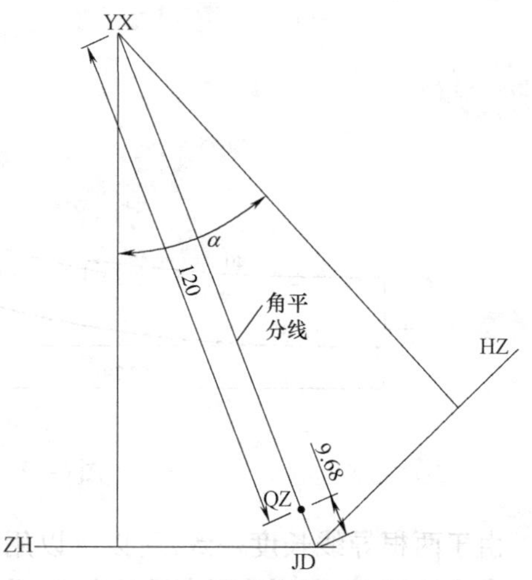

图 6-16　以 α 为基准添加辅助线

继续重复 Rotate 命令，以同样的方式对左侧线向逆时针旋转 $\beta=9.55°$，对右侧线向顺时针旋转 $\beta=9.55°$，生成直线 YX ~ HY 和直线 YX ~ YH，从而得到 HY 点和 YH 点，如图 6-17所示。

3. 绘制平曲线

利用样条曲线命令 SpLine 绘制依次通过 ZH、HY、QZ、YH、HZ 五点，与路线导线相切的含缓和曲线的平曲线。如果要对用样条曲线绘制的含缓和曲线的平曲线加粗，可以用 Pedit 命令进行编辑。所得结果如图 6-18 所示。

4. 绘制五个特征点的位置线并标注各点文字、标注曲线要素

结果如图 6-12 所示。

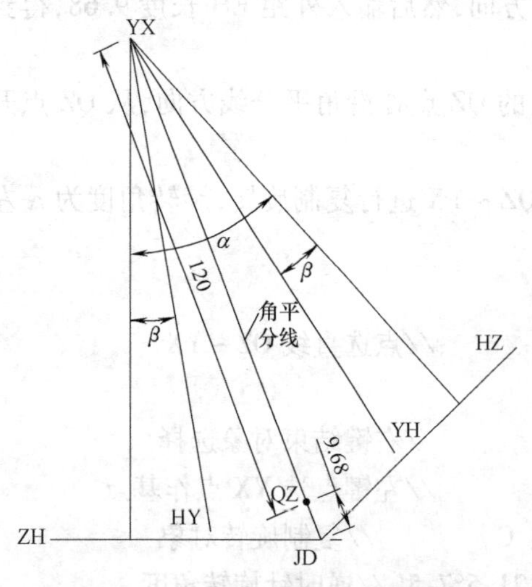

图 6-17　以 β 为基准添加辅助线

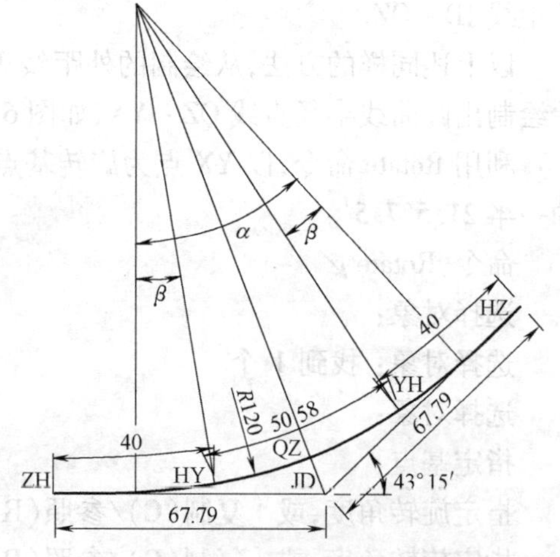

图 6-18　含缓和曲线的平曲线

6.4　路线纵断面图的绘制

沿着道路中线竖直剖切后展开即为路线纵断面，其作用是表达路线的纵断面线形、地面起伏、地质和沿线构造物的概况等。纵断面图包括高程标尺、地面线、设计线和测设数据表等。纵断面图的地面线是由一系列折线构成，设计线是由直线和竖曲线组成的。通过道路设计的基本原理计算出路线纵断面设计中的关键数据，然后再用 AutoCAD 软件进行绘制。典型路线纵断面如图 6-19 所示。

纵断面图的图样应布置在图幅上部。测设数据应采用表格形式布置在图幅下部。高程标尺应布置在测设数据表的上方左侧，如图 6-20 所示。

测设数据表宜按图 6-20 所示的顺序排列。表格可根据不同设计阶段和不同道路等级的要求而增减。纵断面图中的距离与高程宜按不同比例绘制。

道路设计线应采用粗实线表示；原地面线应采用细实线表示；地下水位线应采用细双点画线及水位符号表示；地下水位测点可仅用水位符号表示，如图 6-21 所示。

当路线短链时，道路设计线应在相应桩号处断开，并按图 6-22a 标注。路线局部改线而发生长链时，为利用已绘制的纵断面图，当高差较大时，宜按图 6-22b 标注；当高差较小时，宜按图 6-22c 标注。长链较长而不能利用原纵断面图时，应另绘制长链部分的纵断面图。

水准点宜按图 6-23 标注。竖直引出线应对准水准点桩号，线左侧标注桩号，水平线上方标注编号及高程；线下方标注水准点的位置。

里程桩号应由左向右排列。应将所有固定桩及加桩桩号示出。桩号数值的字底应与所表示桩号位置对齐。整公里桩应标注“K”，其余桩号的公里数可省略，如图 6-24 所示。

6.4.1　路线纵断面图的绘制步骤

绘图实例，完成图 6-25 所示绘制。

操作步骤如下：

1）绘制图框、标题栏等或直接调用已经创建好的样板图。

2）填写纵断面图标题栏，如图 6-26 所示。

3）绘制标尺和纵断面图坐标网格。

4）绘制纵断面图地面线。

5）绘制纵断面图设计线，如图 6-27 所示。

6）绘制竖曲线及其标注。

7）标注水准点、桥涵构筑物等。

8）填写纵断面图测设数据表。完成图如图 6-25 所示。

6.4.2　绘图注意事项

绘制路线纵断面图时应注意以下事项：

1）路线纵断面图的比例尺在路线里程方向和高程方向是不相同的。一般情况下，路线里程方向上的比例为高程方向上比例的 1/10，通常采用路线里程方向比例 1:2000，高程方向比例 1:200。

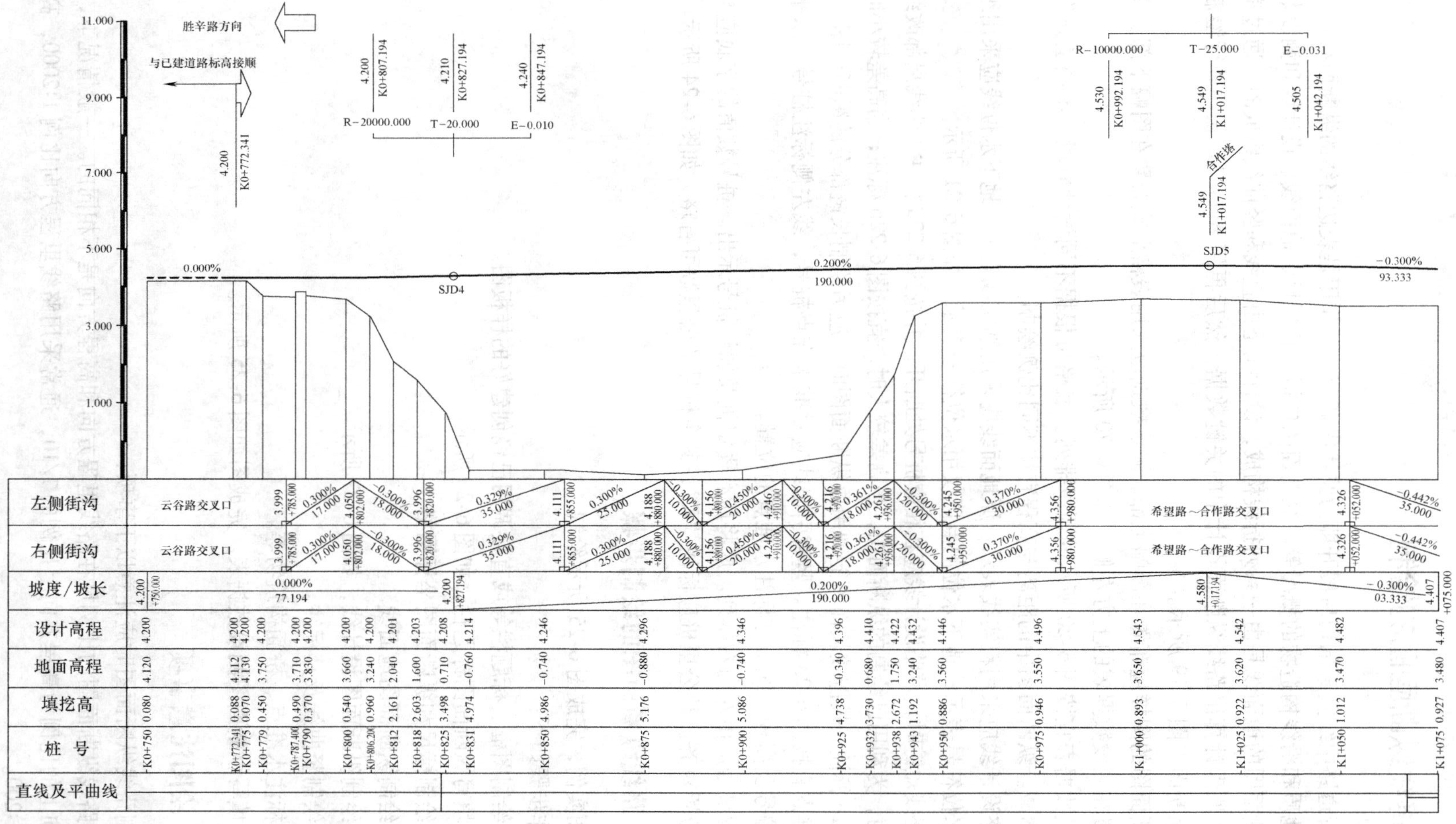
胜辛路方向
与已建道路标高接顺
R-20000.000 T-20.000 E-0.010
R-10000.000 T-25.000 E-0.031
合作路
SJD4
SJD5
左侧街沟
右侧街沟
坡度/坡长
设计高程
地面高程
填挖高
桩 号
直线及平曲线
云谷路交叉口
希望路～合作路交叉口

图 6-19 路线纵断面图

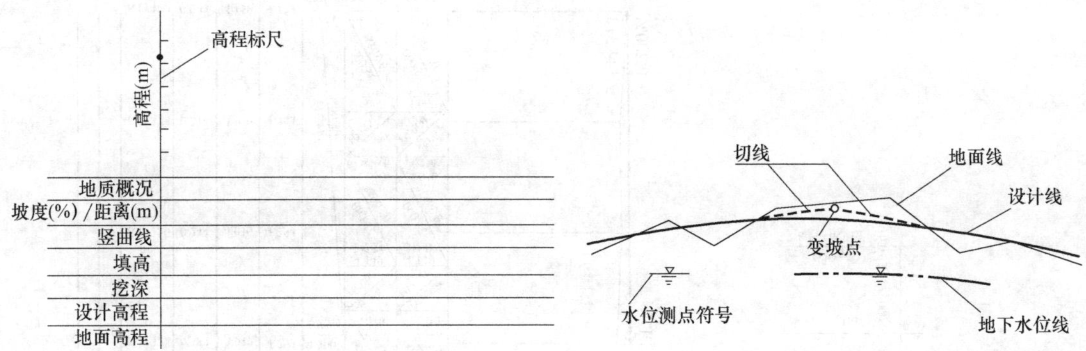

图 6-20　纵断面图的布置图

图 6-21　道路设计线、原地面线、地下水位线标注

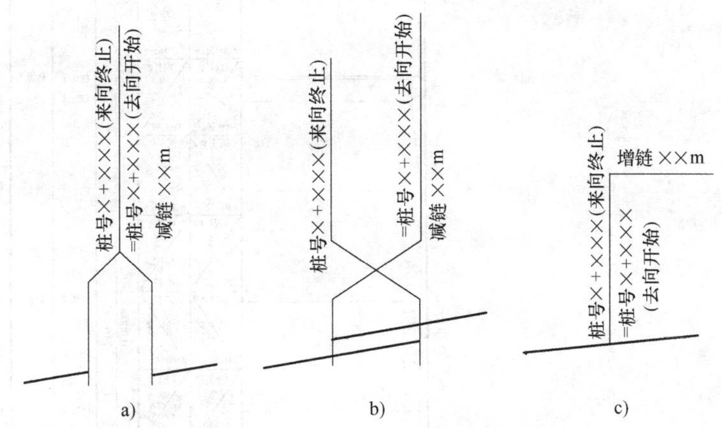

图 6-22　道路设计线、原地面线、地下水位线标注

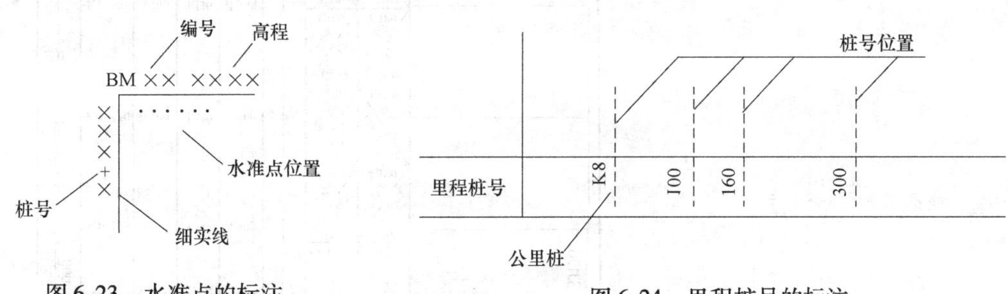

图 6-23　水准点的标注

图 6-24　里程桩号的标注

2）标尺宽度为 2 个单位，绘制时先绘制前两节，使用填充命令进行隔段填充，然后用阵列或复制的方法制作其他部分。

3）填写纵断面图测设数据表的内容时，可以先填写一行内容。再采用阵列或复制命令将该行内容复制到其他行，然后再使用 Ddedit 命令修改内容，这样不但文字格式统一，而且便于对齐控制。

4）竖曲线绘制采用三点绘弧的方法绘制，三点依次是竖曲线起点、变坡点位置设计高程处、竖曲线终点。

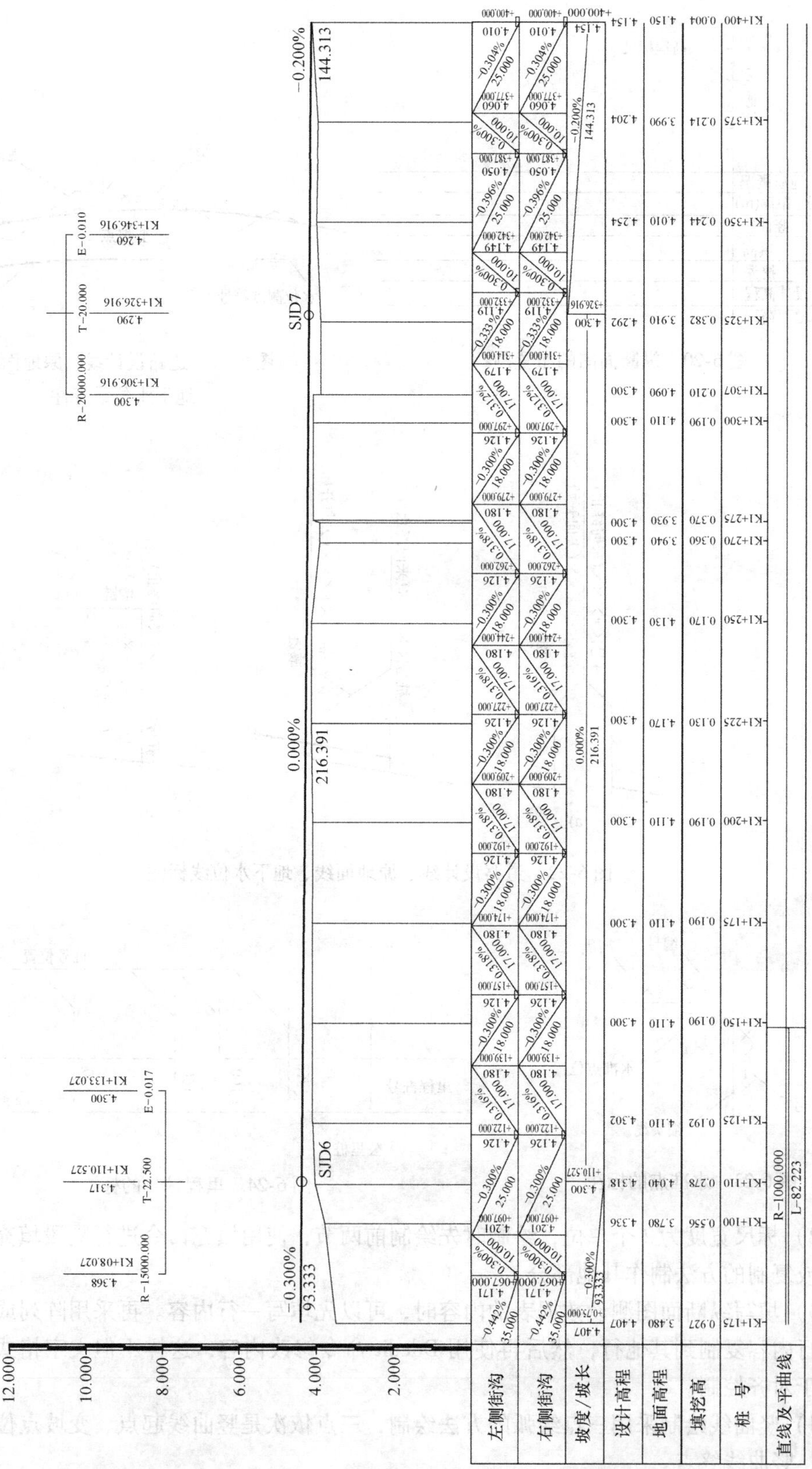

桩号	填挖高	地面高程	设计高程
K1+175	0.927	3.480	4.407
K1+100	0.556	3.780	4.336
K1+110	0.278	4.040	4.318
K1+125	0.192	4.110	4.302
K1+150	0.190	4.110	4.300
K1+175	0.190	4.110	4.300
K1+200	0.190	4.110	4.300
K1+225	0.130	4.170	4.300
K1+250	0.170	4.130	4.300
K1+270	0.360	3.940	4.300
K1+275	0.370	3.930	4.300
K1+300	0.190	4.110	4.300
K1+307	0.210	4.090	4.300
K1+325	0.382	3.910	4.292
K1+350	0.244	4.010	4.254
K1+375	0.214	3.990	4.204
K1+400	0.004	4.150	4.154

图 6-25 路线纵断面图实例

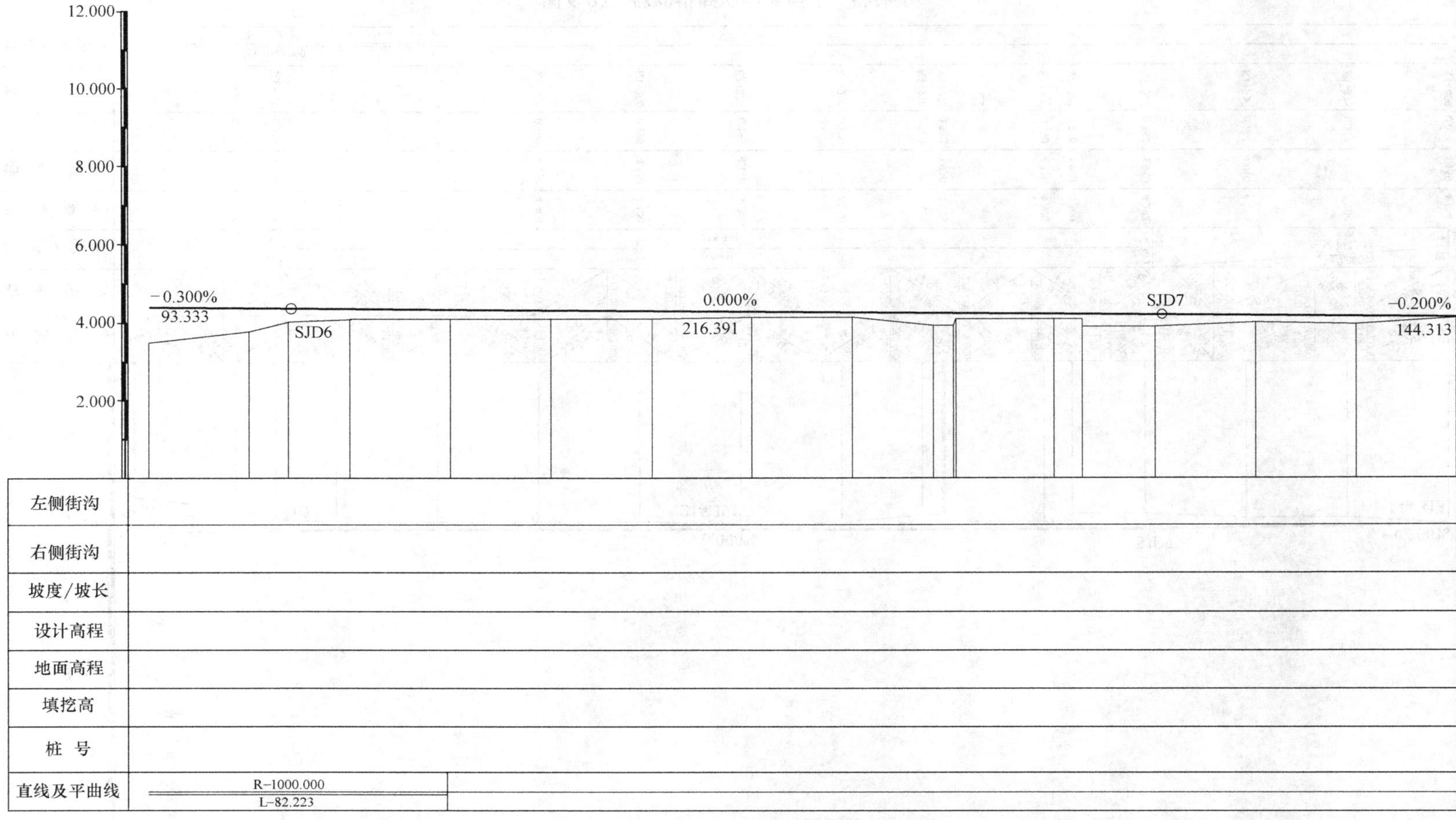

图 6-26　路线纵断面图标题栏

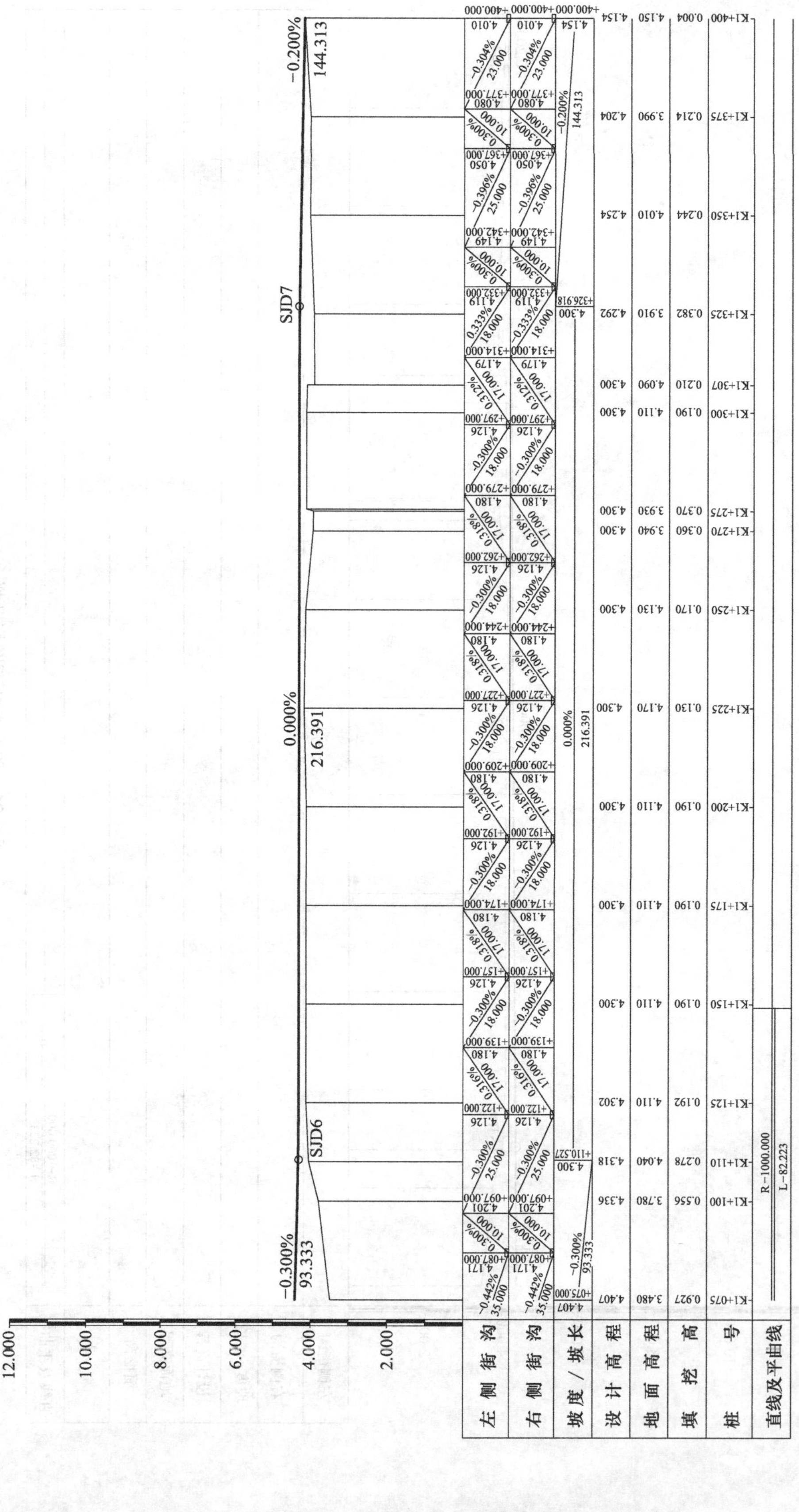

桩号	设计高程	地面高程	填挖高
K1+075	4.407	3.480	0.927
K1+100	4.336	3.780	0.556
K1+110	4.318	4.040	0.278
K1+125	4.302	4.110	0.192
K1+150	4.300	4.110	0.190
K1+175	4.300	4.110	0.190
K1+200	4.300	4.110	0.190
K1+225	4.300	4.170	0.130
K1+250	4.300	4.130	0.170
K1+270	4.300	3.940	0.360
K1+275	4.300	3.930	0.370
K1+300	4.300	4.110	0.190
K1+307	4.300	4.090	0.210
K1+325	4.292	3.910	0.382
K1+350	4.254	4.010	0.244
K1+375	4.204	3.990	0.214
K1+400	4.154	4.150	0.004

左侧街沟 坡度/长度	止点	止点高程	右侧街沟 坡度/长度	止点	止点高程
−0.442% / 35.000	+087.000	4.171	−0.442% / 35.000	+087.000	4.171
0.300% / 10.000	+097.000	4.201	0.300% / 10.000	+097.000	4.201
−0.300% / 25.000	+122.000	4.126	−0.300% / 25.000	+122.000	4.126
0.316% / 17.000	+139.000	4.180	0.316% / 17.000	+139.000	4.180
−0.300% / 18.000	+157.000	4.126	−0.300% / 18.000	+157.000	4.126
0.318% / 17.000	+174.000	4.180	0.318% / 17.000	+174.000	4.180
−0.300% / 18.000	+192.000	4.126	−0.300% / 18.000	+192.000	4.126
0.318% / 17.000	+209.000	4.180	0.318% / 17.000	+209.000	4.180
−0.300% / 18.000	+227.000	4.126	−0.300% / 18.000	+227.000	4.126
0.318% / 17.000	+244.000	4.180	0.318% / 17.000	+244.000	4.180
−0.300% / 18.000	+262.000	4.126	−0.300% / 18.000	+262.000	4.126
0.318% / 17.000	+279.000	4.180	0.318% / 17.000	+279.000	4.180
−0.300% / 18.000	+297.000	4.126	−0.300% / 18.000	+297.000	4.126
0.312% / 17.000	+314.000	4.179	0.312% / 17.000	+314.000	4.179
0.333% / 18.000	+332.000	4.119	−0.333% / 18.000	+332.000	4.119
0.300% / 10.000	+342.000	4.149	0.300% / 10.000	+342.000	4.149
−0.396% / 25.000	+367.000	4.050	−0.396% / 25.000	+367.000	4.050
0.300% / 10.000	+377.000	4.080	0.300% / 10.000	+377.000	4.080
−0.304% / 23.000	+400.000	4.010	−0.304% / 23.000	+400.000	4.010

坡度/坡长：+075.000 4.407；−0.300% 93.333；+110.527 4.300；0.000% 216.391；+326.918 4.300；−0.200% 144.313；+400.000 4.154

直线及平曲线：R−1000.000　L−82.223

纵断面标注：−0.300% 93.333；SJD6；0.000% 216.391；SJD7；−0.200% 144.313；高程标尺 2.000、4.000、6.000、8.000、10.000、12.000

图 6-27　路线纵断面图地面线、设计线

5）标注水准点、桥涵构造物等时要注意其位置与桩号的对应，标注圆管涵、箱涵、盖板涵时，最好先绘制好标准符号并定义为图块，利用图块插入命令绘制，以提高绘图速度。

6.5 路基、路面及排水防护工程图的绘制

在路线工程图中，利用路线的平面图、纵断面图可以将道路的线形、道路与地形地物的关系以及道路的总体布置等表达清楚，但道路工程的土石方工程量、路面结构情况、填挖关系以及排水设计等内容无法通过路线的平面图、纵断面图表达清楚，还必须绘制路基路面及排水工程图。

6.5.1 路基工程图的绘制

路基是支撑路面的土工构筑物，在挖方地段，路基是开挖天然地层形成的路堑；在填方地段，则是用压实的土石填筑而成的路堤。路堤又分为一般路堤、矮路堤、沿河路堤、护脚路堤、高填方路堤等；路堑又分为一般路堑、台口式路堑、半山洞等；半填半挖路基又分为一般半填半挖路基、护肩路基、挡墙路基和零填挖路基等。

根据国家标准《道路工程制图标准》（GB 50162—1992）的相应要求，路面线、路肩线、边坡线、护坡线均应采用粗实线表示；路面厚度应采用中粗实线表示；原有地面线应采用细实线表示，设计或原有道路中线应采用细点画线表示，如图6-28所示。

当道路分期修建、改建时，应在同一张图纸中示出规划、设计、原有道路横断面，并注明各道路中线之间的位置关系，规划道路中线应采用细双点画线表示。规划红线应采用粗双点画线表示。在设计横断面图上，应注明路侧方向，如图6-29所示。

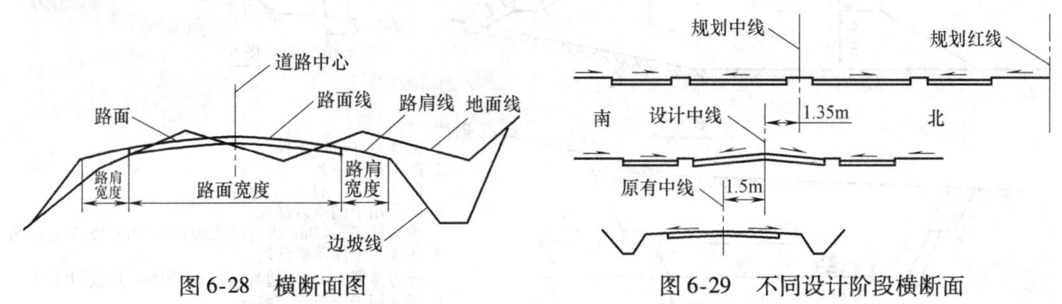

图6-28 横断面图 图6-29 不同设计阶段横断面

横断面图中，管涵、管线的高程应根据设计要求标注，管涵、管线横断面应采用相应图例，如图6-30所示。

道路的超高、加宽应在横断面图中示出，如图6-31所示。

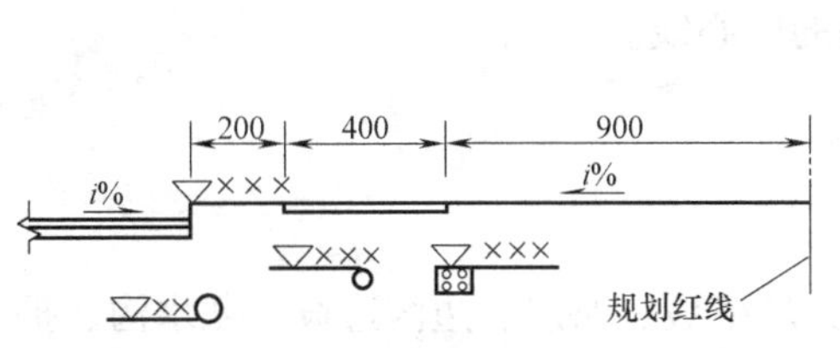

图6-30 横断面图中管涵、管线的标注

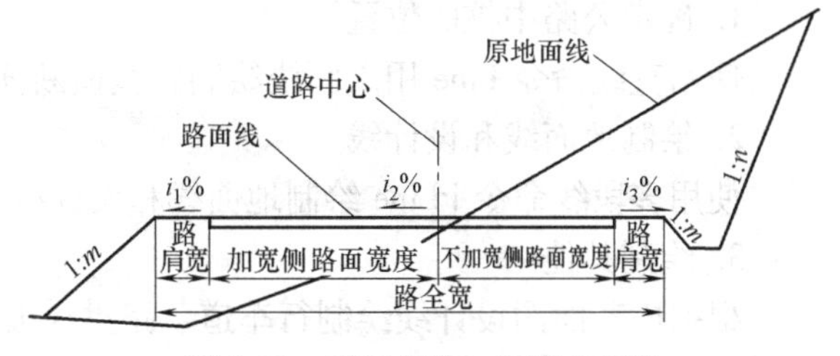

图6-31 道路超高、加宽的标注

用于施工放样及土方计算的横断面图应在图样下方标注桩号。图样右侧应标注填高、挖深、填方、挖方的面积，并采用中粗点画线示出征地界线，如图6-32所示。

当防护工程设施标注材料名称时，可不画材料图例，其断面阴影线可省略，如图6-33所示。

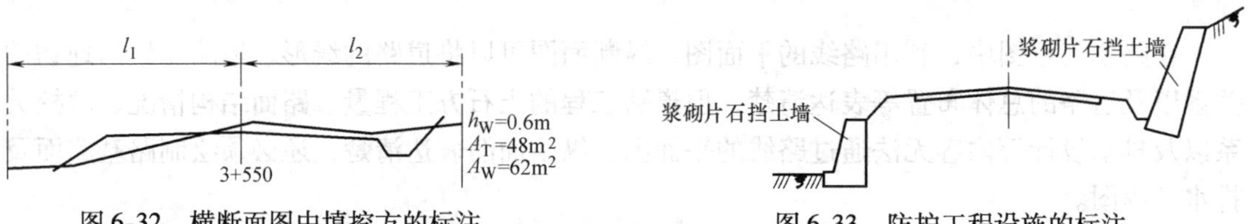

l_1
l_2
h_W=0.6m
A_T=48m²
A_W=62m²
3+550

图6-32 横断面图中填挖方的标注

浆砌片石挡土墙
浆砌片石挡土墙

图6-33 防护工程设施的标注

路基一般设计图如图6-34所示，其绘制步骤如下。

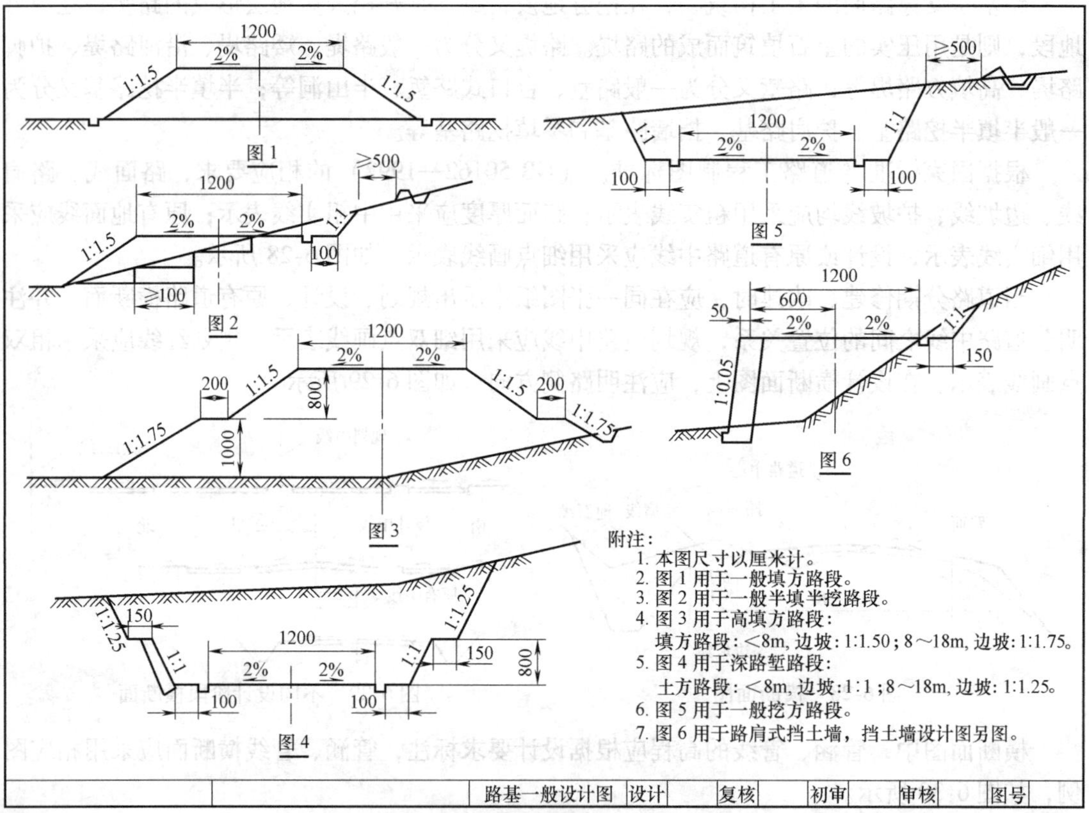

1200
2%
2%
1:1.5
1:1.5
图1
≥500
1:1
1200
2%
2%
100
100
图5
1200
2%
2%
1:1.5
≥500
1:1
100
≥100
图2
1200
2%
2%
200
1:1.5
800
1:1.5
200
1:1.75
1:1.75
1000
图3
1200
600
50
2%
2%
1:1
150
1:0.05
图6
1:1.25
150
1200
1:1
2%
2%
1:1
150
800
1:1.25
100
100
图4
附注：
1. 本图尺寸以厘米计。
2. 图1用于一般填方路段。
3. 图2用于一般半填半挖路段。
4. 图3用于高填方路段：
填方路段：<8m, 边坡：1:1.50；8～18m, 边坡：1:1.75。
5. 图4用于深路堑路段：
土方路段：<8m, 边坡：1:1；8～18m, 边坡：1:1.25。
6. 图5用于一般挖方路段。
7. 图6用于路肩式挡土墙，挡土墙设计图另图。
路基一般设计图
设计
复核
初审
审核
图号

图6-34 路基一般设计图

1. 确定公路中桩的位置

使用直线命令Line用点画线绘制路基横断面图的中心线。

2. 绘制地面线和设计线

使用多段线命令PLine绘制地面线和设计线。

3. 绘制其他

根据横断面图设计线绘制行车道、路拱横坡和路肩横坡、路肩、边沟边坡、截水沟、护坡道等。

4. 标注

根据道路实际情况绘制后进行标注。

路基横断面图的作用是表达各里程桩处道路标准横断面与地形的关系，包括路基的形式、边坡坡度、路基顶面高程、排水设施的布置情况、防护加固工程的设计情况以及该断面上的填挖工程量等。路基横断面图中各桩号横断面图在图幅中的排列顺序应按桩号从下到上、从左到右进行排列。

6.5.2　路面结构图的绘制

公路设计所用的路面结构主要有两类，一类是沥青路面，另一类是水泥混凝土路面。

根据《道路工程制图标准》（GB 50162—1992）的相应要求，路面结构图应符合下列规定：

1）当路面结构类型单一时，可在横断面图上，用竖直引出线标注材料层次及厚度，如图 6-35a 所示。

2）当路面结构类型较多时，可按各路段不同的结构类型分别绘制，并标注材料图例（或名称）及厚度，如图 6-35b 所示。

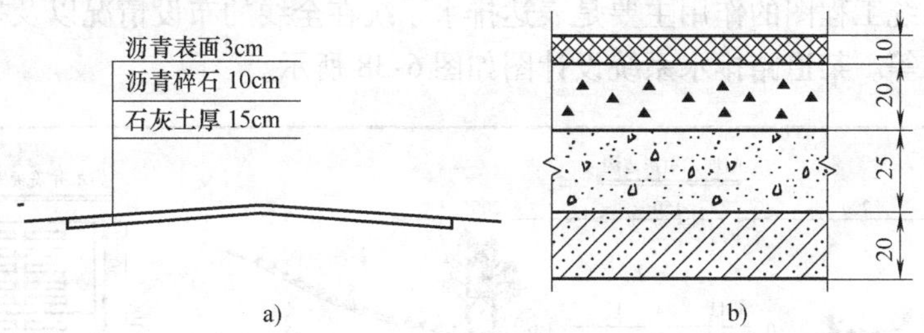

图 6-35　路面结构的标注

下面以沥青路面结构图和水泥混凝土路面的施工缝构造图为例说明公路路面结构图的绘制方法。

1. 沥青路面结构图

图 6-36 所示为沥青路面结构方案图，可以采用直线命令绘制封闭的路面结构分割线，再使用图案填充命令进行填充，最后绘制引线并完成文字标注。

绘制分割线时可先绘制其中一条，然后用偏移命令 Offset 根据各层厚度进行偏移复制。填充图案时应根据《道路工程制图标准》（GB 50162—1992）要求选择合适的图案类型并定义恰当的角度和比例完成填充。

2. 混凝土路面施工缝构造图

如图 6-37 所示为混凝土路面横向施工缝构造图，绘制过程如下：

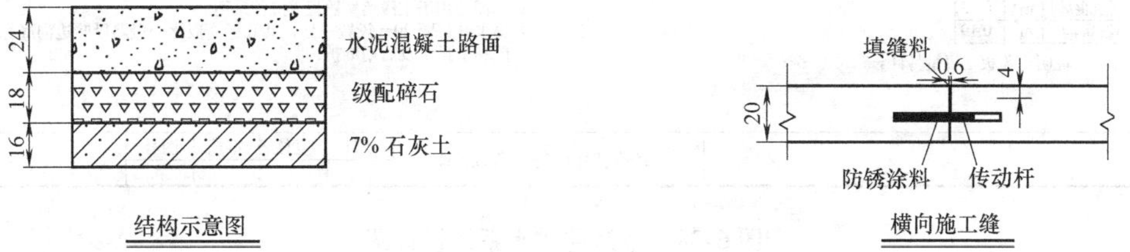

图 6-36　沥青路面结构方案图

图 6-37　混凝土路面横向施工缝构造图

（1）绘制混凝土路面的上下界线及填缝料　使用多段线命令 PLine 或直线命令 Line 配合偏移命令 Offset 绘制上下边界线以及填缝料。

（2）绘制折断线　使用直线命令 Line 在上下边界绘制，长出部分要对称于上下边界。然后继续用 Line 命令在直线的中部绘制大小适当的锯齿线，再用修剪命令剪去多余的部分，即可得到一侧的折断线。最后利用镜像命令 Mirror 或复制命令 Copy 绘制出另一侧折断线。

（3）绘制横向施工缝部位设置的钢筋及涂沥青部位　用直线命令 Line 绘制施工缝（直线端点为路面上下边界线的中点），钢筋可先绘制成封闭的矩形，再利用填充命令进行填充。

（4）标注　用标注尺寸命令标注图中所示的尺寸，用文字命令进行文字标注。

6.5.3 排水系统及防护工程图的绘制

道路排水系统比较复杂，且是保证道路发挥其功能的必要设施。道路排水系统包括地面排水系统和地下排水系统，前者包括边沟、排水沟、截水沟、跌水、急流槽等，后者包括明沟、暗沟、渗沟等。

道路排水系统工程图的作用主要是表达排水系统在全线的布设情况以及排水设施的具体构造和技术要求等。某道路排水系统设计图如图 6-38 所示。

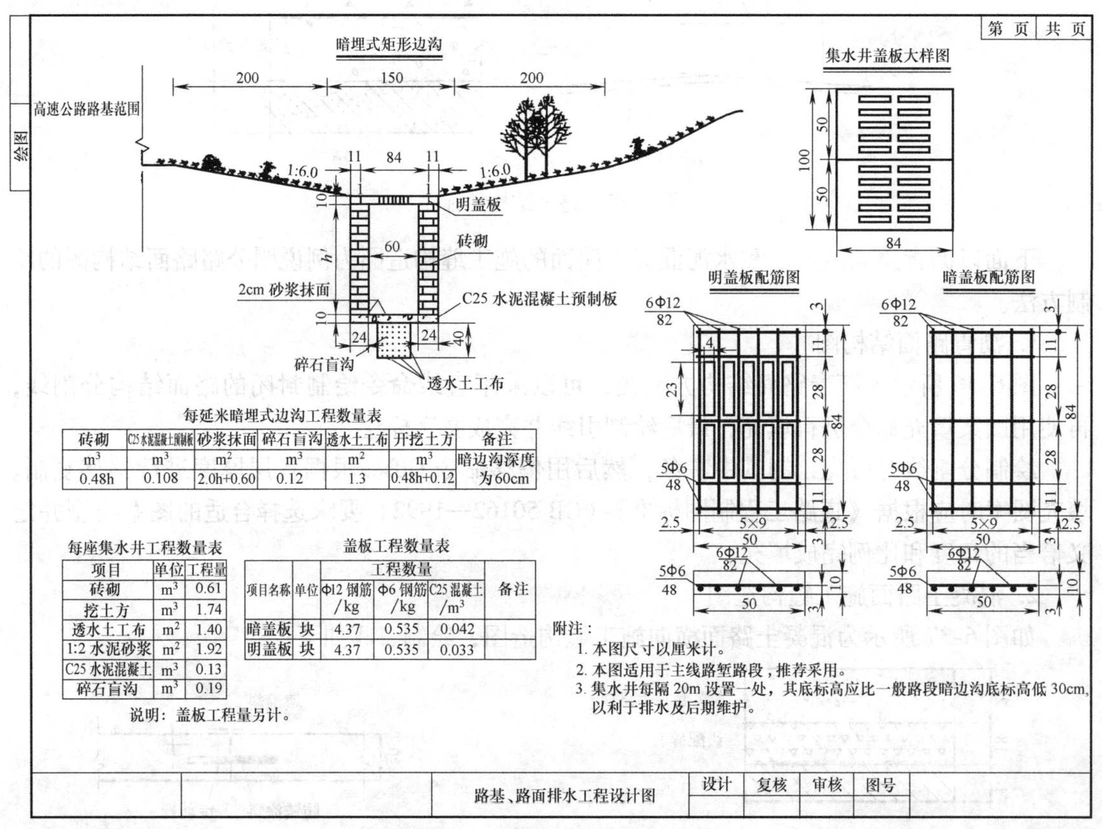

每延米暗埋式边沟工程数量表

砖砌	C25水泥混凝土预制板	砂浆抹面	碎石盲沟	透水土工布	开挖土方	备注
m^3	m^3	m^2	m^3	m^2	m^3	暗边沟深度
0.48h	0.108	2.0h+0.60	0.12	1.3	0.48h+0.12	为60cm

每座集水井工程数量表

项目	单位	工程量
砖砌	m^3	0.61
挖土方	m^3	1.74
透水土工布	m^2	1.40
1:2 水泥砂浆	m^2	1.92
C25 水泥混凝土	m^3	0.13
碎石盲沟	m^3	0.19

说明：盖板工程量另计。

盖板工程数量表

项目名称	单位	工程数量			备注
		Φ12 钢筋/kg	Φ6 钢筋/kg	C25 混凝土/m^3	
暗盖板	块	4.37	0.535	0.042	
明盖板	块	4.37	0.535	0.033	

图 6-38　某道路排水系统设计图

6.6　路线交叉图的绘制

道路与道路或其他设施（如铁路、管线等）相交时所形成的共同空间称为道路交叉。道路交叉根据其空间形式可以分为平面交叉和立体交叉两大类型。

6.6.1　平面交叉图的绘制

平面交叉就是将相交各道路的交通流组织在同一平面内的道路交叉形式，根据道路联结性质不同可分为“十”字形交叉、“X”形交叉、“T”形交叉、“Y”形交叉、错位交叉和多路口复合交叉等。由于道路交叉的交通状况、构造和交通组织等均比较复杂，所以道路交叉工程图除了平面图、纵断面图和横断面图之外，一般还包括竖向设计图、交通组织图和鸟瞰图等。

图 6-39 所示为环形十字交叉图，绘制时应先确定主骨架，再进行细节的绘制。绘制过程如下：

1. 绘制十字中心线

使用直线命令 Line 绘制十字中心线，线型为点画线。

2. 绘制十字路边线

可以利用偏移命令 Offset 将十字中心线分别向上、下、左、右偏移，偏移距离均为 20，然后将偏移创建的直线修改为粗实线，如图 6-40 所示。

3. 绘制环形交叉路线的圆环

在图 6-40 的基础上，绘制直径为 59 的圆，圆心在中心线的交点处。然后使用偏移命令 Offset 绘制另外两个圆（行车道分界线），其偏移距离分别为 20 和 37. 5。

4. 绘制外切正方形

使用正多边形命令 Polygon 绘制上一步完成的大圆的外切正方形，如图 6-41 所示。正方形中心在中心线的交点处，四角都落在道路中心线上。使用修剪命令 Trim 修剪十字中心多余的线段。

5. 完善环形交叉口

用圆角命令 Fillet 输入合适的半径，将不相交的相邻道路圆滑地连接。将行车道的分割线改为虚线，将中心岛内使用图案填充命令用阴影线填充。

完成后，可以得到图 6-39 所示环形十字交叉平面图。

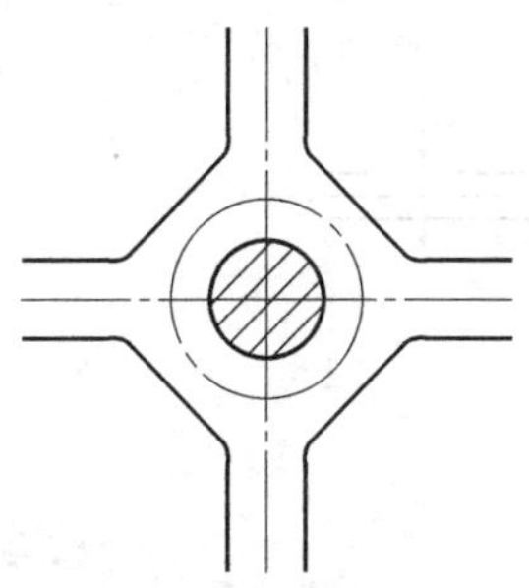
图 6-39　环形十字交叉

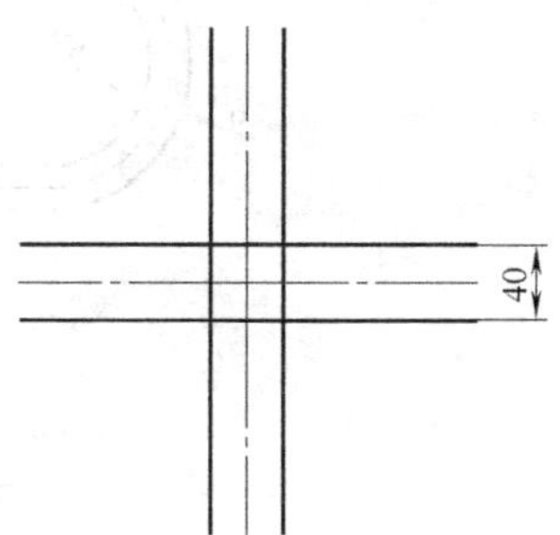

图 6-40　绘制十字路边线

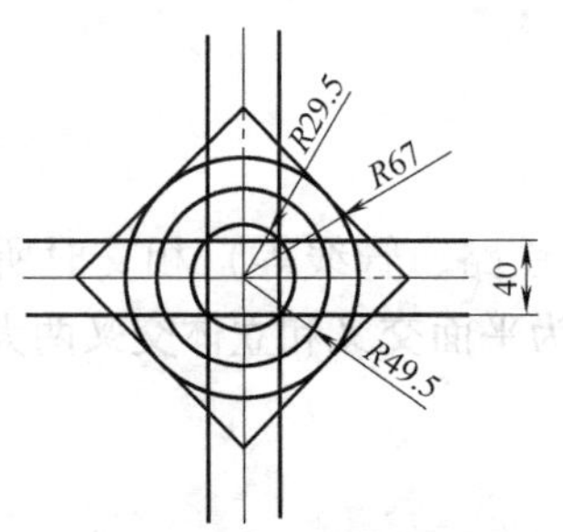

图 6-41 绘制同心圆和外切正方形

6.6.2 立交桥的绘制

立体交叉是将各冲突点的各向车流组织在空间的不同高度上，使各向车流分道行驶，从而保证各向车流在任何时间都连续行驶，提高交叉口处的通行能力和安全舒适性。因此，立体交叉的设计比平面交叉要复杂得多。立体交叉一般由相交道路、跨线桥、匝道、通道和其他附属设施组成。

如图 6-42 所示为某立交桥平面图，其绘制步骤如下：

1. 绘制道路中线和两条主干道

绘制时先绘制道路中线，线型为点画线，然后利用偏移命令创建道路的边线并转化为粗实线。

2. 绘制分路

根据图 6-42 所示，匝道可采用圆命令 Circle 的“相切、相切、半径”方式绘制，也可以使用圆角命令 Filet 绘制。

3. 完善图形

绘制分支后使用修剪命令 Trim 进行修剪。

4. 使用尺寸标注命令完成各部分标注

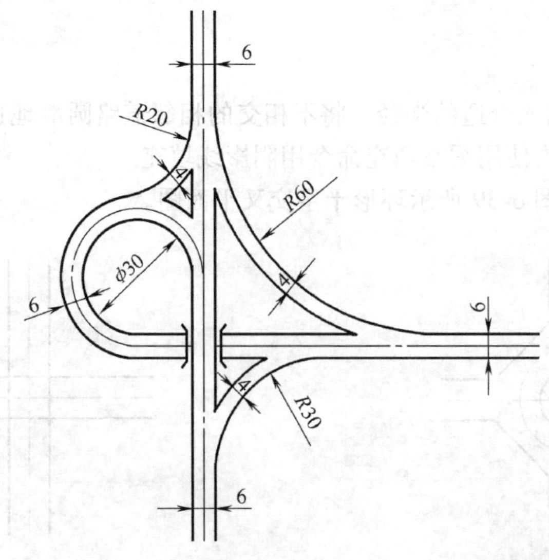

图 6-42 某立交桥平面图

6.7　模块练习

1. 绘制练习图 6-1 所示的纵向缩缝和横向缩缝图。

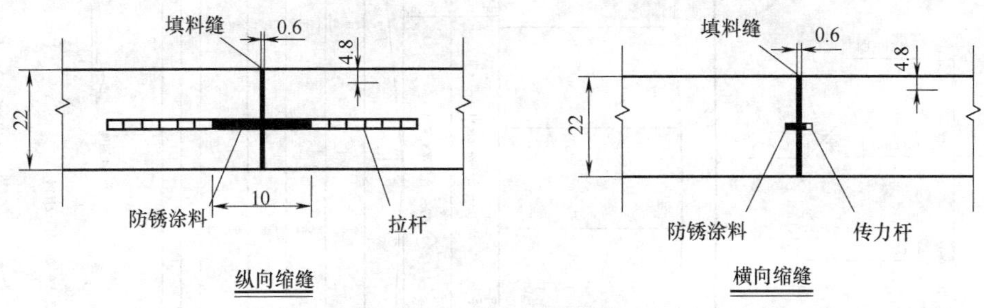

练习图 6-1　纵向缩缝和横向缩缝

2. 绘制练习图 6-2 所示的路堤和路垫图。

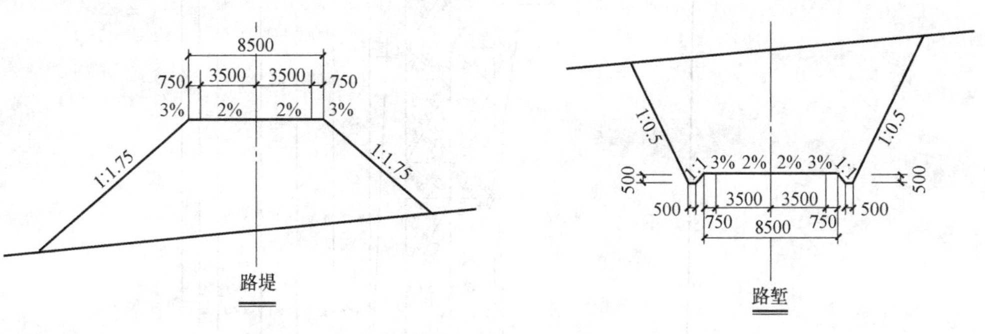

练习图 6-2　路堤和路垫

3. 绘制练习图 6-3 所示的角隅钢筋布置图和结构示意图。

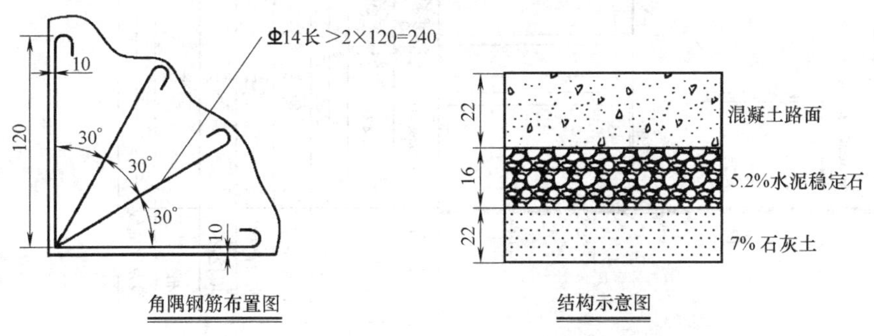

练习图 6-3　角隅钢筋布置图和结构示意图

4. 绘制练习图 6-4 所示的道路纵断面图。

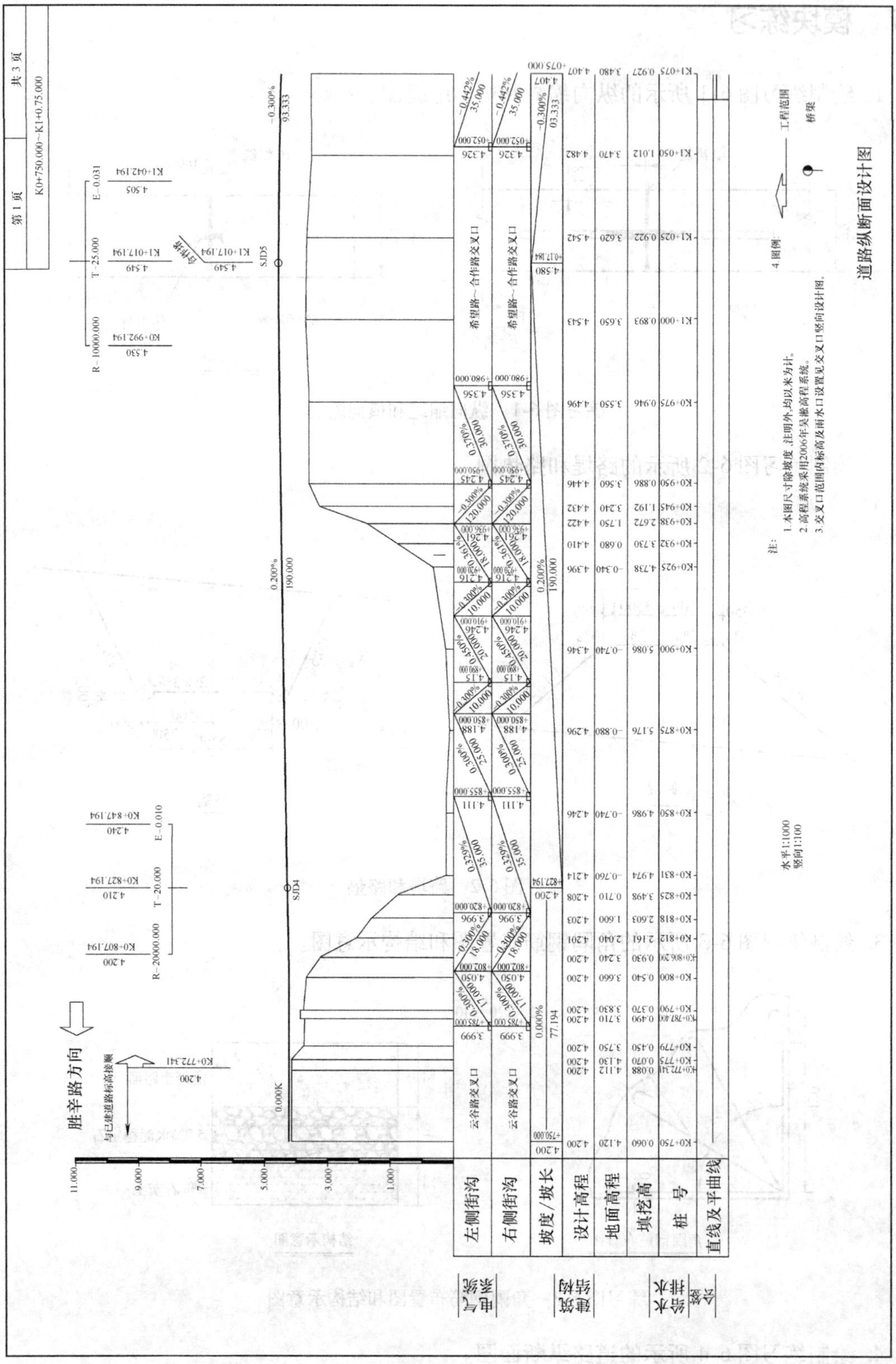

第 1 页	共 3 页
K0+750.000~K1+0.75.000	

胜辛路方向

与已建道路标高接顺

4.200 K0+772.341

4.200 K0+807.194	4.210 K0+827.194	4.240 K0+847.194
R−20000.000	T−20.000	E−0.010

4.530 K0+992.194	4.549 K1+017.194	4.505 K1+042.194
R−10000.000	T−25.000	E−0.031

合作路 4.549 K1+017.194

0.000K SJD4 0.200% 190.000 SJD5 −0.300% 93.333

11.000 9.000 7.000 5.000 3.000 1.000

左侧街沟 / 右侧街沟：云谷路交叉口 3.999 +785.000 0.300% 17.000 4.050 +802.000 −0.300% 18.000 3.996 +820.000 0.329% 35.000 4.111 +855.000 0.300% 25.000 4.188 +850.000 −0.300% 10.000 4.15 +890.000 0.450% 20.000 4.246 +910.000 −0.300% 10.000 4.216 +920.000 0.361% 18.000 4.261 +936.000 −0.300% 120.000 4.245 +950.000 0.370% 30.000 4.356 +980.000 希望路～合作路交叉口 4.326 +052.000 −0.442% 35.000

坡度/坡长：4.200 +750.000 0.000% 77.194 4.200 +827.194 0.200% 190.000 4.580 +017.184 −0.300% 03.333 4.407 +075.000

桩号	设计高程	地面高程	填挖高
K0+750	4.200	4.120	0.060
K0+772.341	4.200	4.112	0.088
K0+775	4.200	4.130	0.070
K0+779	4.200	3.750	0.450
K0+787.400	4.200	3.710	0.490
K0+790	4.200	3.830	0.370
K0+800	4.200	3.660	0.540
K0+806.200	4.200	3.240	0.930
K0+812	4.201	2.040	2.161
K0+818	4.203	1.600	2.603
K0+825	4.208	0.710	3.498
K0+831	4.214	−0.760	4.974
K0+850	4.246	−0.740	4.986
K0+875	4.296	−0.880	5.176
K0+900	4.346	−0.740	5.086
K0+925	4.396	−0.340	4.738
K0+932	4.410	0.680	3.730
K0+938	4.422	1.750	2.672
K0+945	4.432	3.240	1.192
K0+950	4.446	3.560	0.886
K0+975	4.496	3.550	0.946
K1+000	4.543	3.650	0.893
K1+025	4.542	3.620	0.922
K1+050	4.482	3.470	1.012
K1+075	4.407	3.480	0.927

直线及平曲线

电气系统 建筑结构 给水排水 会签

水平1:1000
竖向1:100

注：
1.本图尺寸除坡度、注明外，均以米为计。
2.高程系统采用2006年吴淞高程系统。
3.交叉口范围内标高及雨水口设置见交叉口竖向设计图。
4.图例：工程范围 桥梁

道路纵断面设计图

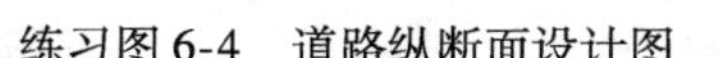

练习图 6-4　道路纵断面设计图

5. 完成练习图 6-5 所示的横断面图。

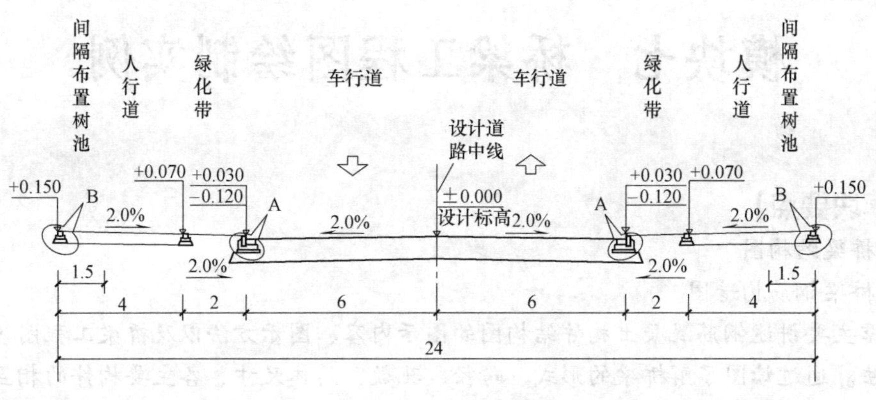

练习图 6-5　标准横断面图

6. 完成练习图 6-6 所示的道路侧平石结构图。

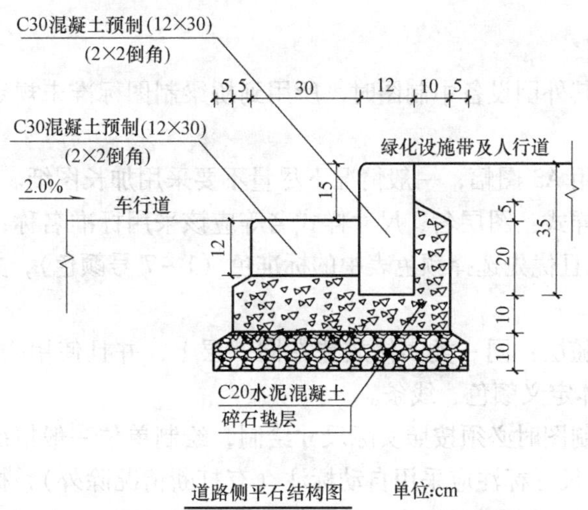

练习图 6-6　道路侧平石结构图

模块七　桥梁工程图绘制实例

【模块要点】

◆ 桥梁结构图

◆ 桥梁钢筋构造图

本章主要讲述钢筋混凝土构件结构图的图示内容、图示方法以及桥梁工程图各图纸的表达方法。通过读图了解桥梁的形式、跨径、孔数、总体尺寸、各主要构件的相互位置关系、各部分的标高、材料数量等。

7.1　桥梁制图标准

7.1.1　基本原则

1）在计算机及其外围设备中制图时，所用到桥梁制图标准未规定的内容，应符合有关标准和规定。

2）图纸尽量采用 A3 图幅，一般情况下尽量不要采用加长图纸。

3）标准图层及样式：图层名、尺寸样式名等应该采用标准名称；不同的图层宜采用相对固定的对应颜色，且优先选择颜色表中的标准色（1 ~7 号颜色），并避免使用与黑色背景相近的深蓝色。

4）颜色、线条随层：同一类实体放置在同一层上，并且使用颜色、线条随层（bylayer），不宜单独为实体定义颜色、线条。

5）尺寸标注：制图时必须按照实际尺寸绘制，绘制单位一般情况下采用毫米，总体图可以采用米为单位；尺寸标注应采用自动标注（有打断情况除外），标注单位为毫米，除需要特别精确的尺寸外均保留到整数位；总体图可以采用米标注；尺寸标注不得炸开；尺寸标注一般不得和图纸中的构造线、钢筋、预应力以及其他尺寸等线条交叉、重叠；对于不同比例的标注，应调节尺寸标注比例。推荐采用的比例见表 7-1。

表 7-1　推荐采用的比例

种　类	比　例		
原值比例	1:1		
放大比例	$5\times10^n:1$	$2\times10^n:1$	$1\times10^n:1$
缩小比例	$1:2\times10^n$	$1:5\times10^n$	$1:1\times10^n$

注：1. n 为整数。

2. 对于一些示意图，可以不采用实际尺寸绘制，也可采用手动标注。

3. 若采用图纸空间出图，则可以不考虑该比例，以图纸布局合理为原则。

6）标准图框：图框应采用外部引用的方式。被引用的 A3 图框文件应采用 420 ×297 的标准图框且必须将图框的左下角点放置在世界坐标系下的原点（0.0，0.0，0.0）上；该文件中的所有图元都放置在0层，颜色单独指定以减少外部引用时的图层，并将该文件存储为TK_ XXX. dwg（其中XXX为项目标识，由项目组确定）。

7）图纸中不标注图纸比例，图纸的布置以表达清楚、充满图纸、均匀布置为原则。

8）图纸附注宜尽量置于图纸的右下侧。

9）制图完成后，应将图纸中的多余图元删除，宜将图纸文件中的多余图层及设置用PURGE命令进行清理。

7.1.2　图层设置

CAD图纸文件的图层名称应选用下列标准名称：

DIM——尺寸标注层（包括打断线），采用4号颜色青色cyan。

CENTER——中心线层（若图中有较多的中心线且经常需要与尺寸标注隔离编辑时，可以设该层），该层线形应采用“Center”，采用4号颜色青色cyan。

TEXT——图名、图号、文字注释等图纸中的相关文字，采用2号颜色黄色yellow。

OUTLine_ C——剖面的剖切轮廓线或者构造图中的可见外轮廓，打印为粗线，采用3号颜色绿色green。

OUTLine_ V——钢筋图、预应力图中结构构造的可见外轮廓，打印为细线，采用2号颜色黄色yellow。

OUTLine_ H——结构构造的不可见外轮廓，该层线形应采用“Acad_ iso02w100”，采用7号颜色白色white。

ANCHOR——锚具、锚头及波纹管（若经常需要与锚具隔离编辑时，可以加设ANCHOR_ PIPE层），采用1号颜色红色red。

WIRE——钢束，采用1号颜色红色red。

STEELBAR_ PO——钢筋构造图中的点筋，采用3号颜色绿色green。

STEELBAR_ V——竖向线筋，采用3号颜色绿色green。

STEELBAR_ H——横向线筋，采用3号颜色绿色green。

TABLE——图表、图纸中的表格外框线，采用7号颜色白色white。

HATCH——填充，采用4号颜色青色cyan。

OTHER——附属设备、机具以及一些不易归类的实体（根据需要选择使用），采用7号颜色白色white。

AID——隐藏不打印的辅助线层，采用6号颜色洋红magenta（根据需要选择使用）。

View——图纸空间窗口外框图层，不打印，采用7号颜色白色white（根据需要选择使用）。

关于不同图纸种类的图层设置及相应的尺寸样式设定可参考表7-2的建议。

表7-2　图层设置及相应的尺寸样式设定

图纸种类	图　层	尺寸样式
总体布置图	TEXT——文字、DIM——尺寸标注、 CENTER——中心线、OUTLine_C——剖切轮廓、 OUTLine_V——轮廓可见、OUTLine_H——轮廓不可见	OVERALL——总体标注

（续）

图纸种类	图 层	尺寸样式
一般构造图	TEXT——文字、DIM——尺寸标注、CENTER——中心线、OUTLine_C——剖切轮廓、OUTLine_V——轮廓可见、OUTLine_H——轮廓不可见	OVERALL——总体标注
普通钢筋图	TEXT——文字、DIM——尺寸标注、CENTER——中心线、OUTLine_C——剖切轮廓、OUTLine_V——轮廓可见、OUTLine_H——轮廓不可见、STEELBAR_PO——点筋、STEELBAR_V——竖向线筋、STEELBAR_H——横向线筋	OVERALL——总体标注
预应力钢束图	TEXT——文字、DIM——尺寸标注、CENTER——中心线、WIRE——预应力钢束、OUTLine_C——剖切轮廓、OUTLine_V——轮廓可见、OUTLine_H——轮廓不可见、ANCHOR——锚具及管道	OVERALL——总体标注
钢结构图纸	TEXT——文字、DIM——尺寸标注、CENTER——中心线、OUTLine_C——剖切轮廓、OUTLine_V——轮廓可见、OUTLine_H——轮廓不可见	OVERALL——总体标注

7.1.3 尺寸标注

图纸中所有尺寸标注都应采用下列样式名，并且准确地将尺寸归类。OVERALL——总体布置及一般情况；如果需要调整标注比例，则添加尺寸样式，命名原则为 OVERALL_ S###，###表示比例，如 OVERALL_ S010 表示在 OVERALL 的基础上放大 10 倍。

尺寸标注时，若遇到小间距尺寸，箭头有覆盖时，必须独立修改该尺寸的属性，将箭头（Close filled）改为小点（Dot small）；存在线条遮挡标注尺寸数字的情况应将标注尺寸数字移动到合适的位置。

尺寸样式设定，以 OVERALL 为例，其他样式可参照设定，根据比例关系修改相关参数，详见图 7-1 ~ 图 7-5。图 7-1 ~ 图 7-5 中粗方框是重点要设置的内容。

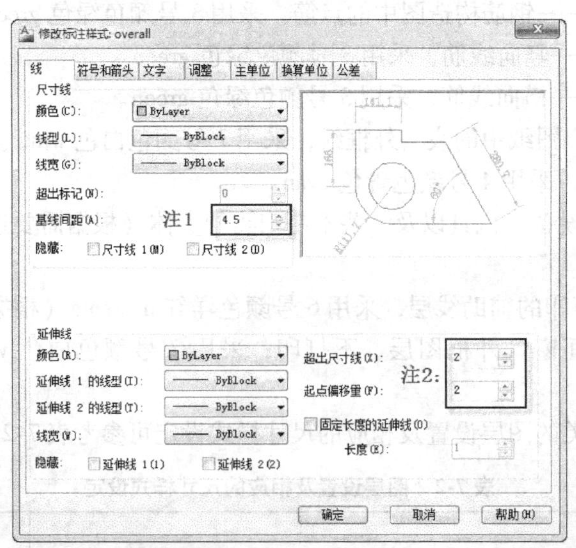

图 7-1 标注样式中线的修改

注：1. 本图未特别指定尺寸线中的基线间距设定。多层尺寸标注之间应等间距绘制，基线间距的值宜为 3.5 ~4.5。

2. 延伸线中的起点偏移量的取值是相对于标注点而言的。

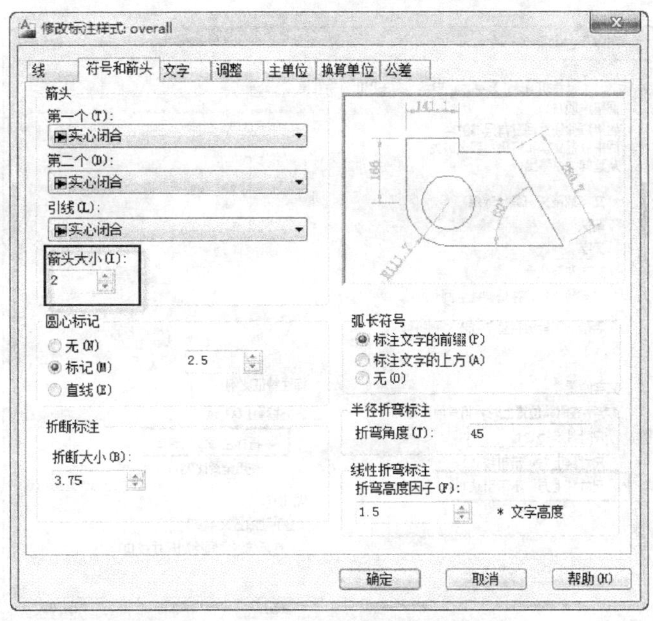

图 7-2　标注样式中符号和箭头的修改

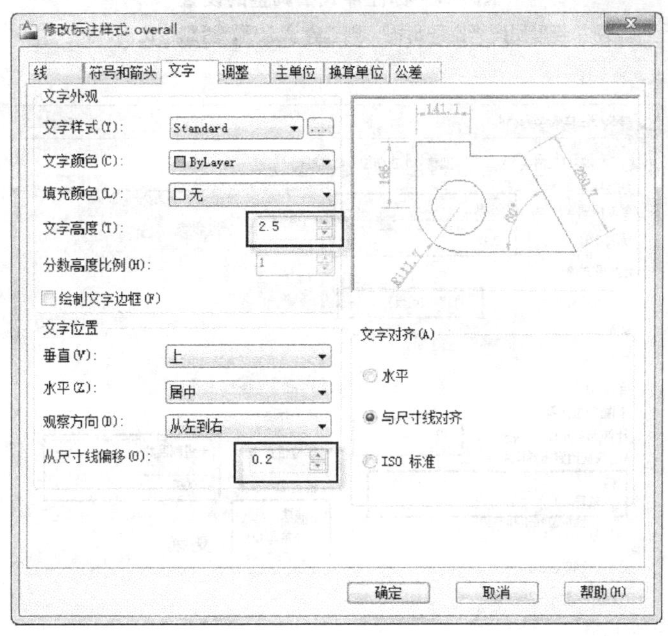

图 7-3　标注样式中文字的修改

7.1.4　文字字体和字高

图纸中的字体样式组合采用“仿宋 GB2312”，字体样式名称为 BRStyle1、BRStyle2 等，根据需要可以增加样式，名称编号顺序增加。字体的宽高比应采用 0.7。采用“仿宋 GB2312”字体时，标注直径符号不正确，此时可以修改该尺寸标注的“Dim Prefix”为“D”，然后对所有直径标注用格式刷编辑。

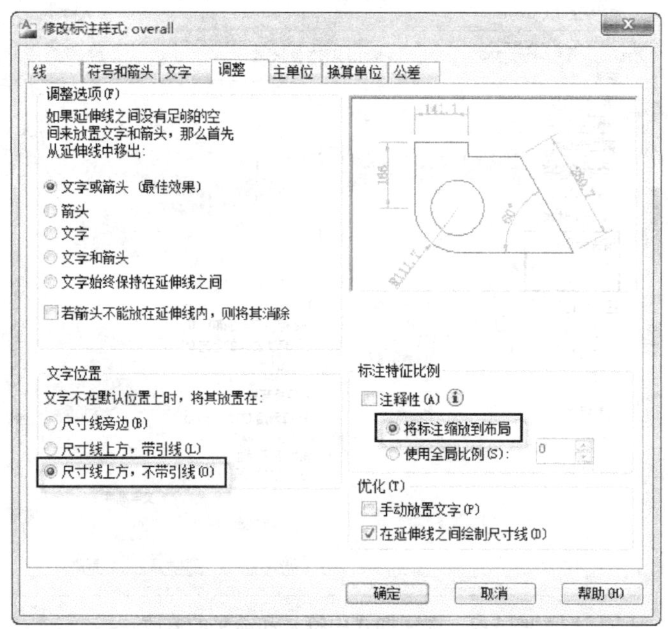

图 7-4 标注样式中调整的设置

注：若采用图纸空间出图，则选择该选项，否则按比例调整。

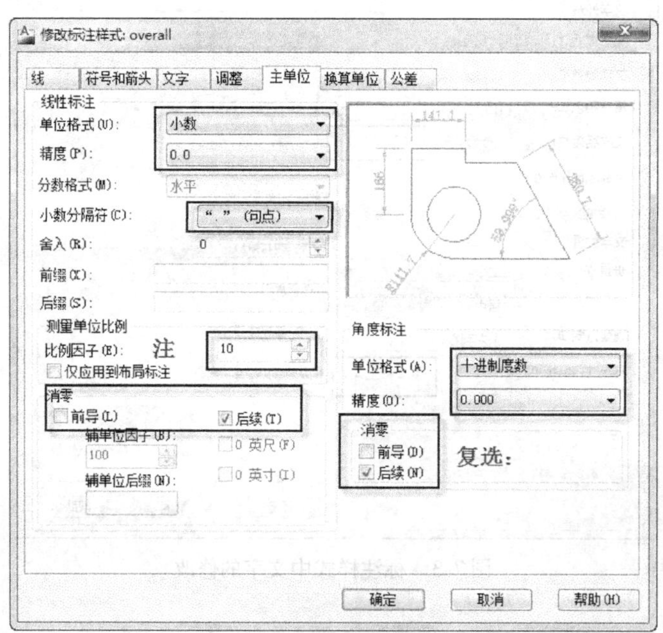

图 7-5 标注样式中主单位的设定

注：根据比例调整，一般情况下是 1。

图框中的字体根据图框规定分别采用 TKHZ1（tjromant. shx + tjhts. shx）、TKHZ2（tjromant. shx + tjkts. shx）两种字体，字的高度和宽高比参见图框。

1）断面标注、表名字高采用4.0（置于断面图上方，标注下方绘制双线）；图名字高采用3.5；断面符号字高采用3.5；附注文字字高采用3.0；图中其余汉字、图号、尺寸标注的字高采用2.5。图框中的图名长度超出范围时，可将图名分为两行书写。

2）对于图面比较拥挤的钢筋图、钢结构等图纸，断面符号字高可采用3.0；尺寸标注的字可采用2.0，极端困难的标注可以用1.8的英文、数字标注；但是汉字不应小于2.0（尺寸标注的箭头相应缩小）。

3）图纸中表格行高为5.0（第一行8.0除外）；表格外框线按0.5*b*的打印宽度绘制；表格中的文字，数字应采用右对齐，文字宜采用居中对齐，列宽视具体情况确定，但宜等宽。

7.1.5　绘图符号及基本图元

1）引出标注箭头的长度为2.0。

2）标高符号为等腰直角三角形，其高度与标注标高文字同高。

3）指示水流和路线方向的箭头为空心箭头，其尺寸见附录文件TK_ sample. dwg。

4）剖切线、断面线的画法和具体尺寸见附录文件TK_ sample. dwg。

5）视图名、剖面名、断面名底部应绘制等长的粗、细实线，间距为1.2mm，粗线必须采用带宽度的多义线，线宽为0.7。

6）折断线的画法及其尺寸见附录文件TK_ sample. dwg，并根据需要调节比例。

7）点筋与线筋之间应保证一定距离，打印后点筋与线筋不得发生可见的重叠覆盖。

7.1.6　打印规定

供输出打印的CAD图纸文件，其打印线宽设置的粗细组合必须满足表7-3规定组合中的一种。打印线宽设置采用颜色模式，样式名称为BRPlot. ctb；其中洋红Magenta（6号）颜色设置为*b*线宽，红色Red（1号）、绿色Green（3号）颜色设置为0.5*b*线宽，9号颜色设置为0.1*b*的线宽，其余颜色设置为0.25*b*线宽。

表7-3　线宽设置

线宽类别	采用颜色	线宽系列				
b	洋红Magenta(6号)	1.4	1.0	0.7	0.5	0.35
0.5*b*	红色Red(1号),绿色Green(3号)	0.7	0.5	0.35	0.25	0.25
0.25*b*	青色Cyan(4号),黄色Yellow(2号),白色White(7号)	0.35	0.25	0.18	0.13	0.13

注：1. 图中的极细线条（如地形图底图），采用9号颜色，打印时线宽设置为0.08。

2. 推荐采用第三系列的线宽（0.7，0.35，0.18），对于线条比较密集的图纸，0.35可以用0.30。

7.1.7　填充模式

1）用45°斜线及其他含45°斜线的填充表示的剖切面，其对称的剖切面不能镜像为135°斜线。

2）用AutoCAD提供的标准混凝土填充模式表示混凝土材料的剖切面。

7.1.8 图纸空间

对于一些整体制图方便，但需分块打印出图的 CAD 图纸文件建议采用图纸空间出图（如总体布置图等）。

采用图纸空间出图比较方便时，尽量将图元（含尺寸标注）放置在模型空间，便于读图；附注、表格可以放在图纸空间以方便字高处理。

7.1.9 标准制图流程

推荐采用的制图操作流程如下：

1）根据项目要求，修改好图框文件并存储为 TK_ XXX. DWG。

2）以 Bridge_ standard. dwt 模板新建文件（省去定义图层等元素）。

3）修改尺寸样式为自己所需要的样式（若需要）。

4）绘制图形文件。

7.1.10 其他

尺寸精确：

1）钢筋混凝土结构的构造、预应力、钢筋精确到 mm。材料数量分表中混凝土方量、预应力重量、钢筋长度和重量，精确到 0.1m^3（kg），在汇总表中精确到 1.0 m^3（kg）。

2）钢结构的构造精确到 mm（细部可到 0.1mm）。材料数量分表中钢材重量精确到 0.1kg，在汇总表中精确到 1.0kg。

7.2 桥梁总体布置图的绘制

7.2.1 总体布置图的绘制方法和步骤

绘制桥梁工程图，基本上与其他工程图样的绘制方法类似，都有共同的规律。首先是布置和画出各个投影图的基线；其次是画出各构件主要轮廓线；再画构件的细部；最后，加深或上墨，并注写字符和检查全图。在绘制桥梁工程图时，要确定视图数目（包括剖面、断面图）、比例和图幅大小。各类图样由于要求不一样，采用的比例也不同。下面说明总体布置图的绘制方法和步骤。

1. 布置和画出各投影图的基线或构件的中心线

根据所选择的比例及各投影图的相对位置，把它们均匀布置在图框内。布置时应注意空出图标、说明、投影图名称和标注尺寸的地方。当投影图位置确定后，便可画出各投影图的基线或构件的中心线。首先画出三个图形的中心线；其次画出墩台的中心线。立面图的水平线以梁顶作为水平基线。

2. 画出各构件的主要轮廓线

以基线或中心线为出发点，根据标高或各构件尺寸，画出构件的主要轮廓线。

3. 画出各构件的细部

根据主要轮廓线从大到小画全部构件的投影，画图时应注意投影关系，即“长对正、高平齐、宽相等”，并把剖面、栏杆、坡度符号线的位置、标高符号及尺寸线等画出来。

4. 加深或上墨

加深或上墨前要详细检查底稿，有无错误或遗漏，并按规定线型要求加深或上墨，最后画断面符号，标注尺寸和书写文字等。

7.2.2　总体布置图的绘制

【示例一】

桥梁总体布置图应主要表明桥梁的形式、跨径、孔数、总体尺寸、各主要部分的相互位置关系及标高、材料数量和总的技术说明等，还应表明桥位处的地质及水文资料和桥面设计标高、地面标高、纵坡及里程桩号，作为施工时确定墩台位置、安装构件和控制标高的依据。

现以某桥梁为例来具体介绍桥梁总体布置图。图 7-6 所示为某桥梁总体布置图。该桥是总长度为 85.04m 的一座桥梁。其上部结构为四孔 20m 的预应力混凝土空心板，下部采用桩柱式墩台。该桥为正交桥，水路交角为 90°。本图采用的比例：立面及平面图 1:300；横断面图 1:400（而本书中为了实际的需要，做了一定的缩放）。

1. 立面图

该图以桥面中心线展开绘制，展开后的桥墩、桥台之间的间距即为跨径的长度。如图 7-6 所示，该桥一孔跨径长度为 2000cm，桥梁全长为 85.04m。从立面图可以反映本桥的特征及桥型，即四孔跨径分别为 20m 的简支板桥。该桥跨越一条河流，桥两端各有一耳墙式轻型桥台，中间的三个桥墩均为四柱式轻型桥墩，结合其他图可知，桩基础直径全部为 150cm，墩台柱直径均为 130cm，墩台四柱均设有横向联系梁，柱顶盖梁采用端部变薄的矩形截面，并在盖梁两端设有防震挡块，防止落梁。按照道路工程制图习惯桩基部分埋入土体，故画虚线表示。同时还画出了桥台后搭板及砂垫层材料符号。

在立面图左侧设有标高比例尺（以 m 为单位），便于绘图时进行参考和对照各部分标高尺寸，方便读图和校核，同时立面图还反映了河床地质断面、水文及地面构造物情况，根据标高尺寸可以知道，桩基和各墩、台、横联系梁的埋置深度及桩、柱长度。图的上方还把桥梁两端的里程桩号标注出来，以便读图和施工之用。

2. 平面图

该平面图表示较简单，表明了水流方向、路水交角、路面宽度及各结构布局，对照横剖面图，可以看出桥面行车道净宽 18m，两边各设有 50cm 的防撞护栏。由于比例较小，平面图上护栏顶部钢管横梁及扶手未画出。图中的墩台及柱由于被板挡住，故图中用虚线画出，可以看出其为四柱式桥墩台，另外从附注中可知，河道左右岸边坡为 1:1.5。

3. 横剖面图

如图 7-6 所示，图中画出了Ⅰ—Ⅱ和Ⅱ—Ⅱ两个剖面图，由于路中线与桥中线重合，故中心线为路和桥的中心线，其桥面中心标高为 201.3m，以该中心线为轴是对称的，这是一种习惯画法。从图中可以看出，桥面总宽、横向排水坡度、净宽尺寸及桥面铺装、桥两边防护栏的断面形状及该桥跨部分板梁的断面。梁由 19 片组成，其中最左和最右端的板为边板，而其他的 17 块板为中板。虽然比例较小，但还是画出了空心部分圆截面，另外从图中可以看出桩柱的高度、桩柱的直径、各桩柱之间的间距、横系梁的连接位置以及长度等。例如桥面宽度为 $18+2\times0.5$m，净宽为 18m，2×0.5m 为两边护栏宽。

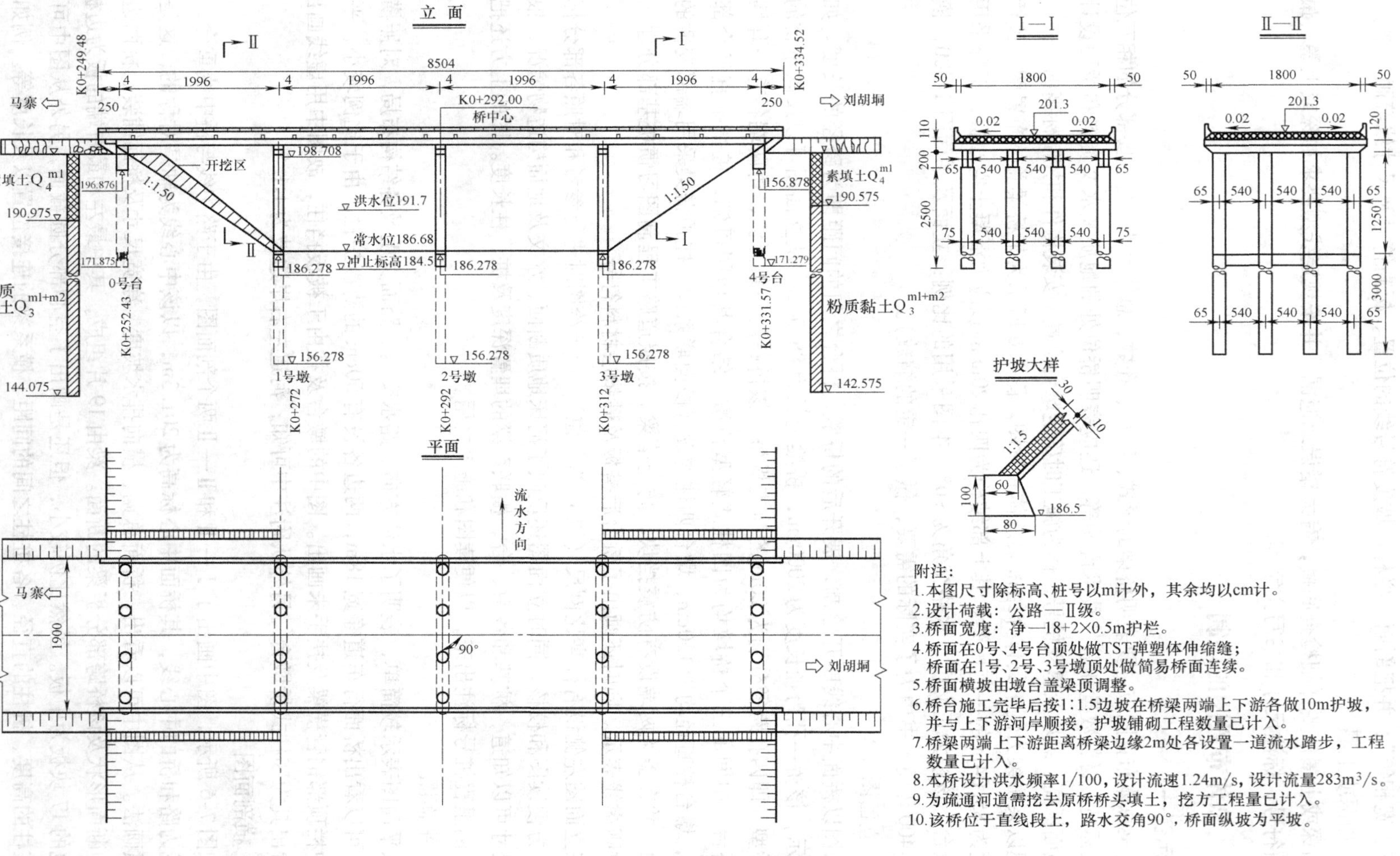

图 7-6　某桥梁总体布置图

【示例二】

图 7-7 为某大桥总体布置图。

1. 桥位河床断面的绘制

根据现场测定的河床断面，选用 A3 幅面作为设计图幅，确定绘图比例，将河床断面数据按地面线生成程序的数据格式要求，用 edit 或记事本软件编辑数据，检查无误后保存为 XXX. dat，运行 DMX 程序，生成 XXX. dxf 文件。

启动 AutoCAD，在 command 下键入 DXFIN 命令，单击 XXX. dxf，该河床断面图形即可在屏幕上显示。

2. 桥型方案立面图绘制

根据桥面设计标高、设计标准、地质条件和附近区域的施工材料等，拟定一净跨为 55m 的空腹式等截面石拱桥，矢跨比 1/6，拱圈厚 120cm，腹拱圈净跨 400cm，净矢跨比 1/4，厚 35cm。

立面图中需要绘制拱桥结构、桥台、基础等总体尺寸。总体布置图中，主拱圈形状可以用圆弧线代替，若有专门的拱圈绘图程序，效果更好。

当桥位处有水位时，应绘制出测时水位、设计洪水位、最高通航水位以及通航净空界限（需通航的河流）。地质资料、地质条件是确定基础埋深的依据，在立面图中应将地质钻探资料剖面一并绘制在立面图中，图 7-7 的示例中没有给出地质资料。

3. 平面图绘制

平面图主要绘制桥面宽度、桥台平面投影以及桥梁平面线形。

4. 典型横断面图绘制

在总体布置图中，需要绘制出 1 ~2 个典型横断面图。横断面图主要确定桥面宽度、主体结构的构造。

总体布置图是所有桥梁细部构造设计的依据，因此要反复检查、校核，否则将增大设计难度。当然，也会遇到细部构造设计局部尺寸调整，这时应及时修改总体图，保证总体与细部构造的一致。

5. 尺寸标注

尺寸标注应按照《道路工程制图标准》（GB 50162—1992）的要求，选定线型、线宽，对主要尺寸逐个标注。总体图中除了标注构造尺寸外，还需标注桥梁的起止桩号，当桥梁桥面有竖曲线时，还需注明竖曲线半径、切线长度、偏距以及竖曲线变坡点桩号位置。平面图中有弯道时，应给出弯道半径、曲线起止桩号、曲线特征点位置（ZH 点、HY 点、QZ 点、YH 点、HZ 点）。

尺寸标注工作量大，究竟是先绘制完全部构造，再逐个标注尺寸，还是边绘制边标注，依个人习惯而定。通常，绘制完一部分内容后就标注尺寸，如立面图绘制后紧接着标注尺寸，然后绘制平面图、标注尺寸，再绘制横断面图与尺寸标注。

6. 文字说明

在每张图纸中还应有必要的说明，说明的具体内容与图纸有关，一般是图纸中难以注明或用文字说明更能够表达设计思想，或者是需要特别强调的要求。

在总体布置中，需要说明尺寸单位、设计标准、构造特点、地基要求等。

在构造图中需要说明单位尺寸、注意事项，必要时钢筋应注明焊接或绑扎要求等。

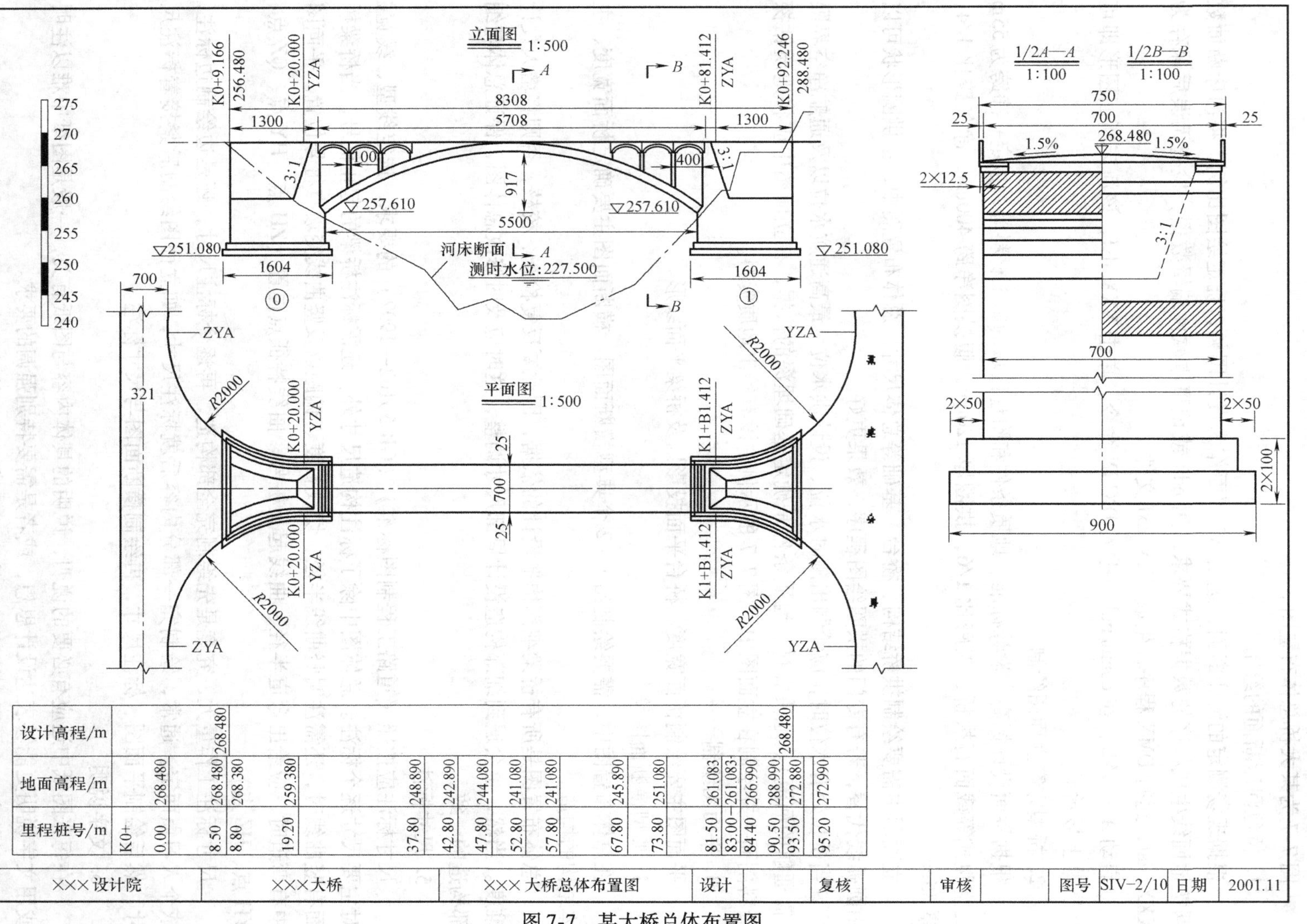

图 7-7 某大桥总体布置图

桥梁设计图中，里程桩号、高程以 m 为单位，钢筋、钢材以 mm 为单位，其余一般以 cm 为单位。

7.3　桥梁结构图的绘制

为了进行施工，还必须根据总体布置图采用较大的比例画出构件结构图。例如主梁结构图、桥台结构图、桥墩图、桩基图和防撞护栏图等，构件结构图常采用的比例为 1:10 ~ 1:50。当构件的某一局部在构件中不能清晰完整地表达时，还应采用更大的比例，例如采用比例为 1:3 ~ 1:10 等画出局部详图。

7.3.1　主梁结构图

1. 预制板梁一般结构图

图 7-8 所示是正交跨径为 20m 的预应力预制空心板一般构造图。其图示特点是立面以 1:20的比例画出，中板半立面图表达了空心板梁的高、长及理论支承线位置；平面图分别画出了中板、边板的半平面图，给出了中板和边板的宽度；侧立面图同时画出了中板和边板的断面形状。为了表达清晰，平面图和侧立面图采用了 1:20 的比例画出，使各细部构造得以完整表达。图中内容表达很清晰，在这里不再赘述。

2. 预应力板钢筋构造图

由于中板和边板一般构造形状不同，钢筋构造图也会有所不同，故分别有中板钢筋构造图和边板钢筋构造图。图 7-9、图 7-10 分别为中板钢筋构造图和边板钢筋构造图。由于中板预制板较多，边板预制板较少，这里只以图 7-9 为例，介绍钢筋结构图的图示特点和图示内容。

（1）图示特点　在投影图处理上，采用板侧面钢筋骨架作为立面视图，用半顶板、半底板的合成图作为平面视图。由于板较长，中间段采用了折断画法，为保证长度对正，立面和平面图用同一比例。由于顶板和底板剖切位置不同，在中间折断处，为了保证各纵横向钢筋的对应，产生了顶板和底板剖面图形不等宽的现象。侧视图为中板横断面图，用较大比例 1:20 画出，为了方便施工，画出了每根钢筋的成型图，另外还附有一块板的钢筋明细表和材料数量表及有关需要说明的事项即附注。

（2）图示内容　空心板的中板，其底板的纵向主筋为③ ~ ⑨号筋，这些受力筋均为钢绞线，直径如图中所示；底板中的⑩号筋为 HRB335 直径为 12mm 的架立钢筋，起固定作用；⑫号钢筋为箍筋；⑬和⑭号钢筋是加强板与板之间的横向联系而设的铰接预埋筋；⑮号筋是为安装起吊预埋的吊环钢筋；⑰号钢筋为固定芯模的钢筋。各钢筋的组装定位尺寸一律以钢筋中心线进行标注。

钢筋明细表及材料数量表具有两个功能，一是将各号钢筋按序排列，表明了钢筋的直径、规格、长度和根数，以便与钢筋结构图对照校核；二是为了计算工程数量，以便安排生产、材料供应及作为确定工程造价的依据。

7.3.2　桥墩构件图

桥墩是桥梁下部结构，它仍然是由一般构造图和钢筋结构图两部分组成。

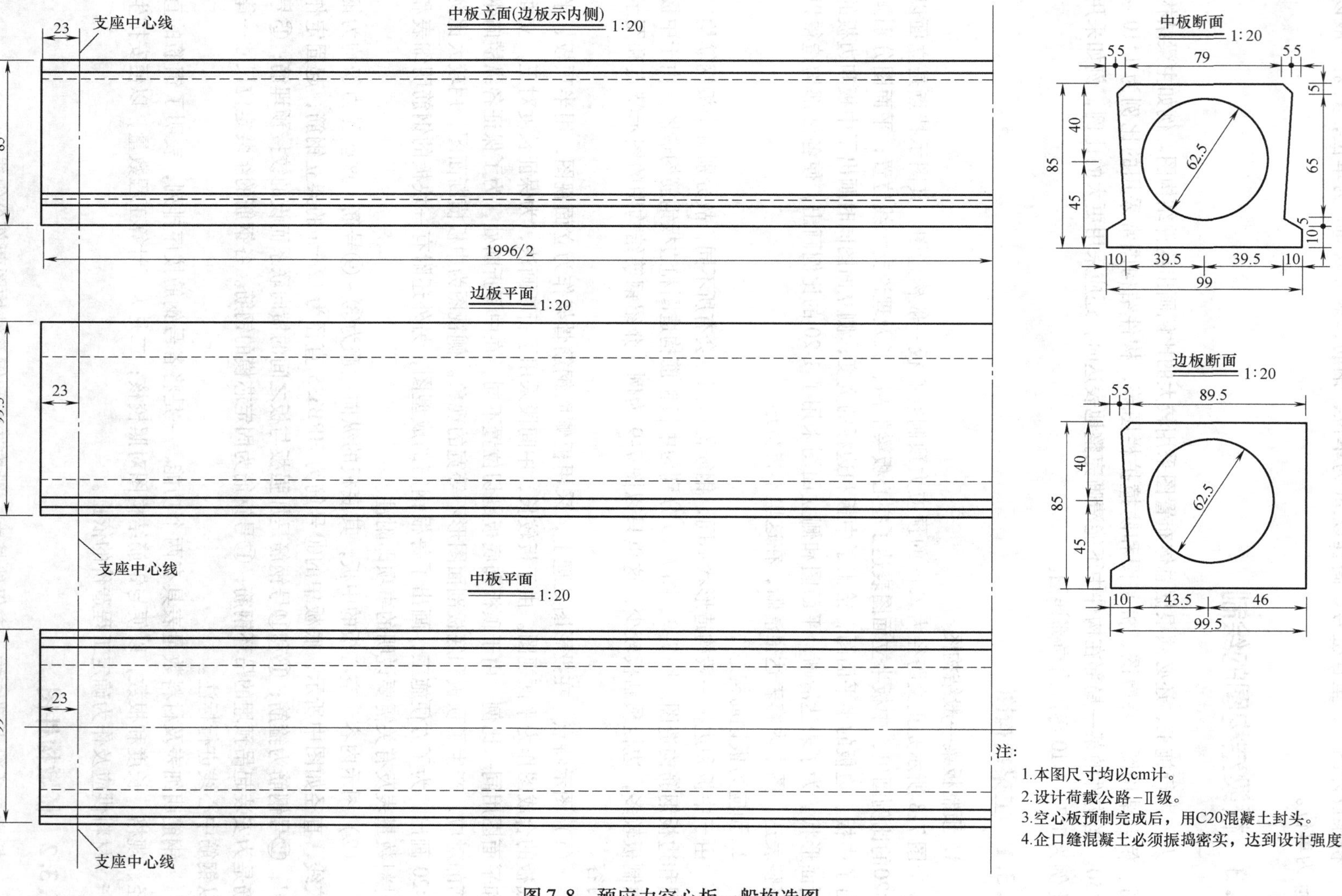

图 7-8 预应力空心板一般构造图

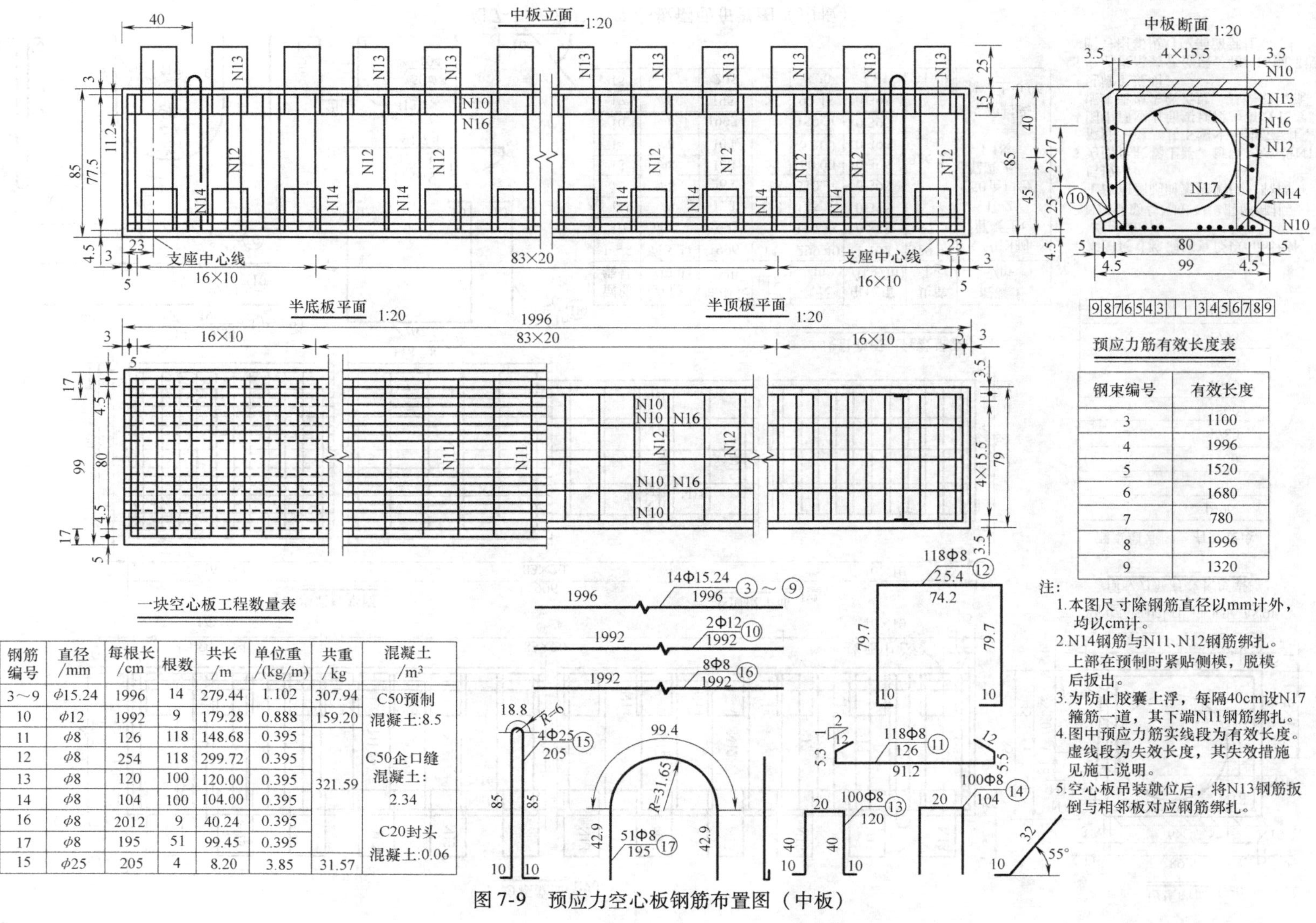

一块空心板工程数量表

钢筋编号	直径/mm	每根长/cm	根数	共长/m	单位重/(kg/m)	共重/kg	混凝土/m³
3～9	ϕ15.24	1996	14	279.44	1.102	307.94	C50预制混凝土:8.5
10	ϕ12	1992	9	179.28	0.888	159.20	
11	ϕ8	126	118	148.68	0.395	321.59	C50企口缝混凝土:2.34
12	ϕ8	254	118	299.72	0.395		
13	ϕ8	120	100	120.00	0.395		
14	ϕ8	104	100	104.00	0.395		
16	ϕ8	2012	9	40.24	0.395		C20封头混凝土:0.06
17	ϕ8	195	51	99.45	0.395		
15	ϕ25	205	4	8.20	3.85	31.57	

预应力筋有效长度表

钢束编号	有效长度
3	1100
4	1996
5	1520
6	1680
7	780
8	1996
9	1320

图 7-9　预应力空心板钢筋布置图（中板）

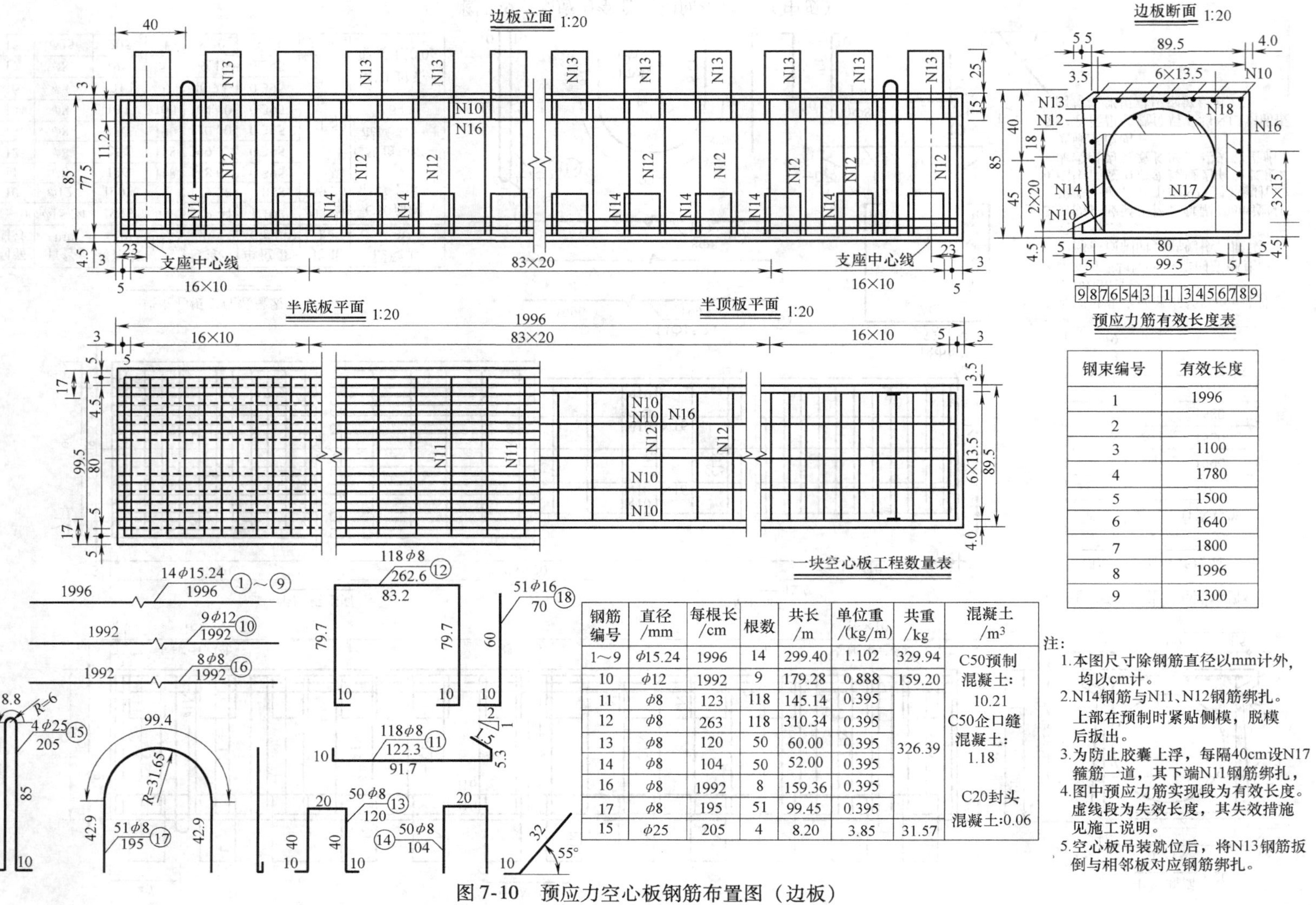

预应力筋有效长度表

钢束编号	有效长度
1	1996
2	
3	1100
4	1780
5	1500
6	1640
7	1800
8	1996
9	1300

一块空心板工程数量表

钢筋编号	直径/mm	每根长/cm	根数	共长/m	单位重/(kg/m)	共重/kg	混凝土/m³
1~9	φ15.24	1996	14	299.40	1.102	329.94	C50预制混凝土：10.21 C50企口缝混凝土：1.18 C20封头混凝土:0.06
10	φ12	1992	9	179.28	0.888	159.20	
11	φ8	123	118	145.14	0.395	326.39	
12	φ8	263	118	310.34	0.395		
13	φ8	120	50	60.00	0.395		
14	φ8	104	50	52.00	0.395		
16	φ8	1992	8	159.36	0.395		
17	φ8	195	51	99.45	0.395		
15	φ25	205	4	8.20	3.85	31.57	

注：

1. 本图尺寸除钢筋直径以mm计外，均以cm计。
2. N14钢筋与N11、N12钢筋绑扎。上部在预制时紧贴侧模，脱模后扳出。
3. 为防止胶囊上浮，每隔40cm设N17箍筋一道，其下端N11钢筋绑扎，
4. 图中预应力筋实现段为有效长度。虚线段为失效长度，其失效措施见施工说明。
5. 空心板吊装就位后，将N13钢筋扳倒与相邻板对应钢筋绑扎。

图 7-10　预应力空心板钢筋布置图（边板）

1. 一般构造图

图 7-11 所示为某桥轻型桥墩的一般构造图。从图中可以看出桥墩由墩帽、防震挡块、桩、横系梁等部分组成。采用了 1:100 的比例画出了立面、平面和侧面的三个视图。由于柱较高、桩较长，立面和侧面图采用了折断画法，使布置比较合理。该桥为正交桥，墩帽的长应为其立面投影的长度，其他的尺寸应为图中所标注的。例如盖梁的搁梁部分净长为 1910. 0cm；防震挡块长度方向的尺寸立面投影长为 25cm。需要说明地是，侧面图中防震挡块与盖梁不同宽，这是因为盖梁顶面与侧面相交处设有 45°倒角的缘故，该倒角一般为 5cm×5cm。而立面图和平面图中没有专门的画出，属桥梁工程图的习惯画法。

2. 墩帽钢筋构造图

图 7-12 所示为上述桥墩的钢筋结构图。由于墩帽结构左右对称，图中采用了半立面和半平面及Ⅰ—Ⅰ、Ⅱ—Ⅱ、Ⅲ—Ⅲ和Ⅳ—Ⅳ四个断面表示该结构的钢筋布置情况。另外，该图为了简洁，并没有画出防震挡块的钢筋布置情况。从图中可以看出：①~⑤号钢筋均为受力筋；⑥、⑦号钢筋为盖梁的构造钢筋；⑧~⑪号钢筋为 $\phi8$ 双肢箍筋，其间距从图中可以读出。半立面图中采用了剖面图画法，②、③、④号筋的投影长度在柱顶可见部分是不相同的，其余两边因埋入混凝土而不可见，图中未反映出来。读图时，对照立面图及②、③、④号钢筋的成型大样图即可读懂。此外图中还附有材料数量表，包括一个桥墩盖梁的工程数量表，通过这些资料可以加强对墩帽钢筋结构图的认识。本图采用的比例为 1:50。

3. 系梁钢筋构造图

图 7-13 所示为某桥的系梁钢筋构造图。系梁一般构造图为矩形断面，比较简单，故钢筋布置也比较简单，只有三种钢筋，N1 为主筋，应深入柱体，加强整体作用；N3 为箍筋，布置在矩形截面段；N2 是桩、柱钢筋变化段的圆形箍筋，同时与系梁的 N1 钢筋连接在一起，使系梁与桩、柱更为紧密和加强。该图采用折断画法，用断裂线去掉柱、桩的部分，只留下与系梁连接部分，因结构对称采用半个立面和Ⅰ—Ⅰ、Ⅱ—Ⅱ剖面，并按照正投影三视关系配置，加上材料数量表，所以为了表达更加简洁、清晰，在该图中桩、柱钢筋未全画出。

4. 桥墩基桩钢筋构造图

图 7-14 所示为桥墩基桩钢筋构造图。由于系梁结构已在图 7-13 中表达清楚，故在本图中略去系梁结构，突出桥墩柱、桩的钢筋布置情况。从图中可以看出①、④、⑤号筋为桩、柱主筋；②、⑥号筋为加强环形箍筋；③、⑧号筋为柱、桩的螺旋箍筋；⑦号筋为钢筋骨架导向钢筋。该图用一个立面图和Ⅰ—Ⅰ、Ⅱ—Ⅱ、Ⅲ—Ⅲ三个断面图即已表达清楚。由于该图对该桥所有桥墩通用，所以尺寸数字标注为桥墩基桩实际长度，在这里不再叙述。

7. 3. 3　桥台图

图 7-15 所示是某桥采用轻型桥台的一般构造图。桥台与桥墩一样同属于桥梁的下部结构，其一方面支承板梁；另一方面承受桥头路堤填土的水平推力。采用的比例为 1:150，从图中可以看出，其一般结构图与前面桥墩类似，但是台帽部分增加了耳墙和背墙，故其钢筋构造图除了与前面桥墩一样的台帽、柱、桩钢筋（这些图在这不再列出）外，还应加耳墙和背墙以及桥头搭板钢筋构造图。此外台帽顶棱 45°倒角使侧面图上防震挡块与台帽不同宽，为表达清楚、简洁，在平面图和立面图中将这部分内容不再单独画出。

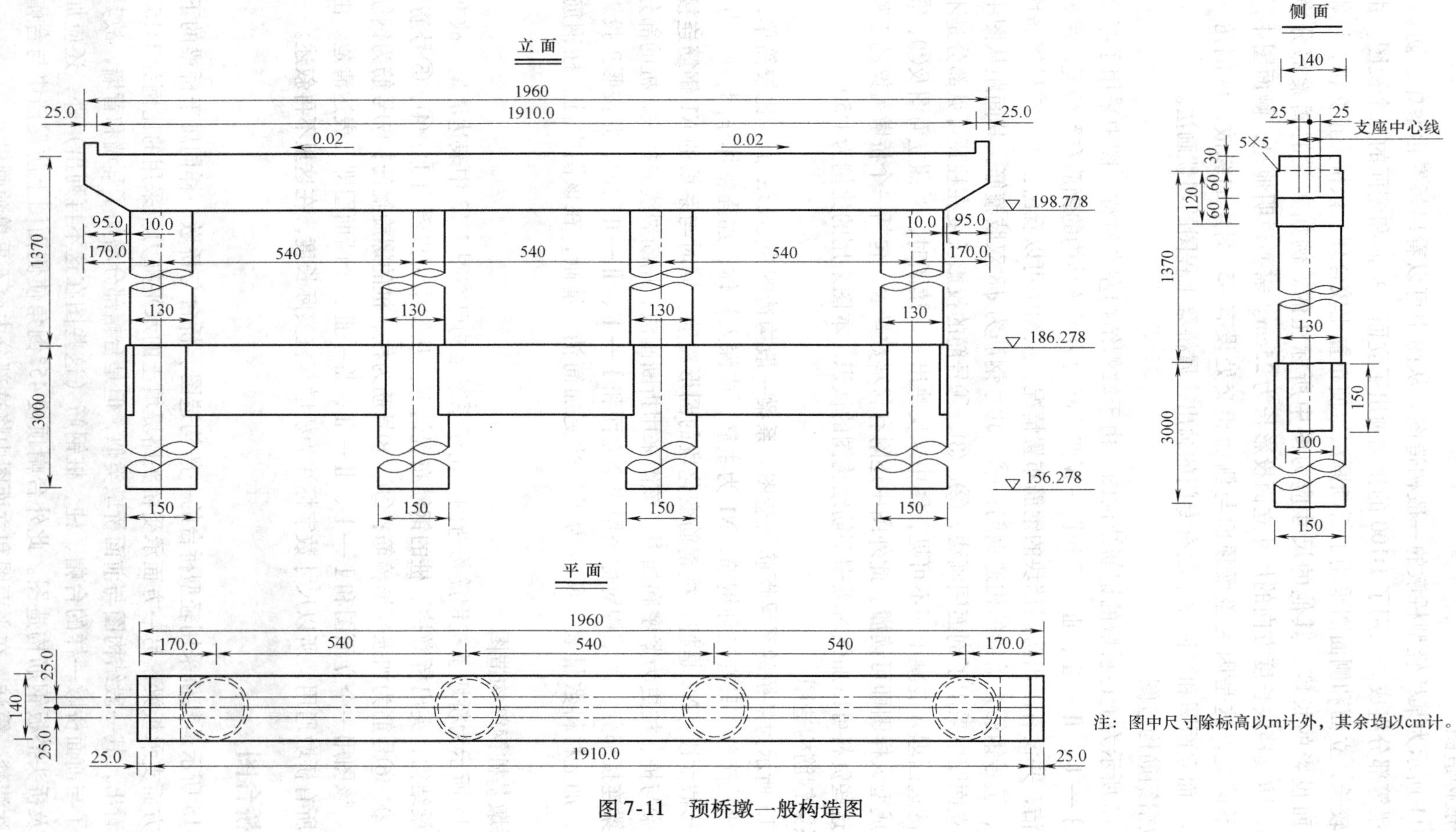

图 7-11 预桥墩一般构造图

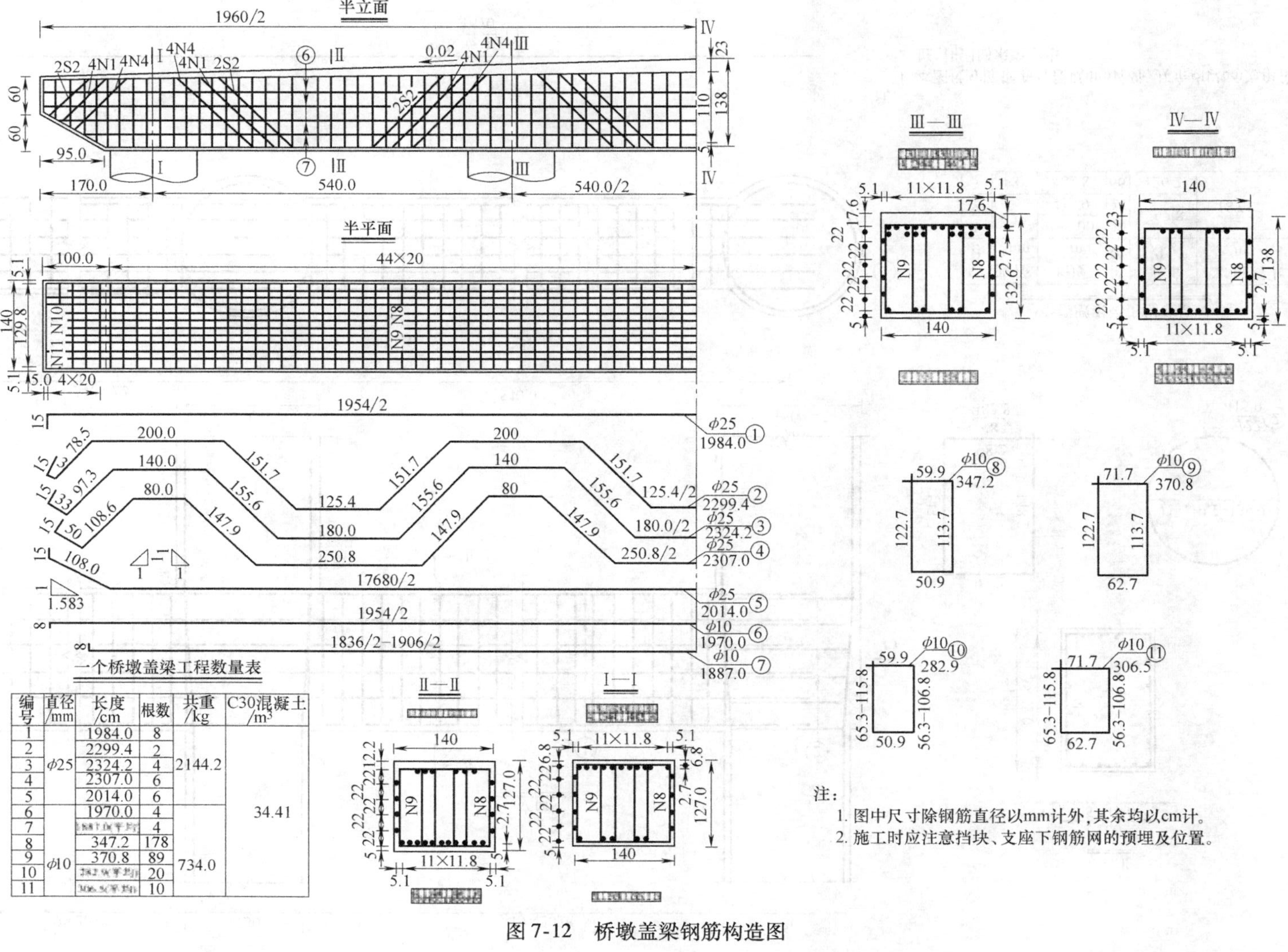

一个桥墩盖梁工程数量表

编号	直径/mm	长度/cm	根数	共重/kg	C30混凝土/m³
1	φ25	1984.0	8	2144.2	34.41
2		2299.4	2		
3		2324.2	4		
4		2307.0	6		
5		2014.0	6		
6	φ10	1970.0	4	734.0	
7		1887.0(平均)	4		
8		347.2	178		
9		370.8	89		
10		282.9(平均)	20		
11		306.5(平均)	10		

注：

1. 图中尺寸除钢筋直径以mm计外，其余均以cm计。
2. 施工时应注意挡块、支座下钢筋网的预埋及位置。

图 7-12　桥墩盖梁钢筋构造图

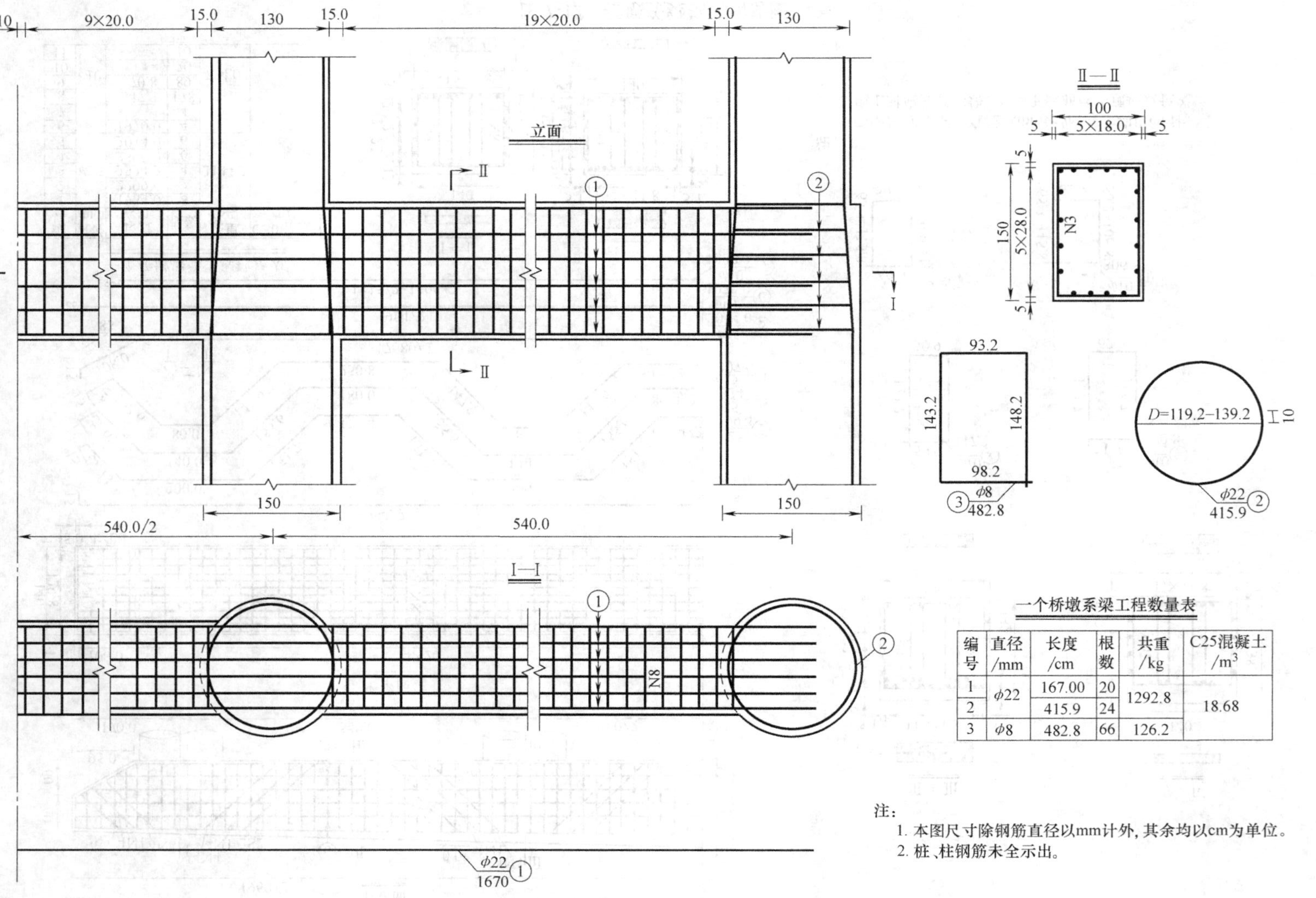

一个桥墩系梁工程数量表

编号	直径/mm	长度/cm	根数	共重/kg	C25混凝土/m^3
1	φ22	167.00	20	1292.8	18.68
2		415.9	24		
3	φ8	482.8	66	126.2	

注：
1. 本图尺寸除钢筋直径以mm计外，其余均以cm为单位。
2. 桩、柱钢筋未全示出。

图 7-13　桥墩系梁钢筋构造图

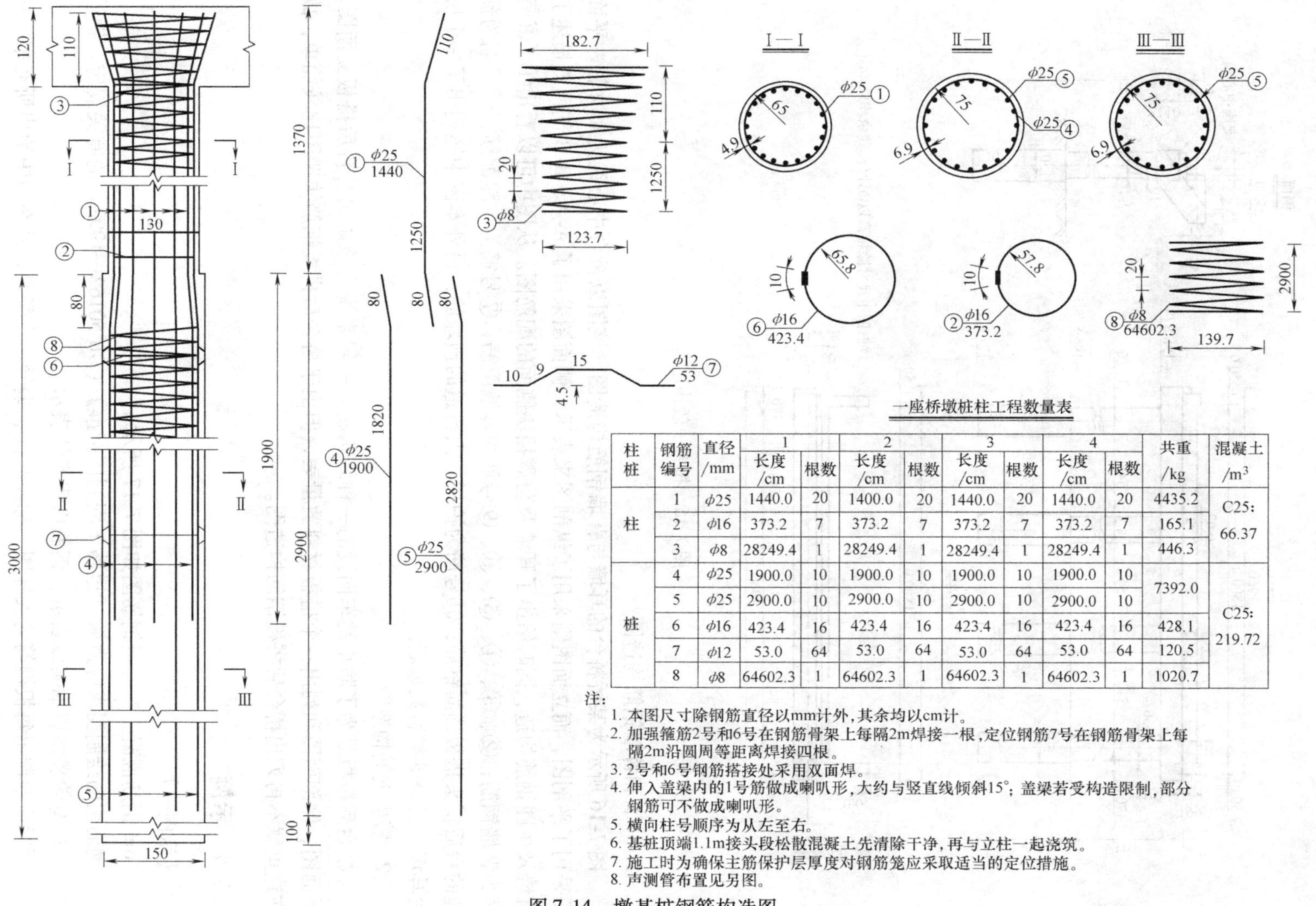

一座桥墩桩柱工程数量表

柱桩	钢筋编号	直径/mm	1 长度/cm	1 根数	2 长度/cm	2 根数	3 长度/cm	3 根数	4 长度/cm	4 根数	共重/kg	混凝土/m^3
柱	1	φ25	1440.0	20	1400.0	20	1440.0	20	1440.0	20	4435.2	C25: 66.37
	2	φ16	373.2	7	373.2	7	373.2	7	373.2	7	165.1	
	3	φ8	28249.4	1	28249.4	1	28249.4	1	28249.4	1	446.3	
桩	4	φ25	1900.0	10	1900.0	10	1900.0	10	1900.0	10	7392.0	C25: 219.72
	5	φ25	2900.0	10	2900.0	10	2900.0	10	2900.0	10		
	6	φ16	423.4	16	423.4	16	423.4	16	423.4	16	428.1	
	7	φ12	53.0	64	53.0	64	53.0	64	53.0	64	120.5	
	8	φ8	64602.3	1	64602.3	1	64602.3	1	64602.3	1	1020.7	

注：
1. 本图尺寸除钢筋直径以mm计外，其余均以cm计。
2. 加强箍筋2号和6号在钢筋骨架上每隔2m焊接一根，定位钢筋7号在钢筋骨架上每隔2m沿圆周等距离焊接四根。
3. 2号和6号钢筋搭接处采用双面焊。
4. 伸入盖梁内的1号筋做成喇叭形，大约与竖直线倾斜15°；盖梁若受构造限制，部分钢筋可不做成喇叭形。
5. 横向柱号顺序为从左至右。
6. 基桩顶端1.1m接头段松散混凝土先清除干净，再与立柱一起浇筑。
7. 施工时为确保主筋保护层厚度对钢筋笼应采取适当的定位措施。
8. 声测管布置见另图。

图 7-14　墩基桩钢筋构造图

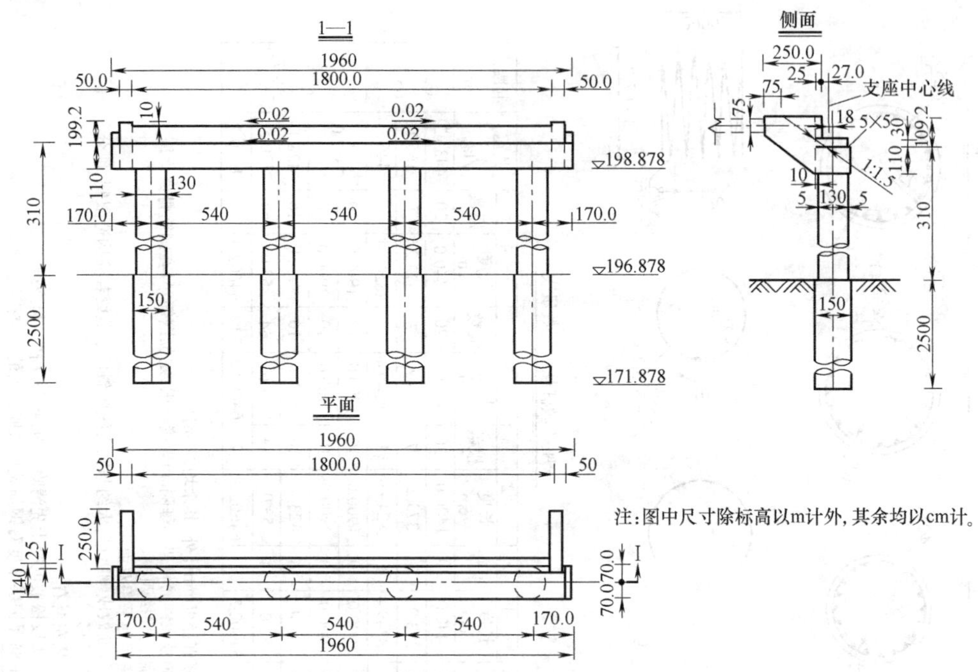

图7-15 桥台一般构造图

1. 耳墙和背墙钢筋构造图

图7-16所示为某桥桥台的耳墙与背墙钢筋构造图。该图以桥台中心线为对称轴，平面图采用了平剖图，而立面图则采用了纵剖图来表示，侧面图采用了A-A、B-B剖面图描述了背墙及牛腿钢筋构造，同时给出了耳墙及防震挡块侧面的配筋图。从图中可以看出①、⑧号筋为背墙钢筋；②、③、④、⑤、⑥、⑨号筋为耳墙配筋；⑦号筋为牛腿配筋；⑩号筋为预埋的台后桥头搭板锚固钢筋；⑪号筋为护栏、人行道的预埋筋；另外本图中还列出了一个桥台耳墙、背墙的材料数量表。

2. 搭板钢筋构造图

桥台后搭板是为了防止跳车而设的一种结构物。一般来说应该画出桥台后搭板立面图、平面图、侧剖面图和列出一个搭板材料数量表，但由于桥台后搭板钢筋构造图比较简单，故在这里就不再列出桥台后搭板钢筋构造图。

7.3.4 示例

【示例一】

16m钢筋混凝土空心板钢筋图如图7-17所示。

钢筋图的绘制要求应遵循《道路工程制图标准》（GB 50162—1992）的有关规定。钢筋图中，构造轮廓线以细实线表示，钢筋以粗实线表示。

同时应绘制出每根钢筋的大样图，标注长度、编号、直径等，并在图中给出所有钢筋的数量明细表。

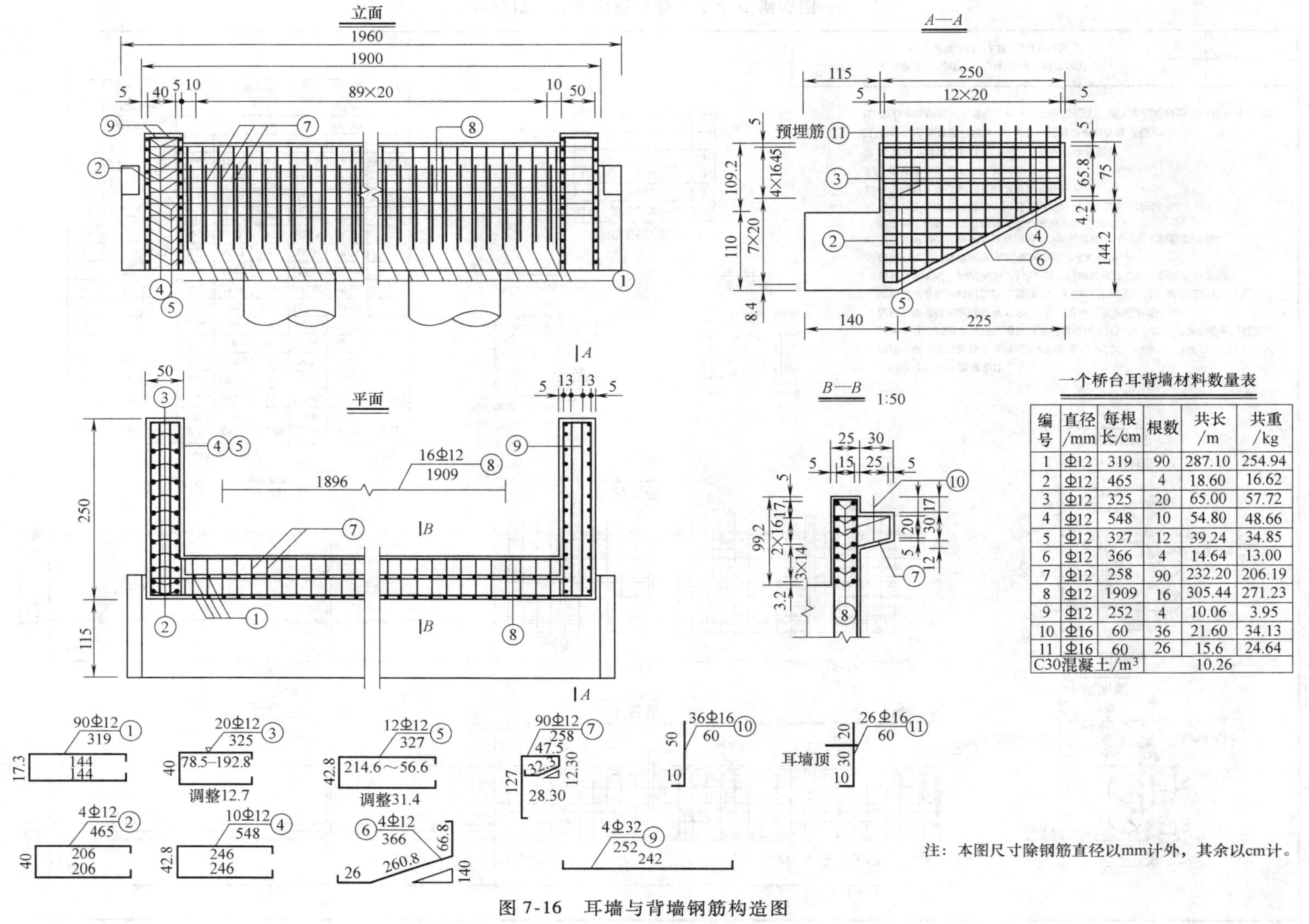

一个桥台耳背墙材料数量表

编号	直径/mm	每根长/cm	根数	共长/m	共重/kg
1	Φ12	319	90	287.10	254.94
2	Φ12	465	4	18.60	16.62
3	Φ12	325	20	65.00	57.72
4	Φ12	548	10	54.80	48.66
5	Φ12	327	12	39.24	34.85
6	Φ12	366	4	14.64	13.00
7	Φ12	258	90	232.20	206.19
8	Φ12	1909	16	305.44	271.23
9	Φ12	252	4	10.06	3.95
10	Φ16	60	36	21.60	34.13
11	Φ16	60	26	15.6	24.64
C30混凝土/m^3			10.26		

图 7-16　耳墙与背墙钢筋构造图

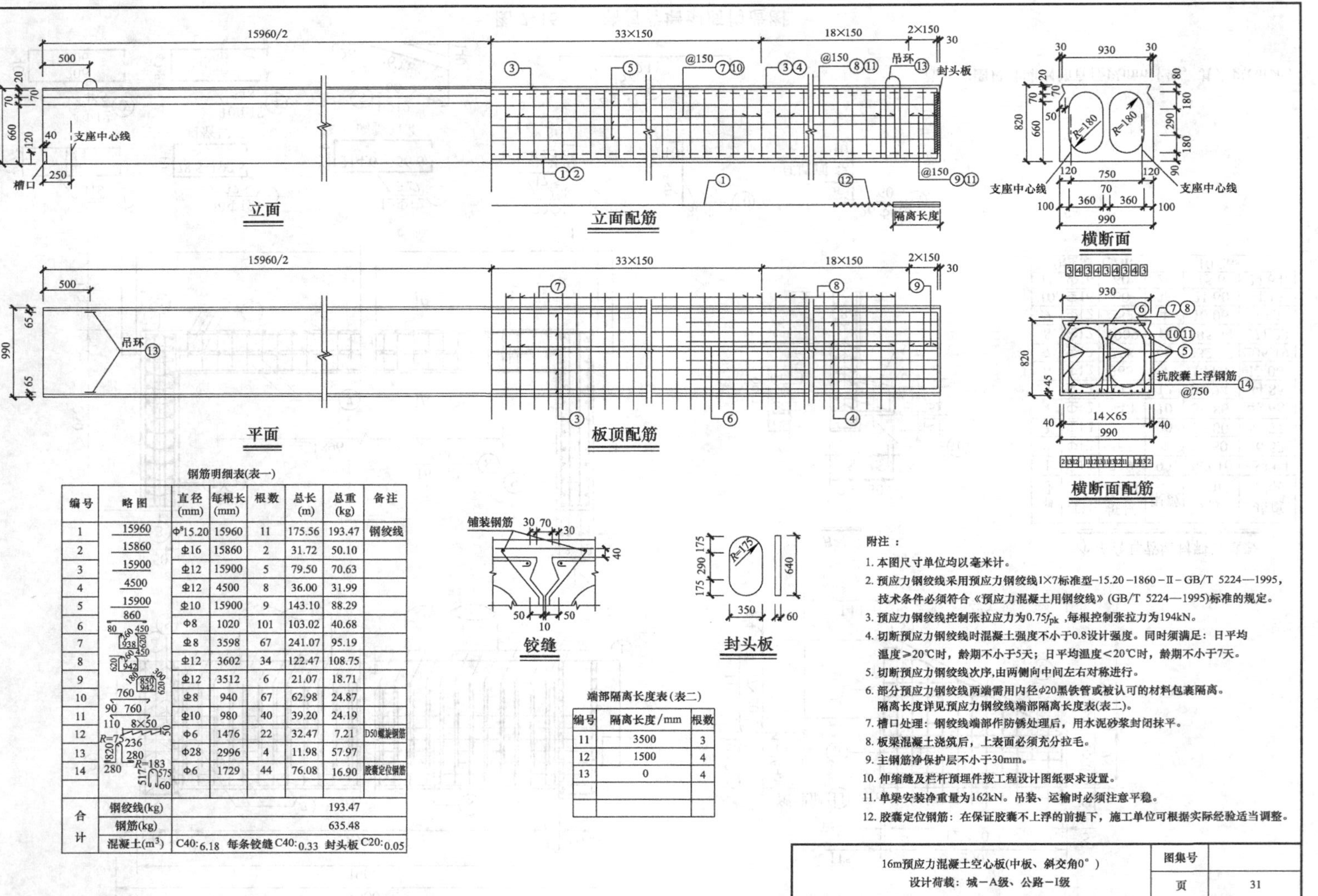

钢筋明细表(表一)

编号	略图	直径(mm)	每根长(mm)	根数	总长(m)	总重(kg)	备注
1	15960	Φ^{s}15.20	15960	11	175.56	193.47	钢绞线
2	15860	Φ16	15860	2	31.72	50.10	
3	15900	Φ12	15900	5	79.50	70.63	
4	4500	Φ12	4500	8	36.00	31.99	
5	15900	Φ10	15900	9	143.10	88.29	
6	860	Φ8	1020	101	103.02	40.68	
7		Φ8	3598	67	241.07	95.19	
8		Φ12	3602	34	122.47	108.75	
9		Φ12	3512	6	21.07	18.71	
10	760	Φ8	940	67	62.98	24.87	
11	90 760	Φ10	980	40	39.20	24.19	
12	110 8×50	Φ6	1476	22	32.47	7.21	D50螺旋钢筋
13	236 280	Φ28	2996	4	11.98	57.97	
14	280 R=183	Φ6	1729	44	76.08	16.90	胶囊定位钢筋
合计	钢绞线(kg)					193.47	
	钢筋(kg)					635.48	
	混凝土(m³)	C40:6.18	每条铰缝 C40:0.33		封头板 C20:0.05		

端部隔离长度表(表二)

编号	隔离长度/mm	根数
11	3500	3
12	1500	4
13	0	4

图 7-17　16m 钢筋混凝土空心板钢筋图

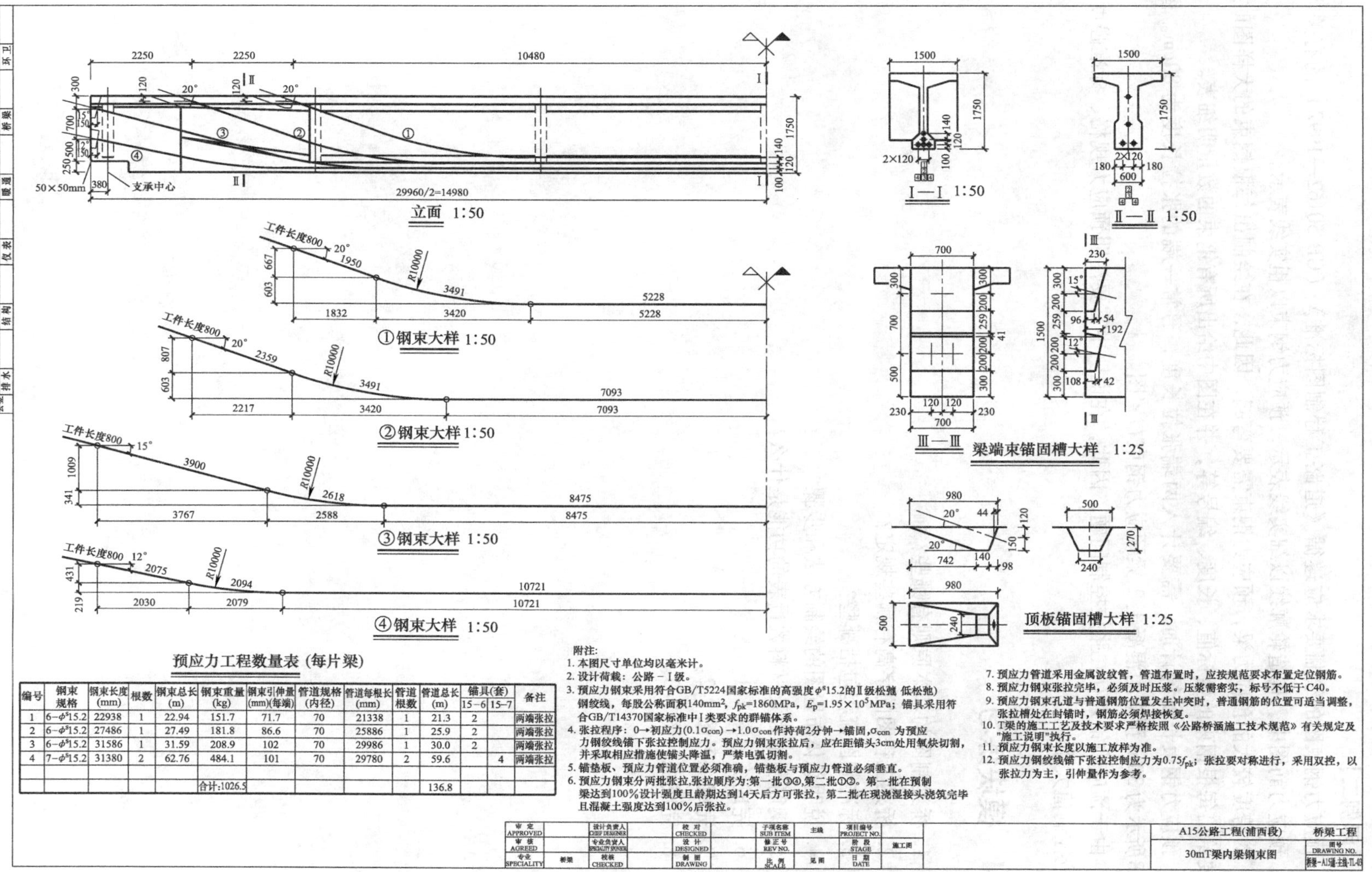

预应力工程数量表（每片梁）

编号	钢束规格	钢束长度(mm)	根数	钢束总长(m)	钢束重量(kg)	钢束引伸量(mm)(每端)	管道规格(内径)	管道每根长(mm)	管道根数	管道总长(m)	锚具(套) 15-6	锚具(套) 15-7	备注
1	6-ϕ^s15.2	22938	1	22.94	151.7	71.7	70	21338	1	21.3	2		两端张拉
2	6-ϕ^s15.2	27486	1	27.49	181.8	86.6	70	25886	1	25.9	2		两端张拉
3	6-ϕ^s15.2	31586	1	31.59	208.9	102	70	29986	1	30.0	2		两端张拉
4	7-ϕ^s15.2	31380	2	62.76	484.1	101	70	29780	2	59.6		4	两端张拉
					合计:1026.5					136.8			

图 7-18 30m 预应力混凝土 T 梁预应力钢束布置图

【示例二】

预应力钢束图的绘制要求应遵循《道路工程制图标准》（GB 50162—1992）的有关规定。预应力筋图中，构造轮廓线以细实线表示，预应力钢束以粗实线表示。

对跨度较大的预应力梁，预应力钢束需要弯起，因此，在绘制出每根钢束的大样图时，需要给出每根钢束的坐标值、长度、编号等，并在图中给出所有钢束的数量明细表。

预应力钢束长度统计时，需要计入两端张拉长度，通常一端的张拉长度为 80cm。图 7-18所示为 30m 预应力混凝土 T 梁预应力钢束布置图。

由于预应力钢束存在张拉控制问题，因此，在说明中需要注明预应力规格、标准强度、张拉控制值大小。

7.4 模块练习

1. 桥梁制图的基本原则有哪些？
2. 桥梁工程图的字高有哪些规定？
3. 标准制图流程包括哪些？
4. 说明总体布置图的绘制方法和步骤？
5. 钢筋明细表及材料数量表的功能是什么？
6. 完成练习图 7-1。
7. 完成练习图 7-2。
8. 完成练习图 7-3。

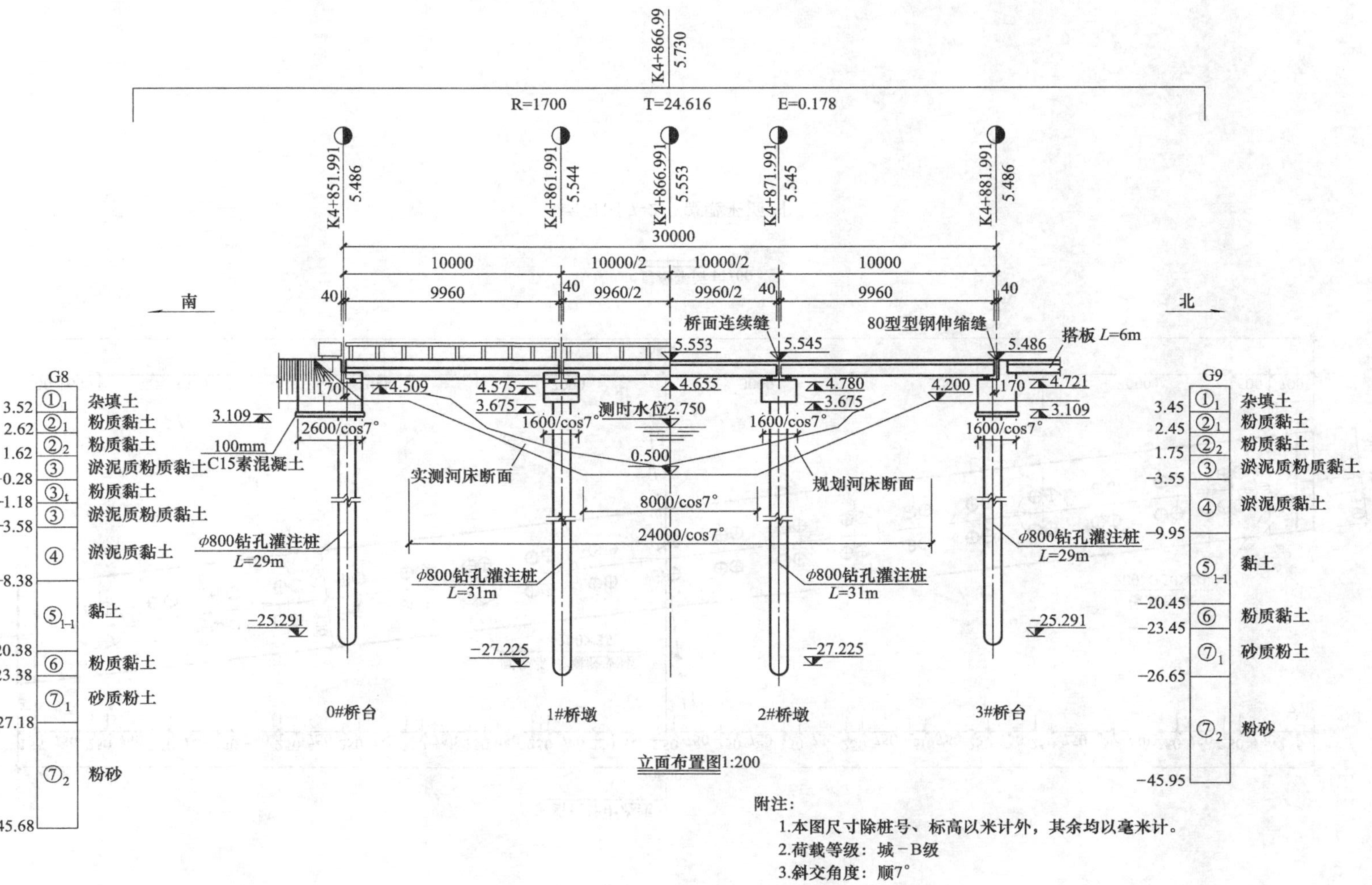

附注：

1.本图尺寸除桩号、标高以米计外，其余均以毫米计。

2.荷载等级：城－B级

3.斜交角度：顺7°

4.跨径：10+10+10=30m

5.支座：采用ϕ200×35mm圆板式橡胶支座。

练习图 7-1　立面布置图

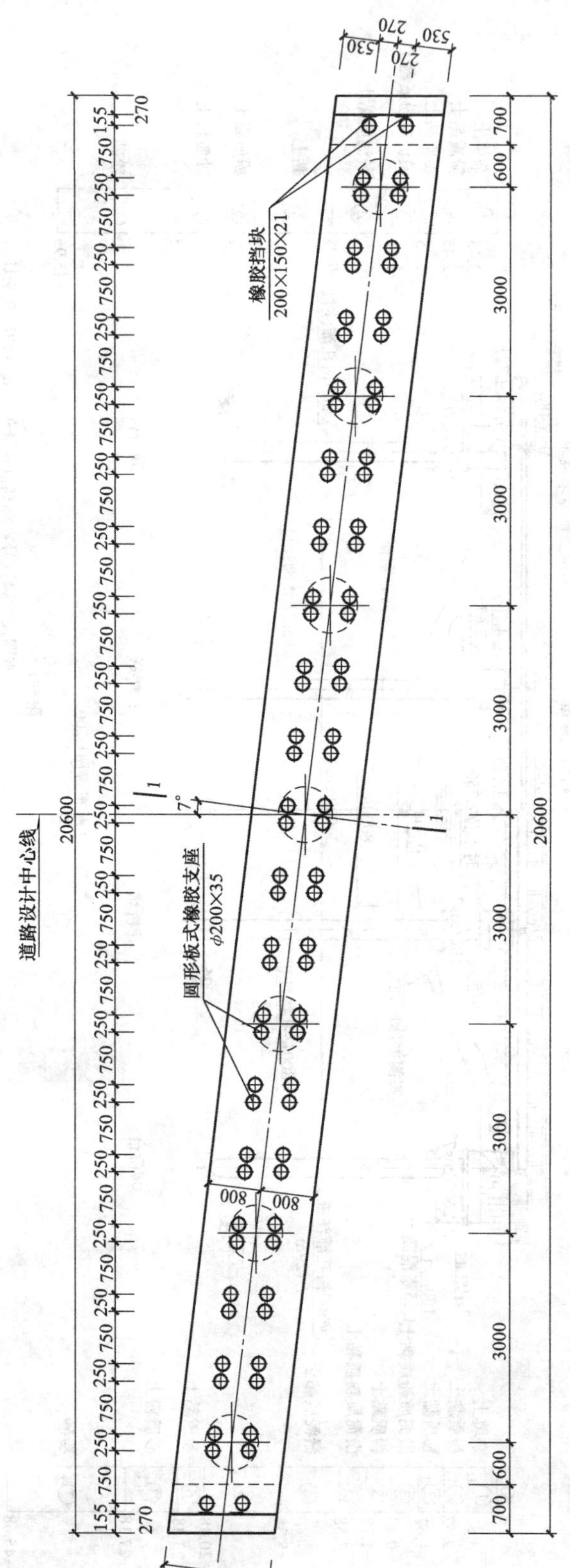
道路设计中心线
20600
圆形板式橡胶支座
φ200×35
橡胶挡块
200×150×21
7°
1600
800
800
270
530
盖梁平面 1:100

练习图 7-2　盖梁平面图

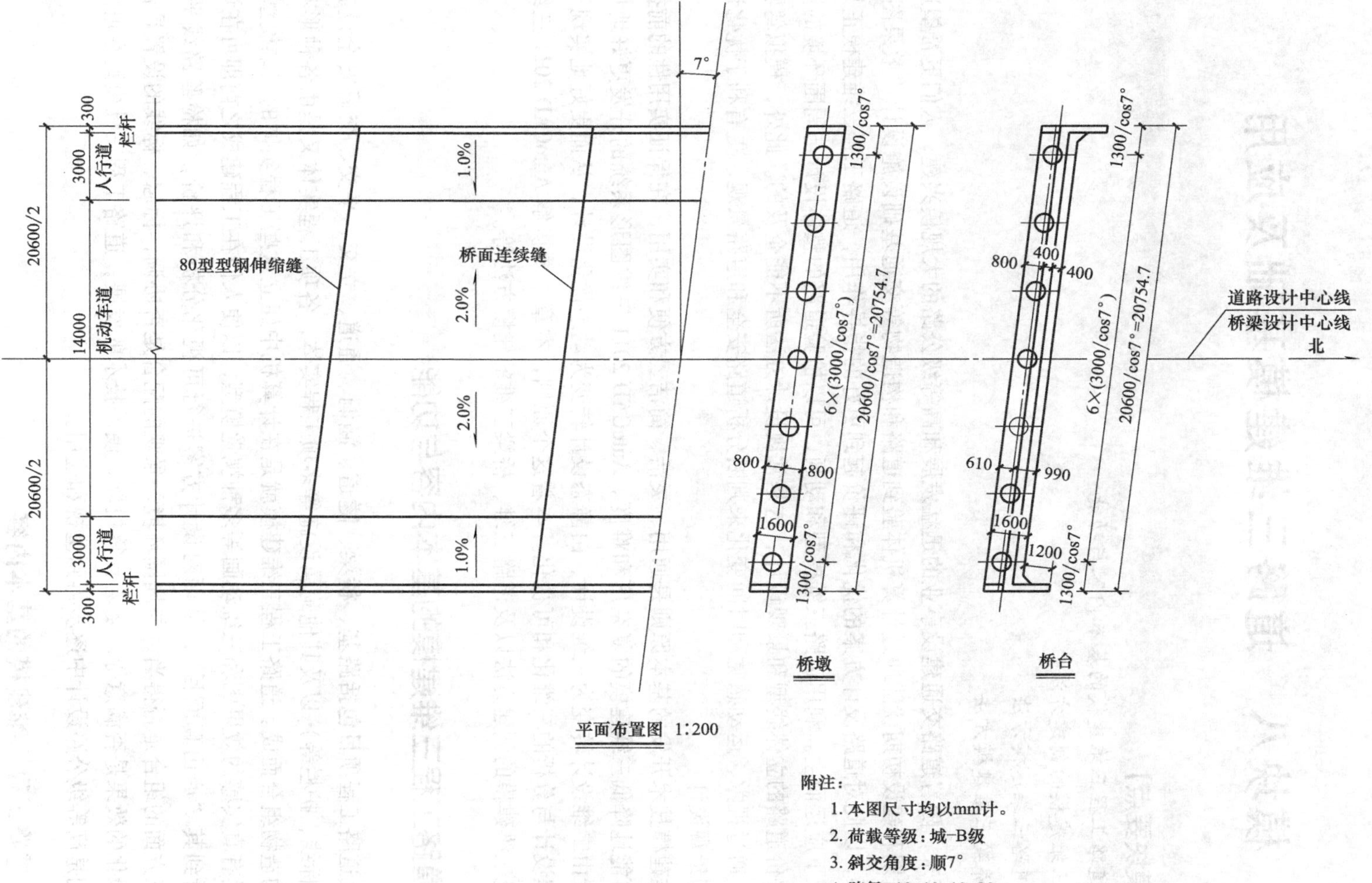

练习图 7-3 桥梁平面布置图

模块八 道路三维建模基础及应用

【模块要点】

◆道路工程三维建模的基本内容与功能

◆三维建模的创建方法

◆道路三维建模方法

◆桥梁三维建模方法

近年来，随着道路交通建设事业的迅猛发展和高等级公路的大规模兴建，人们更希望道路规划时期和建设初期就能通过计算机体验到道路和构造物等交通基础设施设计“效果图”的真实感，以此对道路设计方案的优化和评价起到更好的指导作用，道路工程三维建模正是在此背景下应运而生。利用道路三维模型和动画，可以检验道路的整体设计与周围环境的协调性，评价道路的立体线型和景观设计，这是常规设计方法所不能企及的。此外，模拟驾驶员驾驶，通过视觉、运动感觉和时间变化来判断分析道路安全和道路景观，更有利于优化道路线型和景观设计。

三维建模技术开发的基本原则是通用、灵活、简洁、方便和实用，在保证实用性的前提下，尽可能地降低三维建模的复杂度和难度。AutoCAD 2011 三维图形系统的开发更好地使公路设计由二维设计转变为三维设计、由静态设计转变为动态优化设计，从而更好地实现了道路工程设计与分析的三维化和可视化。本着这个原则，本章主要讲解 AutoCAD 2011 三维图形系统三维建模的创建方法以及道路三维、桥梁三维的建模方法等。

8.1 道路工程三维建模的基本内容与功能

现代道路工程项目包括路基、桥梁、隧道、涵洞、通道、立交、平交、交通安全设施（标志、标线、护栏等）以及其他附属设施等多项工程实体，各项工程实体又是由各种形状各异的构造物组合而成。道路工程三维建模就是在计算机中建立这些工程实体的三维模型，制作出具有真实感的效果图和三维动画等多种视觉模型，以便人们在工程建成之前即可在计算机上看到其“庐山真面目”，从而对设计方案进行可视化分析和评价，如检验路线平、纵、横三方面的组合是否得当，与周围环境、景观的配合是否协调，标志、标线的设置是否合理，绿化的效果是否满意等。随着计算机软、硬件技术的发展，道路工程三维模型在道路设计特别是高等级公路设计中逐步得到重视和应用。

8.1.1 道路工程三维建模的基本内容

由于组成道路工程的各类构造物的形式复杂多样，使得道路工程三维建模比单一规则实体建模复杂得多，其复杂性主要体现在对各个不同单体模型的建立和各模型之间的组合连接两个方面。因此，在三维建模时应根据各种构造物的结构特点及设计计算方法，选用适合的三维建模方法。根据道路工程各类构造物的特点，可以分为道路建模、桥涵建模、隧道建模、交通安全设施建模、交叉设施建模等模块。各模块的具体内容如下：

1）道路建模：包括路基、路面、边坡、边沟及与道路相连接的地表三维模型。

2）桥涵建模：包括桥梁上部结构、下部结构、桥头锥坡、涵洞洞身和洞口三维模型。

3）隧道建模：包括隧道洞身、洞门三维模型。

4）交通安全设施建模：包括标线、标志和护栏三维模型。

5）交叉设施：包括立体交叉、平面交叉三维模型。

8.1.2　道路工程三维建模的基本功能

道路工程结构所涉及的三维模型一般都是形状各异的组合模型。通过分析，发现这些组合模型都由一些基本三维模型（即基本三维面和基本三维实体）组合而成。因此，道路工程三维建模可以分为创建基本三维模型及用它们组合成实际的工程结构模型两个部分。

基本三维面是一种表面模型，包括三维平面和三维曲面两大类。基本三维实体是一种实体模型，包括平面体、曲面体和平面与曲面组合体三类。基本三维模型都是规则模型，其几何模型算法及创建方法都很成熟。AutoCAD 图形软件早已具有三维建模功能，为工程结构三维建模提供了很大便利。所以，借助具有 AutoCAD 三维建模功能的图形软件来创建道路工程三维模型是一个较好的途径。此外，利用 AutoCAD 图形软件中的三维模型编辑功能，还可以创建不规则的、复杂的三维实体。下面分别介绍三维物体的构造模型和用 AutoCAD 软件创建三维面和三维实体的方法。

准确描述一个三维物体的形态和空间位置对于产品设计是至关重要的。在计算机中表示三维物体的构造模型主要有线框模型、表面模型和实体模型。

1. 线框模型

线框模型最简单，只包含三维物体的顶点、边信息，即只能反映物体的边界轮廓，不能进行消隐、渲染等。用 AutoCAD 可在三维空间的任何位置放置二维（平面）对象来创建线框模型。AutoCAD 也提供了一些三维线框对象，如三维多段线（3DPOLY）和样条曲线（spLine）。在道路工程三维建模过程中，线框模型只用于某些中间环节，如创建物体的边界轮廓、拉伸（或称放样）路径、旋转轴、对称轴等。

2. 表面模型

表面模型包含三维物体的顶点、边、面信息，可反映物体表面外观形状。AutoCAD 的曲面模型使用多边形网格定义镶嵌面。由于网格面是平面，所以网格只能近似于曲面。常用的曲面模型有三维多边形网格（包括由 3D 命令创建的长方体、圆锥体、球体、圆环体、楔体和棱锥体的外表面）、自由形式多边形网格（3DMesh）、多面（多边）网格（PFaee）、直纹曲面（RULESURF）、平移曲面（TABSURF）、旋转曲面（REVSURF）、边界曲面（EDGESURF）、三维面（3DFace）等。在道路工程三维建模中使用较多的是三维面（3DFace），因为它是一种三边或四边曲面，形式简单，使用方便、灵活。

AutoCAD 的三维平面模型主要是面域（Region）。它是以封闭边界创建的封闭区域。边界可以是一条曲线或一系列相连的曲线。组成边界的对象可以是直线、多段线、圆、圆弧、椭圆、椭圆弧、样条曲线等。这些对象或者是自行封闭的，或者与其他对象有公共端点从而形成封闭的区域，但它们必须共面，即在同一平面上。面域在道路工程三维建模中应用得也较多，如创建物体的表面或截面等。

3. 实体模型

实体模型描述的是物体的面和体的特征，在各类三维建模中，实体的信息最完整，歧义最少，不仅可以像表面模型那样对实体模型进行渲染处理，而且可以对实体模型进行剖切，得到其内部特征。常用的规则实体模型有长方体、圆锥体、球体、棱锥体、圆柱体、楔体、旋转体、拉伸体等，通过实体间的布尔运算（并、交、差运算）可以完成对复杂实体的建模。桥梁建模一般采用实体模型。

8.2 三维建模的创建方法

AutoCAD 图形软件具有很强的三维建模功能，建模者不仅可以在 AutoCAD 环境下启动三维图形绘制命令，直接创建三维面和三维实体，而且还可以通过高级语言编程的方法操纵 AutoCAD，自动创建三维面和三维实体。下面介绍几个常用的 AutoCAD 创建三维面和三维实体的命令。

8.2.1 三维面的绘制

1. 绘制三维平面（3Dface）

绘制三维平面的命令是 3Dface，系统规定用该命令可以构造空间中任意位置的三维平面，平面的顶点可以有不同的 x、y、z 坐标，但不能超过 4 个顶点。构造的三维平面在屏幕上只显示其轮廓线。

在命令行“命令:”提示符下，输入 3Dface 并回车。系统将会出现如下提示：

1）指定第一点或［不可见（I）］：输入第一顶点。

2）指定第二点或［不可见（I）］：输入第二顶点。

3）指定第三点或［不可见（I）］<退出>：输入第三顶点。

4）指定第四点或［不可见（I）］ <创建三侧面>：输入第四顶点，创建了第一个三维面。

5）指定第三点或［不可见（I）］ <退出>：输入第二个三维面的第三顶点，如果不想建立下一个三维面，按回车键，结束本次命令。

2. 绘制三维多边形网格（3DMesh）

用 3Dface 命令只能构造比较简单的面，而且只显示三维实体的轮廓线。而 3DMesh 命令可以构造三维多边形网格，这种多边形网格可以由若干平面网格构成近似曲面或平面。

在命令行“命令:”提示符下，输入 3DMesh 并回车。

启动该命令之后，系统将给出如下提示：

1）输入 M 方向上的网格数量：输入 m 方向的网格顶点数目。

2）输入 N 方向上的网格数量：输入 m 方向的网格顶点数目。

3）指定顶点（0，0）的位置：输入第一行，第一列的顶点坐标。

4）指定顶点（0，1）的位置：输入第一行，第二列的顶点坐标。

5）指定顶点（0，2）的位置：输入第一行，第三列的顶点坐标。

6）指定顶点（1，0）的位置：输入第二行，第一列的顶点坐标。

7）指定顶点（1，1）的位置：输入第二行，第二列的顶点坐标。

8）指定顶点（1，2）的位置：输入第二行，第三列的顶点坐标。

9）指定顶点（2，0）的位置：输入第三行，第一列的顶点坐标。

10）指定顶点（2，1）的位置：输入第三行，第二列的顶点坐标。

11）指定顶点（2，2）的位置：输入第三行，第三列的顶点坐标。

……

指定顶点（m-1，n-1）的位置：输入第 m 行，第 n 列的顶点坐标。

当输入完所有顶点的坐标之后，若无错误，系统将自动生成一组多边形网格曲面。系统规定在行和列方向上最多允许有 256 个顶点，使用 3DMesh 命令可以绘制较复杂的曲面，如构造道路模型、地形模型等。

3. 绘制直纹曲面（Rulesurf）

直纹曲面是指由两条指定的直线或曲线为相对的两边而生成的一个用三维网格表示的曲面，该曲面在两相对直线或曲线之间的网格是直线的。

在命令行“命令:”提示符下，输入 Rulesurt 并回车。

启动该命令之后，系统将给出如下提示：

1）选择第一条定义曲线：选择第一条曲线。

2）选择第二条定义曲线：选择第二条曲线。

选择完两条曲线之后，系统检查满足要求后，便会自动在两条曲线之间生成一个直纹曲面。用来创建直纹曲面的曲线可以是直线、点、弧、圆、样条曲线、二维多义线和三维多义线。直纹曲面的网格密度由系统变量 SURFTAB1 控制，其初始值为6，值越大其网格密度越大。图 8-1 所示即为不同 SURFTAB1 值的直纹曲面。

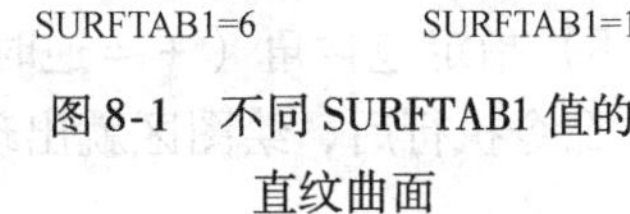

图 8-1　不同 SURFTAB1 值的直纹曲面

【例 8-1】　用 Rulesurf 命令绘制一个圆台直纹曲面。

1）单击菜单“视图”，选择“东南等轴测”，设置为东南等轴测视图，如图 8-2 所示。

2）输入“命令：SURFTAB1”并回车后，输入 15（将系统变量 SURFTAB1 设为 15）。

3）用 Circle 命令绘制两个圆，如图 8-3 所示。

4）输入“命令：Rulesurf”并回车。

5）选择第一条定义曲线：（选择小圆）。

6）选择第二条定义曲线：（选择大圆）。

绘制的圆台图形如图 8-4 所示。

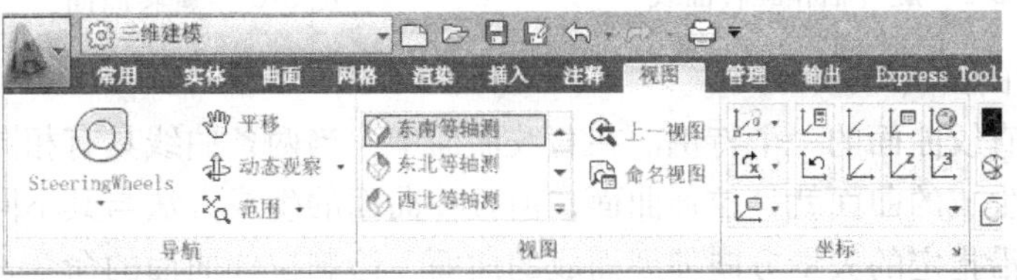

图 8-2　设置为东南等轴测视图

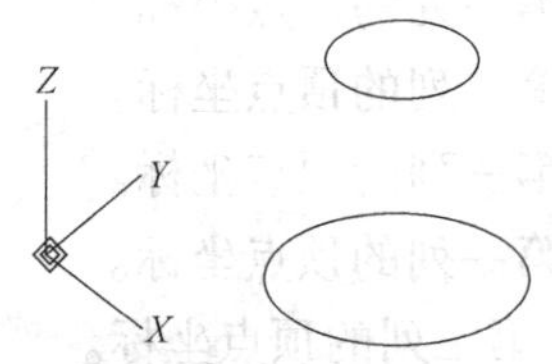

图 8-3 圆台的两个圆

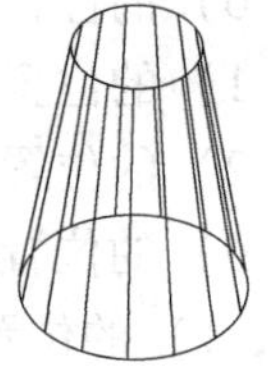

图 8-4 圆台

4. 绘制旋转曲面（Revsurf）

旋转曲面是由一条曲线绕某一个轴旋转一定的角度而生成的光滑曲面。旋转面是由三维多边形网格表示的，网格的密度在旋转方向和轴线方向分别由两个系统变量控制。绘制旋转曲面的命令是 Revsurf。

在命令行“命令:”提示符下，输入 Revsurf 并回车：

启动该命令之后，系统将给出如下提示。

1）选择要旋转的对象：选择旋转曲线。

2）选择定义旋转轴的对象：选择旋转轴。

3）指定起点角度 <0>：输入旋转起始角。

4）指定包含角（+ = 逆时针，- = 顺时针）<360>：输入旋转角度，逆时针为正，顺时针为负。

【例 8-2】 用 Revsurf 命令绘制一个旋转曲面。

1）单击菜单“视图”，选择“东南等轴测”，设置为东南等轴测视图。

2）设置系统变量 SURFTAB1 = 15，SURFTAB2 = 6。

3）利用二维绘图方法绘制如图 8-5 所示的旋转轴和旋转曲线。

4）命令：Revsurf。

5）选择要旋转的对象：(选择旋转曲线)。

6）选择定义旋转轴的对象：(选择旋转轴)。

7）指定起点角度 <0>：(回车)。

8）指定包含角（+ = 逆时针，- = 顺时针）<360>：360（回车)。

命令执行后，绘图区就出现了如图 8-6 所示的旋转曲面。

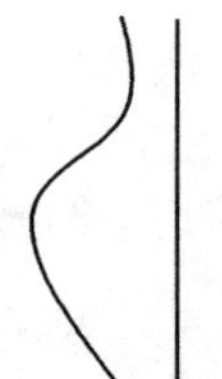

图 8-5 旋转轴和旋转曲线

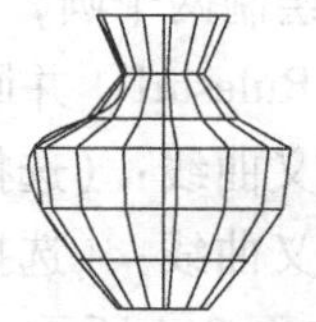

图 8-6 旋转曲面

5. 绘制拉伸曲面（Tabsurf）

拉伸曲面是直纹曲面的一个特例。在直纹曲面中，当两条曲线具有相同的形状，而且相互平行，由此而生成的曲面就是拉伸曲面，但拉伸曲面的生成方法与其不同。拉伸曲面是由一条初始轨迹线沿指定的矢量方向伸展而成的曲面。绘制拉伸曲面的命令是 Tabsurf。

在命令行“命令:”提示符下，输入 Tabsurf 并回车。

启动该命令之后，系统将会出现如下提示：

1）选择用做轮廓曲线的对象：选择欲拉伸的轨迹线。

2）选择用做方向矢量的对象：确定轨迹线的拉伸方向。

8.2.2　三维形体表面的绘制

为便于用户绘制三维图形，AutoCAD 提供了一些基本形体函数，利用这些函数可以直接绘制三维体形表面。这些体形主要有长方体（Box）、棱锥体（Pyramid）、楔形体（Wedge）、圆顶（Dome）、球面（Sphere）、圆锥（Cone）、圆环（Torus）、四边形网格（Mesh）。绘制三维形体表面可以利用对话框，也可以利用绘图工具栏来操作。

1. 绘制长方体（ai_Box）表面

选择工具条中的长方体图标之后，AutoCAD 将给出如下提示序列。

1）指定角点给长方体：输入长方体的一个顶点坐标。

2）指定长度给长方体：输入长方体的长度。

3）指定长方体表面的宽度或［立方体（C）］：默认项提示用户输入长方体的宽度值。

4）指定高度给长方体表面：输入长方体高度。

5）指定长方体表面绕 Z 轴旋转的角度或［参照（R）］：输入绕 Z 轴的旋转角。

2. 绘制棱锥体（ai_ Pyramid）表面

该命令既可以绘制三棱锥或四棱锥体表面，也可以绘制三棱台或四棱台形体表面。选择该选项后，AutoCAD 出现如下命令序列。

命令：ai_Pyramid（回车）。

1）指定棱锥面底面的第一角点：输入第一角点。

2）指定棱锥面底面的第二角点：输入第二角点。

3）指定棱锥面底面的第三角点：输入第三角点。

4）指定棱锥面地面的第四角点或［四面体（T）］：输入第四角点或绘制四面体。具体含义如下。

① 默认值为输入第四角点，绘制四棱锥体表面或四棱台体表面。输入第四角点后，提示如下：

指定棱锥面的顶点或［棱（R）/顶面（T）］：

“顶点”选项，要求输入四棱锥顶点，绘制四棱锥，如图 8-7a 所示；“棱”选项，则要求用户输入两个点，两点连线作为四棱台的脊线，如图 8-7b 所示；“顶面”选项，要求用户输入四点确定一个面，形成一个四棱台，如图 8-7c 所示。

②“四面体”选项，绘制三棱锥或三棱台表面。选择该选项，AutoCAD 将出现以下提示：

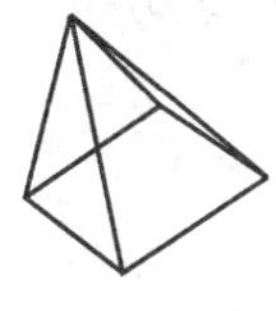
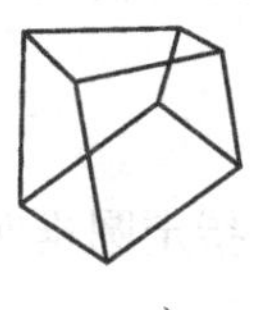
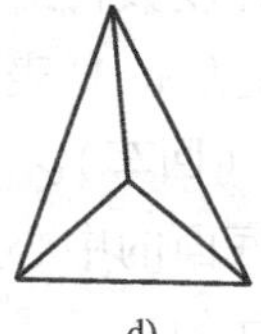
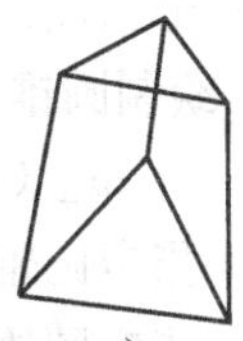

a)　b)　c)　d)　e)

图 8-7　棱锥形体示意图

指定四面体表面的顶点或［顶面（T）］：

默认项为“顶点”，用户输入一个顶点，绘制一个三棱台表面，如图 8-7d 所示；“顶面”选项，则要求用户输入三个点，创建一个三棱锥体表面，如图 8-7e 所示。

3. 绘制楔形体（ai_Wedge）表面

命令：ai_Wedge（回车）。

AutoCAD 将出现以下提示，要求用户逐步确定楔形体的尺寸。

1）指定长角点给楔体表面：(给定楔形体位置)。

2）指定长度给楔体表面：(给定楔形体长度)。

3）指定楔体的表面宽度：(给定楔形体宽度)。

4）指定高度给楔体表面：(给定楔形体高度)。

5）指定楔体表面绕 Z 轴旋转的角度：(输入楔形体绕 Z 轴的旋转角度)。

输入参数后，楔形体便绘制出来了，如图 8-8a 所示旋转角度为 90°。

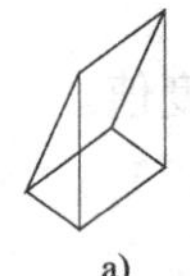

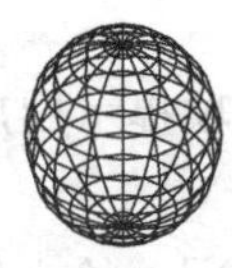

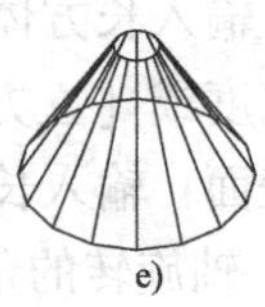
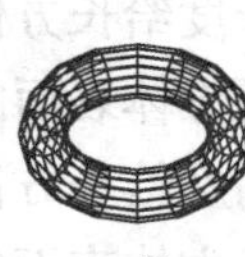
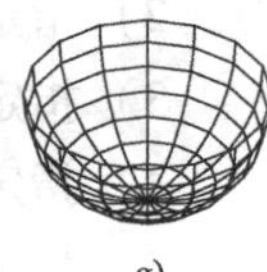

a) b) c) d) e) f) g)

图 8-8 各种标准形体表面

a) 楔形体 b) 圆顶 c) 圆球 d) 圆锥 e) 圆台 f) 圆环 g) 圆盘

4. 绘制圆顶（ai_Dome）表面

该命令用于绘制圆球的顶面，类似一个球盖。

命令：ai_Dome（回车）

AutoCAD 将出现以下提示。

1）指定中心点给上半球面：(输入圆顶表面中心的坐标)。

2）指定上半球的半径或［直径 D］：(指定圆顶的直径或半径)。

3）输入曲面的经线数目给上半球面 <16>：(输入圆顶面在经度方向的网格数)。

4）输入曲面的纬度数目给上半球面 <8>：(输入圆顶面在纬度方向的网格数)，如图 8-8b 所示。

5. 绘制球面（ai_ Sphere）表面

命令：ai_Sphere（回车）。

1）指定中心点给球面：(指定球面中心位置)。

2）指定球面半径或［直径（D）］：(输入球面的半径或直径)。

3）输入曲面的经度数目给上半球：(输入球面经度网格数)。

4）输入曲面的纬度数目给上半球：(输入球面纬度网格数)，如图 8-8c 所示。

6. 绘制圆锥（ai_Cone）表面

命令：ai_ Cone（回车）。

1）指定圆锥面底面的中心点：(指定圆锥底面圆的中心坐标)。

2）指定圆锥底面的半径或［直径（D）］：(输入圆锥底面圆的直径或半径)。

3）指定圆锥面顶面的半径或［直径（D）］<0>：(输入圆锥顶面上圆的直径或半径，

若取默认值0，则生成圆锥表面；若不为0，则生成圆台表面）。

4）指定圆锥面的高度：（输入圆锥体高度）。

5）输入圆锥面曲面的线段数目 <16>：（输入圆锥面在纬度方向的网格数），如图8-8d及图8-8e所示。

7. 绘制圆环体（ai_Torus）表面

命令：ai_Trus（回车）。

1）指定圆环面的中心点：（指定圆环体中心点的坐标）。

2）指定圆环面的半径或［直径（D）］：（输入圆环体中心线的直径或半径）。

3）指定圆管的半径或［直径（D）］：（输入圆环体的半径或直径）。

4）输入环绕圆管圆周的线段数目 <16>：（输入圆环在周围方向的网格数）。

5）输入环绕圆环面圆周的线段数目 <16>：（输入环绕管截面中心线方向的网格数），如图8-8f所示。

8. 绘制圆盘（ai_Dish）表面

命令：ai_Dish（回车）。

1）指定中心点给下半面：（指定圆盘中心点坐标）。

2）指定下半球的半径或［直径（D）］：（输入圆盘的直径或半径）。

3）输入曲面的经线数目给下半球面 <16>：（输入圆盘表面经度方向的网格数）。

4）输入曲面的纬度数目给下半球面 <8>：（输入圆盘表面纬度方向的网格数），如图8-8g所示。

注意：在上述基本形体表面的绘制过程中，形体的控制点坐标可以在命令行输入，也可以用光标在屏幕上直接选取，当用光标点取时，应注意所点取的点是否在希望的平面上。

8.2.3 三维实体的绘制

三维形体的表面只是一个空壳，下面要讲的三维实体具有实体的特征，既其内部是实的。三维实体一般可以分为规则三维实体和复杂三维实体两类。通过对规则三维实体的布尔运算，可以构造复杂三维实体。创建规则三维实体的途径有两种：一种是直接输入实体的控制参数，由AutoCAD相关函数自动生成；另一种是由二维图形以旋转或拉伸等方式生成。前者只能创造一些固定的规则实体，后者则可以创造出更为灵活的实体。

创建三维实体可以输入命令，也可使用屏幕菜单或工具栏按钮。下面先介绍用命令直接绘制三维实体，然后再介绍用二维图形生成三维实体的方法。

1. 用命令直接绘制三维实体

在AutoCAD中用命令可以直接绘制的三维实体有长方体（Box）、圆锥体（Cone）、球体（Sphere）、圆柱体（Cylinder）、楔形体（Wedge）、圆环（Torus）。

（1）绘制长方体（Box）

① 命令：Box（回车）。

② 指定第一个角点或［中心（C）］：

该提示中有两个选项：

默认选项“角点”，输入立方体的一个角点坐标。

选项“中心点（C）”，（输入立方体中心）。

③ 指定角点或［立方体（C）/长度（L）］：

该提示中有三个选项：

默认选项“角点”，输入立方体的另一个角点坐标。

选项“立方体（C）”，绘制立方体。

长度（L）选项：输入立方体的长度。

④ 指定高度：（指定立方体高度），如图 8-9a 所示。

（2）绘制球体（Sphere）

① 命令：Sphere（回车）。

② 指定中心点或［三点（3P）/两点（2P）/切点、切点、半径（T）］：指定球体中心。

默认选项“中心点”：指定球体的圆心位置。

选项“三点（3P）”：通过在三维空间的任意位置指定三个点来定义球体的圆周。

选项“两点（2P）”：通过在三维空间的任意位置指定两个点来定义球体的圆周。

选项“切点、切点、半径（T）”：通过该选项定义与两个圆、圆弧、直线和某些三维对象相切的球体。

③ 指定球体半径或［直径（D）］：（输入球体的直径或半径），如图 8-9b 所示。

注意：用 Sphere 命令绘制的球体是用线框形式来表示的，线框的密度由系统变量 ISOLineS 控制，其值越大线框越密（AutoCAD 中 ISOLineS 的默认值为 4）。

（3）绘制圆柱体（Cylinder）

① 命令：Cylinder（回车）。

② 指定底面的中心点或［三点（3P）/两点（2P）/切点、切点、半径（T）/椭圆（E）］：

该提示五个选择含义如下：

默认选项“中心点”，该选项用来绘制圆柱体，指定圆柱体地面中心点的位置，AutoCAD 便出现下列提示：

指定底面半径或［直径（D）］：输入圆柱体的半径或直径。

指定高度或［两点（2P）/轴端点（A）］：输入圆柱体的高度。

选项“三点（3P）”，该选项用三点确定圆柱体底面大小。

选项“两点（2P）”，该选项通过两点确定圆柱体底面直径，从而确定圆柱体底面大小。

选项“切点、切点、半径（T）”，定义具有指定半径，且与两个对象相切的圆柱体底面。有时会有多个底面符合指定的条件。程序将绘制具有指定半径的底面，其切点与选定点的距离最近。

选项“椭圆（E）”选项，该选项用来生成椭圆柱体，选择该选项后，AutoCAD 提示：

指定第一个轴的端点或［中心（C）］：

默认选项“轴端点”，依次输入椭圆轴的两个端点及另一轴端点。

选项“中心点（C）”，依次输入椭圆轴的中心、一个轴的端点及另一轴的端点。

③ 指定圆柱体高度或［另一个圆心（C）］：输入圆柱体的高度，如图 8-9c 所示。

（4）绘制圆锥体（Cone）

① 命令：Cone（回车）。

② 指定底面的中心点或［三点（3P）/两点（2P）/切点、切点、半径（T）/椭圆（E）］：

该提示中五个选项：

默认选项“中心点”，用于绘制圆锥体，输入圆锥体底面中心点的位置，AutoCAD 便会出以下提示：

指定圆锥体底面的半径或［直径（D）］：（输入直径或半径）。

指定高度或［两点（2P）/轴端点（A）/顶面半径（T）］：（输入高度或直接指定圆锥顶点）。

“两点（2P）”，指定圆锥体的高度为两个指定点之间的距离。

“轴端点（A）”，指定圆锥体轴的端点位置。轴端点是圆锥体的顶点，或圆台的顶面圆心（“顶面半径”选项）。轴端点可以位于三维空间的任意位置。轴端点定义了圆锥体的长度和方向。

“顶面半径（T）”，指定创建圆锥体平截面时圆锥体的顶面半径。最初，默认顶面半径未设定任何值。执行绘图任务时，顶面半径的默认值始终是先前输入的任意实体图元的顶面半径值。

选项“三点（3P）”，通过指定三个点来定义圆锥体的底面周长和底面。

选项“两点（2P）”，通过指定两个点来定义圆锥体的底面直径。

选项“切点、切点、半径（T）”，定义具有指定半径，且与两个对象相切的圆锥体底面。

有时会有多个底面符合指定的条件。程序将绘制具有指定半径的底面，其切点与选定点的距离最近。

选项“椭圆（E）”，指定圆锥体的椭圆底面，如图 8-9d 所示。

（5）绘制楔形体（Wedge）

① 命令：Wedge（回车）。

② 指定第一个角点或［中心（C）］：

该提示中有两个选项：

默认选项“第一个角点”，指定楔体的一个角点，系统继续下面提示：

指定其他角点或［立方体（C）/长度（L）］：

该提示中拥有三个选项：

默认选项“指定其他角点”，指定楔体的另一个角点，然后输入楔体的高度。

选项“立方体（C）”，用于绘制长、宽、高相同的楔体，要求输入第二角点。

选项“长度（L）”，输入楔体的边长，然后输入楔体的高度。

选项“中心点（C）”，输入楔形体斜面上的中心点，系统继续以下提示：

指定对角点或［立方体（C）/长度（L）］：

其中各参数的含义与上述类似，在此不作详述。如图 8-9e 所示。

（6）绘制圆环体（Torus）

① 命令：Torus（回车）。

② 指定中心点或［三点（3P）/两点（2P）/切点、切点、半径（T）］：

该提示中有四个选项：

“指定中心点”，输入圆环体中心坐标。

“三点（3P）”，用指定的三个点定义圆环体的圆周。三个指定点也可以定义圆周平面。

“两点（2P）”，用指定的两个点定义圆环体的圆周。第一点的 Z 值定义圆周所在平面。

“切点、切点、半径（T）”，使用指定半径定义可与两个对象相切的圆环体。

指定半径或［直径（D）］：输入圆环体半径或直径。

指定圆管半径或［两点（2P）/直径（D）］：输入圆管半径或直径，如图 8-9f 所示。

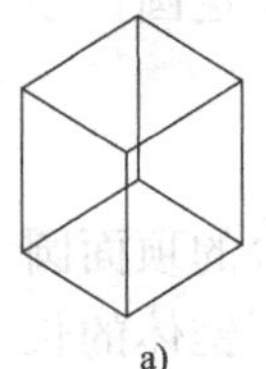
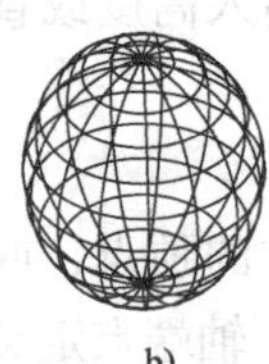
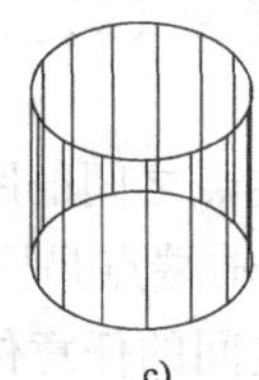
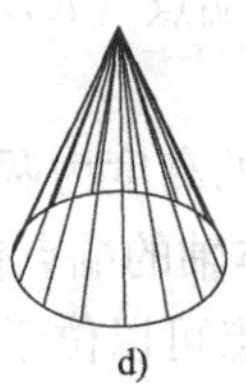
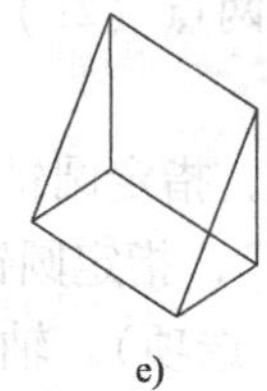
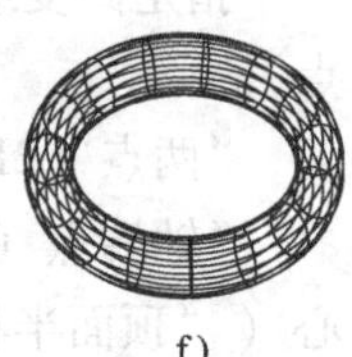

a)　b)　c)　d)　e)　f)

图 8-9　六种实体图形

a）长方体　b）球体　c）圆柱体　d）圆锥体　e）楔形体　f）圆环体

2. 拉伸二维实体

用命令直接绘制的三维实体都是较简单的，对一个二维实体进行拉伸可以得到较复杂的三维实体。被拉伸的二维实体必须是封闭的，包括闭合多义线、多边形、3D 多义线、圆和椭圆及由这些二维实体组合而成的任何封闭实体。

拉伸实体的命令是 Extrude，启动该命令之后，系统会出现如下提示：

命令：Extrude（回车）

AutoCAD 提示：

选择要拉伸的对象或［模式（MO）］：

“选择要拉伸的对象”，指定要拉伸的对象。注意：按住 Ctrl 键的同时选择面和边子对象来选择面和边子对象。

“模式（MO）”，控制拉伸对象是实体还是曲面。

指定拉伸的高度或［方向（D）/路径（P）/倾斜角（T）/表达式（E）］

该提示中五个选项：

“指定拉伸的高度”，如果输入正值，将沿对象所在坐标系的 Z 轴正方向拉伸对象。如果输入负值，将沿 Z 轴负方向拉伸对象。对象不必平行于同一平面。如果所有对象均处于同一平面上，将沿该平面的法线方向拉伸对象。默认情况下，将沿对象的法线方向拉伸平面对象。

“方向（D）”，两个指定点指定拉伸的长度和方向（方向不能与拉伸创建的扫掠曲线所在的平面平行）。

“路径（P）”，指定基于选定对象的拉伸路径。路径将移动到轮廓的质心。然后沿选定路径拉伸选定对象的轮廓以创建实体或曲面。

注意：按住 Ctrl 键的同时选择面和边子对象来选择面和边子对象。

路径不能与对象处于同一平面，也不能具有高曲率的部分。

拉伸始于对象所在平面并保持其方向相对于路径。

如果路径包含不相切的线段，那么程序将沿每个线段拉伸对象，然后沿线段形成的角平分面斜接接头。如果路径是封闭的，对象应位于斜接面上。这允许实体的起点截面和端点截面相互匹配。如果对象不在斜接面上，将旋转对象直到其位于斜接面上。

将拉伸具有多个环的对象，以便所有环都显示在拉伸实体端点截面这一相同平面上。

“倾斜角（T）”，指定拉伸的倾斜角。

正角度表示从基准对象逐渐变细地拉伸，而负角度则表示从基准对象逐渐变粗地拉伸。默认角度 0 表示在与二维对象所在平面垂直的方向上进行拉伸。所有选定的对象和环都将倾斜到相同的角度。

指定一个较大的倾斜角或较长的拉伸高度，将导致对象或对象的一部分在到达拉伸高度之前就已经汇聚到一点。

面域的各个环始终拉伸到相同高度。

当圆弧是锥状拉伸的一部分时，圆弧的张角保持不变而圆弧的半径则改变了。

倾斜角。指定 -90°~ +90°之间的倾斜角。

指定两个点。指定基于两个指定点的倾斜角。倾斜角是这两个指定点之间的距离。

可以水平拖动光标以指定和预览倾斜角，也可以通过拖动光标来调整和预览拉伸高度。动态输入原点在拉伸形状上应位于该点在该形状的投影处。

选择拉伸对象时，倾斜夹点的位置是动态输入原点在拉伸顶面上的对应点。

“表达式（E）”，输入公式或方程式以指定拉伸高度，本教材中不做讲解。

【例 8-3】 用 Extrude 命令拉伸二维实体来创建一个三维实体。

1）在 XOP 平面上用 polygon 命令绘制一个闭合六边形。

2）命令：Extrude（回车）。

AutoCAD 提示：前线框密度：　ISOLineS =4，闭合轮廓创建模式 = 实体。

3）选择要拉伸的对象或［模式（MO）］：（选择闭合六边形）。

4）选择要拉伸的对象或［模式（MO）］：（回车）。

5）指定拉伸的高度或［方向（D）/路径（P）/倾斜角（T）/表达式（E）］：（输入“T”回车）。

6）指定拉伸的高度或［方向（D）/路径（P）/倾斜角（T）/表达式（E）］：（输入“200”回车）。

拉伸后的三维实体如图 8-10 所示。

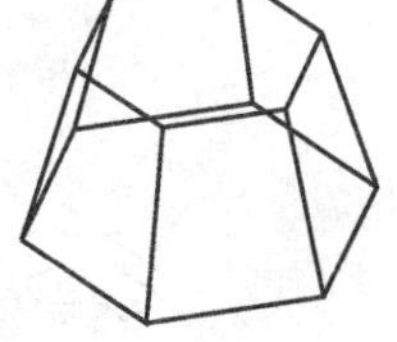

图 8-10　拉伸后的三维实体图

3. 旋转实体

旋转实体是将二维封闭的图形绕指定的旋转轴，旋转一周生成三维实体。用于旋转的二维实体包括圆、椭圆、二维多义线及面域。

旋转实体的命令是 Revolve，如果“实体”选项卡处于活动状态，REVOLVE 命令会创建实体；相反，如果“曲面”选项卡处于活动状态，则会创建曲面（程序曲面或 NURBS 曲面，具体取决于 SURFACEMODELINGMODE 系统变量的设定方式）。

1）命令：Revolve（回车），AutoCAD 将出现如下提示：

2）选择要旋转的对象或［模式（MO）］：

“选择对象”，指定要绕某个轴旋转的对象。

“模式（MO）”，控制旋转动作是创建实体还是曲面。会将曲面延伸为 NURBS 曲面或程序曲面，具体取决于 SURFACEMODELINGMODE 系统变量。

3）选择要旋转的对象或［模式（MO）］：（回车）。

4）指定轴起点或根据以下选项之一定义轴［对象（O）/X/Y/Z］<对象>：

“轴起点”，指定旋转轴的第一个点。轴的正方向从第一点指向第二点。

“轴端点”，设定旋转轴的端点。

5）“旋转角度”，指定选定对象绕轴旋转的距离。正角度将按逆时针方向旋转对象。负角度将按顺时针方向旋转对象。还可以拖动光标以指定和预览旋转角度。

“起点角度”，为从旋转对象所在平面开始的旋转指定偏移。可以通过拖动光标来指定和预览对象的起点角度。

“反转”，更改旋转方向；类似于输入 -（负）角度值。右侧的旋转对象显示按照与左侧对象相同的角度旋转，但使用反转选项的样条曲线。

“对象”，指定要用做轴的现有对象。轴的正方向从该对象的最近端点指向最远端点。可以将直线、线性多段线线段以及实体或曲面的线性边用做轴。

“X/Y/Z”，要求用户指定 X 轴或 Y 轴作为旋转轴。

“表达式”，输入公式或方程式以指定旋转角度（本教材不做详解）。

6）指定旋转角度 <360>：（输入旋转角度，默认值为 360°）。

选定轴点及轴旋转效果图如图 8-11、图 8-12 所示。

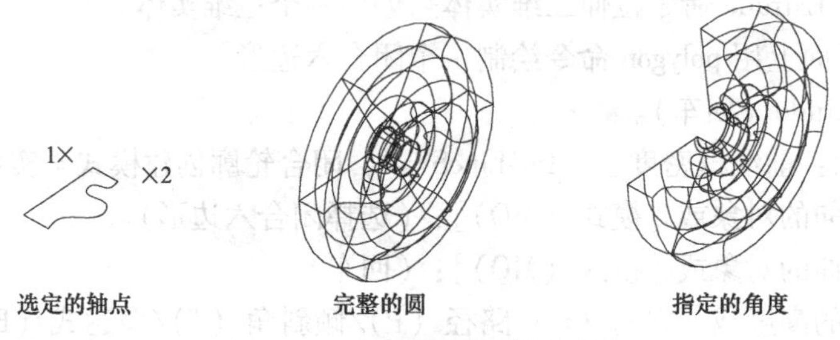

图 8-11　选定轴点旋转效果图

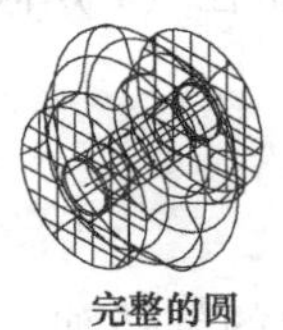

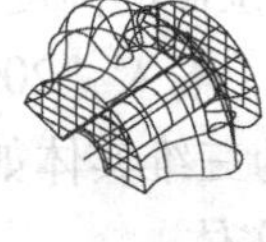

图 8-12　选定轴旋转效果图

【例 8-4】 用 Revolve 命令旋转一个二维实体从而生成一个三维实体。

在 XOP 平面上绘制一个二维封闭实体，如图 8-13a 所示。

命令：Revolve（回车）。

选择要旋转的对象或［模式（MO）］：（选择二维实体）。

选择要旋转的对象或［模式（MO）］：（回车）。

指定轴起点或根据以下选项之一定义轴［对象（O）/X/Y/Z］<对象>：（选择旋转轴的一个端点）。

指定旋转轴的另一个端点：（选择旋转轴的另一个端点）。

指定旋转角度或［起点角度（ST）/反转（R）/表

图 8-13　旋转生成三维实体

a）旋转之前　b）旋转之后

达式（EX）] <360>：360（回车）。

操作结束后，得到的三维实体如图 8-13b 所示。

8.3　道路三维建模方法

道路三维模型包括道路设计几何模型和道路周围的带状地表面模型两部分。道路桥梁三维建模可以采用表面模型，也可以采用实体模型。采用哪种方法取决于建模的用途和计算机硬件支持条件。

由于道路设计表面和地表都是不规则的，因而可以采用表面模型来构造道路及其周围地形三维模型。

道路的三维模型包括道路周围的带状三维地表模型和道路设计表面模型。

8.3.1　地表表面模型

通过野外测量、航测、地图数字化等途径可以获得设计所需的道路带状地形资料，经过数字地面模型处理软件后形成数字地面模型（DTM），根据 DTM 的类型（常用的有三角网式和方格网式等）采用不同的方法来建立地面三维模型。如果采用的是三角网式 DTM，那么地表采用的是若干空间三角形平面来表示的，每一个三角形平面的空间位置均由三个顶点的三维坐标（x，y，z）确定，而这些数据都可以方便地从 DTM 中获得。在 AutoCAD 中绘制地表三维模型时，每个三角形平面的绘制采用 3dface 命令来完成，如图 8-14 所示。如果采用常用的方格网式 DTM，既可以采用三角形平面，又可以采用网格曲面来拟合地表。对于前者，只需将每个网格分解为两个三角形即可；对于后者，可以直接采用 AutoCAD 的多边形网格曲面（3dmesh 命令）来拟合，如图 8-15 所示。

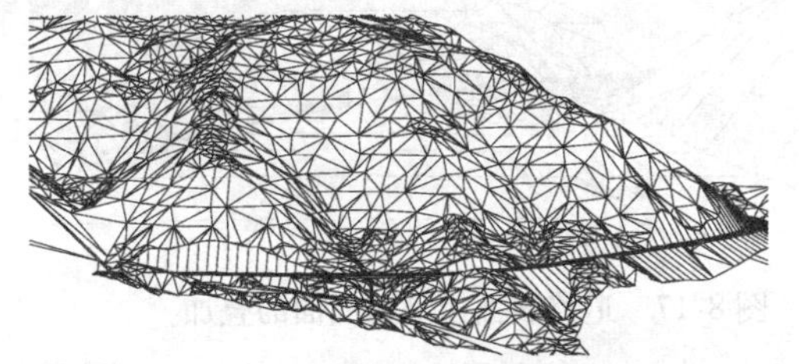

图 8-14　空间平面拟合地表图

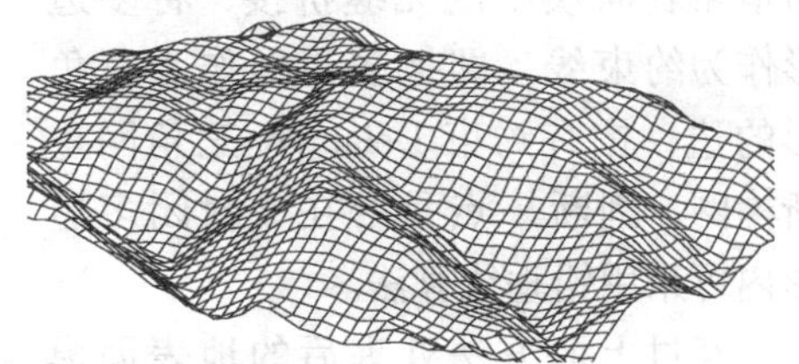

图 8-15　多边形网格曲面拟合地表

8.3.2　道路设计表面模型

道路设计表面模型包括：中间带、行车道、路肩、边坡表面、边沟、各种交通设施（包括标志标牌、标线、防撞护栏等）、桥梁（包括梁、桥台、桥墩等）。采用表面模型来建立道路设计表面模型既可以采用三角形空间平面，也可以采用四边形空间平面。

相对于地表模型而言，道路设计表面模型的规律性还是较强的。一般采用四边形空间平面来建立道路设计表面三维模型。例如绘制行车道表面模型时，先根据所需的建模精细程度，确定沿路线前进方向的间距，然后计算出模拟道路表面的每个四边形四个顶点的三维坐标，再用 AutoCAD 的 3dface 命令绘制出每个空间四边形平面，如图 8-16 所示。三维坐标的计算采用路线设计软件来完成。组成道路设计表面模型的其他部分也可以采用相同的方法来完成。

8.3.3 道路表面模型与底面的叠加

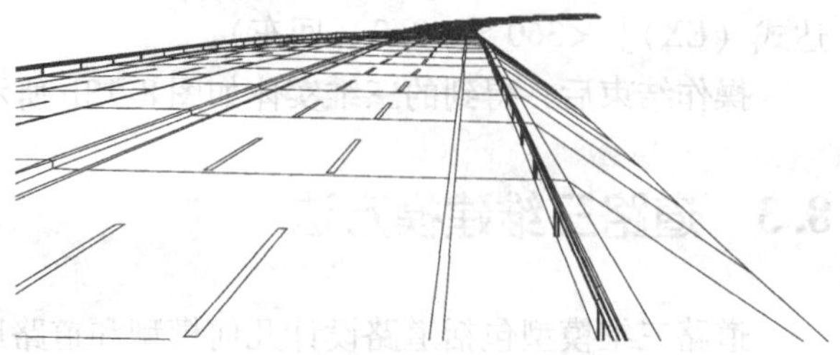

图 8-16 空间四边形平面拟合道路设计表面

道路建模是建筑在地面上的三维带状实体，为适应地形的起伏变化，道路在纵断面和横断面上不可避免地会出现填挖现象，与此相对应的地表面模型与道路表面模型就会出现两者相互重叠的情况。在填方处，道路模型在上，地面模型在下；在挖方处，地面模型在上，道路模型在下。为了真实地表现两个模型的重叠效果，就必须对覆盖在下面的模型进行局部范围内的消除或消隐处理。对两个实体模型而言，可以采用布尔运算将两个实体并为一个实体，这样就自动消除了重叠现象。但对于表面模型的道路表面和地表面，是不能直接采用布尔运算来消除重叠现象的。目前，对道路表面模型与地表面模型的叠加处理，主要采用根据两个模型的交界线重新构网，然后再叠加的方法。这种方法的优点是占用内存少、运算速度快。其处理方法如下。

1）先计算出道路表面模型与地表面模型的交界点的坐标，该坐标可从横断面设计结果中的坡脚点（填方）或坡顶点（挖方）获得。按填挖性质将相邻交界点连成折线，这些折线形成的多个封闭多边形，即是两个模型的交界线。显然，在封闭多边形以内的地表面模型，不管是在道路表面模型上面还是下面，都是不需要的，建模时须挖去。

2）根据交界线对地表面模型重新构网，即可得到处理后的地表面模型。从上面多边形的性质可知，凡在多边形以内的地形点将不参与构网须剔除，剩余的地形点是重新构网的点。为保证地面模型与道路表面模型的无缝拼接，将多边形作为约束线，即把多边形作为三角形的边，按有约束 Delaunay 三角网重新构网。判断一点是否在一封闭多边形内可采用铅垂线算法。

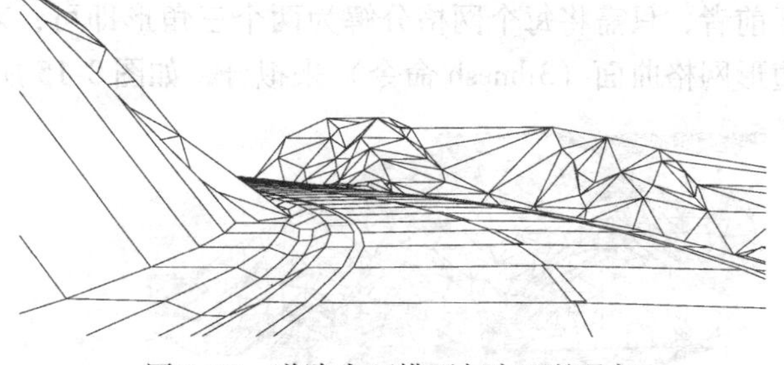

图 8-17 道路表面模型与底面的叠加

经过上面方法处理后的地表面模型与道路设计表面模型叠加在一起，就实现了两个模型的无缝拼接，如图 8-17 所示。

8.4 桥梁三维建模方法

桥梁结构虽然复杂多变，但都是由一些规则构件组合而成的。所以，桥梁三维建模的主要方法是借助具有三维建模功能的图形软件创建这些规则构件，然后将其按桥梁所处的位置组合在一起，最后形成桥梁三维模型。这种建模方法的优点是建模者无须从最基础的创建基本的规则构件做起，只需输入少量的参数就可以完成数量众多的基本构件的建模；此外，还可以通过图形软件中的三维实体编辑功能，创建形状复杂的不规则三维实体。而这些三维实体的创建既可以在图形软件的环境下实现，也可以用编程的方法来实现，这就为实现桥梁三维建模的自动化提供了便利条件。

桥梁结构按其作用和所处位置可分为承重结构、桥面结构、下部结构和附属结构四大部分。每一个结构因桥梁类型不同其结构组成也是不同的。如梁桥的承重结构是梁，拱桥的承重结构是拱。每一结构又由若干构件组成，如一个桥台由台帽、台身和基础等组成。每个构件形状不同采用的建模方法也不同，为了便于建模，应把组成桥梁的单个构件作为一个建模单元来考虑。桥梁三维建模常用的方法除了在8.2节中介绍的以外，还有切割、打孔、布尔操作等。本节主要介绍在AutoCAD环境下桥梁承重结构、桥面结构、下部结构和附属结构的建模方法。

8.4.1　桥梁附属结构三维建模

桥梁附属结构主要包括桥头锥坡、八字墙、护坡等。对正交桥梁来说，锥坡平面是一个1/4椭圆，可以采用锥体命令绘制椭圆锥，然后用切割（Slice）命令切成锥坡。下面是正锥坡的建模过程：

1）用圆锥体（Cone）命令绘制一个椭圆锥体。

2）用切割（Slice）命令将椭圆锥对称切成4块，删除3块，剩余一块即为锥坡实体，如图8-18所示。

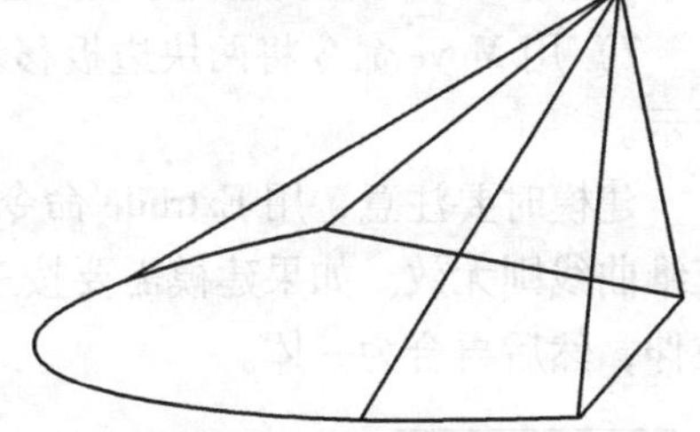

图8-18　锥坡实体模型

8.4.2　桥梁下部结构三维建模

桥梁下部结构可分为桥墩、桥台等，而桥墩、桥台又可分为重力式墩、台和轻型墩、台。这些结构一般都由一些规则实体组合而成，建模时可采用命令直接绘制规则实体，然后用编辑命令进行修改，再组合成一个整体墩台。下面以重力式U形桥台为例说明建模方法，其过程如下。

1）用Line命令绘制桥台前墙断面，并用命令制作成面域，如图8-19a所示。

2）用Extrude命令对前墙断面进行拉伸，如图8-19b所示。

3）用Line命令绘制侧墙断面，并用Boundary命令制作成面域，再用Extrude命令对其拉伸，如图8-20所示。

4）用Box命令绘制矩形基础。

5）用Mirror命令制作另一侧墙，并用Move命令将前墙、侧墙移动到基础上面。

6）用Union命令将前墙、侧墙和基础组合为U形台，如图8-21所示。

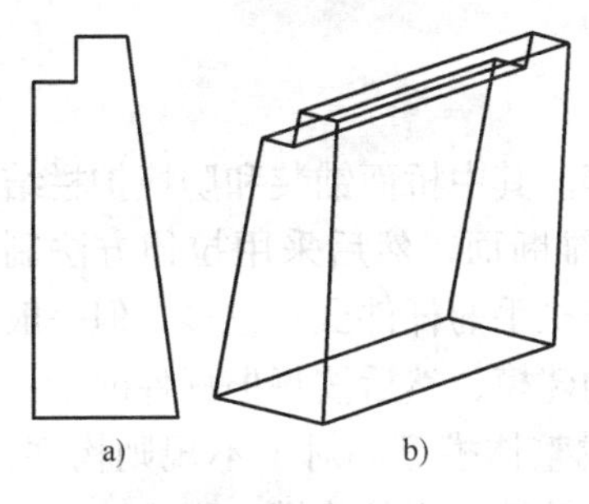

图8-19　前墙

a）前墙面域　b）前墙实体模型

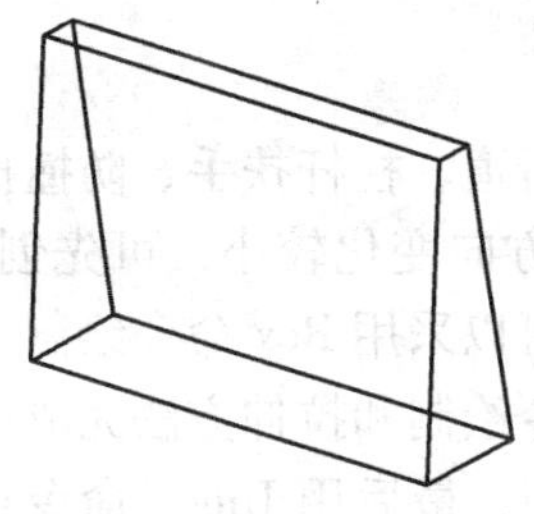

图8-20　侧墙三维模型

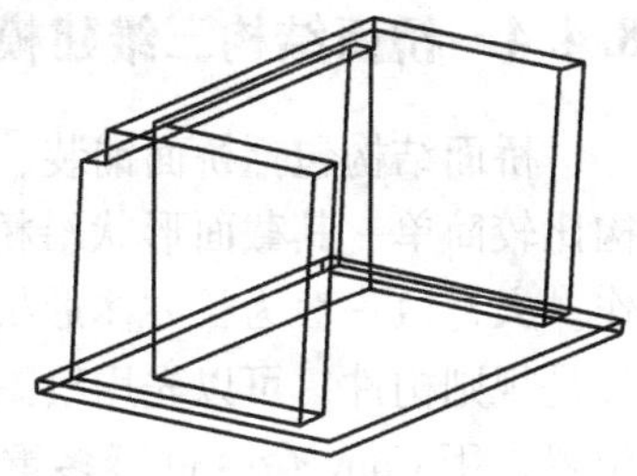

图8-21　桥台三维模型

8.4.3　桥梁承重结构三维建模

不同类型的桥梁其承重结构也不同，但对等截面结构来说，其横断面形状及尺寸沿桥轴线方向变化较小，可以用实体拉伸的方法来建模；对于变截面结构，则可以采用分段拉伸方法来建模。下面以空心板桥为例说明桥梁承重结构的建模方法，其过程如下：

1）用Line（或PLine）命令按一定比例绘制中板和边板图形，如图8-22所示。

2）用Boundary命令分别对空心板外轮廓和内孔生成两个面域。

3）用Extrude命令将空心面域沿桥轴线方向拉伸，拉伸长度为板的长度。

4）用Subtract命令掏空里面的内芯，拉伸并掏空内芯的边板及中板模型如图8-23所示。

5）用Copy命令将中板模型沿桥梁横向复制8份，并按板的设计位置布置，如图8-24所示。

6）用Mirror命令完成另一块边板的建模。

7）用Move命令将两块边板移动到中板的两侧，至此完成空心板梁的建模，如图8-25所示。

建模时要注意，用Extrude命令拉伸实体时，拉伸路径必须是二维直线或二维曲线，对三维曲线则无效。如果建模需要按三维路径拉伸，则必须将三维路径分为几个二维路径分别拉伸，然后再合为一体。

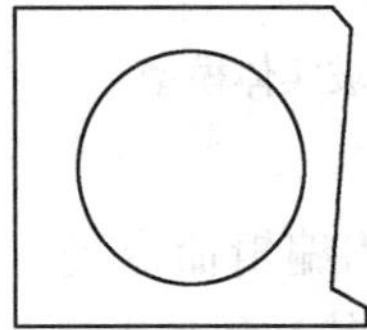
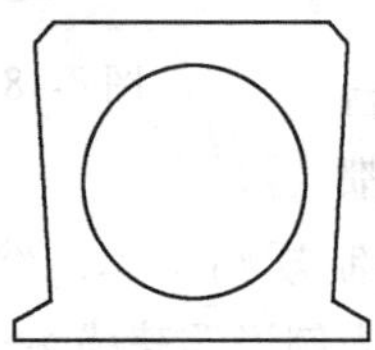

图8-22 边板和中板图形

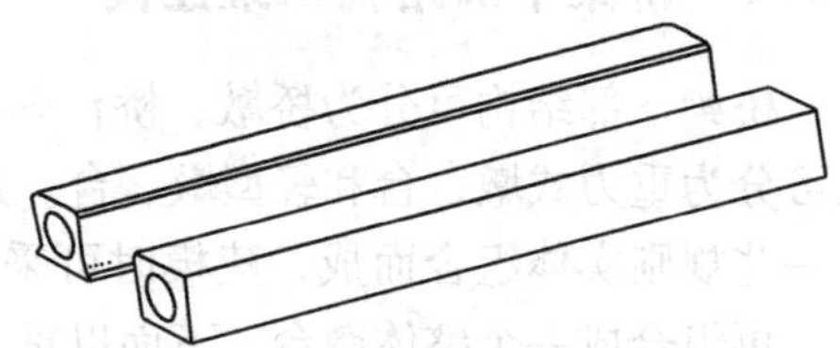

图8-23 拉伸后的中板和边板模型

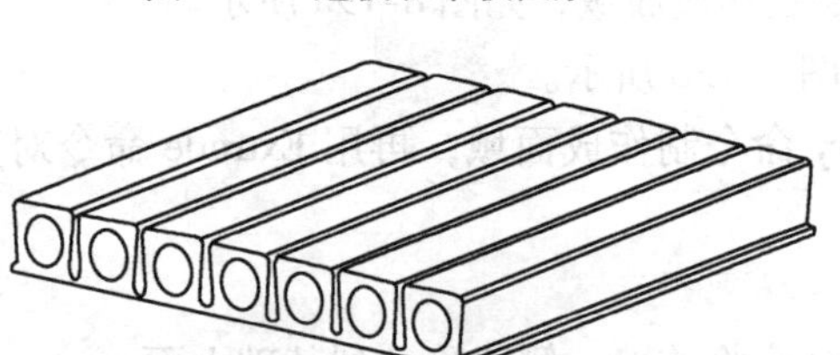

图8-24 中板组合模型

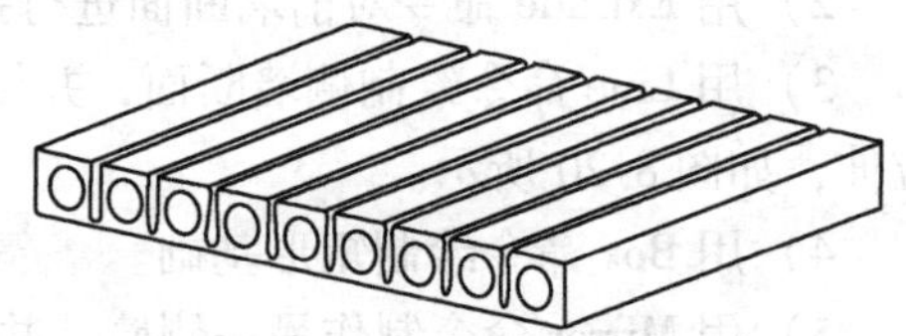

图8-25 完成后的空心板梁模型

8.4.4 桥面结构三维建模

桥面结构包括桥面铺装、人行道、栏杆扶手、防撞护栏等。其中桥面铺装和防撞护栏结构比较简单，其截面形状沿桥轴方向变化较小，可先创建二维断面，然后采用拉伸方法制作。人行道一般为长方体形状，可以采用Box命令绘制。栏杆扶手的杆件虽然较多，但一般都是规则构件，可以先用绘图命令绘制和拉伸方法完成构件的建模，然后按每根杆件的设计位置，用Copy命令进行多重复制，最后用Union命令组合成整体模型。对于不规则构件，须分割成若干规则构件分别建模，再组合成整体。下面是一段铸铁护栏的建模过程。

1）用球体（Sphere）命令分别绘制三个直径不同的球体。

2）绘制栏杆柱的纵向半剖面图（梯形）。

3）并用Boundary命令制作成面域。

4）用旋转（Revolve）命令将柱剖面绕柱中心旋转360°，制作成上细下粗的栏杆柱。

5）绘制直径不同的两个圆，用 Extrude 命令拉成圆饼状；绘制圆弧和直角组成的封闭图形，并处理成面域，用 Extrude 命令拉伸制作成侧块，用布尔并（Union）命令将圆饼和 4 个侧块组成一体，形成一个带侧块的圆饼底座。

6）用 Union 命令将球体、栏杆柱和底座组合在一起形成栏杆柱，如图 8-26 所示。

7）用 Circle 命令和 Extrude 命令制作横截面为圆饼的扶手，将扶手穿入栏杆柱的球体中，用 Union 命令将其组合成一体，如图 8-27 所示。

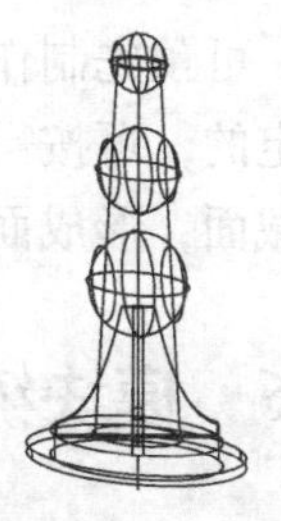

图 8-26　栏杆立柱模型

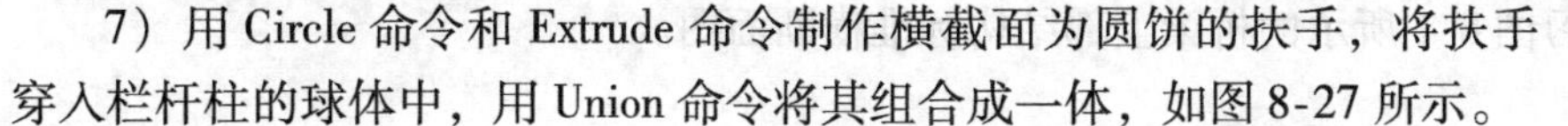

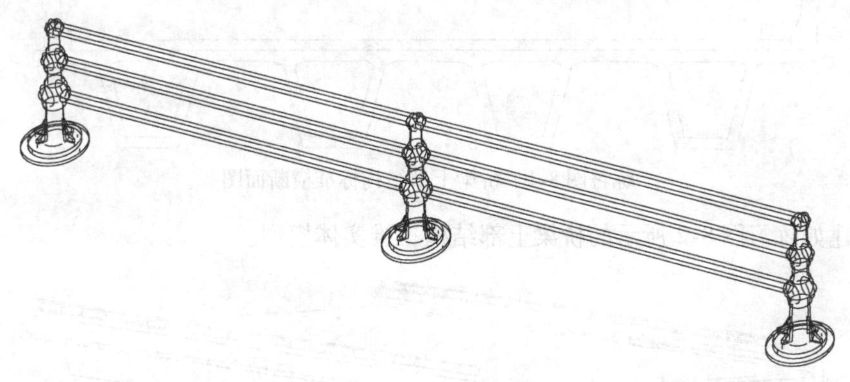

图 8-27　铸铁护栏模型

8.5　附属设施三维建模

道路附属设施包括交通安全设施和其他附属设施。交通安全设施主要包括标志、标线和护栏等，其他附属设施主要包括灯具和照明灯具等。

8.5.1　标线三维建模

道路交通标线是标划于路面的各类车道分割线及行车方向指示线等，包括各种线条、文字、箭头、凸起路标和立面标记等。线条分实线和虚线两种，颜色有白色和黄色两种。可根据平、纵、横设计数据计算出每条标线的三维坐标，用 3Dface 命令来绘制各条标线。文字、箭头、凸起路标的形状一般是固定不变的，可预先制作成“块”，然后在所需位置处插入相应的“块”。

8.5.2　标志三维建模

标志标牌模型主要包括里程指示牌、地名指示牌、道路出入口指示牌、警示牌等。这些标志标牌模型可从预先制作成的“块”或系统提供的三维部件库中直接调用，并输入合适的指示内容，插入到指定里程的合适位置上即可。指示内容的位置和插入点的位置由系统自动计算。

8.5.3　护栏三维建模

路侧护栏是位于道路两侧土路肩上的防撞及缓冲设施，其形式主要有波形梁护栏、混凝土护栏两种。波形梁护栏由立柱和波形梁组成，立柱的截面形状主要是圆形，一般是固定的，可预先制作成“块”，然后根据立柱间距插入到相应的位置上；波形梁的断面形状也是固定的，可按需要长度用拉伸方法来制作。混凝土护栏的截面形状一般也是固定的，可先绘制截面，形成面域，然后用拉伸方法制作。

8.6 模块练习

1. 绘制如练习图 8-1 所示的桥梁上部结构标准横断面图。

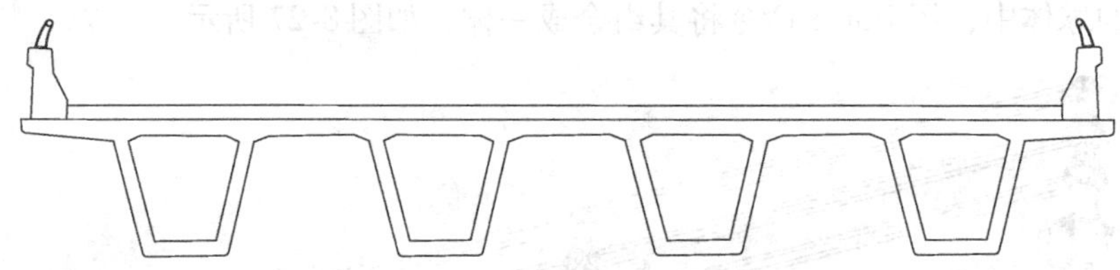

练习图 8-1　桥梁上部结构标准横断面图

2. 构建如练习图 8-2 所示的桥梁上部结构三维实体模型。

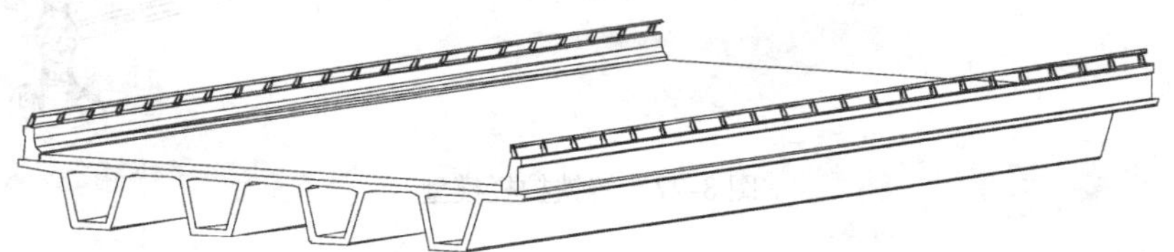

练习图 8-2　桥梁上部结构三维实体模型

3. 构建如练习图 8-3 所示的桥梁下部结构双柱式桥墩和盖梁。

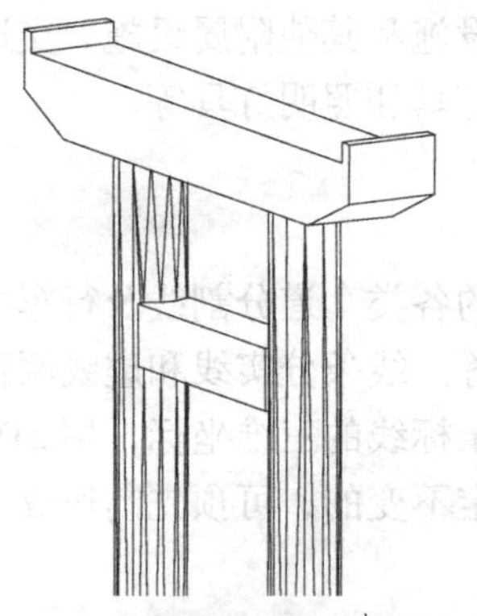

练习图 8-3　桥梁下部结构双柱式桥墩和盖梁

附录 二次开发软件的应用

附录 1 EICAD 简介

集成交互式道路与立交设计图形 CAD 系统，简称 EICAD。该系统主要用于公路、城市道路、互通立交的各阶段设计。在结合相关技术规范的基础上，紧密联系设计实际需求，体现路线设计新思想、新方法，实现了一套全新的设计交互与文档数据管理的过程。EICAD 中有路线版、综合版两个版本，适应用户的不同需求。该系统主要包括平面设计、纵断面设计、横断面设计、平交口设计和三维设计五部分。输出数据可以直接供道路、桥梁三维建模程序——3Droad 使用，建立三维模型。

EICAD 路线版平面设计命令共包含平面设计、辅助设计、信息查询、辅助绘图、路线标注、数据存储、图表生成、规范管理八大类，共集成了 60 个功能命令。包含了路线平面设计、计算、标注、绘图和打印出版等功能。能够大大提高设计、出图效率，能够完成公路、城市道路方案设计、初步设计和施工图设计各个不同阶段的平面设计图。

1.1 EICAD 项目数据环境主要功能

1. 项目数据环境主要为用户提供的内容

1）项目管理平台：实现创建、修改、删除项目信息。

2）道路管理平台：实现创建、修改、删除道路信息。

3）数据文件编辑环境：作为 EICAD 数据文件编辑环境，提供文件注释、跟踪提示、快速定位、查找替换、标记管理、图形预览、格式转换等功能。

4）横断面边坡模板管理平台：实现图形交互式模板编辑环境。

5）提供公路、城市道路设计规范、EICAD 手册等文档的查询。附图 1-1 所示为【项目保存】对话框。

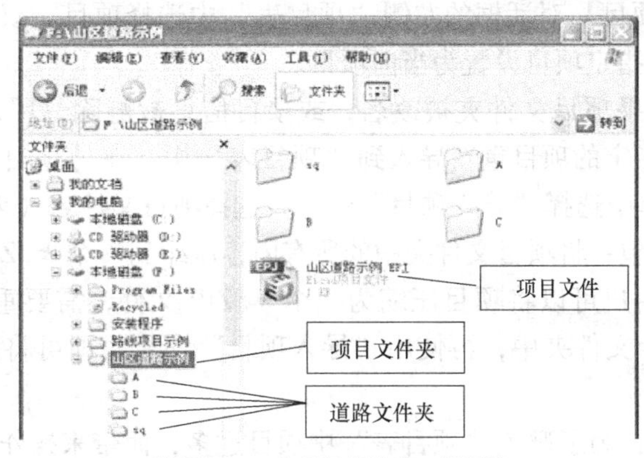

附图 1-1 【项目保存】对话框

2. 主要功能

（1）项目管理　EICAD 项目数据环境中，按项目道路两级，对设计过程进行管理。每个项目可以包含多条道路。例如，在互通立交设计项目中道路包含主线、被交线以及多条匝道。每一个项目一个文件夹，项目文件夹中有一个项目文件（＊.EPJ），在项目文件中记录了项目的基本信息、道路的基本信息。每一条道路的所有相关文件保存在一个以道路名称命名的文件夹中，如附图 1-2 所示。

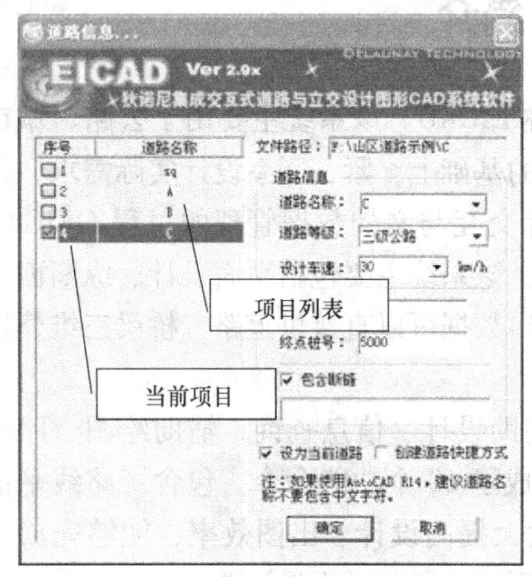

附图 1-2 【项目信息】对话框

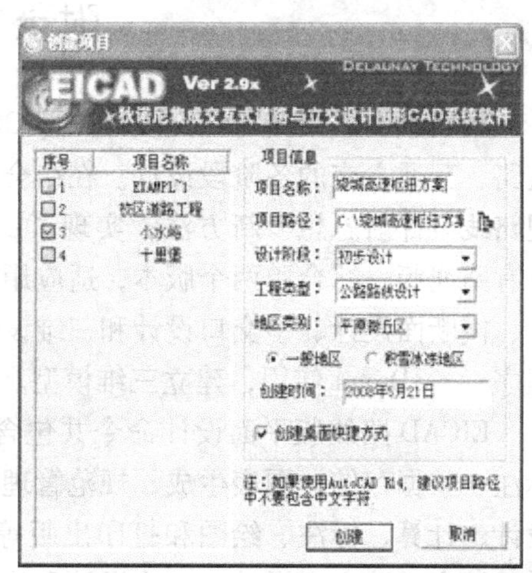

附图 1-3 【创建项目】对话框

1）创建项目：在【项目信息】对话框中，单击右键，在弹出菜单中选择“创建项目”命令，在【创建项目】对话框中，输入“项目名称”，选择项目文件夹，选择“设计阶段”、“工程类型”、“地区类别”，输入“创建时间”等信息，单击“确定”按钮，完成创建项目。如果项目文件夹不存在，程序会创建该文件夹，在指定的项目文件夹中创建项目文件（＊.EPJ），如附图 1-3 所示。

注意：如果输入的项目名称已经存在，系统会提示重新输入“项目名称”。如果用户选择了“创建桌面快捷方式”，程序会在 Windows 桌面创建一个指向项目文件夹的快捷方式，以方便用户管理项目数据。此外，建议用户为每个项目单独创建项目文件夹，以免混淆。

2）打开项目：在【项目信息】对话框中，单击右键，在弹出的菜单中选择“打开项目”命令，在【打开项目】对话框的左侧“项目表”中选择项目。双击项目名称，或单击“打开”按钮，即可将指定项目设置为当前项目。

3）导入项目：如果项目文件夹被改名，或项目信息被删除，用户可以使用“导入项目”命令将项目文件指定的项目重新导入到“项目表”中。在【项目信息】对话框中，单击右键，在弹出的菜单中选择“导入项目”命令，选择项目文件名（＊.EPJ）。

4）导出项目压缩包：将项目文件夹中的所有内容压缩到一个＊.ZIP 压缩文件中。在备份项目设计数据时，用户可以将项目压缩为一个＊.ZIP 文件，需要重新使用项目数据时，将压缩文件解压到一个文件夹中，再使用“导入项目”命令，即可将该项目重新加入“项目表”中。

5）删除项目记录：为了避免“项目表”中项目过多，而带来操作上的麻烦，用户可以将不再需要的项目从“项目表”中删除。注：该命令仅删除项目表记录，而不会删除任何文件。需要恢复被删除项目时，使用“导入项目”命令，即可将该项目重新加入“项目表”中。

6）修改项目设置：在【项目信息】对话框中，单击右键，在弹出菜单中选择“项目设置...”，在【项目信息】对话框中，修改项目信息。单击“保存”按钮。修改即可生效。

7）打开项目文件夹：驱动 Windows 打开当前项目的文件夹。

（2）道路管理　EICAD 项目数据环境中，道路的所有设计数据被保存在以道路名称命名的文件夹中，注意：不要改变“道路文件夹”的名称。一个项目中的道路信息被保存在“项目文件（*.EPJ）”中。道路信息包括：道路名称、道路等级、设计车速、起点桩号、终点桩号、断链描述（如果没有则为空）。

重要提示：用户在 AutoCAD 中，对某条道路进行桩号初始化，或使用 *.ICD、*.JD 文件恢复道路路线之后，程序会搜索用户输入的道路名称是否包含在当前项目中，如果包含，则自动刷新道路信息中的道路等级、设计车速、起点桩号、终点桩号和断链描述，等等。如果不包含，则提示是否将道路信息写入当前项目，即创建道路。

根据上述说明可知，用户在创建新项目后，分别对每条道路进行桩号初始化之后，可以得到完整的道路信息。EICAD 与项目数据环境之间，通过底层的数据交互，确保图形与数据文件二者数据保持一致。

此外，如果道路的数据文件已经存在，可以使用“导入道路”命令，将这些文件复制到道路文件夹中。程序会根据数据文件中描述的信息自动获取道路起点桩号、终点桩号、断链描述等数据。

1）设置为当前道路：在当前项目中，指定某条道路为“当前道路”，在 AutoCAD 环境中，进行道路设计时，将自动指定“当前道路”所在文件夹为默认文件夹。以便用户选择文件和路径。同时，在 EICAD 项目数据环境的【文件管理】窗口中，显示“当前道路”的各数据文件，以便用户编辑操作。

在 AutoCAD 环境中进行道路平面设计时，用户还可以使用“Ei_BZSettings 标注设置”命令设置当前道路，达到“改变当前道路”的目的。

需要修改某条道路的某个数据文件时，应先在【项目信息】对话框中，打开道路所在项目，设定当前道路；在【文件管理】窗口中，双击指定文件，即可打开需要编辑的平、纵、横数据文件。

2）创建道路：在当前项目中，添加道路记录。在【项目信息】对话框中，单击鼠标右键，在弹出菜单中选择【创建道路】，在【创建道路】对话框中输入道路名称、道路等级、设计车速、起点桩号、终点桩号、断链描述（如果没有则为空）等信息。

通常可以在 AutoCAD 中，对道路进行桩号初始化时，自动创建道路。如果道路数据文件已经存在也可以使用“导入道路”的方式来创建。

3）删除道路：在当前项目中，删除某条道路记录，仅删除道路记录而不删除道路文件夹及其中的数据文件。

4）导入道路：如果道路数据文件已经存在，用户可以使用“导入道路”命令，来创建道路记录。用户操作步骤为：

① 将该道路的所有数据文件复制到一个文件夹中，如：D：\A 匝道；文件名前缀为道路名称，如：A.DMX，A.ICD，A.HDX 等。

② 在“项目信息”窗口中，单击鼠标右键，在弹出菜单中选择“导入道路”。

③ 选择“D:\A 匝道”文件夹中任一个文件，程序读出文件名前缀为默认道路名。

④ 在弹出“道路信息”对话框中，输入道路信息。程序将 D:\A 匝道所有以道路名称为文件名前缀的道路数据文件复制到道路文件夹中。

上移记录：将道路记录上移一行。

下移记录：将道路记录下移一行。

道路属性：显示、修改道路信息。

（3）文件管理 EICAD 项目数据环境中，文件管理功能主要用于编辑道路数据文件、链接其他文档和图形文件。在【文件管理】窗口中，显示出当前项目当前道路所包含的平、纵、横数据文件，以及用户指定的文档和图形文件的链接。在【文件管理】窗口的树列表中双击文件项即可进行编辑和查看。

1）打开文件：在【文件管理】窗口的树列表中，选中文件，单击鼠标右键，在弹出菜单中，选择“打开文件”。当用户打开一个“用户定义数据”文件项，例如：打开一个 Excel 文件，程序会启动 Excel 打开该文件。当用户打开一个“用户定义图形”文件项，程序会启动 AutoCAD 来打开该文件。从文件项的图标可以看出该文件是否存在。如果打开一个不存在的数据文件，程序会提示：创建该文件，还是导入其他文件的内容到该文件中。

2）导入文件：当用户需要将其他文件的内容复制到选定的文件中，并清除文件现有内容时，使用“导入文件”命令。

3）打开道路文件夹：驱动 Windows 打开当前道路文件夹。

4）添加用户数据：向“用户定义数据”中添加文件链接。用户可以使用“去除用户数据”命令，将文件链接删除。

5）添加用户图形：向“用户定义图形”中添加图形文件链接。用户可以使用“去除用户图形”命令，将文件链接删除。

（4）模板库管理 EICAD 项目数据环境中，使用模板库、模板文件两级进行管理。横断面边坡模板文件（*.TYP）被集中在模板库文件夹中进行管理。每个模板库文件夹中包含一个库文件（*.TPB），该文件中定义了库的基本信息和各模板文件的名称、路径等信息。

用户可以根据需要定制多个模板库，将同一个项目所需的模板文件及其所需的支持文件，复制到同一个模板库文件夹中。在“边坡模板”窗口中，创建模板库，在 AutoCAD 环境中，进行横断面戴帽设计时，会自动指向该模板库文件夹，从中搜索模板文件，如附图 1-4 所示。

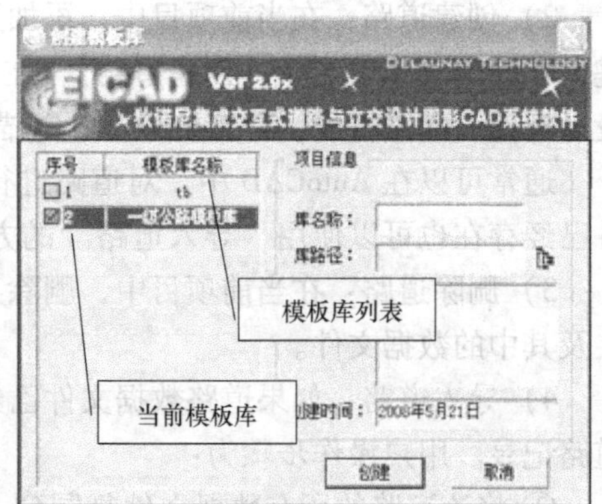

附图 1-4 【创建模板】对话框

1）新建模板库：在“模板库列表”中，创建新的模板库。用户可以使用“导入模板”“新建模板向导”命令向新的模板库中添加模板。

2）打开模板库：从“模板库列表”中，选择当前模板库。

3）导入模板库：选择模板库文件（*.TPB），将其添加到“模板库列表”中，并设置为当前模板库。

4）导出模板库压缩包：将模板库文件夹中的所有内容压缩到一个＊.ZIP 压缩文件中。在备份模板库时，用户可以将模板库压缩为一个＊.ZIP 文件，需要重新使用模板库数据时，将压缩文件解压到一个文件夹中，再使用“导入模板库”命令，即可将该模板库重新加入“模板库列表”中。

5）删除当前模板库：从“模板库列表”中，删除当前模板库记录，仅删除库记录而不删除模板库文件夹及其中的文件。

6）修改模板库信息：显示、修改当前模板库信息。

7）打开模板库文件夹：驱动 Windows 打开当前模板库文件夹。

（5）模板管理　模板管理功能包括：打开模板文件进行编辑和查看，向模板库中添加模板，从模板库中删除模板记录，重命名模板文件。

用户可以根据需要定制多个模板库，将同一个项目所需的模板文件及其所需的支持文件，复制到同一个模板库文件夹中。在“边坡模板”窗口中，创建模板库，在 AutoCAD 环境中，进行横断面戴帽设计时，会自动指向该模板库文件夹，从中搜索模板文件。

注：如果模板文件中指定了其他支持文件，如按竖曲线文件确定高程（需要竖曲线文件＊.SQX 支持）、插入挡土墙（需要挡墙文件＊.DQ 支持），则应当将这些支持文件复制到模板文件所在的路径中。

1）编辑模板：在“边坡模板”窗口中，选中模板项，单击鼠标右键，在弹出菜单中选择“编辑模板”，弹出【模板编辑器】对话框，如附图 1-5 所示，在对话框中显示出与 EI-CAD 横断面模块模板定义完成相同的设置内容。在上部“模板预览”窗口中可以看到模板

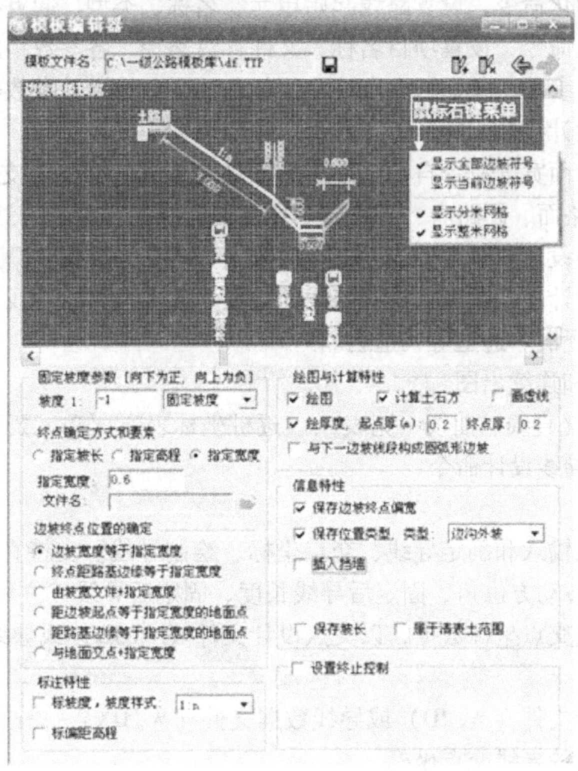

附图 1-5 【模板编辑器】对话框

的形式和设置内容，显示内容包括：边坡线和表示边坡线设置情况的符号。用户可以通过右键菜单，设置“显示全部边坡符号”或“显示当前边坡符号”。通过窗口滚动条或鼠标滚轮可查看其全部内容。

通过【模板编辑器】对话框右上角的左右箭头按钮，可以依次切换各条边坡线。通过左右箭头左侧的“添加”、“删除”按钮，可以在模板中插入或删除边坡线。用户对各条边坡线的设置保存到边坡模板文件中。

2）新建模板向导：创建一个新的模板文件，其他操作同“编辑模板”。

3）导入模板：将模板文件导入当前模板库中。

4）另存模板：将模板文件保存到指定文件中。

5）重命名模板：重命名模板文件名。

6）删除模板：仅删除模板记录，不会删除模板文件。

1.2 平面设计成图的一般步骤

1）通常情况下，首先使用导线设计命令直接或交互式输入导线交点的坐标，绘制导线。

2）使用交点设计命令或平曲线设计命令，对逐个交点进行平曲线设计和修改。

对于已经取得现场勘测定线数据的情况下，可先按照“交点文件”格式，直接编辑*.JD文件，而后使用“Ei_DrawXW 重新生成线位命令”将*.JD 文件描述的线位绘制出来。

3）使用桩号初始化命令，设置路线起始单元、名称、类型、起点桩号、断链等信息。

4）使用标注设置命令，设置项目名称、文件存盘路径、各参数精度、特征点名称等。

5）标注交点设计参数，包括：交点编号、偏角、平曲线设计参数等。

6）标注路线的设计参数、特征点、桩号及整公里标等。

7）使用定义横断面宽度命令自动生成横断面加宽数据，必要时支持手工调整，根据加宽数据绘制分隔带、路面、硬路肩、土路肩等宽度偏置线。

8）保存路线平面设计参数，生成逐桩坐标数据、超高等数据。

9）根据横断面设计成果数据，绘制路线的边坡、边沟及其示坡线。

10）标注桥梁、涵洞、通道等构造物。

11）平面图分幅和连续出图。

12）生成与输出《直线、曲线一览表》、《逐桩坐标表》、《单元要素表》等图表。

1. Ei_DXDesign 导线设计命令

(1) 功能介绍

1）通过交互方式输入和确定导线、交点坐标、绘制导线。支持直接输入、固定方位角拖动长度、固定长度转动方位角、固定后导线长度、固定后导线方位角等九种交互方式。

2）将输入的导线交点坐标数据，以交点设计文件（*.JD）或导线数据文件（*.DX）的格式保存。

3）打开交点设计文件（*.JD）或导线数据文件（*.DX），修改交点坐标。

4）搜索已经绘制的导线交点坐标。

5）文件格式转换：将无坐标导线数据文件转换为导线数据文件。即：将用户填写的

“方位角 + 导线长”或“偏角 + 导线长”格式的文件（*. txt），转换为导线文件（*. DX）或（*. JD）。

6）本命令主要供图上定线使用，如果用户已经具备了交点和平曲线设计数据，可以直接使用“交点设计”命令。

（2）操作提示

1）文件操作：通过输入或单击“打开”按钮选择操作的导线数据文件（*. DX）或交点设计文件（*. JD），单击“保存”按钮保存文件，单击“查看”按钮，用记事本程序打开文件，查看文件内容。

2）表格操作：如附图 1-6 所示，在交点坐标表格中，填写 X、Y 坐标数据。“插入行”“删除行”按钮，用于编辑表格数据。单击“刷新图形”按钮，可根据当前表格数据绘制导线。

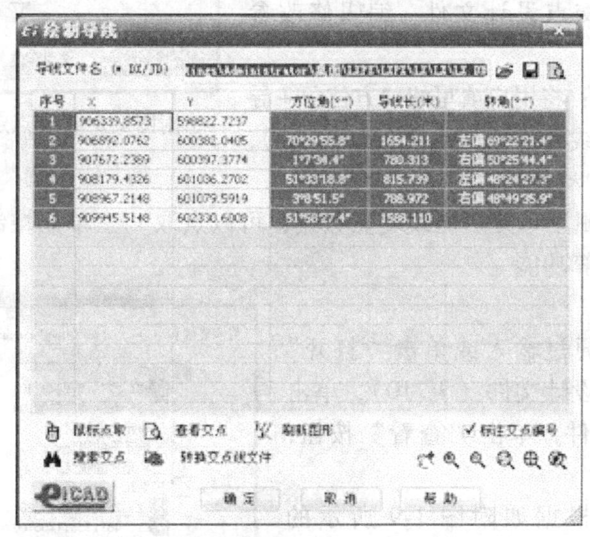

附图 1-6　【绘制导线】对话框

3）坐标交互编辑：若需使用交互方式来修改坐标，首先选中交点所在表格行，单击“鼠标点取”按钮，进入交互式编辑状态。

4）弹出【插入/修改导线交点坐标】对话框，如附图 1-7 所示，选择使用模式：“仅修改当前行数据”“在当前行后插入表格”“清空表格后，插入交点”“覆盖相应表格行”，单击“确定”按钮进入拖动状态。

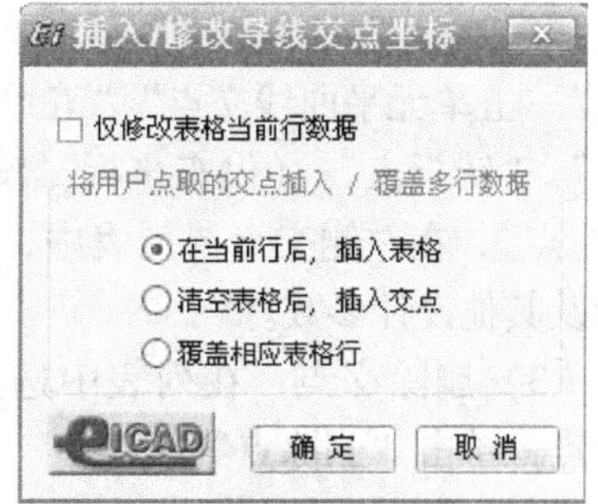

附图 1-7　【插入/修改导线交点坐标】对话框

5）修改拖动方式：动态拖动方式，修改点坐标时，默认的交点拖动方式为“自由拖动”，需要切换其他的方式时，可单击鼠标右键，弹出【交点定位选项】对话框，如附图 1-8 所示，根据需要选择交互方式、设置捕捉方式、输入参数、调整视图显示（如：Pan、Zoom）等。单击“确定”按钮，返回拖动状态，单击“结束定位”按钮，确认当前数据，返回【导线设计】对话框。

6）如果用户已经绘制了导线（一组首尾相接的直线），可点取“搜索交点”按钮，选取任意导线实体，自动搜索到交点坐标，并填写到表格中。

2. Ei_JDDesign 交点设计命令

（1）功能介绍

1）通过交互方式输入交点坐标。

2）设置交点类型、平曲线参数（如：缓和曲线长度、圆曲线半径等）。

3）根据交点、平曲线参数绘制线位。

4）以交点设计文件格式（*.JD），保存交点设计数据。

5）打开已有的交点设计文件，编辑修改参数，重新恢复路线。

6）文件格式转换：将用户填写的“方位角+导线长”或“偏角+导线长”格式的文件（*.txt），转换为交点设计文件（*.JD）。

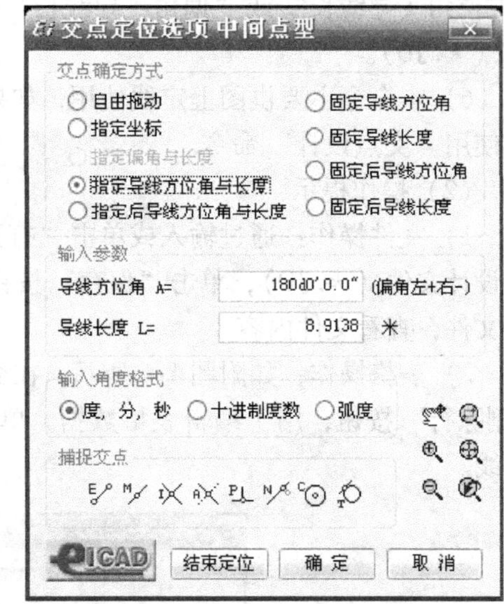

附图 1-8 【交点定位选项】对话框

如果用户正在编辑三单元平曲线交点数据，可以点取“三单元控制试算”按钮，启动 EICAD 平曲线控制试算功能。

（2）操作提示

1）文件操作：通过输入或单击“打开”按钮选择操作的交点设计文件（*.JD），单击“保存”按钮保存文件，单击“查看”按钮，查看文件内容。

2）插入交点：根据如附图 1-9 所示的【交点设计】对话框，单击“插入点”按钮，选择交点类型，如附图 1-10 所示。选择“起点”“三单元平曲线交点”“三单元回头曲线交点”“五单元平曲线交点”“五单元回头曲线交点”“转折点”（仅有坐标，没有曲线参数）“终点”，在左侧交点树列表中，输入交点的坐标及其他设计参数。

3）删除交点：在列表中选择需要删除的交点，单击“删除点”按钮。

附图 1-9 【交点设计】对话框

4）修改交点坐标：在列表中选择需要修改的交点，单击“修改点坐标”按钮，以动态拖动方式修改点坐标。默认的交点拖动方式为“自由拖动”，需要切换其他的方式时，可单击鼠标右键，弹出【交点定位选项】对话框，根据需要选择交互方式、设置捕捉方式、输入参数等。其中支持“沿前/后导线方位角拖动”“按前/后导线长度拖动”“指定坐标、偏角、方位角”等九种拖动方式。

5）交互式修改参数：打开相应的平曲线设计对话框，交互式修改交点各项参数，如附图1-11所示。

附图1-10　【选择点模式】对话框

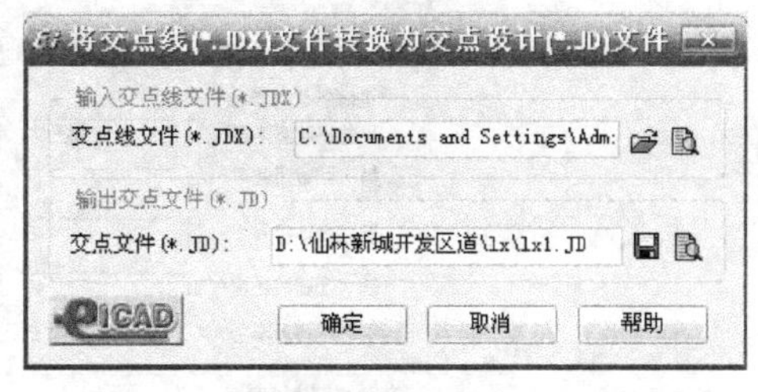

附图1-11　【转换】对话框

6）跟踪显示：当交点较多、路线较长时，为了方便用户查看图形，“交点设计”命令提供“跟踪视口显示”选项。打开该选项，当双击交点列表中交点行时，视图中心将移动（PAN）到指定交点坐标。另一个方法是：选中需要查看的交点，单击“查看交点位置”按钮。

7）搜索组合交点：如果路线已经绘制完成，可单击“搜索组合交点”按钮，选取路线任意单元，程序自动搜索路线中的交点坐标和参数，并依次添加到列表框中。注意：使用＊.ICD文件恢复的线位之后，需要生成＊.JD文件时，必须先进行“搜索组合交点”的操作，才能得到交点和平曲线的信息。

8）绘平曲线：在完成交点参数的编辑后，单击“绘平曲线”按钮，程序根据当前列表中的交点设计数据，绘制路线。单击“绘导线”按钮，程序根据当前列表中的交点坐标数据，绘制导线。

3. 三单元平曲线设计命令

（1）功能介绍

1）选取前后两条导线（Line）实体，计算交点坐标和偏角。

2）按照长度相等的原则，自动生成平曲线参数，包括：缓和曲线长度、参数A值和圆曲线半径。

3）选取已经绘制好的三单元平曲线任意单元实体，修改平曲线各项参数。

4）以直接输入或动态拖动的方式，修改各平曲线设计参数。

5）以动态拖动方式，修改平曲线的第一、二切线长度、圆曲线半径、缓和曲线参数A或长度。

6）单击“三单元控制试算”按钮，启动EICAD平曲线控制试算功能。

7）根据用户输入参数，预览和绘制平曲线。

（2）操作提示

1）拾取前后导线，或选取已经绘制的三单元平曲线中的任意单元，弹出【布设导线法三单元型平曲线】对话框，如附图1-12所示。当用户选择两条导线时，程序按照长度相等的原则，设置自动生成平曲线参数，包括：缓和曲线长度、参数A值和圆曲线半径。当用户选择已经绘制的三单元平曲线时，程序读出平曲线的各项参数，显示在对话框中。

2）选择“回旋线参数类型”下拉列表框，默认“回旋线长度”，用户也可以按照“回旋线参数 A”来设定曲线参数。

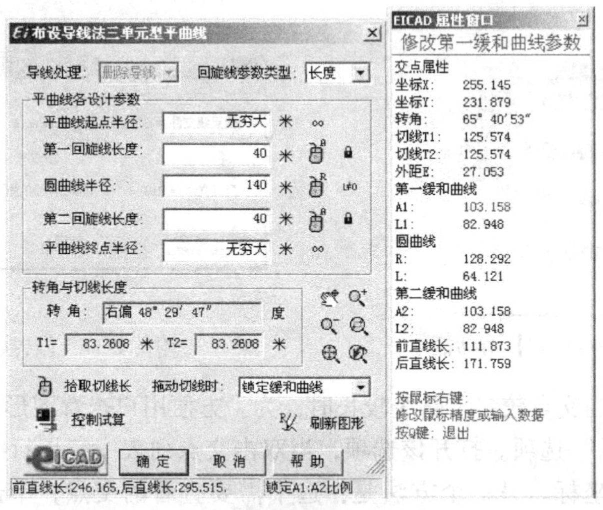

附图 1-12 布置导线及属性窗口

3）单击平曲线参数（回旋线长度、圆曲线半径）等输入框右侧“拖动”按钮，可进入动态拖动修改状态，分别修改相应的参数。在拖动过程中，屏幕右侧“Eicad 属性窗口”中显示出当前平曲线的所有参数和前后直线段的长度。

4）动态拖动方式修改平曲线参数：以动态拖动圆曲线半径为例，鼠标左右移动，线位动态刷新，默认的拖动模式为“自由拖动”。拖动过程中单击鼠标右键，弹出【修改鼠标精度或直接输入参数】对话框，如附图 1-13 所示，可以打开“直接输入参数”复选项，直接输入半径数值。也可以设置为其他的拖动方式。若用户设置拖动精度为 1m，单击“确定”，返回动态拖动方式，圆曲线半径按 1m 为步长变化。

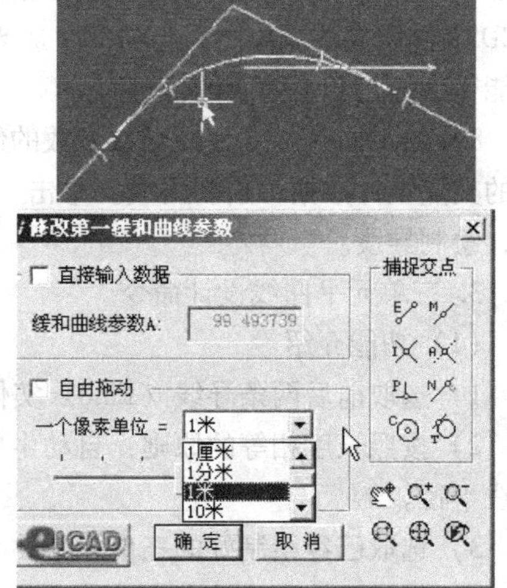

附图 1-13 修改缓和曲线窗口

其他事项说明：

1）第一、二缓和曲线长度输入框右侧各有一个“锁定”按钮，用于锁定两条缓和曲线长度的比例，锁定状态的情况下，拖动修改任何参数时，缓和曲线的长度均按照当前的比例同时变化。

2）圆曲线半径的输入框右侧有一个按钮，若单击该按钮，将锁定圆曲线长度等于 0，平曲线仅包含首尾相连的两条缓和曲线（即拱形线）。再次单击该按钮，恢复为正常的三单元平曲线模式。

3）在平曲线起、终点半径的输入框右侧各有一个∞“无穷大”按钮。在 EICAD 中，平曲线的起终点半径可以设置为不等于无穷大的数值，得到的缓和曲线为不完整回旋线［当

R∈（∞→Rx），称之为完整回旋线，当R∈（R1→R2），R1≠R2，称之为不完整回旋线］。若输入了起、终点半径数据，单击 ∞ “无穷大”按钮，可重新将其设置为“无穷大”。

4. Ei_ZHInit 桩号初始化命令

当每个交点、平曲线都设置完成后，路线各设计单元之间还没有建立前后连接的关系，选择路线起始单元，执行“桩号初始化命令”，将建立前后单元的搭接关系。并将路线名称、类型、起始桩号、断链等参数写入路线实体，供后续操作使用。

（1）功能介绍

1）设置路线起始单元，搜索路线全部单元，并建立相应的前后搭接关系。若仅搜索到一个单元，则可能是起始单元的前进方向不正确，需要先使用“平曲线/单元反向”命令，改变起始单元的前进方向。

2）设置路线的名称、等级、设计车速等属性。

3）设置路线起始桩号。

4）通过输入或断链文件，设置路线的断链数据。

（2）操作提示

1）选取路线的起始单元。注意：起始单元的前进方向，选取点应靠近路线的起点。

2）弹出【路线桩号初始化】对话框，如附图 1-14 所示，输入路线起始桩号、路线名称。选择道路等级，包括：高速公路、一级公路、二级公路、三级公路、四级公路、城市主干道、城市次干道等。并输入道路设计车速。

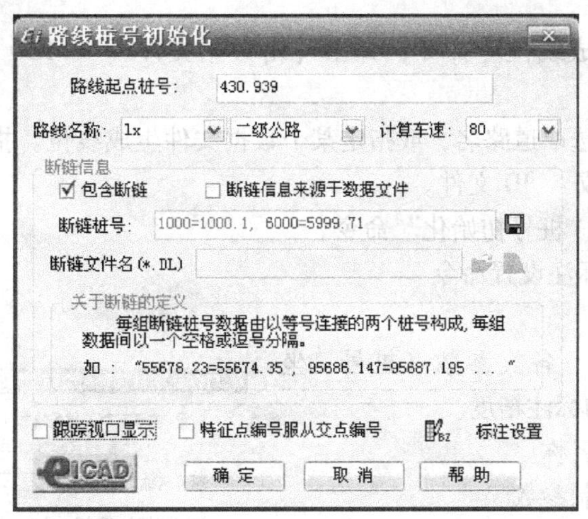

附图 1-14 【路线桩号初始化】对话框

3）如果路线中包含断链，打开“包含断链”复选项，输入断链桩号，其格式说明见对话框。如果用户已经有了一个描述断链的文件 *.DL，可打开“断链信息来源于数据文件”复选项，输入或选择一个断链文件名 *.DL。

4）单击“标注设置”按钮，弹出【标注设置】对话框可以设置项目名称、文件存盘路径、标注精度、特征点名称（拼音缩写、英文缩写或自定义）等。设置的项目名称将出现在 AutoCAD 的状态栏里。此后对这个图形文件 *.DWG 进行操作时，将会提示用户当前正在操作的图形属于哪一个项目。

5）单击“确定”按钮，开始对路线进行初始化，路线较长时，或初始化结果不正确时，应打开“跟踪视口显示”复选项。窗口将跟随当前路线单元的搜索位置移动，就可以检查到出错的位置，以便修改。

6）如果用户输入的路线名称包含在当前项目中，程序会将桩号初始化的结果传递给“项目数据环境”，改变指定道路的起终点桩号和断链信息。如果用户输入的路线名称没有包含在当前项目中，程序将提示是否创建新道路。如果创建道路，在“项目数据环境”中当前项目会增加一条道路，并在当前项目路径中自动创建一个道路目录。如果用户选择“不创建道路”，则仅对路线进行桩号初始化，不修改项目信息。

5. 重新生成线位命令

（1）功能介绍

使用“保存路线平面设计资料”命令中，可将路线中每个单元的设计参数保存到一个 *. ICD、*. JD 文件中，使用“重新生成线位”命令将打开指定 *. ICD 或 *. JD 文件，重新恢复成路线图形。本命令中可以一次生成当前项目中所有的道路线位。

在“路线初始化”和“重新生成线位”命令中，包含“特征点编号服从交点编号”选项，在 EICAD 以前的版本中，为了防止特征点重号，按点编号次序分别进行编号，当路线中有五单元平曲线、转折点等交点时，特征点的编号就与交点编号不一致。新的版本中，选择“特征点编号服从交点编号”，可以避免这种情况，但有可能发生特征点重号的问题。用户在使用过程中，应根据需要进行选择。

（2）操作提示

1）执行“重新生成线位”命令，弹出【由数据文件（*. ICD 或 *. JD）生成线位】对话框。

2）在道路列表中选取道路名，或指定某个数据文件生成线位。指定文件时需输入或单击按钮，选择 *. ICD 或 *. JD 文件。

3）其余操作均同“桩号初始化”命令。

6. Ei_DimSetting 标注设置命令

（1）功能介绍

1）设置当前道路、各类参数（桩号、坐标、半径、长度等）的标注精度。

2）设置特征点的名称。

3）设置示坡线绘制参数。

4）将以上设置保存在 DWG 文件中。

（2）操作提示

1）执行“标注设置”命令，弹出【EICAD 项目管理】对话框，如附图 1-15 所示。

2）设置“项目路径、坐标大数与标注精度”页。对话框中显示当前项目名称和当前道路路径，用户需要切换当前设计道路时，可以单击“设置当前道路”按钮，也可以在 EICAD 项目管理器中进行。如果需要改变当前设计项

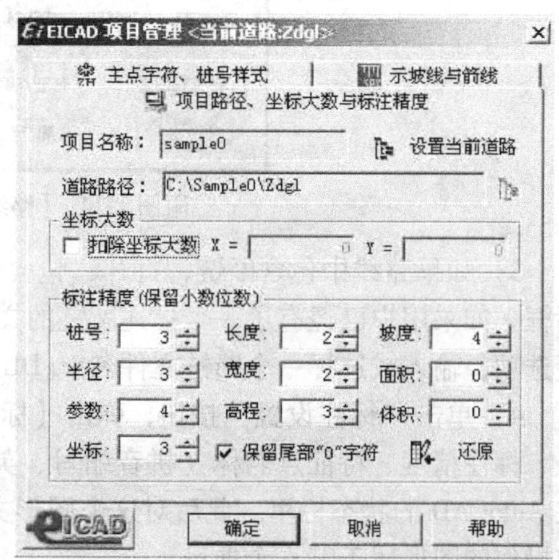

附图 1-15 【EICAD 项目管理】对话框

目，则需要在 EICAD 项目管理器的“项目信息”窗口中，单击鼠标右键，选择“打开项目”菜单项。

扣除坐标大数的设置可以使输出的坐标数值时自动扣除 X、Y 方向的大数，以缩短标注字符长度。单击“还原”按钮可按系统默认的数据，恢复各项设置参数。

3）各类参数的标注精度：在程序输出桩号、坐标、半径、长度等参数时（如标注、输出到文件等），将保留到指定的小数位数。注意：精度设置仅在标注这些参数时起作用，在设计计算时按照程序内部的高精度数据处理，从而无论用户设置的精度如何，都不会影响系统的计算精度。

【注 1】“保留尾部 0 字符”选项打开时，以桩号 K0 + 100.50012 为例，标注精度为保留 3 位小数，将标注为“K0 + 100.500”。如果关闭“保留尾部 0 字符”选项，则标注为“K0 + 100.5”。

4）设置“主点字符”页。在标注特征点时，使用用户设置的字符加特征点的顺序号，如：HY1：表示第一个缓圆点。系统提供“拼音缩写”“英文缩写”和“自定义”方式。

5）桩号标注类型选项，支持三种常用的桩号样式。

6）设置“示坡线间距、长度”页，间距、长线的长度、长短比例参数和最短绘制长度，在绘制示坡线时起控制作用。注意：如果示坡线的最短绘制长度不为零，当示坡线长度小于指定数值时，即坡顶、坡脚距离很近时，将不绘制示坡线。

【注 2】 按坡长比例控制长度时，输入长示坡线与坡长的比例，根据该比例来确定长示坡线的长度。

7. Ei_JDDim 交点标注命令（公路）

（1）功能介绍

1）设置交点标注的前导字符、桩号前缀和起始交点的序号。

2）支持用户设置和保存交点标注样式。

3）设置“绘制切线”“表格成组”等。

4）绘制全线的交点标注表格，并根据修改后的设置（内容、顺序、字型、字高）刷新交点标注表格。

5）删除已绘制的交点标注表格。

6）移动和旋转指定的交点绘制表格。

（2）操作提示

1）当用户需要绘制交点表格时，或者已经绘制，需要修改交点表格时，执行“交点标注”命令，选取需要操作的路线。弹出【标注交点及其平曲线设计表格】对话框，如附图 1-16 所示。

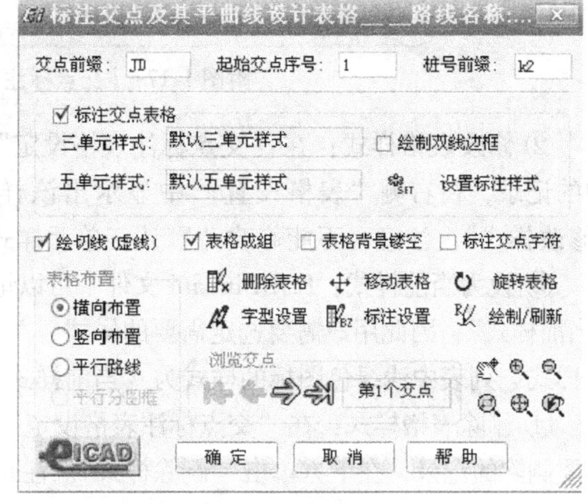

附图 1-16 【标注交点及其平曲线设计表格】对话框

2）输入交点的前缀字符，默认为“JD”，标注交点字符为前导字符加顺序号。输入起始交点的顺序号如：10，则 JD10 表示该图中的第一个交点。

3）选择交点表格布置方式：横向布

置、竖向布置、平行路线、平行分图框，如果使用平面分幅命令绘制出分图预览框，可选择“平行分图框”，交点标注表格将平行于各页图框布置。

4）单击“绘制/刷新”按钮，程序根据对话框的设置，绘制或刷新表格。

5）单击“删除表格”按钮，程序将自动删除搜索到的交点标注表格。

6）移动某个表格：单击“移动表格”按钮，选择表格，拖动到新的位置，单击鼠标左键确定。

7）旋转某个表格：单击“旋转表格”按钮，选择需要旋转的表格，表格绕基点，拖动到新的角度，单击鼠标左键确定。

8）设置标注样式：系统的 EiJDDim. ini 文件中记录了默认和用户自定义的表格样式，如果该文件被删除，系统会自动恢复为默认样式。单击“标注设置”按钮，可以查看或定义标注表格的样式。

① 添加样式：在【交点标注表格设定】对话框中，如附图 1-17 所示，在右侧“表格设置”中输入新的样式内容。注意：新的样式名称不得与已有的样式同名。如果改变了表格的行数或列数，则需要单击“重设行列”按钮，然后在下方表格内，分别点选每个下拉式组合框，选取每个单元格内的标注内容。完成设置后，单击“添加样式”按钮。

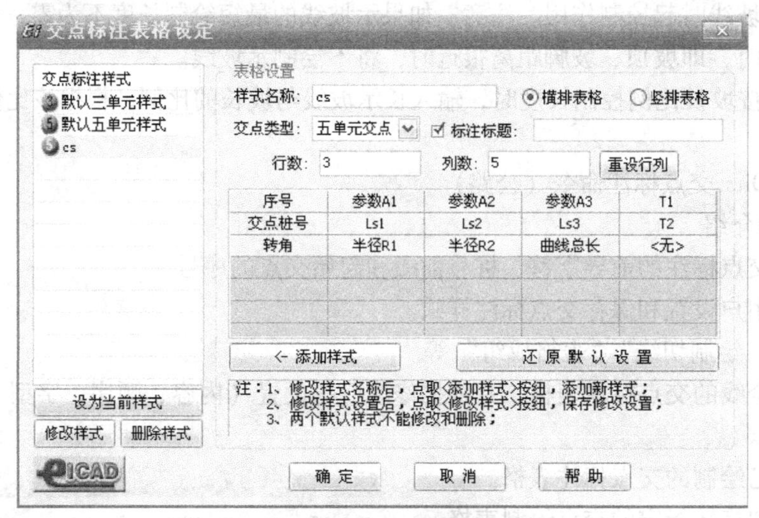

附图 1-17 【交点标注表格设定】对话框

② 修改表格样式：在“交点标注表格设定”对话框中，单击左侧“交点标注样式”表中的记录，在右侧“表格设置”中显示出该样式所定义的内容，修改这些内容后，单击“修改样式”。注意：不能修改“默认三单元样式”和“默认五单元样式”。

③ 设为当前样式：EiJDDim. ini 文件中可以记录很多个标注样式，但在绘制表格时仅采用“当前样式”，因此用户需要选定需要的样式，并单击“设为当前样式”按钮。左侧“交点标注样式”列表中浅绿色图标的样式为“当前样式”。灰绿色图标的样式不影响表格绘制。

④ 删除表格样式：在“交点标注表格设定”对话框中，单击左侧“交点标注样式”表中需要删除的记录，在下方单击“删除样式”。注意：不能删除“当前样式”和两个默认样式。

8. Ei_DimPM 路线标注命令

（1）功能介绍

1）标注设计单元参数。

2）标注特征点名称、桩号等。

3）标注路线桩号、插入公里桩图块。

4）标注路线名称。

5）标注剖面线。

6）标注断链桩号。

7）标注单元切交点。

需要注意的事项：

已经完成了路线标注，如果需要修改标注，可重新执行该命令，仅设置需要修改的部分，其他部分不选择，然后单击“标注/刷新”按钮，程序将根据新的设置刷新标注实体。

（2）操作提示

1）当用户需要进行路线标注时，或者已经绘制，需要修改时，执行“路线标注”命令，选取需要操作的路线。弹出【路线标注】对话框，如附图 1-18 所示。

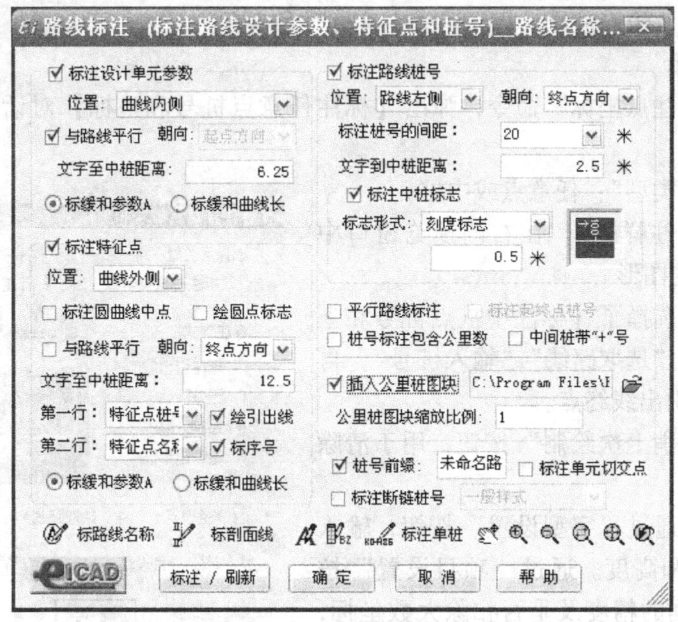

附图 1-18　【路线标注】对话框

2）标注设计单元参数的设置方法：打开“标注设计单元参数”选项，选择标注位置（系统提供了曲线内侧、曲线外侧、路线左侧和路线右侧四个选项），输入文字距中桩距离。当用户关闭“与路线平行”选项，参数将垂直路线标注，此时，用户可以设置字头的朝向（系统提供了起点方向和终点方向两个选项）。此外，用户可以选择标注缓和曲线参数 A 或者缓和曲线长度。

3）标注特征点的设置方法：标注位置、距离、方向等设置同上，需要说明的是，标注特征点时在引出线的两侧标注两行文字，默认情况下，第一行标注为：“特征点桩号”，第二行标注为：“特征点名称”，用户也可以选择其他的标注内容。标注内容包括：“<无>”“特征点名称”“特征点桩号”“上一单元参数”“下一单元参数”。

4）标注路线桩号的设置方法：标注位置、距离、方向等设置同上。需要说明的是，提供了三种中桩标注供选择（刻度标、小圆和短线），并支持用户修改中桩标注的尺寸（如：刻度标长度、小圆半径等）。当用户需要在整公里处插入一个公里桩时，可选中“插入公里桩图块”选项，默认公里桩图块文件为：“…\ AutoCAD R14 \ Support \ KmSign. dwg”文件，点取右侧的“浏览”按钮，可选择自定义的公里桩图形文件，并输入插入图块的缩放系数，默认缩放系数为1。

5）“标注单桩”：用于标注指定桩号或桩号文件*. st中的桩号。

6）若需要标注断链桩号时，应将“标注断链桩号”选项打开。

7）完成以上设置，或对以上设置进行了修改后，单击“标注/刷新”按钮。程序自动重新绘制。

9. 标注点坐标命令

（1）功能介绍

1）设置标注样式。

2）标注任意点坐标。

3）选取路线、输入桩号，标注路线中桩桩号和坐标。

（2）操作提示

1）执行“标注点坐标”命令，弹出【标注任意点桩号和坐标】对话框，如附图1-19所示。

2）选取“点类型”：任意点或中桩。

3）选择“标注样式”。在右侧预览窗口中可以观察到标注的图形。

4）如果用户选择了【标注中桩点桩号和坐标】，则需要首先“选取路线”“输入桩号”，再“拾取点”，点取引出线终点。

5）单击“撤消上次绘制”按钮，用于清除上次绘制的实体。

6）用户可以通过“字型设置”按钮，输入标注文字的字型和高度。通过“项目设置”按钮，修改标注数据的精度及是否扣除大数坐标，扣除大数坐标的数值。

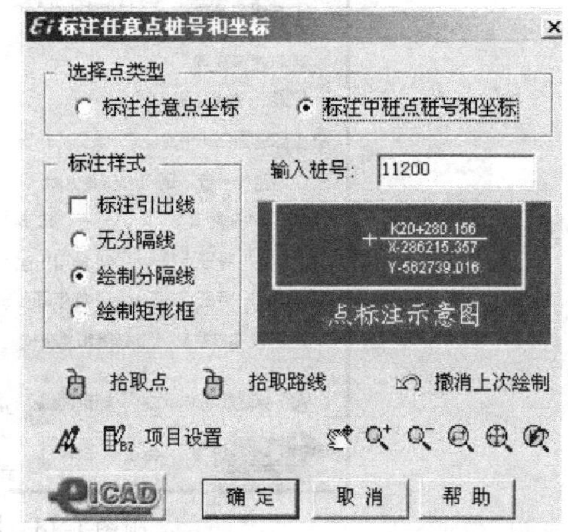

附图1-19 【标注任意点桩号和坐标】对话框

10. 数据存储命令

EICAD提供的数据存储命令，能够提供搜索图形数据，保存路线平面设计资料、自动生成桩号序列资料、逐桩坐标资料、辅助生成超高资料。

存储平面设计资料：用于自动搜索所选路线的图形实体，存储路线平面设计资料，包括：路线单元参数、交点设计等。

生成桩号序列资料：用于按指定步长等几种方式，生成一个桩号序列文件。

生成逐桩坐标资料：根据用户提供的桩号序列文件，计算各桩号的大地坐标，并保存到*. inf文件中。

生成道路超高资料：程序搜索路线曲线，自动生成需要设置超高的缓和段起终点桩号，用户也可以自行修改这些缓和段起终点桩号，并输出道路两侧的超高值，并将数据保存到

*. CG文件中。

生成视距台横净距宽度资料：程序根据用户输入的视线长度、视距台附加宽度等数据，自动生成视距台横净距宽度文件，供设计带有视距台的横断面边坡模板使用。

生成桥梁起讫桩号资料：程序根据路线竖曲线数据文件，按照用户设置的最大填土高度参数，自动搜索填土高度大于指定数值的桩号段落，辅助设计人员判断桥梁设置的桩号范围。

11. 存储平面设计资料命令

功能介绍如下：

1）保存路线单元设计参数到*. ICD、*. PQX、*. PAR 文件。

2）保存交点设计资料到*. JD（交点设计）和*. JDD（交点数据）文件。*. JDD 文件供生成《直线、曲线与转角一览表》时使用。

3）保存路线单元资料*. DYD，该文件供生成《路线单元要素表》时使用。

程序根据路线名称自动生成文件名，用户仅需选择文件存盘的路径，若有必要时，用户也可以指定某个文件的名称，如附图1-20所示。

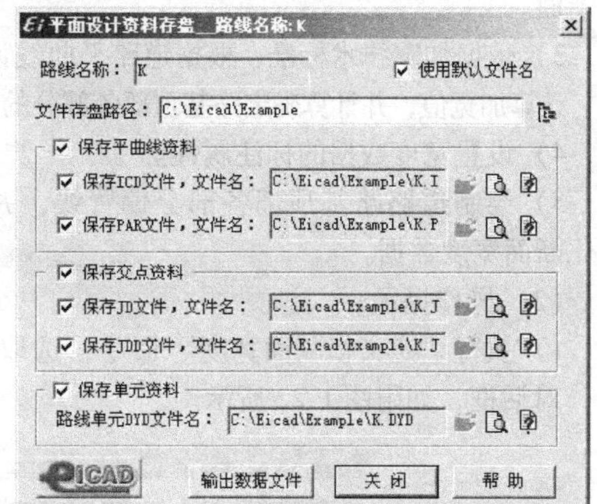

附图 1-20 【平面设计资料存盘】对话框

12. 生成桩号序列资料命令

（1）功能介绍

1）按等步长方式生成桩号序列，并将桩号保存到*. ST 文件。

2）搜索所有平曲线主点桩号，添加到*. ST 文件。

3）用户自行指定某个桩号，添加到*. ST 文件。

4）搜索所有断链分界桩号，添加到*. ST 文件。

5）按断链桩号或按整链桩号两种形式保存*. ST 文件。

（2）操作提示

1）执行“生成桩号序列文件”命令，选取路线实体，弹出【生成桩号序列文件】对话框，如附图 1-21 所示。

2）将“桩号类型”设置为“等步长桩号”，输入步长（单位：米）。单击“添加”按钮。左侧列表中自动生成桩号序列。

3）将“桩号类型”设置为“指定桩号”，输入指定桩号。单击“添加”按钮。左侧列表中自动添加一个指定桩号。

4）将“桩号类型”设置为“平曲线主点桩号”。单击“添加”按钮。左侧列表中自动添加当前路线的平曲线主点桩号。

5）将“桩号类型”设置为“断链桩号”。单击“添加”按钮。左侧列表中自动添加当前路线的断链分界桩号。

6）单击“由纵、横地面线数据导入”按钮，选择纵断面地面线（*. DMX）或横断面地面线文件（*. HDX），程序将文件中的桩号数据导入列表。

7）单击“保存”按钮，将当前列表中的桩号序列保存到指定的*. st 文件。单击“查看”按钮，打开编辑程序，查看当前的＊. st 文件。用户如果在编辑程序中，直接修改并保存了＊. st 文件，返回【生成桩号序列文件】对话框后应单击“浏览”按钮，重新打开该文件。

13. Ei_DefineOffset 定义横断面宽度命令

（1）功能介绍

1）设置标准横断面文件名，定义道路横断面类型、宽度变化方式。

2）在路槽深度数据表中，填写深度变化的起始断面。

3）依据加宽技术标准，根据道路平曲线设计参数，计算加宽值，并计算确定路基顶部各部分的宽度。

4）设置宽度数据的标注属性。

5）绘制道路路基顶部各部分偏置线，并标注变化断面宽度数据。

附图 1-21 【生成桩号序列文件】对话框

（2）操作提示

1）执行“定义横断面宽度”命令，选取需要定义的路线。弹出［定义路线横断面宽度］对话框，如附图 1-22 所示。

附图 1-22 【定义路线横断面宽度】对话框

2）选择“道路类型”（公路横断面、城市道路横断面）；选择“宽度变化方式”（线性变宽、三次抛物线变宽和四次抛物线变宽）。

3）在“路槽深度数据表”中，输入路槽深度变化桩号及其路槽深度数据，包括分隔带高度、路面厚度和硬路肩厚度。表格中单击鼠标右键，可以添加、插入、删除记录行。

4）在“横断面宽度数据表”中，编辑第一行数据，输入起点桩号、各部分宽度。单击“生成”按钮，弹出【标准宽度定义】对话框，输入标准宽度断面数据。

弹出［选择道路加宽类型］对话框，如附图 1-23 所示。选择道路加宽类型、道路车道数。如果需要参照自定义的加宽标准，可以关闭“按《公路路线设计规范》（JTJ 011—94）执行”选项。选择其他自定义的规范文件。横断面加宽计算，自动生成每个宽度变化桩号及其各部宽度数值。数据填入表格中。

5）自动生成数据完成后，程序也支持用户对数据进行手工修改。表格中单击鼠标右键，可以添加、插入、删除记录行。手工输入时，可不考虑桩号前后关系，单击“排序”按钮，程序将按照桩号，对表格中的记录行进行排序。

6）单击“绘制/刷新”按钮，程序按照表格中变化桩号和各部宽度数据，绘制各部偏置线。

7）在【定义路线横断面宽度】对话框中，单击“标注设置”按钮，打开【横断面宽度标注设置】对话框，如附图 1-24 所示。选择需要标注的内容，并能够在预览框中，观察到绘制与标注示例。单击“设置字体”按钮，可以设置标注时采用的字体和字高。单击“标注设置”按钮，可以设置标注时参数精度。

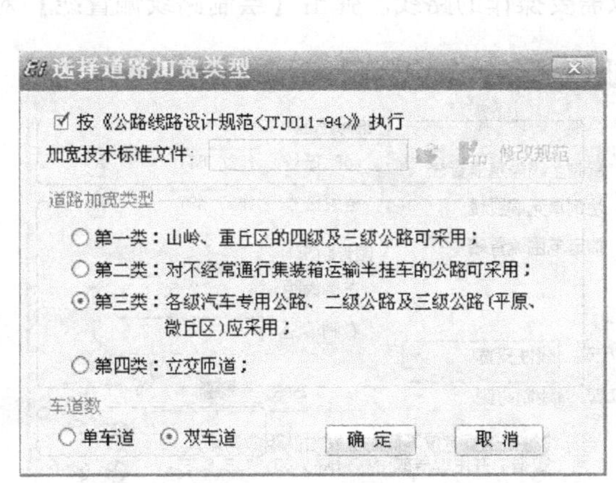

附图 1-23　【选择道路加宽类型】对话框

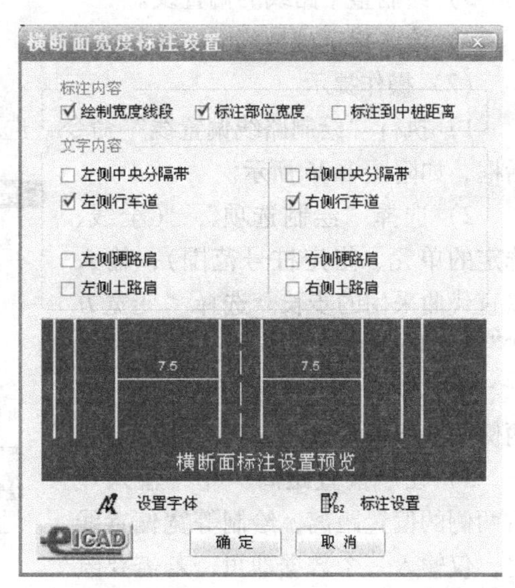

附图 1-24　【横断面宽度标注设置】对话框

对于不设缓和曲线且需要设置加宽的情况，如低等级公路，可输入加宽缓和段长度，程序在圆曲线两端的直线段内设置缓和段，如果圆曲线间直线段长度小于 2 × 缓和段长度，剩余长度插入圆曲线内。依据《公路路线设计规范》（JTG D20—2006），缓和段长度不得小于 10m，插入圆曲线段内的缓和段长度不得超过缓和段长的一半。

（3）道路标准宽度定义　在“定义横断面宽度”命令中，程序按用户设置的标准宽度，根据道路加宽计算结果，生成全线宽度变化处的桩号和宽度数据。支持多个标准宽度断面，程序将“横断面宽度数据表”中用户输入的第一行数据读出，作为第一个标准宽度断面写入“标准宽度定义表”，如附图 1-25 所示。用户可以在该表格中输入多个标准宽度断面的描述。计算某桩号行车道宽度时，首先正常计算加宽值，然后，根据“标准宽度定义表”中数据，计算行车道标准宽度（加宽前），再加上计算得到的加宽值，即为加宽后的行车道宽度。

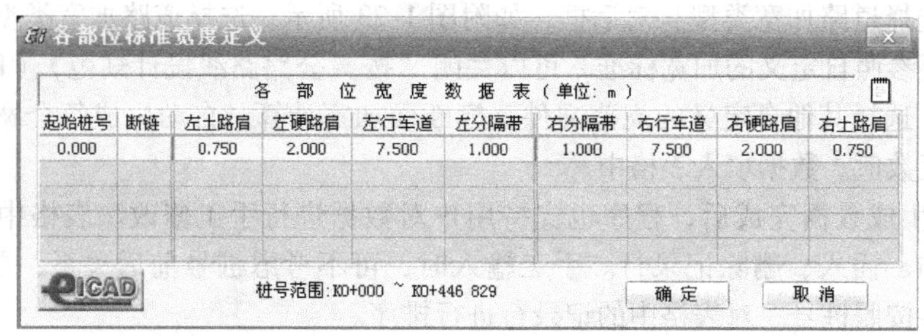

附图 1-25 【各部位标准宽度定义】对话框

14. 绘制路线偏置线命令

（1）功能介绍

1）按照宽度变化方式绘制等宽，或变宽的路线偏置线。

2）绘制某路线单元的路线偏置线。

3）绘制整个路线的偏置线。

4）绘制指定桩号范围路线的偏置线。

（2）操作提示

1）执行“绘制路线偏置线”命令，选取需要操作的路线。弹出【绘制路线偏置线】对话框，如附图 1-26 所示。

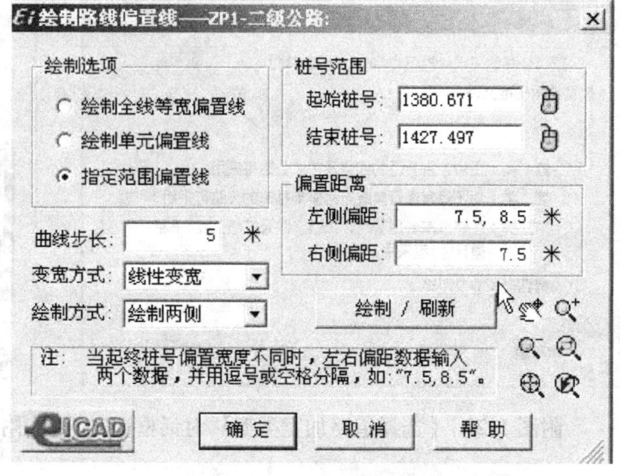

附图 1-26 【绘制路线偏置线】对话框

2）选择“绘制选项”（全线、选定的单元、指定桩号范围）；输入以直代曲采用的步长。选择“变宽方式”（线性变宽、非线性变宽）。选择“绘制方式”，用户可以绘制一侧，或两侧的路线偏置线。

3）在“偏置距离”中，输入左右两侧的偏置距离，绘制等宽偏置线时，仅输入一个数据即可，若需要绘制变宽偏置线，可输入两个数据，中间以空格或半角逗号分隔。例如：“7.5，8.5”，表示起始桩号处偏置宽度为 7.5m，结束桩号处偏置宽度为 8.5m。

4）单击“绘制/刷新”按钮，绘制路线偏置线。

15. 搜索标准横断面宽度命令

（1）功能介绍

使用 Ei_ DefineOffset 定义路线横断面命令可以一次绘制全线行车道、分隔带、硬路肩和土路肩等各部的偏置线，但是用户可能还需要对图形进行局部修改，例如：错车道、交叉口等变宽位置。用户可以使用 Ei_ DrawOffset 绘制路线偏置线命令完成图形的编辑。

最终在同一个图层中，按照不同的颜色号，使用直线、圆弧和折线，将各部偏置线绘制完成。但是，手工编写标准横断面宽度数据文件（*. HDM）十分困难。使用该命令可以按照桩号序列文件（*. ST）中的每个桩号，自动搜索与桩号断面法线相交的，指定图层上的实体，并按颜色号加以区分，重新生成标准横断面宽度数据文件（*.HDM）。

注意：

1）生成文件特征断面的桩号由桩号序列文件中读取，因此，如果桩号文件中桩距过大，偏置线变化较大时，得到的数据可能与实际图形不符，因此，在偏置线变化较大的段落中，可适当加密桩号。

2）如果图形中没有某条偏置线（如：某三级公路的平面图中，没有分隔带图形），在选择该偏置线的颜色号时，可以任意选择一种没被其他偏置线采用的颜色。

3）使用该命令同样适用于城市道路。

（2）操作提示

1）执行“搜索标准横断面宽度”命令，选取需要操作的路线。弹出【搜索图形，生成标准横断面数据】对话框，如附图1-27所示。

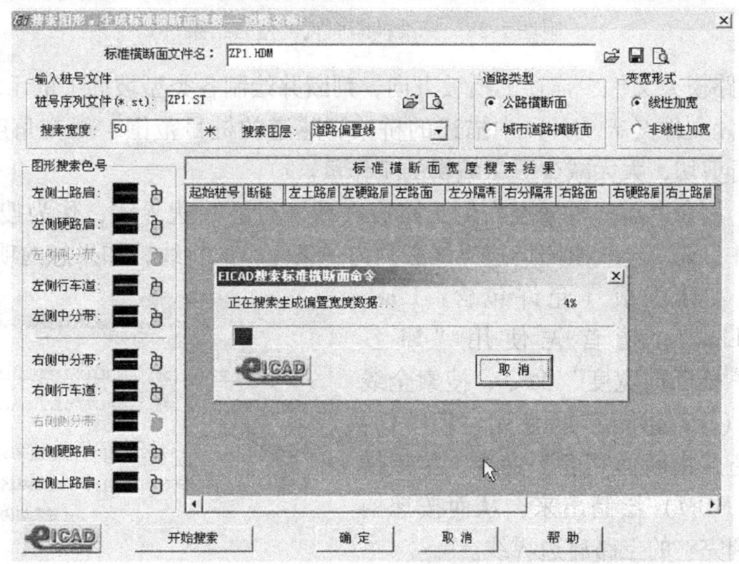

附图1-27　【搜索图形，生成标准横断面数据】对话框

2）选择“道路类型”（公路横断面、城市道路横断面）；选择“变宽形式”（线性加宽、非线性加宽）。选择“桩号序列”文件，该文件可由“Ei_ SaveST生成桩号序列资料”命令生成。输入沿路线左右的搜索宽度，以及路线各部偏置线所在的图层。

3）在“图形搜索色号”中，分别单击“拾取颜色”按钮。单击各部偏置线的实体，程序读取并显示选中实体的颜色。

4）单击“开始搜索”按钮，程序搜索所有与指定桩号法线相交的，指定图层上的直线、圆弧和折线实体，计算各部宽度，填写到宽度搜索结果表中，如附图1-28所示。

16. Ei_ DrawBPBG绘制边坡边沟线命令

（1）功能介绍

在完成道路横断面设计之后，程序将形成一个道路模型文件*.3DD，该文件中保存有道路各特征断面中各特征点的数据，该命令将根据*.3DD文件中描述的横断面边坡、边沟数据，自动绘制道路边坡、边沟和示坡线。

1）绘制道路模型文件中描述的道路边坡、边沟线。

标准横断面宽度搜索结果									
12040.00(		0.750	1.000	7.500	0.000	0.000	7.500	1.000	0.750
12060.00(		0.750	1.000	7.500	0.000	0.000	7.500	1.000	0.750
12080.00(		0.750	1.000	7.500	0.000	0.000	7.500	1.000	0.750
12100.00(		0.750	1.000	7.500	0.000	0.000	7.500	1.000	0.750
12120.00(		0.750	1.000	7.500	0.000	0.000	7.500	1.000	0.750
12140.00(		0.750	1.000	7.500	0.000	0.000	7.500	1.000	0.750
12160.00(		0.750	1.000	7.500	0.000	0.000	7.500	1.000	0.750
12180.00(		0.750	1.000	7.500	0.000	0.000	7.500	1.000	0.750
12200.00(		0.750	1.000	7.500	0.000	0.000	7.500	1.000	0.750
12220.00(		0.750	1.000	7.500	0.000	0.000	7.500	1.000	0.750
12240.00(		0.750	1.000	7.500	0.000	0.000	7.500	1.000	0.750
12260.00(		0.750	1.000	7.500	0.000	0.000	7.500	1.000	0.750
12280.00(		0.750	1.000	7.500	0.000	0.000	7.500	1.000	0.750
12300.00(		0.750	1.000	7.500	0.000	0.000	7.500	1.000	0.750
12320.00(		0.750	1.000	7.500	0.000	0.000	7.500	1.000	0.750

附图 1-28　标准横断面宽度搜索结果

2）根据道路模型文件中描述的横坡方向，判断并绘制各类型坡面上的示坡线。

3）根据桥涵文件（*.QH）中描述的桥梁、隧道的桩号范围、斜交角度等，对边坡、边沟线自动进行剪切，大大减少手工编辑的工作量。

重要提示：该命令需要根据左右侧土路肩（或人行道）边界线，作为搜索和绘制示坡线的基准线。并且要求全线土路肩边界线必须为一条完整的折线，如果您的项目中，土路肩边界线由多个实体组成（允许包含：Line、Arc、LWPOLYLine），请首先使用“Ei_SearchOffset 搜索横断面宽度”命令，搜索全线的横断面文件（*.HDM），再使用“Ei_DefineOffset 定义道路横断面宽度”命令，将该横断面文件（*.HDM）绘制出来，从而按您的设置情况，得到完整的土路肩边界线。

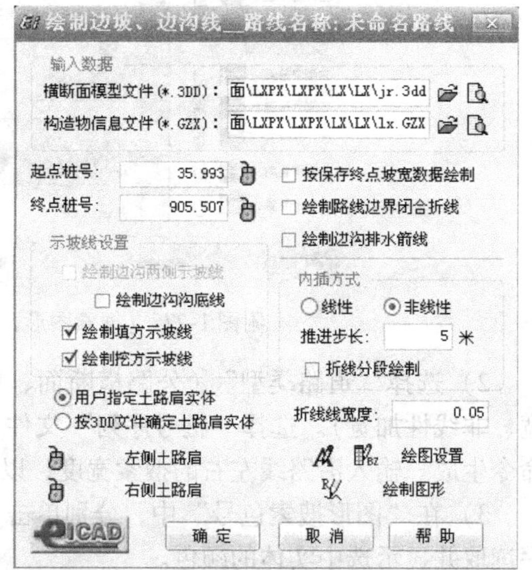

附图 1-29【绘制边坡、边沟线】对话框

（2）操作提示

1）执行“绘制边坡边沟线”命令，选取需要操作的路线。弹出【绘制边坡、边沟线】对话框，如附图 1-29 所示。

2）在“输入数据”中，选取横断面模型文件（*.3DD）和构造物文件（*.GZW）。

3）在“示坡线设置”中，选择需要绘制示坡线的部位，单击“拾取左/右侧土路肩”，选择土路肩实体。单击“示坡线设置”，可以设置示坡线的绘制参数。

4）在“内插方式”中，选择“线性内插”，或“非线性内插”，通常高等级道路中平曲线参数相对较大，横断面桩距一般为 20m 左右，可以选择“线性内插”。然而，当道路平曲线参数相对较小时，应选择“非线性内插”，如附图 1-30 和附图 1-31 所示。

5）单击“开始搜索”按钮，程序搜索所有与指定桩号法线相交的，指定图层上的直线、圆弧和折线实体，计算各部宽度，填写到宽度搜索结果表中。

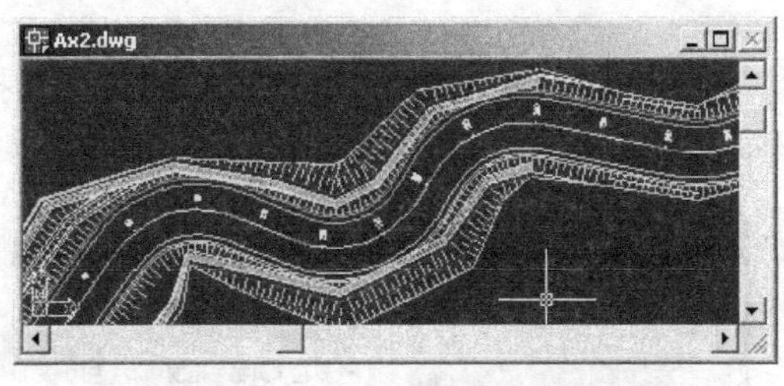

附图 1-30　线性内插绘制方式

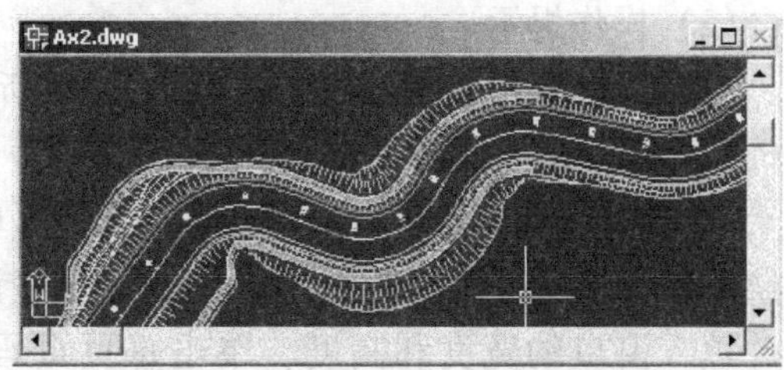

附图 1-31　非线性内插绘制方式

17. Ei_ DrawGZW 构造物标注与绘制命令

(1) 功能介绍

1) 读取桥涵文件（*.QH），交互式修改构造物数据，并保存文件。

2) 设置标注选项，包括：位置、字头朝向、到中桩距离、字体等。

3) 绘制桥梁、涵洞、通道、隧道等构造物。

4) 标注构造物的起终桩号、中心桩号及其描述文字等。

(2) 操作提示

1) 当用户需要绘制和标注构造物时，或者已经绘制，需要修改构造物时，执行“构造物标注与绘制”命令，选取路线。弹出“绘制构造物”对话框。

2) 用户可以选择一个已经编辑好的桥涵文件（*.QH）。

3) 单击“标注/刷新”按钮，程序根据对话框的设置，绘制或刷新构造物图形及其标注。

18. Ei_ DetailPM 平面图分幅命令

(1) 功能介绍

1) 本命令提供“模型空间”和“图纸空间”两种分图方式。在 AutoCAD R14 环境中仅提供“模型空间”分图方式。

2) 插入平面图图框，单击绘图窗口左下角、右上角点坐标，单击页码和桩号范围的插入点。

3) 设置分幅的起点桩号和终点桩号，桩号步长、出图比例等参数。

4) 根据以上参数，绘制分幅预览框，并根据分幅预览框，进行平面图分幅。

5) 将每页内容分别输出到指定路径的*.dwg 文件中。程序将根据分幅预览框，对当前图形进行裁剪计算，程序将花费较长的时间，但输出文件尺寸较小。

6) “生成带状图”选项打开，则可根据路线中线两侧的宽度，剪切图形。否则，按图纸幅面剪切。

7) EICAD 2.5 以后版本支持：插入指北针、《平曲线参数表》和《点位（导线点）坐标表》。

8) 重要提示：通过“绘制预览框→编辑预览框→正式分图”的步骤完成平面分幅工作。通常进行平面图分幅操作时，首先设置参数并绘制分幅预览框。然后单击“确定”，关闭对话框。分幅就像用剪刀剪裁图纸，而预览框就是剪刀的剪切轨迹。检查图中分幅预览框和路线平面图的相对位置关系，对图形进行调整，例如：将分幅预览框以外的一些需要显示的图形，移到分幅预览框内。完成了调整后，重新执行“平面分幅”命令，程序会恢复上一次用户的设置。单击“开始分幅”按钮。这种方法可以充分满足用户的设计要求。

(2) 操作提示

1)【平面分图】对话框，如附图 1-32 所示，单击“插入图框文件”右侧的按钮，选择图框文件，单击图框插入位置。

2）单击“图框窗口尺寸”中的按钮。单击绘图窗口的左下角和右上角点坐标。程序计算并填入窗口的宽度和高度。单击每页页码、总页码和本页桩号范围的标注位置，选择是否“输出黑白图纸”。由于分图后，用户很难修改图块中各实体的颜色，因此，若需要输出黑白图纸时，应将此开关打开。

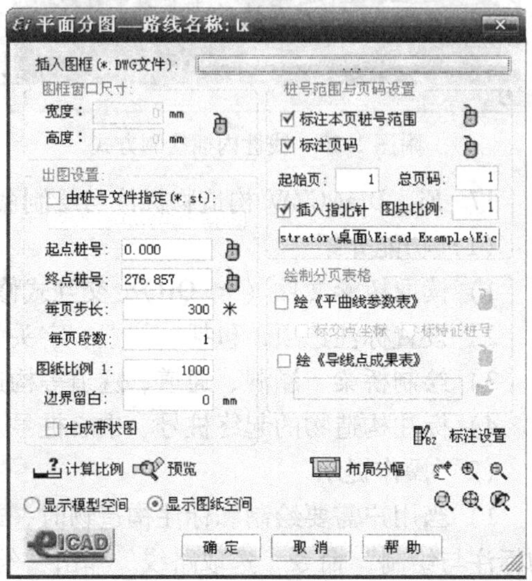

附图 1-32 【平面分图】对话框

3）输入起终桩号，设置每页桩号步长。也可以指定一个桩号文件（*.ST）设置每页分幅的桩号范围。

4）关于分幅预览框和每页段数的关系：分幅预览框为一个闭合的矩形 PLine 实体，输入“每页段数”，默认为 1 段时，矩形长边为 1 段（中间没有内插点），如附图 1-33 和附图 1-34 所示。当用户将段数设置为多段时，矩形长边为多段（中间包含多个内插点）。当用户关闭对话框后，可对这些内插点进行操作，以得到一个不规则形状的分幅预览框。

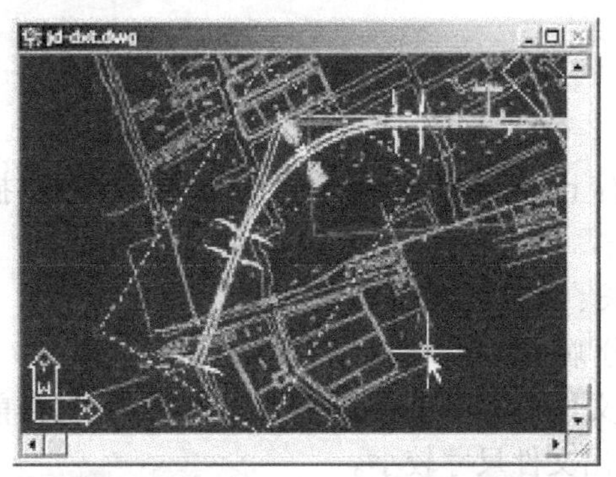

附图 1-33 矩形预览框（分段数为 1）

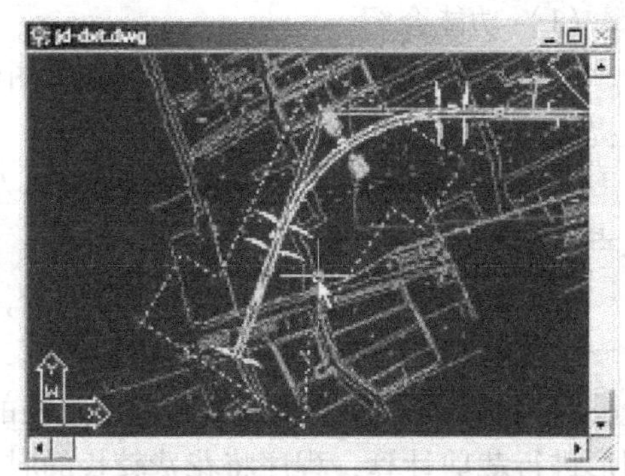

附图 1-34 多边形预览框（图中分段数为 3）

5）分幅输出到 DWG 文件。打开“分幅输出 DWG 文件”开关，单击“输出路径”右侧的按钮，设置文件输出的路径。在分幅的同时，将每页的图形分别写入到指定路径中，以 Page_ 开头的 DWG 文件中。

6）对页码、桩号范围等文字标注的设置：单击“标注设置”按钮，弹出【平面分图标注选项】对话框。输入和选择文字的字型和字高等参数。

【注】 输出到 DWG 文件时，图纸比例为 1:1000，以确保每页文件中图形坐标保持不变。

19. Ei_ Plot 图表输出命令

功能介绍如下：

1）设置图纸打印范围，如附图1-35、附图1-36所示。

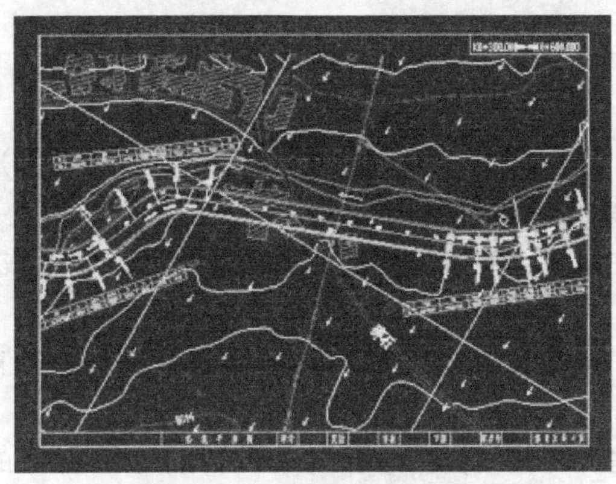

附图1-35　按彩色图形输出、按图纸幅面剪切

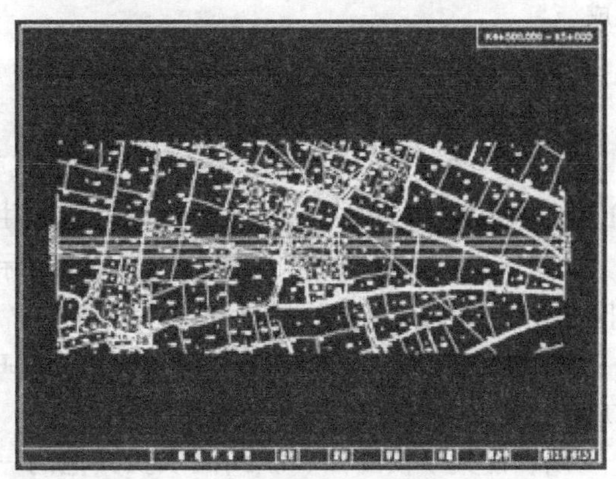

附图1-36　按黑白图形输出、按带状图进行剪切

2）设定打印选项：打印机型号、纸张尺寸、打印范围、图纸原点旋转角度、输出比例等。参数含义可参见AutoCAD中的Plot命令。

3）打印当前页，或连续打印多页。

4）可选择打印输出到“PLT”文件。

注意：在使用本命令前，使用“文件”→“页面设置”命令设置打印机的型号和打印纸张的大小。打印机型号不要设置为“PublishToWeb JPG. pc3”、“PublishToWeb PNG. pc3”等非打印设备。

20. Ei_ QuickView 查看图纸命令

功能介绍如下：

1）显示当前图形环境中的分页情况。

2）双击列表，快速查看某页。

3）图层名为“Page_ 001”、“Page_ 002”等，其分页前缀则为“Page_ ”，用户可以输入其他的分页前缀，单击“重新搜索”按钮，显示各页内容。例如：纵断面设计图分页前缀为“ZDT_ ”。

4）点取“旋转视图”按钮，用户单击倾斜的图框底边或顶边两个端点，自动调整视图的倾斜角度，将倾斜的图框水平显示，而不改变实体的坐标等任何属性。对于由“平面图分幅”命令生成的各分页图纸，可以使用“旋转视图”操作，水平放置图纸，而不影响任何坐标。

21. Ei_ ZZZBB 生成逐桩坐标表命令

功能介绍如下：

1）新建一个图形文件，执行“生成逐桩坐标表”命令，输入逐桩坐标文件（*. inf），输入桩号前缀、起始页码和起始列，单击“生成/刷新表格”按钮。

2）选择是否输出“桩号断链”。

3）单击“标注设置”按钮，可以修改标注精度，完成精度的修改后，再单击“生成/刷新表格”按钮，刷新图形绘制。

4）单击⇤ ⇦ ⇨ ⇥按钮可以浏览每页的内容。

注：逐桩坐标文件（*.inf），由“Ei_ SaveZZZB 生成逐桩坐标资料”命令生成。支持Excel表格生成。

22. Ei_ DYYSB 生成单元要素表命令

功能介绍如下：

1）在一个新建的图形文件中，执行“生成单元要素表命令”，输入单元要素文件(*.DYD)，输入桩号前缀、起始页码和起始行，单击“生成/刷新表格”按钮。

2）单击“标注设置”按钮，可以修改标注精度，完成精度的修改后，再单击“生成/刷新表格”按钮，刷新图形绘制。

注：单元要素文件（*.DYD），由“Ei_ SavePM 存储平面设计资料”命令生成。支持Excel表格生成。

该软件关于横断面、纵断面以及其他的一些设计使用，在此不做一一介绍，如感兴趣的读者可同软件开发商联系。

附录2　纬地道路辅助设计系统简介

纬地道路辅助设计系统（HintCAD）是路线与互通式立交设计的大型专业CAD软件，由中交第一公路勘察设计研究院结合多个工程实践研制开发，经过多年不断改进和发展，技术日趋成熟，功能日渐强大。目前推出的V5.8版本，拥有公路路线设计、互通立交设计、三维数字地面模型和公路全三维建模等功能模块，适用于高速、一级、二级、三级、四级公路主线、互通立交、城市道路及平交口的集合设计。本书只对其做一些常规的介绍，具体详细内容可以与软件开发商联系。

2.1　系统主要功能

1. 路线辅助设计

（1）平面动态可视化设计与绘图　沿用传统的导线法（交点法）经典理论，可进行任意组合形式的公路平面线形设计计算和多种模式的反算。可在计算机屏幕上交互进行定线及修改设计，在动态拖动修改交点位置、曲线半径、切线长度、缓和曲线参数的同时，可以实时监控其交点间距、转角、半径、外距以及曲线间直线段长度等技术参数。而使用纬地智能布线技术，可以将已确定的直线、圆曲线等控制单元自动衔接为完整的路线，并可以对路线中任一控制单元（均为CAD的线元实体）方便地进行平移、旋转、缩放等操作调整，从而直观快捷并准确地确定出路线线位。在平面设计完成的同时，系统可自动完成全线桩号的连续计算和平面绘图。支持基于数字化地形图（图像）上的上述功能，同时也可方便地将低等级公路外业期间已经完成的平面线形导入本系统。

（2）断面交互式动态拉坡与绘图　在自动绘制拉坡图的基础上，支持动态交互式完成拉坡与竖曲线设计。可实时修改变坡点的位置、标高、竖曲线半径、切线长、外距等参数；对设计者指定的控制点高程或临界坡度，受控处系统可自动提示控制情况。另外纬地针对公路改扩建项目，将在以后版本中增加自行回归纵坡（点）数据的功能。支持以“桩号区间”和“批量自动绘图”两种方式绘制任意纵、横比例和精度的纵断面设计图及纵面缩图，自动标注沿线桥、涵等构造物，绘图栏目也可根据需要自由取舍定制。

（3）超高、加宽过渡处理及路基设计计算　支持处理各种加宽、超高方式及其过渡变化，进而完成路基设计与计算，方便、准确地输出路基设计表，可以自动完成该表中平、竖曲线要素栏目的标注。系统在随盘安装的“纬地路线与立交标准设计数据库”的基础上，通过“设计向导”功能自动为项目取用超高和加宽参数，并建立控制数据文件。

（4）参数化横断面设计与绘图　支持常规模式和高等级公路沟底纵坡设计模式下的横断面戴帽设计，同时准确计算并输出断面填挖方面积以及坡口、坡脚距离等数据，并可以根据选择准确扣除断面中的路槽面积（包括城市道路的多板块断面的路槽）。可任意定制多级填挖方边坡和不同形式的边沟排水沟。

（5）土石方计算与土石方计算表等成果的输出　利用在横断面设计输出的土石方数据，直接计算并输出 Excel 或 Word 格式的土石方计算表，方便打印输出和进行调配、累加计算等工作。可在计算中自动扣除大、中桥，隧道以及路槽的土石方数量，并考虑到松方系数、土石比例及损耗率等影响因素。

（6）公路用地图（表）与总体布置图绘制输出　基于公路几何设计成果，批量自动分幅绘制公路用地边线，标注桩号与距离或直接标注用地边线上控制点的平面坐标，同时可输出公路逐桩用地表（仅供参考）和公路用地坐标表。同样，系统还可基于路线平面图，直接绘制路基边缘线、坡口坡脚线、示坡线以及边沟排水沟边线等，自动分幅绘制路线总体布置图。可区别跨径与角度自动标注所有大、中型桥梁、隧道、涵洞等构造物。

（7）路线概略透视图绘制（以及全景透视图）　系统可直接利用路线的平、纵、横原始数据，绘制出任意指定桩号位置和视点高度、方向的公路概略透视图（线条图）。另外，在系统的数模板中，系统可直接生成全线的地面模型和公路全三维模型，可得到任意位置的三维全景透视图，并可使用纬地实时漫游系统方便地渲染制作成三维动态全景透视图（三维动画），并模拟行车状态或飞行状态。

（8）路基沟底标高数据输出沟底纵坡设计　系统的横断面设计模块中可直接输出路基两侧排水沟及边沟的标高数据，新版软件中，可交互式完成路基两侧沟底标高的拉坡设计。

（9）平面移线　平面移线功能主要针对低等级公路项目测设过程中发生移线情况而开发，系统可自动计算搜索得到移线后的对应桩号、左右移距以及纵、横地面线数据。

2. 互通式立交辅助设计

（1）立交匝道平面线位的动态可视化设计与绘图　系统采用曲线单元设计法和匝道起终点智能化自动接线相结合的立交匝道平面设计思路，方便、快捷地完成任意立交线形的设计和接线。特别是系统在任意曲线单元和起点接线约束时，可实时拖动其他曲线单元，匝道终点动态接线更为直观、灵活。立交匝道平面线位的动态可视化设计是纬地系统的核心和精髓。

（2）任意的断面形式、超高加宽过渡处理　系统采用独特而精巧的路幅变化描述和超高变化描述方式，可支持处理任意路基断面变化形式（如单、双车道变化、分离式路基等）和各种超高变化。

（3）立交连接部设计与绘图　纬地系统除支持处理立交设计中各种形式的加宽和超高过渡外，还可自动搜索计算立交匝道连接部（加、减速车道至楔形端）的横向宽度变化。在绘制连接部图时根据指定可批量标注桩号及各变化段的路幅宽度，自动搜索确定楔形端位置及相关线形的对应桩号。

（4）连接部路面标高数据图绘制　在连接部设计详图（大样图）的基础上，系统可批量计算、标注各变化位置及桩号断面的路基横向宽度、各控制点的设计标高及横坡等数据。由于系统内部采用同一计算核心模块，所以自动保证立交连接部处路基设计表、横断面图和路面标高图等输出成果的一致性。

（5）立交绘图模板的设置与修改　在绘制连接部图和路面数据标高图时，系统内置有多套不同比例和不同形式的绘图模板供选用。还可以完全按照自己的要求，定制增加或修改标准模板，以得到不同风格的设计图纸。

（6）分离式路基的判断确定　用以自动判断确定互通式立交中主线与匝道之间、匝道与匝道之间或高速公路分离式路基左右线之间的路基边坡相交位置，准确计算出相交位置至中线的距离，并可在横断面图中搜索绘制出相邻路基断面的桩号和路基设计线。

3. 数字化地面模型应用（DTM）

（1）支持多种三维地形数据接口（来源）　系统支持 AutoCAD 的 dwg / dxf 格式、Microstation 的 dgn 格式、Card/1 软件的 asc/pol 格式，以及 pnt/dgx/dlx 格式等多种三维地形数据来源（接口），三维地形数据既可以是专业测绘部门航测后提供的，也可以是自行对地形图扫描矢量化后得到的。

（2）自动过滤、剔除粗差点和处理断裂线相交等情况　系统自动过滤并剔除三维数据中的高程粗差点，自行处理平面位置相同点和断裂线相交等情况，免去繁多的手工修改工作。

（3）快速建立最优化三角网的三维数字地面模型（DTM）　HintCAD 利用上述三维地形数据快速建立最优化的三角网状数字地面模型，没有可处理点数上限。

（4）系统提供多种数据编辑、修改和优化功能　系统不仅提供多种编辑三角网的功能，如插入、删除三维点，交换对角线或插入约束段，还具有自动优化去除平三角形的数模优化等模块。

（5）系统快速、准确地完成路线纵、横断面地面线插值（或剖切）　系统可根据需求快速插值计算（或剖切），并输出路线纵、横断面的地面线数据。

（6）系统提供对两维平面数字化地形图的三维化功能　系统提供多种命令工具，可快速将两维状态的数字化地形图转化为三维图形，进而建立数字地面模型。

4. 公路三维真实模型的建立（3DRoad）

1）基于三维地模快速建立公路全线地面三维模型。

2）基于横断面设计建立真实的公路全三维模型（包括护栏、标线、波形梁等）。

3）自动根据公路全三维模型完成对原地面模型的切割（挖除）。

4）方便地制作公路全景透视图和公路三维动态全景透视图（三维动画）。

5. 平交口自动设计

1）可以自动计算输出平交口等高线图。

2）自动标注板块的尺寸及板角设计高程等。

6. 其他功能

1）估算路基土石方数量与平均填土高度。

2）外业放线计算。

3）任意地理坐标系统的换带计算。

4）桥位和桩基坐标表输出及设计高程计算。

5）立交连接部鼻端（楔形端）位置自动搜索。

6）任意桩号坐标自动查询。

7）绘制任意桩号法线。

8）查询任意点至中线距离及桩号。

9）查询任意桩号的设计高程及填挖。

10）查询任意线元的信息。

11）图纸的批量打印功能。

12）路面上任意点位的标高计算功能。

7. 数据输入与准备

HintCAD 中所有的平、纵、横基础数据录入均开发有实用、方便的录入工具（软件），如：平面数据（交点）导入/导出、纵断面数据输入、横断面数据输入等，减少了数据输入错误，方便使用。

8. 输出成果

（1）绘图部分

①路线平面设计图；②路线纵断设计图；③横断面设计图；④公路用地图（表）；⑤路线总体布置图；⑥路线概略与全景透视图；⑦互通式立交平面线位数据图；⑧立交连接部设计详图；⑨立交连接部路面标高图。

HintCAD 可批量、高效输出路线平、纵、横等所有相关图纸，可单张、多张或一次性输出打印所有图纸。

（2）出表部分

①直线及曲线转角一览表；②主点坐标表；③逐桩坐标表；④立交曲线表与路线平面曲线元素表；⑤纵坡与竖曲线表；⑥路基设计表；⑦超高加宽表；⑧路面加宽表；⑨路基排水设计表；⑩公路用地表；⑪土石方计算表；⑫边沟、排水沟设计表；⑬总里程及断链桩号表；⑭主要经济技术指标表；⑮水准点表。

以上输出的表格均可由自由选择输出方式（AutoCAD 图形、Word、Excel 三种方式），并自动分页，方便打印。

2.2　系统应用常规步骤

使用 HintCAD V5.8 版进行公路路线及互通立交的设计工作，一般步骤如下。

1. 常规公路施工图设计项目

1）点击“项目”→“新建项目”，指定项目名称、路径，新建公路路线设计项目。

2）点击“设计”→“主线平面设计”（也可交互使用“立交平面设计”），进行路线平面线形设计与调整；直接生成路线平面图，在“主线平面设计”（或“立交平面设计”）对话框中点击“保存”得到 *.jd 数据和 *.pm 数据。

3）点击“表格”→“输出直曲转角表”，生成路线直线及曲线转角一览表。

4）点击“项目”→“设计向导”，根据提示自动建立：路幅宽度变化数据文件（*.wid）、超高过渡数据文件（*.sup）、设计参数控制文件（*.ctr）、桩号序列文件（*.sta）等数据文件。

5）点击“表格”→“输出逐桩坐标表”，生成路线逐桩坐标表。

6）使用“项目管理”或利用“HintCAD专用数据管理编辑器”结合实际项目特点修改以下数据文件：路幅宽度变化数据文件（*.wid）、超高过渡数据文件（*.sup）、设计参数控制数据文件（*.ctr）等，这些数据文件控制项目的超高、加宽等过渡变化和纵面控制条件等情况。

7）点击“数据”→“纵断数据输入”，输入纵断面地面线数据（*.dmx）；“数据”→“横断数据输入”，输入横断面地面线数据（*.hdm）；并在项目管理器中添加该数据文件。

8）点击“设计”→“纵断面设计”，进行纵断面拉坡和竖曲线设计调整，保存数据至*.zdm文件中。

9）点击“设计”→“纵断面绘图”，生成路线纵断面图，同时根据设计参数控制文件（*.ctr），标注各类构造物，点击“表格”→“输出竖曲线表”，计算输出纵坡、竖曲线表。

10）点击“设计”→“路基设计计算”，生成路基设计中间数据文件（*.lj）；并可由路基设计中间数据文件，点击“表格”→“输出路基设计表”，计算输出路基设计表。

11）点击“设计”→“支挡构造物处理”，输入有关挡土墙等支挡物数据，并将其保存到当前项目中。

12）点击“设计”→“横断设计绘图”，绘制路基横断面设计图，同时直接输出土石方数据文件（*.tf）、根据需要输出路基横断面三维数据文件（*.3DR）和左右侧边沟沟底标高数据（C：\Hint58\Lst\zgdbg.tmp）、（C：\Hint58\Lst\ygdbg.tmp）。

13）点击“数据”→“控制参数输入”，修改设计参数控制数据文件中关于土石比例分配的控制数据，点击“表格”→“输出土方计算表”，计算输出土石方数量计算表和每公里土石方表。

14）点击“绘图”→“绘制总体布置图”，绘制路线总体设计图。

15）点击“绘图”→“绘制公路用地图”，可绘制公路占地图。

2. 低等级公路设计项目

一般低等级公路项目需在外业期间现场进行平面线形设计，所以对于低等级公路项目应用纬地系统的步骤如下：

1）点击“项目”→“新建项目”，指定项目名称、路径，新建公路路线设计项目。

2）根据外业平面设计资料，点击“数据”→“平面数据导入”（或“平面交点导入”），输入平面设计数据，并点击“导入为交点数据”将平面数据导入为纬地所支持的“平面交点数据”（对应文件后缀*.jd）。

3）点击“项目”→“项目管理器”中的“文件”管理页，选择“平面交点文件”一栏，指定平面导入生成的平面交点文件（*.jd）并添加到项目中，点击“项目文件”菜单的“保存退出”。

4）启动“主线平面设计”便可自动打开交点数据，“计算绘图”后可直接在AutoCAD中生成平面图形。点击“保存”按钮，系统自动将交点数据（*.jd）转化为平面曲线数据（*.pm）。

5）以下同上面常规中3）以后内容。

3. 互通式立交设计项目

1）新建互通式立交设计项目，并指定项目名称（如“×××立交×匝道”）、路径等。

2）用“立交平面设计”功能进行匝道平面线位设计（保存后得到*.pm 文件）。

3）生成匝道“曲线表”和“主点坐标表”。

4）启用“设计向导”，根据提示自动建立：路幅宽度变化数据文件（*.wid）、超高过渡数据文件（*.sup）、设计参数控制文件（*.ctr）、桩号序列文件（*.sta）等数据文件。

5）使用“生成逐桩表”功能生成路线逐桩坐标表。

6）利用“连接部图绘制”功能，进行立交连接部图绘图和路线平面图绘图，特别是对于加宽设计区间。

7）使用“项目管理”或利用“HintCAD 专用数据管理编辑器”结合实际修改以下数据文件：路幅宽度变化数据文件（*.wid）、超高过渡数据文件（*.sup）、设计参数控制文件（*.ctr）。

8）利用“纵断数据输入程序”输入纵断面地面线数据文件（*.dmx）；利用“横断数据输入”功能输入横断面地面线数据文件（*.hdm）；保存文件后系统自动将数据文件添加到当前项目。

9）利用“纵断面设计”功能进行纵断面拉坡和竖曲线设计调整（保存至*.zdm 文件），同时可直接输出“纵坡竖曲线表”。

10）绘制纵断面设计图，同时根据设计参数控制文件（*.ctr），标注各类构造物。

11）进行“路基设计计算”，输出路基设计中间数据文件（*.lj）；并可由路基设计中间数据文件直接生成路基设计表。

12）基于连接部设计图，利用“路面标高图绘制”功能进行路面标高图绘制。

13）利用“挡土墙录入”功能输入有关挡土墙等支挡物数据，并将其保存到当前项目中。

14）进行“横断面设计绘图”，系统同时自动计算输出土石方数据文件。

15）修改设计参数控制文件（*.ctr）中关于不同路段土石比例分配的控制数据，系统计算输出土石方数量计算表。

16）依据土石方数据文件（*.tf）中的路基左右侧坡口坡脚至中桩的距离，利用“路线总体设计图”程序，绘制路线总体设计图，同时可绘制公路占地图。

2.3　路线平面设计

HintCAD 系统平面设计主要有两种方法，即“曲线设计法”和“交点设计法”，前者适用于互通式立体交叉的平面线位设计，而后者适用于公路主线的设计，可根据情况分别选用，也可以穿插使用，其数据可互相转化。本书主要介绍 HintCAD 路线平面设计中的“交点设计法”。

1. 主线平面线的设计——“交点设计法”

此种方法适用于一般情况下利用交点转角进行公路主线的平面设计与计算、成图。

1）菜单栏：设计→主线平面设计。

2）命令行：Jdpm。

交点设计法主对话框，如附图 2-1 所示。

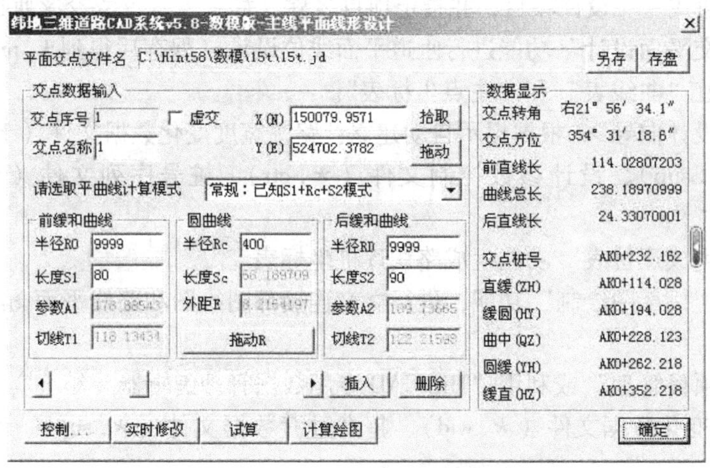

附图 2-1 【主线平面线形设计】对话框

“存盘”和“另存”按钮：用于将平面交点数据保存到指定的文件中。

其中“交点名称”：编辑框中输入显示当前对话框所显示交点的人为编号；“X（N）:”、“Y（E）:”编辑框分别输入显示当前交点的坐标数值；“拾取”、“拖动”按钮分别完成交点坐标的直接点取和交点的实时拖（移）动功能。

交点名称自动编排：在调整路线时，在路线中间插入或删除了交点，考虑到外业测量的交点编号和内业设计的一致性，系统默认增减交点以后的交点名称是不改变的。如果需要对交点名称进行重新编号，可在交点名称处单击鼠标右键，系统即弹出交点名称自动编号的选项菜单，如附图 2-2 所示。可选择对当前项目的全部交点进行重新自动编号，或者只从当前交点开始往后重新编号。还可以选择按照当前交点的名称格式对所有交点重新进行编排。

全部重新编号
从当前交点开始重新编号
以当前交点格式重新编号

附图 2-2 交点名称自动编号的选项菜单

“请选取平曲线计算模式”列表为本交点曲线组合的计算方式，其中包含基本的交点曲线组合和多种组合的切线长度反算方式，可以根据不同的需要选择适合的计算方式。而对于不同的计算方式，对话框均有不同的连锁控制，以提示应该输入的数据项目。

横向滚动条控制向前和向后翻动交点数据，“插入”、“删除”按钮分别控制在任意位置插入和删除一个交点。

整个交点的曲线及组合的控制参数均在“前缓和曲线”、“圆曲线”、“后缓和曲线”中的编辑框中显示和编辑修改，其中“S1”、“A1”、“RO”分别控制当前交点的前部缓和曲线的长度，缓和曲线参数值及其起点曲率半径；其中“Rc”、“Sc”分别控制曲线组合中部圆曲线的半径和长度；“S2”、“A2”、“RD”分别控制当前交点的后部缓和曲线的长度、缓和曲线参数值及其终点曲率半径；“T1”、“T2”、“Ly”分别控制本交点设置曲线组合后第一切线长度、第二切线长度、曲线组合的曲线总长度，这些控件组将根据选择的不同计算方式，处于不同的状态，以显示、输入和修改各控制参数数据。

“拖动 R”按钮用于实时拖动中部圆曲线半径的变化。

“实时修改”按钮使可以动态拖动修改任意一个交点的位置和参数。

“控制…”按钮用于控制平面线形的起始桩号和绘制平面图时的标注位置、字体高度等，注意在使用交点设计法进行路线平面设计及拖动时，将“控制…”对话框中的“绘交点线”按钮点亮。

“试算”按钮用于计算包括本交点在内的所有交点的曲线组合，并将本交点数据显示于主对话框。

“计算绘图”按钮用于计算和在当前图形屏幕显示本交点曲线线形。

“确定”按钮用于关闭对话框，并记忆当前输入数据和各种计算状态，但是所有的记忆都在计算机内存中进行，如果需要将数据永久保存到数据文件，必须点击“另存”或“存盘”按钮。

“取消”按钮可以关闭此对话框，同时当前对话框中的数据改动也被取消。

对于已有项目，“主线平面设计”启动后，自动打开并读入当前项目中所指定的平面交点数据。单击“计算绘图”后便可在当前屏幕浏览路线平面图形。

当新建项目后，可直接应用主线平面设计功能进行路线平面设计。首先应用 AutoCAD 打开数字化地形图（如果有的话），单击“设计”菜单下的“主线平面设计”项，这时系统只为新建项目建立了一个交点（除了交点名称和交点坐标可输入外，其他控件将处于不可用状态），先输入第一个交点的 X（N）、Y（E）坐标或点击“拾取”按钮直接在图形屏幕中点取交点。点按“插入”按钮，按照对话框的提示，单击“是”后，主对话框消失，可在图形屏幕中看到鼠标和第一个交点间有一条动态的连线，移动鼠标到合适的位置单击鼠标左键，系统即确定第二个交点的位置，根据需要可继续用鼠标拾取后面的交点直到完成交点的插入，单击鼠标右键，系统返回主对话框中。也可以在对话框中修改这些交点的坐标。

可以使用 CAD 的“Line（直线）”命令和“pLine（多段线）”命令在当前屏幕直接绘制路线的交点导线，将导线调整好以后，打开主线平面设计对话框，单击对话框中的“拾取”按钮，在右键菜单中选择“E 拾取交点线”或根据 CAD 命令行提示输入 E 回车，鼠标箭头变为小方框，单击屏幕中绘制的交点导线，系统即自动将其转换为 HintCAD 当前项目的交点线坐标。

通过移动横向滚动条，分别给每个交点设置平曲线（圆曲线和缓和曲线），并可根据需要先选择交点的计算模式，输入已知参数，单击“试算”按钮进行各种接线反算。在计算成功的情况下，单击“计算绘图”按钮可直接实时显示路线平面图形；而当计算不能完成时，对话框中的数据将没有刷新，并且在 AutoCAD 命令行中将出现计算不能完成的提示信息，在调整参数后可继续进行计算。

另外，可单击“实时修改”和“拖动 R”按钮，根据命令行的提示实时拖动修改交点的位置和平曲线半径 R，以达到绕避构造物及路线优化等目的。实时修改是纬地道路辅助设计的一大特点和优势，也是完成许多特殊设计最快捷的工具。

请注意对话框右侧“数据显示”中的内容，以控制整个平面线形设计和监控试算结果。结合工程设计中的实际情况，主线平面设计允许前后交点曲线相接时出现微小的相掺现象，即“前直线长”或“后直线长”出现负值。但其长度不能大于 2mm，否则系统将出现出错提示。

对于如何完成各种模式的平曲线反算及复曲线、卵形曲线设计，请参阅下文计算方式介绍。

2. 十四种交点法曲线设计计算方式

(1) 常规通用计算方式(S1 + Rc + S2) 此方式下可以根据需要通过输入不同的曲线控制数据来完成任意的交点曲线组合，即通过输入前部缓和曲线的长度、前部缓和曲线的起点曲率半径(程序将以中间圆曲线的半径作为前部缓和曲线的终点曲率半径)、中间圆曲线的半径、后部缓和曲线的长度、后部缓和曲线的终点曲率半径(程序将以中间圆曲线的半径作为后部缓和曲线的起点曲率半径)等数据，单击“计算”或“计算显示”按钮后，程序都自动判断本交点曲线组合的类型，并完成曲线的设置计算与平面绘图标注。例如：输入S1 = 280m、RO = 9999.0(即无穷大，输入小于或等于零的实数程序会自动判断为无穷大)、Rc = 1200m、S2 = 0.0m、RD = 9999.0 时，程序将会判断本交点的曲线组合为前端带有长度为280m 缓和曲线，中间设有半径为1200m 的圆曲线的曲线线形。

(2) 单圆曲线的切线反算方式(T + T) 此方式下交点的曲线组合为单圆曲线，可以通过输入切线长度(T1 = T2)来反算单圆曲线的半径、长度等数据。当所输入的切线长度大于前一交点曲线的缓直(HZ)点到本交点之间的直线长度时，程序将提示输入有误，并自动以前一交点曲线的缓直(HZ)点到本交点之间的直线长度为切线长，计算得到其他曲线数据。

(3) 对称曲线的切线反算方式(T + Rc + T) 此方式下交点的曲线组合为对称的基本曲线组合方式，即中间设置圆曲线，两端设置相同参数的缓和曲线，可以输入切线长度(T1 = T2)以及圆曲线的半径(Rc)等数据，程序将反算其他数据。当程序通过试算后发现缓和曲线的长度太小(<10.0)或太大(>1000.0)时均会出现警告。

(4) 非对称曲线的切线反算方式一(T1 + Rc + S2) 此方式下交点的曲线组合为非对称的曲线组合方式，即中间设置圆曲线，两端设置不同参数的缓和曲线。输入第一切线长度(T1)、圆曲线的半径(Rc)以及第二段缓和曲线的长度(S2)等数据，由软件反算得到其他数据。

(5) 非对称曲线的切线反算方式二(T1 + S1 + Rc) 此方式下交点的曲线组合为非对称的基本曲线组合方式，即中间设置圆曲线，两端设置不同参数的缓和曲线。输入前部切线长度(T1)、前部缓和曲线的长度(S1)以及圆曲线的半径(Rc)等数据，由软件反算得到其他数据。

(6) 非对称曲线的切线反算方式三(S1 + Rc + T2) 此方式下交点的曲线组合为非对称的基本曲线组合方式，即中间设置圆曲线，两端设置不同参数的缓和曲线。输入前部缓和曲线的长度(S1)、圆曲线的半径(Rc)以及后部切线长度(T2)等数据，由软件反算得到其他数据。

(7) 非对称曲线的切线反算方式四(Rc + S2 + T2) 此方式下交点的曲线组合为非对称的基本曲线组合方式，即中间设置圆曲线，两端设置不同参数的缓和曲线。输入圆曲线的半径(Rc)、后部缓和曲线的长度(S2)以及后部切线长度(T2)等数据，由软件反算得到其他数据。

(8) 常规曲线参数计算模式(A1 + Rc + A2) 此方式是为照顾部分设计单位在路线设计中，使用参数 A 控制(而不是长度 S)缓和曲线的习惯而增加的，其原理基本类同(S1 + Rc + S2)模式，只是交点的前后缓和曲线是由控制输入缓和曲线参数 A 值，而不是长度值。

(9) 反算——与前交点相接计算模式 为了进一步方便进行相邻交点平曲线的相接计

算，以及复曲线、卵形曲线等的设计，HintCAD V4.6 版以后增加了两种相邻交点平曲线直接相接的计算模式：与前交点相接和与后交点相接。这里不论两交点是什么曲线类型（单圆曲线、对称与不对称曲线等），先选择“反算：与前交点相接”计算模式，然后输入两端缓和曲线的控制参数，单击“试算”，系统便可自动反求圆曲线半径，使该交点平曲线直接与前一交点平曲线相接（成为公切点，即两交点间直线段为零）。

(10) 反算——与后交点相接计算模式　类同 (9)。

(11) 反算——与前交点成回头曲线计算模式　此方式用于将当前交点和相邻的前一个同向交点自动设计成相同半径的圆曲线，且两交点的圆曲线直接相接（实际上是同一个圆曲线）。还可以在当前交点的后部和前一交点的前部指定一定长度的缓和曲线。此方式主要用于自动设计回头曲线。

(12) 反算——路线穿过给定点　此功能是对主线平面设计动态拖动曲线半径功能的一个延伸，精确定位曲线通过图形中指定的某一点。找到需调整曲线位置的交点，选定“反算：路线穿过给定点”计算模式，然后用鼠标在屏幕上拾取曲线需穿过的某一点，或者在命令行输入给定点的坐标，系统会自动反算出曲线半径。这种方法经常用在旧路改建等项目中，使得路线准确地通过某一固定点。

(13) 反算——凸形曲线　此方式下交点的曲线组合为前后缓和曲线直接搭接的曲线组合方式，即中间圆曲线长度为 0，两端设置缓和曲线。输入前、后部缓和曲线的长度（S1 和 S2）等数据，由软件反算得到圆曲线半径（即两缓和曲线搭接点曲率半径）等数据。

(14) 虚交点曲线的设计计算　利用交点法在实地定线测量时，有时由于地形的限制，对于交点转角较大、交点过远或交点落空的情况，往往采用虚交点法来进行平面线形的设计。

虚交点曲线的具体设计方法如下：

1) 打开【主线平面设计】对话框，鼠标拖动滑动块至设置虚交的交点，如附图 2-1 所示的交点 1。

2) 鼠标勾选“交点数据输入”栏中“虚交”左侧的小方框，随即在小方框下方出现“虚交设置”按钮，单击此按钮，出现如附图 2-3 所示【虚交设置】对话框。

3) 鼠标单击对话框中“虚交点 0”表格，使其处于激活状态，接着单击“插入”按钮，则会增加一个虚交点，输入各个虚交点的名称和坐标，或者单击“拾取”按钮在屏幕图形中拾取坐标，单击“完成”按钮完成虚交设置并返回主对话框。

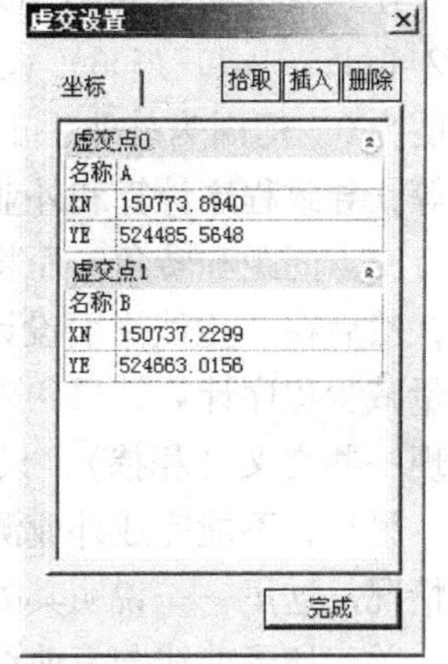

附图 2-3 【虚交设置】对话框

3. 平面曲线数据导入/导出

该功能用于将已完成的公路项目的平面设计数据（特别是未使用交点坐标，而使用交点间距/或桩号加转角的方式进行的低等级公路项目）导入到 HintCAD 项目中，将其转化为 HintCAD 专用的平面交点数据文件（*.jd）。同时也可将 HintCAD 的交点数据输出到单独的数据文件（*.jdx）中，便于在计算机上完成主线平面设计以后继续添加新的平面数据或用于其他软件调用。

1) 菜单栏：数据→平面数据导入/导出。

2）命令行：Jd_ in。

【平面数据导入/导出】对话框如附图 2-4 所示，“打开”和“存盘”按钮用于打开和将数据保存到“*.jdx”文件中。

在导入时，根据对话框中提示输入该项目的“起点桩号”、起点坐标 X、Y 和起点的方位角（单位为度、分、秒，如 123°30′15″输入为 123.3015 即可）（坐标和方位角可以是假设的）。

附图 2-4 【平面数据导入/导出】对话框

“数据模式”控制输入的每个交点的数据是以“交点桩号”，还是以“交点间距”来控制。每个交点数据为一行，分别为“交点编号”、“交点桩号/间距”、“圆曲线半径”、“交点转角”（+、-值为左右偏向）和“前缓长”、“后缓长”等。“插入”、“删除”分别可以在指定位置插入或删除一行交点数据。

在数据输入完成后，点击“导入为交点数据”按钮，系统提示输入平面交点数据文件名称（*.jd）后，点击“保存”，系统便可完成文件导入。

“交点数据导出”用于将当前 HintCAD 所打开项目的平面交点数据导出为交点数据，即从 jd→jdx 的转换过程。

HintCAD v5.0 版以后完善了虚交以及多点拼的平面曲线数据的导入/导出功能。

一般在上述导入过程完成后，将*.jd 文件添加到项目中，可直接利用“主线平面设计”功能调出交点数据，对其进行进一步的调整，还可通过“输出直曲表”功能直接输出“直曲线转角表”。

在导入过程中遇到不能完成的情况需具体分析，如果在命令行中出现如下类似提示“T2（jd5）+T1（jd6）大于两交点间距：”时，可能是 jd5 和 jd6 平曲线相接，中间直线段长度为 0。但因为外业手工计算（或 PC1500 等计算）过程中精度相对较低，再加上四舍五入等，导致程序计算和外业计算结果稍有出入，不能完成导入，这里可按交点间距模式输入所有交点间距和转角，而将圆曲线半径和前后缓长暂时输入为 0，先将交点导入到 HintCAD 中，然后在“主线平面设计”对话框中再根据外业资料输入并适当调整半径、缓长等数据，尽量减少程序计算结果和外业计算结果之间的出入。实际上 HintCAD 中也允许两交点曲线出现一些交叉（相掺），只是其交叉长度不能超过几个毫米。

另外，不能完成外业测量数据导入过程的原因可能还会有回头曲线、卵形曲线、复曲线等情况。这里一一说明其处理方法。

关于卵形曲线与复曲线等主要是原来老的计算方法和新的计算方法的差别。需利用本系统或手工找出对应原曲线新的计算方法的新交点。参见 Help 目录下的相关说明。

对于回头曲线，虽然 HintCAD 的“立交平面设计”功能可任意灵活布设回头曲线（以及环形匝道），但其计算方法和老的回头曲线计算方法不同。如果需要将其导入为 HintCAD 平面交点数据时，需手工或利用“立交平面设计”和“平面数据转换”的“PM→JD”功能，将原回头曲线在圆曲线长度约1/2的地方划分为两个交点，分别将两个新的交点输入到JDX数据中即可。

4. 平曲交点数据导入

1）菜单栏：数据→平面交点导入/导出。

2）命令行：Jdzb_ in。

【平面交点数据导入/导出】对话框如附图2-5所示。

附图2-5　【平面交点数据导入/导出】对话框

平面交点导入功能可将已经完成的低等级公路或高等级公路项目的平面设计数据（使用交点坐标控制）导入HintCAD中。需要输入原平面曲线文件名（*.jdw）和转化后的路线平面交点文件（*.jd）的文件名。

5. 平面自动分图

该功能应用了AutoCAD图纸空间（Paper）的布局（layout）技术，所以只能在AutoCAD R2000及其以后版本上实现，该功能可同时应用于路线平面图、总体布置图、公路用地图及路基设计表等的分图。这种分图方式不仅分图方便、快捷，而且支持进行批量打印，HintCAD推荐使用此方式进行分图、打印，但需要熟练掌握AutoCAD R2000以后版本的打印功能。

1）菜单栏：绘图→平面自动分图。

2）命令行：Pmct。

【平面自动分图】对话框如附图2-6所示。

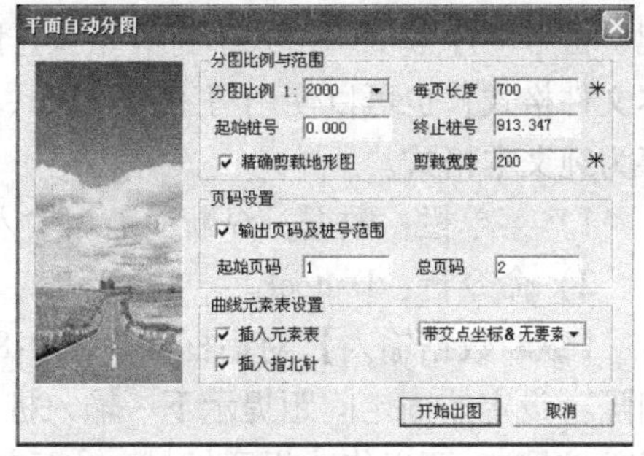

附图2-6　【平面自动分图】对话框

首先选择出图的比例，对应比例系统自动提示每页的路线长度如：1:2000时，每页700m，这里也可以修改每页长度，系统会自动根据比例计算显示出起始页码及总页码，当然也可以自行输入任意出图比例及修改页码范围。然后需要指定出图的桩号范围。在新的HintCAD 5.0版以后，还可选择“精确剪裁地形图”，并指定路线左右侧需保留的地形图宽度。单击是否“插入曲线元素表”后，根据不同的需要可以选择三种曲线表样式输出：①带交点坐标无要素桩号；②无交点坐标无要素桩号；③带交点坐标带要素桩号，选择平面图中是否需要插入指北针。直接点“开始出图”便可完成分图过程，生成的路线平面图如附图2-7所示。

请注意，为了提高计算机出图、打印速度，在路线较长，特别是有数字地形图时，尽量分数段分别进行分图、打印。

这种分图实际上并未将每页图纸裁开，而只是分别设置了若干个窗口显示。分图后DWG文件的大小也并不发生较大增加。

2.4　路线纵断面设计

1. 纵断面地面线数据输入

HintCAD开发了专门的纵、横断面地面线数据输入程序，推荐使用它们进行纵、横断面地面线数据输入（特别是对于横断面地面线数据），以便将许多类似键入手误、桩号不匹

附图 2-7 路线平面图

配、桩号顺序颠倒、格式不符等错误排除在数据录入阶段。纵、横断面地面线数据均为纯文本文件格式，也可以使用写字板、edit、Word 及 Excel 等文本编辑器编辑修改，但请注意保存为纯文本格式。

1）菜单栏：数据→纵断面数据输入。

2）命令行：Dattool。

【纵断数据输入】对话框如附图 2-8 所示，系统可自动根据在“文件”菜单“设定桩号间隔”设定按固定间距提示下一输入桩号（自动提示里程桩号），可以修改提示桩号，之后按 Enter 键，输入高程数据，完成后再按 Enter 键，系统自动下增一行，光标也调至下一行，如此循环到输入完成。输入完成后，用鼠标单击最后一行的序号，选中该行，单击图标工具中的“剪刀”，便可删去最后一行多余的桩号。当需要在某一行插入一行时，先将光标移到该行，再单击图标工具中的“插入”按钮。系统会自动检查输入的每一桩号的顺序，错误时会自动提示。

输入完成，单击“存盘”按钮，系统便将地面线数据写入到指定的数据文件中，并自动添加到项目管理器中。

纵断面地面线数据编辑器 - [15t.dmx]

文件(F) 编辑(E) 查看(V) 窗口(W) 帮助(H)

	桩号	高程
1	0.000	767.075000
2	10.000	770.508000
3	20.000	768.335000
4	30.000	762.605000
5	40.000	755.439000
6	50.000	756.895000
7	60.000	756.050000
8	70.000	755.844000
9	80.000	757.252000
10	90.000	755.599000
11	100.000	757.133000
12	110.000	757.567000
13	114.028	754.410000
14	120.000	754.008000
15	130.000	755.616000
16	140.000	754.994000

就绪

附图 2-8 【纵断数据输入】对话框

2. 纵断面动态拉坡设计

系统在自动绘制拉坡图的基础上，支持动态交互式拉坡与竖曲线设计。可实时修改变坡点的位置、标高、竖曲线半径、切线长、外距等参数；对大、中型桥梁等主要纵坡，受控处系统可自动提示控制标高和相关信息。

1）菜单栏：设计→纵断面设计。

2）命令行：Zdmsj。

【纵断面拉坡设计】主对话框如附图 2-9 所示。

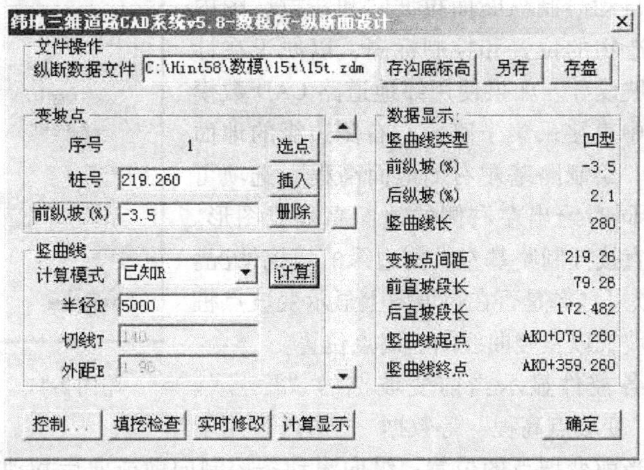

附图 2-9　【纵断面拉坡设计】主对话框

此对话框启动后，如果项目中存在纵断面设计数据文件（＊.zdm），系统将自动读入并进行计算显示相关信息。“存盘”和“另存”按钮可将修改后变坡点及竖曲线等数据保存到数据文件中去。

第一次单击“计算显示”按钮，程序将在当前屏幕图形中绘出全线的纵断面地面线、里程桩号和平曲线变化，同时屏幕图形下方也会对应显示一栏平曲线变化图，为直接在屏幕上进行拉坡设计作准备，如附图 2-10 所示。

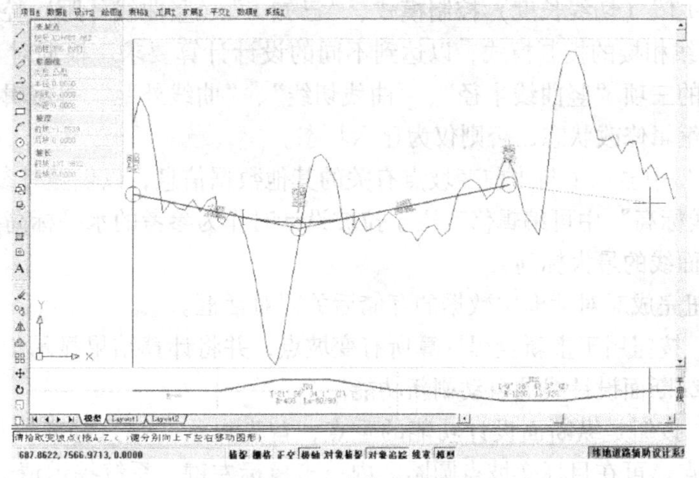

附图 2-10　全线的纵断面

在拉坡设计过程中，系统在屏幕左上角会出现一个动态数据显示框，主要显示变坡点、竖曲线、坡度、坡长的数据变化，随着鼠标的移动，框中数据也随之变动，动态显示设计者拉坡所需的数据，一目了然。

平曲线图的窗口是固定不动的，并且可以将背景、字体、线形设置成不同的颜色。随着拉坡图的放大、缩小和移动等操作，平曲线也会随之在横向进行拉伸、缩短和移动，使其桩号位置始终和拉坡图桩号对应，以方便对拉坡位置进行判断并进行拉坡的平纵结合设计。

单击“控制”按钮后将出现附图2-11所示对话框，用于控制系统是否自动绘制纵断面拉坡图和在拉坡图中标注桥梁、涵洞构造物的位置和控制标高，以便于在计算机屏幕上进行拉坡设计。如果使用纬地道路CAD数模版软件从数字地模中直接采集了路面左右侧边缘的地面高程，对话框中的“绘制路基左右侧地面高程”选项可以控制在拉坡图中同时绘出左右侧的地面高程线图形。这样在拉坡时便可直接控制路基左右侧边缘的填挖情况。“标注竖曲线”选项可选择是否在拉坡图上显示变坡点桩号、高程、坡度、坡长以及竖曲线的起终点位置。

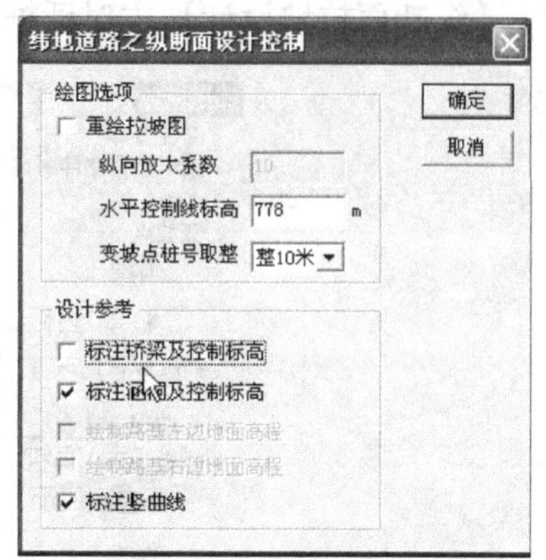

附图2-11 【拉坡】对话框

“变坡点”中各控件显示当前变坡点的“序号”、“变坡点桩号”及“变坡点高程”等数据。“选点”用于在屏幕上直接拾取当前变坡点的位置；纵向滚动条控制向前或向后翻动变坡点数据。“插入”和“删除”按钮可以在屏幕上通过鼠标单击的方式直接插入（增加）或删除一个变坡点及其数据。

为了使路线纵坡的坡度在设计和施工中便于计算和掌握，HintCAD还支持在对话框中直接输入坡度值。鼠标单击变坡点控件中的凹显“高程”按钮，右侧数据框中的变坡点高程值会转换为前（或后）纵坡度，可以将该坡度值进行取整或输入需要的坡度值，单击“计算显示”按钮，系统会自动算出新的变坡点高程并刷新图形。

在“竖曲线”中的“计算模式”包含五种模式，即常规的“已知R”（竖曲线半径）控制模式、“已知T”（切线长度）控制模式、“已知E”（竖曲线外距）控制模式，以及与前（或后）竖曲线相接的控制模式，以达到不同的设计计算要求。根据对“计算模式”的不同选择，其下的三项“竖曲线半径”、“曲线切线”、“曲线外距”等编辑框呈现不同的状态，亮显时为可编辑修改状态，否则仅为显示状态。

“数据显示:”中显示了与当前变坡点有关的其他数据信息，以供随时参考、控制。

“水平控制线标高”中可编辑修改用于拉坡设计时作为参考的水平标高控制线（其默认标高为纵断面地面线的最大标高）。

“确定”按钮完成对对话框中数据的存储后关闭对话框。

“计算显示”按钮用于重新全程计算所有变坡点，并将计算结果显示于对话框中；同时完成对拉坡图中纵断面设计线的自动刷新功能。

“实时修改”按钮是纵断面设计功能的重点，首先提示“请选择变坡点/P坡段:”，如果需要修改变坡点，可在目标变坡点圆圈之内单击鼠标左键，系统提示请选择“修改方式：沿前坡（F)/后坡（B)/水平（H)/垂直（V)/半径（R)/切线（T)/外距（E)/自由(Z):”，键入不同的控制键（字母）后，可分别对变坡点进行沿前坡（F)、后坡（B)、水平（H)、垂直（V）等方式的实时移动和对竖曲线半径（R)、切线长（T）以及外距（E）等的控制性动态拖动。该命令默认的修改方式是对变坡点的自由（Z）拖动。这里系统仍然支持“S”、“L”键对鼠标拖动步长的缩小与放大功能。如果需要将变坡点的桩号或某一纵坡坡度设定到整数值或固定值，可以通过实时拖动、直接修改对话框中变坡点的数据或直接指定变坡点的前、后纵坡值来实现（灵活运用而已）。

当选择拖动“坡段”时，系统提示“选择修改方式：指定坡度且固定前点（Q）/固定后点（H）/自由拖动（Z）”。这里可以在指定坡段的前点或后点固定的前提下，直接输入一指定纵坡坡度，“自由拖动（Z）”使可以在坡段坡度不变的前提下，整段纵坡进行平行移动。

在操作过程完成后，注意用“存盘”或“另存”按钮对纵断面变坡点及竖曲线数据进行存盘。

3. 路线纵断面图绘制

该功能可根据不同需求进行不同设置，从而绘制任意比例及不同形式的纵断面设计图，并可自动分跨径标注桥梁、涵洞等构造物。

1）菜单栏：设计→纵断面设计绘图。

2）命令行：Zdmt。

【纵断面计算与绘图程序】主对话框如附图 2-12 所示。

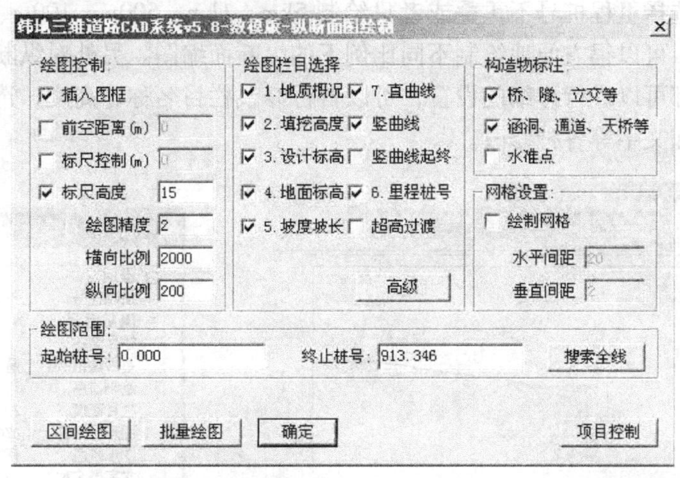

附图 2-12 【纵断面计算与绘图程序】主对话框

“起始桩号:”和“终止桩号:”编辑框用于输入所需绘制的纵断面图的桩号区间范围。单击“搜索全线”按钮，系统会自动搜索到本项目起终点桩号。

“标尺控制”选中后，可在其后的编辑框中输入一标高值，程序将通过此数值作为纵断面图中标尺的最低点标高来调整纵断面图在图框中的位置，另外可以控制“标尺高度:”的高度值。

“前空距离”选中后，控制在绘图时调整纵断面图与标尺间的水平向距离。

“绘图精度”编辑框中可以定制在绘图过程中设计标高、地面标高等数据的精度。

“横向比例”和“纵向比例”编辑框中分别输入指定纵断面的纵横向绘图比例。也正是因为纵横向比例可以任意调整，所以此程序还可以方便地用于路线平纵面缩图的绘制。

“确定”按钮可完成对话框数据的存储。

“区间绘图”按钮将完成对话框输入，开始进行输入范围的连续纵断面图绘制，主要包括读取变坡点及竖曲线，进行纵断面计算，绘制设计线；读取纵断面地面线数据文件，绘制地面线；读取超高过渡文件，绘制超高渐变图；读取平面线形数据文件，绘制平曲线；将位于绘图范围内的地面线文件中的一系列桩号及其地面标高、设计标高标注于图中；将设计参数控制文件中 qhsj. dat 项及 hdsj. dat 项所列出的桥梁、分离立交、天桥、涵洞、通道包括水准点等数据标注于纵断面图中。

“批量绘图”按钮用于自动分页绘制纵断面设计图。当所有设置均调整好以后，单击“批量绘图”按钮，系统根据设置，自动调用纬地目录下的纵断面图框（纬地安装目录下的/Tk-zdmt. dwg）分页批量输出所有纵断面图，如附图 2-13 所示。系统将自动确定标尺高度，当地形起伏较大时，系统会自动进行断高处理（但 HintCAD 中默认在同一幅图中最多断高三次，否则应压缩纵向绘图比例了）。

“绘图栏目选择”中的一系列选项分别控制纵断面图中诸多元素的取舍和排放次序，如：地质概况、里程桩号、设计高程、地面高程、直曲线、超高过渡、纵坡、竖曲线等。“构造标注”控制是否标注桥梁、涵洞、隧道和水准点等构造物，可以根据自己的需要随意控制。

单击“高级”设置按钮，出现如附图 2-14 所示对话框，可以对其进行详细的设置，其中通用设置可以选择里程桩号不重叠或者只绘制 5km、1km、500m、100m、50m、20m 等桩号，通过此功能，可以很方便地绘制不同比例下的纵断面缩图。另外对纵断面图中的地质概况等每一项栏目都可以进行详细的设置，可以自行修改栏目名称、高度，选择是否绘制、绘制顺序以及图层和文字等各种修改。

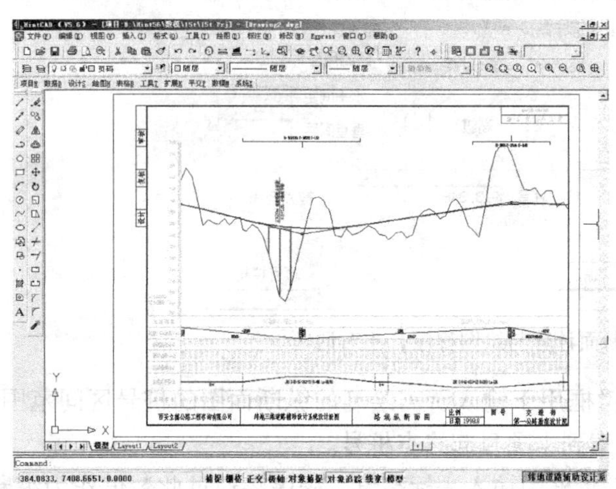
附图 2-13　纵断面图框

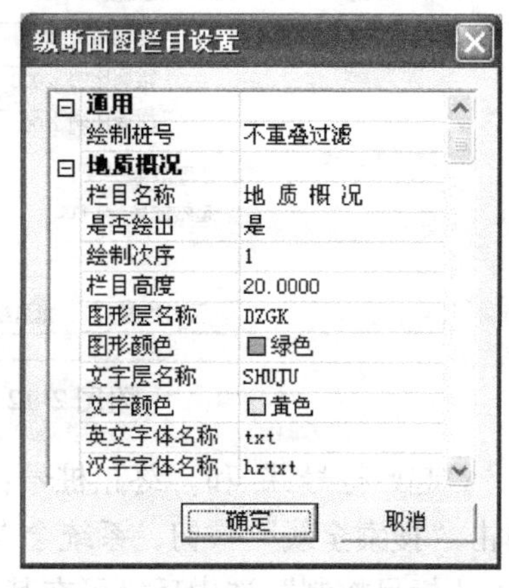

附图 2-14　【设置】对话框

程序可在绘图时自动缩放并插入图框文件（纬地安装目录下的 \ tk_ zdm. dwg），可以修改、替换该文件。请先修改该文件的属性，取消只读文件的设置，并将新的图框文件的插入点定位到内框的左下角，并注意标准图框模板的大小及位置不能改变。

2.5　路线横断面设计

1. 横断面地面线数据输入

1）菜单栏：数据→横断数据输入。

2）命令行：Hdmtool。

【横断数据输入】对话框如附图 2-15 和附图 2-16 所示，系统提供两种方式的桩号提示：

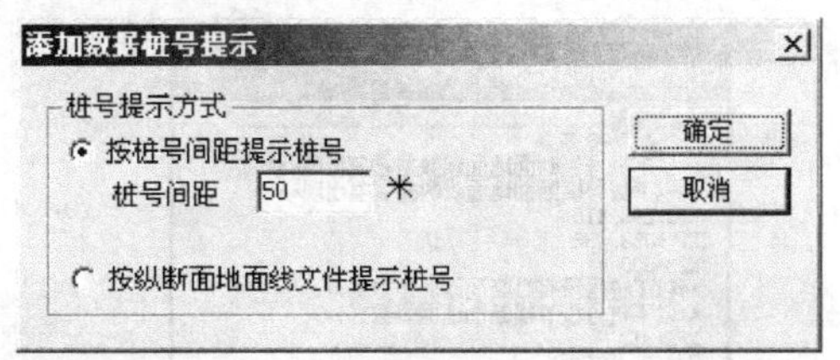

附图 2-15 【横断数据输入】对话框

按桩号间距或根据纵断面地面线数据的桩号。一般选择后一种，这样可以方便地避免出现纵、横断面数据不匹配的情况。在附图 2-16 的输入界面中，每三行为一组，分别为桩号、左侧数据、右侧数据。在输入桩号后按 Enter 键，光标自动跳至第二行开始输入左侧数据，每组数据包括两项，即平距和高差，这里的平距和高差既可以是相对于前一点的，也可以是相对于中桩的（输入完成后，可以通过“横断面数据转换”中的“相对中桩→相对前点”转化为纬地系统需用的相对前点数据）。左侧输入完毕后，直接按 Enter 键两次，光标便跳至第三行，如此循环输入。输入完成后点击“存盘”图标将数据保存到指定文件中，系统自动将该文件添加到项目管理器中。

15t.hdm - HDMTool

文件(F)　编辑(E)　查看(V)　帮助(H)

	平距	高差	平距	高差	平距	高差	平距	高差	平距	高差
桩号		0.000								
左侧	3.060	-0.683	1.572	-0.241	3.336	-2.252	3.616	-0.108	0.184	-0.
右侧	0.946	0.211	0.990	-0.094	5.738	-1.544	2.524	0.145	3.379	0.
桩号		10.000								
左侧	0.862	-0.163	0.089	-0.022	0.029	-0.017	1.430	-1.473	1.450	-0.
右侧	7.884	1.492	3.071	1.474	1.523	0.526	1.851	0.692	1.842	0.
桩号		20.000								
左侧	0.656	-0.159	1.994	-0.892	4.401	-2.717	0.089	-0.229	0.108	0.
右侧	1.604	0.390	1.025	1.356	0.910	0.610	4.491	1.201	2.965	0.
桩号		30.000								
左侧	6.477	-2.670	0.170	-0.061	3.174	-1.874	1.226	-0.483	0.679	-0.1
右侧	0.189	0.078	1.449	0.249	3.466	1.843	1.521	0.136	0.878	0.
桩号		40.000								
左侧	0.324	-0.057	1.149	-0.334	2.376	0.172	4.363	-0.455	1.972	-0.
右侧	1.424	0.249	0.764	0.312	2.181	1.648	2.085	1.256	1.423	1.

就绪　桩号：0.000　桩号　桩号

附图 2-16 【横断数据输入】对话框

关于纵、横断面的桩号匹配关系，HintCAD 中是这样要求的：纵断面包含横断面，即纵断面数据中的桩号，在横断面中可以没有；但横断面数据中有的桩号，在纵断面中则必须有。另外当两种数据中的某一桩号相差小于 2cm，即 0.02m 时，系统会自动判断它们为同一桩号。为此，纬地道路 v5.6 以后增加了“纵横断面数据检查”工具，如附图 2-17所示。系统可自动检查出纵横断面数据文件中没有对应的桩号，以及重复出现的桩号数据等。

2. 定义标准横断面模板

1）菜单栏：项目→设计向导。

2）命令行：Hwizard。

纬地设计向导启动后，第一步对话框如附图 2-18 所示，程序自动从项目中提取“项目名称”、“平面线形文件”以及“项目路径”等数据。需选择项目类型（公路主线或互通式立体交叉），并且指定设置本项目设计起终点范围——进行最终设计出图的有效范围，该范围可能等于平面线形设计的全长，也可以是其中的某一部分。在其他设置栏中可以输入本项目的桩号标识（如输入 A，则所有图表的桩号前均冠以字母 A）和桩号精度（桩号小数的保留位数）。单击“下一步”进入本项目第一个分段的设置。

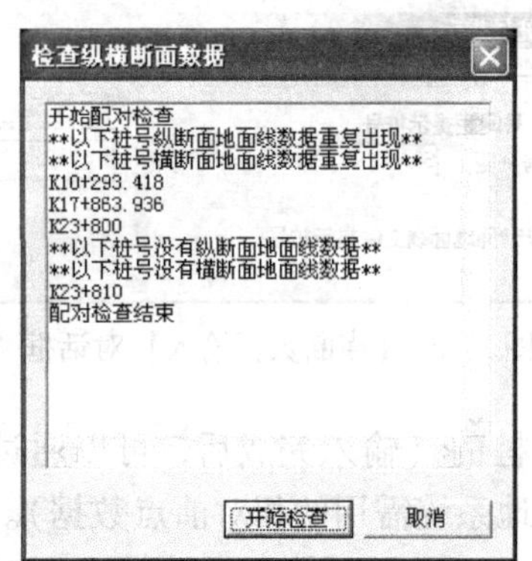

附图 2-17 纵横断面数据检查工具

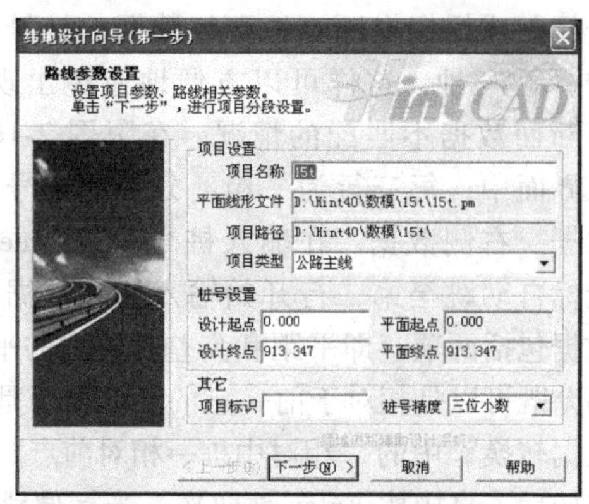

附图 2-18 纬地设计向导（第一步）

项目分段 1 第一步：首先输入本项目第一段的分段终点桩号，系统默认为平面设计的终点桩号。如果整个项目不分段，即只有一个项目分段，则不修改此桩号。其次选择“公路等级”，根据公路等级程序自动从数据库中提出其对应的计算车速，其对话框如附图 2-19 所示。单击“下一步”进入项目分段 1 第二步的设置。

项目分段 1 第二步：设计向导提示出对应的典型路基横断面形式和具体尺寸组成，可直接修改并调整路幅总宽；针对城市道路，还可在原公路断面的两侧设置左右侧附加板块，来方便地处理多板块断面。对话框如附图 2-20 所示。单击“下一步”进入项目分段 1 第三步。

附图 2-19 纬地设计向导（第一步）

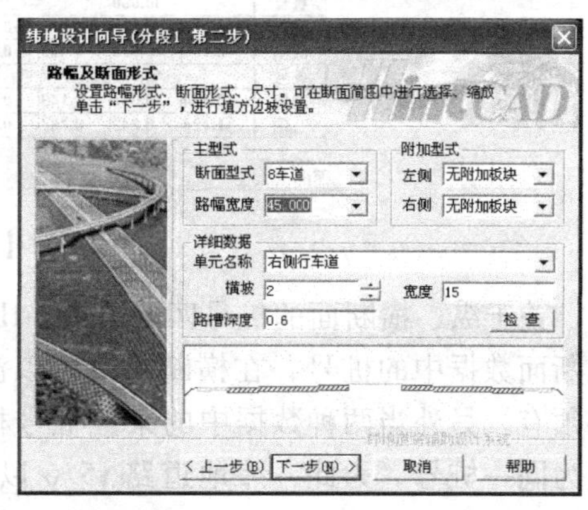

附图 2-20 纬地设计向导（第二步）

项目分段 1 第三步、第四步引导完成项目典型填、挖方边坡的控制参数设置。可根据需要设置可处理高填与深挖断面的任意多级边坡台阶。对话框分别如附图 2-21 和附图 2-22 所示。

项目分段 1 第五步、第六步引导进行路基两侧边沟、排水沟形式及典型尺寸设置，可以根据需要设置矩形或梯形边沟，对于排水沟还可设置挡水堰等。对话框分别如附图 2-23 和附图 2-24 所示。

项目分段 1 第七步提示选择确定该项目分段路基设计所采用的超高和加宽类型、超高旋转、超高渐变方式及外侧土路肩超高方式（HintCAD 新版中增加的功能，可以根据需要选取“曲线外侧土路肩不超高”和“曲线外侧土路肩随行车道一起超高”两种方式）、曲线加宽位置及加宽渐变方式，对话框如附图 2-25 所示。点击“下一步”则开始项目的第二个分段

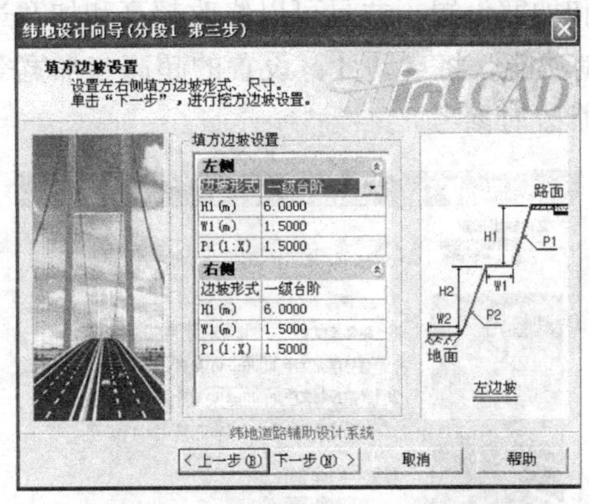

附图 2-21　纬地设计向导（第三步）

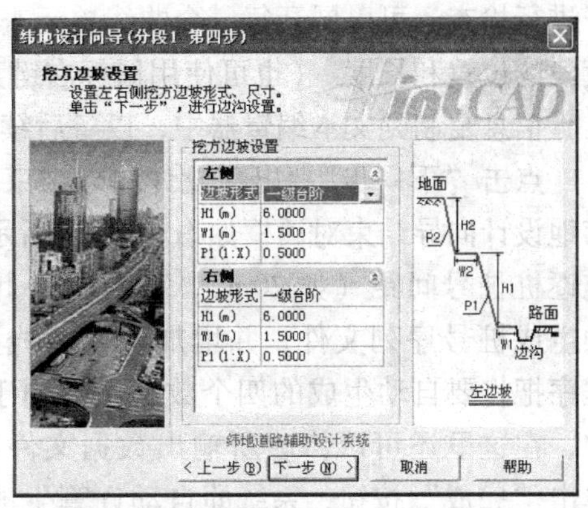

附图 2-22　纬地设计向导（第四步）

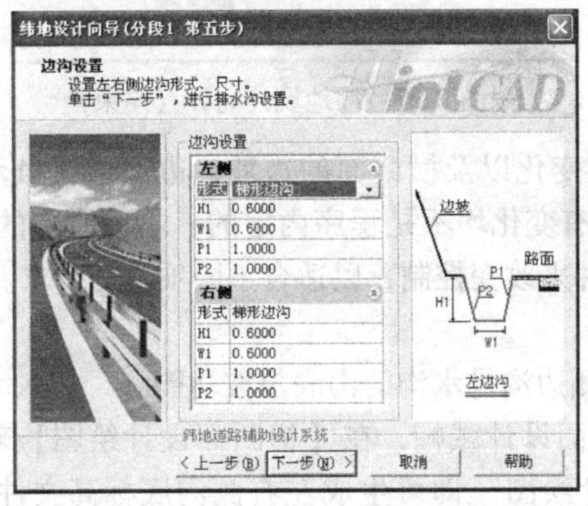

附图 2-23　纬地设计向导（第五步）

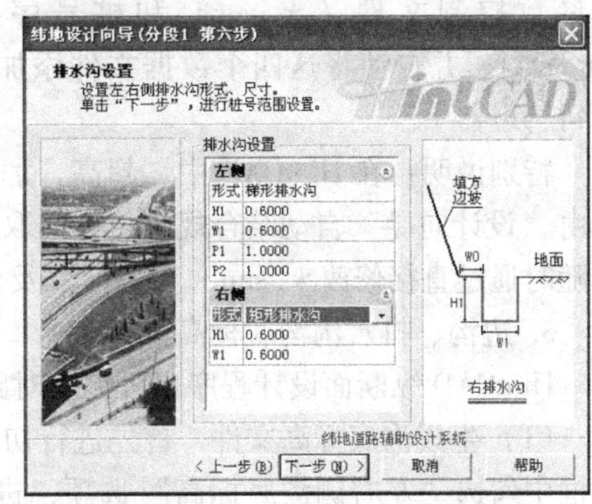

附图 2-24　纬地设计向导（第六步）

的设置，如此循环直到所有项目分段设置完成，则进入纬地设计向导最后一步自动计算超高和加宽过渡段。如果只有一个项目分段，点击“下一步”，则直接进入纬地设计向导最后一步。

纬地设计向导最后一步：点击“自动计算超高加宽”按钮，系统将根据前面所有项目分段的设置结合项目的平面线形文件自动计算出每个交点曲线的超高和加宽过渡段，其对话框如附图 2-26 所示。对于过渡段长度不够或曲线半径太小的线元，系统将以红色显示，便

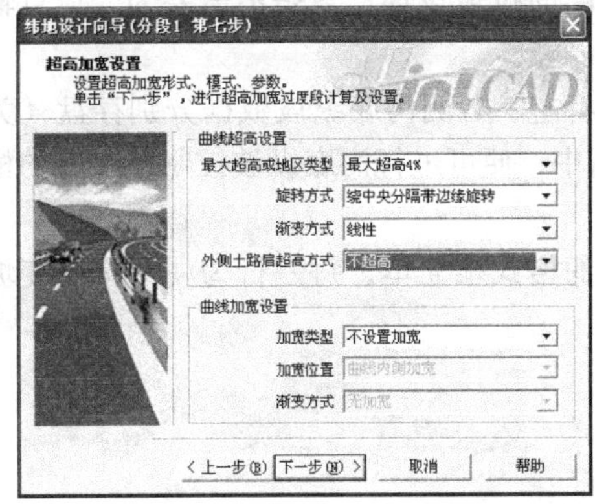

附图 2-25　纬地设计向导（第七步）

附图 2-26　纬地设计向导（最后一步）

于进行检查。可以展开每一个曲线单元查看其超高和加宽设置，并且可以修改超高和加宽过渡段的位置和长度。（也可使用鼠标右键菜单的复制功能，将自动计算设置的超高与加宽等计算信息复制到文本编辑器中，以备后续的检查或修改时参考）

点击“下一步”，出现设计向导结束对话框。纬地设计向导结束对话框如附图 2-27 所示。可设定逐桩桩号间距（如 20m），程序将以此间距自动生成桩号序列文件，并增加所有曲线要素桩。程序把将要自动生成的四个数据文件列于对话框中，在这里还可以修改所输出数据文件的名称。单击“完成”按钮，系统即自动计算生成路幅宽度文件（*.wid）、超高设置文件（*.sup）、设计参数控制文件（*.ctr）和桩号序列文件（*.sta），并自动将这四个数据文件添加到纬地项目管理器中。

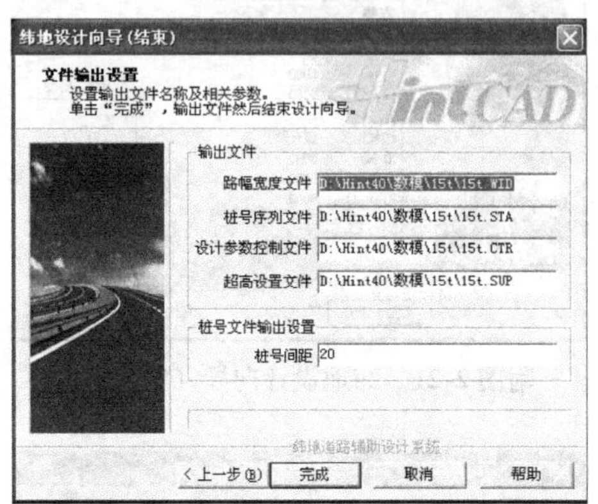

附图 2-27 纬地设计向导（结束）

特别说明：在 HintCAD 中，超高、加宽等过渡变化以及横断面的边坡、边沟形式虽然可由“设计向导”自动结合规范、标准取用，但所有变化均不是程序内定的、不可改变的，可随时通过直接修改*.sup、*.wid 以及*.ctr 文件来改变控制，以适合不同项目的要求。

3. 边沟、排水沟沟底标高设计

HintCAD 纵断面设计程序也可完成对路基左右侧边沟排水沟的沟底拉坡功能。

（1）生成沟底标高文件　首先进行初步的横断面设计戴帽，在【横断面设计绘图】对话框中勾选“左右侧沟底标高”选项，进行“设计绘图”即可生成左右侧沟底标高文件，自动保存到纬地安装目录下“Hint58\Lst\zgdbg.tmp，Hint58\Lst\ygdbg.tmp”两个文件中，其数据格式与纵断面地面线文件（*.dmx）的格式相同。

（2）添加文件到项目管理　将上述两个文件的扩展名对应修改为 zgdbg.zmx 和 ygdbg.ymx，打开项目管理器，在“路基左（右）边线地面高程”栏中分别指定左右侧沟底标高文件。或者将项目中的纵断面地面线文件（*.dmx）重新指定为路基的左（或右）侧沟底标高文件。

（3）沟底拉坡　从“项目管理器”中删去纵断面设计文件（*.zdm），然后启用“纵断面设计”功能对沟底进行拉坡设计，其过程同纵断面拉坡设计，只是不需要为变坡点输入竖曲线半径。

在拉坡完成后，需点按“存沟底标高”按钮，将左、右侧沟底纵坡数据分别存盘（为*.zbg 或*.ybg 文件），并将它们添加到项目管理器中，便可进行沟底纵坡控制模式下的横断面设计了。

（4）沟底纵坡文件的数据格式　沟底纵坡文件的格式很简单，每一行为一个沟底变坡点的桩号和设计高程，如下示例数据。

```
0.000     760.55
220.00    752.68
600.00    760.94
913.347   759.06
```

如果在上面示例数据中，桩号220~600之间为桥梁或隧道等构造物，此区间不需要进行沟底纵坡控制模式的横断面设计，只需在此区间范围内增加输入任意一个桩号，其沟底高程输入NULL即可。修改后的沟底纵坡文件如下：

0.000　60.55

220.00　752.68

300.00　NULL　　此区间内（不包含桩号220和600）的横断面设计不进行沟底标高控制

600.00　760.94

913.347　59.06

4. 路基设计计算

路基设计计算主要完成：读取相关数据，确定桩号区间内的每一桩号的超高横坡、设计标高、地面标高，以及路幅参数的变化，计算路幅各相对位置的设计高差，并将以上所有数据按照一定格式写入路基设计中间数据文件，以备打印路基设计表和计算、绘制横断面图等之用。

1）菜单栏：设计→路基设计计算。

2）命令行：Ljsj。

该功能对话框如附图2-28所示。

在进行路基设计计算前应完成对超高与加宽等的处理工作，如果当前项目中未指定路基设计中间文件，那么应在对话框中点击“…”按钮，指定该文件的名称及存放位置。另外还可以单击“项目管理”按钮打开项目管理器，检查当前项目的超高与加宽文件以及其他设置是否正确。

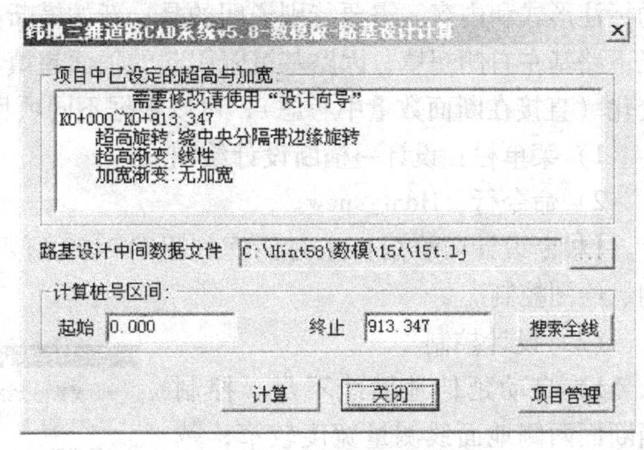

附图2-28　【路基设计计算】对话框

HintCAD V4.6以后版本支持四种超高旋转方式：①绕曲线内侧路基边缘旋转；②绕曲线内侧行车道边缘旋转；③绕行车道中心旋转；④绕中央分隔带边缘旋转。

其中“绕曲线内侧路基边缘旋转方式”和“绕曲线内侧行车道边缘旋转方式”适用于二、三、四级新建公路，路基设计标高为未设超高和未设加宽状态下的曲线内侧路基边缘标高。

“绕行车道中心旋转方式”适用于旧路改建以及无中央分隔带的互通式立交匝道等，其设计标高为路面中心位置标高。

而“绕中央分隔带边缘旋转方式”则适应于所有有中央分隔带的公路、立交匝道或城市道路断面，其设计标高位置为中央分隔带边缘以下标高。

特别说明：上述几种计算方式在进行路基设计计算时，采取的是先计算断面超高变化，后计算断面加宽变化的方式（即先超高后加宽）。

路基设计计算既可分段进行，也可以全线一次完成。如果项目中已经存在路基设计数据（文件），系统会提示覆盖文件或在原文件后追加数据。路基设计要对地面线文件中所有桩号断面进行超高和加宽计算（立交范围可能还需要自动搜索连接部），如果遇到系统提示

×××桩号计算路幅宽度或超高错误，一般问题可能出在超高和加宽文件（*.sup 和 *.wid）上，打开并编辑、修改该文件即可。修改的一般原则是，两文件中描述的超高和加宽变化区间应包括地面线桩号所及范围。

为了符合进行公路几何设计的常规流程与步骤，HintCAD 没有将“路基设计计算”作为系统自动执行的功能，将这一中间步骤作为单独的功能由命令执行。也就是说，在一般项目的平纵面设计完成后，输出路基设计表、进行横断面设计与绘图的之前必须进行路基设计计算。同样，每当修改了项目的类型、超高旋转位置与方式、加宽类型与加宽方式以及超高和加宽过渡段落变化等内容之后，必须重新进行路基设计计算；之后，才能重新进行横断面设计与绘图、输出路基设计表，所修改的内容才能在图纸表格中体现出来。

5. 横断面设计与绘图

（1）主要功能　任意定制各种横断面类型、多级填挖方边坡、护坡道、边沟、排水沟，以及截水沟和路基支挡防护构造物，实现了横断面随意修改后的所有数据自动搜索刷新。针对不同公路等级和设计的不同需要，可随意定制横断面绘图的方式方法、断面各种图形信息的标注形式和内容。需要特别说明的是：新的横断面设计模块可以方便、准确地考虑各种情况下路基左右侧超填、因路基沉降引起的顶面超填、清除表土以及路槽部分的土方数量增减变化（直接在断面数量中考虑），可以根据不同项目的特点选择应用。

1）菜单栏：设计→横断设计绘图。

2）命令行：Hdm_ new。

【横断设计与绘图】主对话框如附图 2-29 所示，主要分为三部分：设计控制、土方控制、绘图控制。

（2）设计控制

1）自动延伸地面线不足。控制当断面两侧地面线测量宽度较窄，戴帽子时边坡线不能和地面线相交，系统可自动按地面线最外侧的一段的坡度延伸，直到戴帽子成功（当地面线最外侧坡度垂直时除外）。

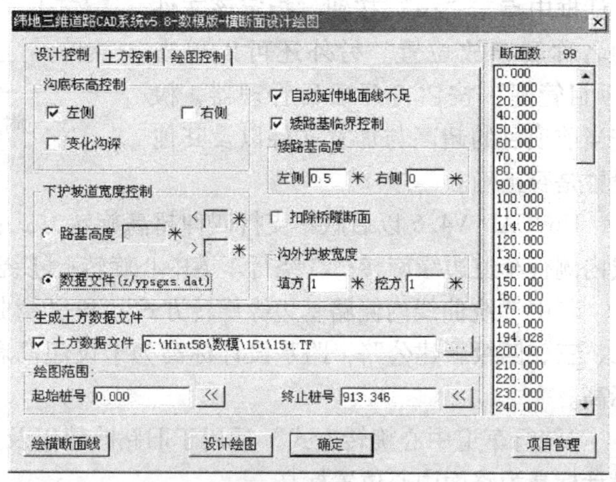

附图 2-29 【横断设计与绘图】主对话框

2）左右侧沟底标高控制。如果已经在项目管理器中添加了左右侧沟底标高设计数据文件，那么“沟底标高控制”中的“左侧”和“右侧”选项将被选中，可以分别设定在路基左右侧横断面设计时是否进行沟底标高控制，并可选择变化沟深或固定沟深。结合《文件编制办法》要求，HintCAD 自 V3.0 版起便已经支持路基两侧沟底标高控制模式下的横断面设计，V4.6 版此功能有了进一步完善，更加灵活方便。

3）下护坡道宽度控制。此功能主要用于控制高等级公路项目填方断面下护坡道的宽度变化，其控制支持两种方式，一是根据路基填土高度控制，即可以指定当路基高度大于某一数值时下护坡道宽度和小于这一数值时下护坡道宽度；二是根据设计控制参数文件中左右侧排水沟形式（zpsgxs. dat 和 ypsgxs. dat）中的具体数据控制，一般当排水沟控制的第一组数据的坡度数值为 0 时，系统会自动将其识别为下护坡道控制数据。如果选择了第一种路基高度控制方式，系统将自动忽略 zpsgxs. dat 和 ypsgxs. dat 中出现的下护坡道控制数据（如果存在的话，其后的排水沟形式不受影响）。

4）矮路基临界控制。选择此项后，需要输入左右侧填方路基的一个临界高度数值（一般约为边沟的深度），用以控制当路基边缘填方高度小于临界高度时，直接设计边沟，而不先按填方放坡之后再设计排水沟。

利用此项功能还可以进行反开挖路基等特殊横断面设计。

5）扣除桥隧断面。选择此项后，桥隧桩号范围内将不绘出横断面。

6）沟外护坡宽度。用来控制戴帽子时排水沟（或边沟）的外缘平台宽度，可以分别设置沟外护坡平台位于填方或挖方区域的宽度。

系统首先将沟外侧边坡顺坡延长 1 倍沟深判断与地面是否相交。如果延长后沟外侧深度大于设计沟深的 0.5 倍或小于设计沟深的 2 倍时，设计线则直接沿沟外侧坡度与地面线相交；反之则按原设计边沟尺寸绘图并在沟外生成护坡平台（按指定的宽度），系统继续判断平台外侧填挖，并按照控制参数文件中填挖方边坡第一段非平坡坡度（即坡度不为 0 的坡度）开始放坡交于地面线。

（3）土方控制（如附图 2-30 所示）

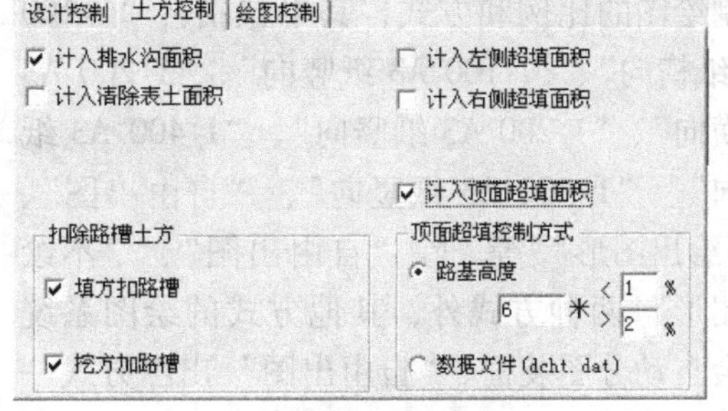

附图 2-30　土方控制

1）计入排水沟面积。用以控制在断面面积中是否考虑计入左右侧排水沟的土方面积。

2）计入清除表土面积。用以控制在断面面积中是否考虑计入清除表土面积。附图 2-31 为挖路槽、超宽填筑和清除表土的断面示意图，其中 W1 的宽度即为清除表土的宽度。

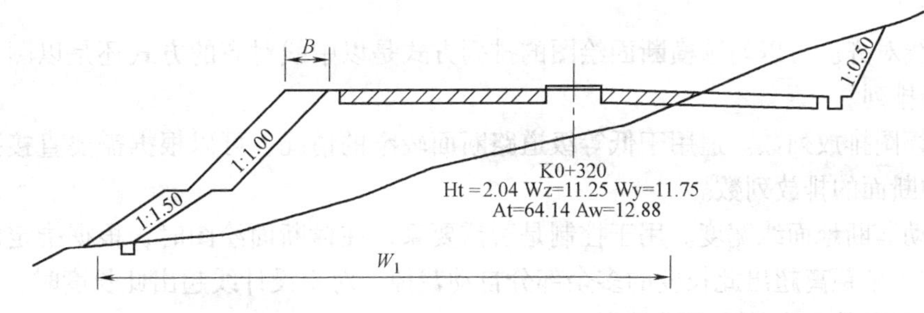

附图 2-31　路基超填部分土方面积的示意

3）计入左右侧超填面积。用以控制在断面面积中是否考虑计入填方路基左右侧超宽填筑部分的土方面积。附图 2-31 中左侧即为对路基超填部分土方面积的示意，B 宽度为超填宽度。

4）扣除路槽土方。用以控制在断面面积中考虑扣除路槽部分土方面积的情况，可以分别选择对于填方段落是否扣除路槽面积和挖方段落是否加上路槽面积。在 HintCAD V5.6

中，系统支持在控制参数文件（＊.ctr）中输入路基各部分（行车道、硬路肩、土路肩）路槽不同的深度，可选择在横断面图中绘出路槽图形，并精确扣除（或增加）路槽面积。如果将行车道、硬路肩、土路肩等宽度全部考虑时，便可实现根据设计施工的实际需要，路基施工只填到路槽底面。

参见附图 2-31 所示，在进行断面面积计算时，系统将根据选择，从断面填方面积中减去路槽部分（图中阴影部分）的面积，而对于挖方部分，系统将根据选择自动在断面挖方面积中增加路槽（图中空白路槽部分）的面积。

5）计入顶面超填面积。这一控制主要用于某些路基沉降较为严重的项目，需要在路基土方中考虑因地基沉降而引起的土方数量增加。顶面超填也分为“路基高度”和“文件控制”两种方式，路基高度控制方式，即按路基高度大于或小于某一指定临界高度分别考虑顶面超填的厚度（路基实际高度的百分数）。当选择数据文件控制方式后，系统将自动控制参数文件中“顶超填”部分的分段数据来考虑顶面超填土方。

（4）绘图控制（如附图 2-32 所示）

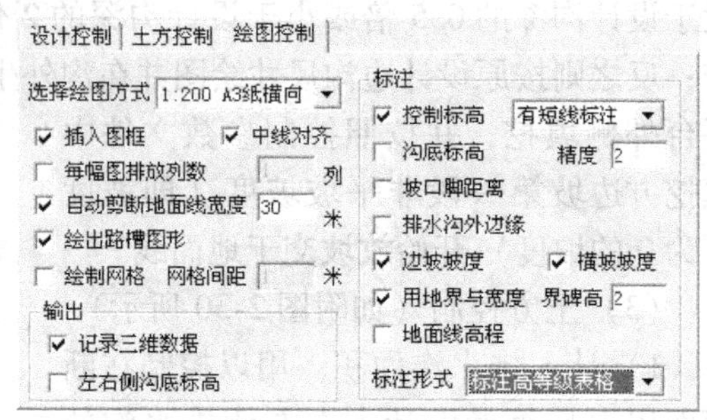

图 2-32　绘图控制

1）选择绘图方式。可以按项目需要自由控制绘图的比例和方式，其中包括：“1:100 A3 纸横向”、“1:100 A3 纸竖向”、“1:200 A3 纸横向”、“1:200 A3 纸竖向”、“1:400 A3 纸横向”、“1:400 A3 纸竖向”、“自由出图”、“不绘出图形”等，除“自由出图”、“不绘出图形”两种方式外，其他方式的绘图系统均会自动分图装框。“自由出图”出图方式一般用于横断面设计检查和不出图等情况下，“不绘出图形”方式一般用在并不需要察看横断面设计图形，而是需要快速得到土方数据或其他数据等情况。

2）插入图框。控制系统在横断面设计绘图时是否自动插入图框，图框模板为纬地安装目录下的“Tk_ hdmt. dwg”文件，可以根据项目需要修改图框内容，但不能移动、缩放该图框。

3）中线对齐。可以勾选横断面绘图的排列方式是以中线对齐的方式还是以图形居中的方式来进行排列。

4）每幅图排放列数。适用于低等级道路断面较窄的情况，可以根据需要直接指定每幅横断面图中断面的排放列数。

5）自动剪断地面线宽度。用于控制是否需要系统在横断面绘图时，根据指定的长度将地面线左右水平距离超出此长度的多余部分自动裁掉，对于设计线超出此长度时，系统将保留设计线及其以外一定的地面线长度。

6）绘出路槽图形。用于控制是否需要系统在横断面绘图时，自动绘出路槽部分图形。

7）绘制网格。可以选择在横断面设计绘图时，是否绘出方格网，方格网的大小可以自由设定。

8）标注部分。HintCAD 新版中可以根据需要，自由选择在横断面图中自动标注哪些内容，包括：路面上控制点标高及标注形式、沟底标高及精度控制、坡口坡脚距离和高程、排水沟外缘距离和标高、边坡坡度、横坡坡度、用地界与用地宽度以及横断地面线每一个折点的高程等。对于每一横断面的具体断面信息参数绘制，系统可支持三种方式：即“标注低等级表格”、“标注高等级表格”和“标注数据”。

9）输出相关数据成果部分。系统可根据选择在横断面设计绘图时，直接输出横断面设计“三维数据”和路基的“左右侧沟底标高”，其中断面“三维数据”用于系统数模版直接结合数模输出公路全三维模型。

“左右侧沟底标高”数据输出的临时文件为纬地安装目录下的“\ Lst \ zgdbg. tmp”和“\ Lst \ ygdbg. tmp”文件，主要为高等级公路的边沟、排水沟沟底纵坡设计使用，可以直接以该文件作为某一新建项目的纵断面地面线数据，然后利用 HintCAD 的纵断面设计程序直接进行沟底拉坡设计，完成后直接选择“存沟底标高”按钮，即可将沟底纵坡数据保存为左右侧沟底标高文件（ *. zbg 和 *. ybg），以便再次进行沟底纵坡控制模式下的横断面设计。

（5）生成土方数据文件　系统可以根据选择直接在横断面设计与绘图的同时输出土方数据文件，其中记录桩号、断面填挖面积、中桩填挖高度、坡口坡脚距离等数据，以满足后期的横断面设计修改、用地图绘制、总体图绘制等需要，特别是路基土石方计算和调配的需要。对话框中在选择输出土方数据文件后（数据文件名称变为亮显状态）需输入土方数据文件的名称，也可以单击其后的“…”按钮，指定该文件的名称及存放位置。

最新版中土方数据文件还进行了许多修改，记录了横断面设计中更多的数据，如：路基边缘宽度与高程、坡口坡脚宽度与高程、断面面积中已经考虑的分项土方面积等。这样不仅可以利用该数据文件进行土方计算，还可以从中提取出路基排水设计、挡土墙设计、分项土方计算等所需要的数据，大大方便了相关专业的设计与出图工作。

（6）桩号列表和绘图范围　系统在启动横断面设计对话框时，便已经打开项目中的横断面地面线文件，读出所有桩号，并列于对话框右侧，便于查阅和选择横断面绘图范围中的起终桩号。

（7）绘横断面地面线（按钮）　用于在当前图形屏幕绘出所有横断面地面线图形，一般用于地面线输入后的数据检查。

（8）设计绘图（按钮）　系统根据所有（以上）定制，开始横断面设计与绘图。单击“设计绘图”按钮，系统自动调用纬地安装目录下的横断面图框（Tk-hdmt. dwg），批量自动生成指定的桩号区间的所有横断面图。如附图 2-33 所示为系统根据定制自动生成的一种横断面图，定制的格式为“A3 图纸横放、比例 1∶400、中线对齐、断面图排放两列、自动裁剪地面线 25m、绘出路槽图形、标注路面横坡、标注边坡坡度、绘出用地界并标注宽度、设计数据以表格形式输出”等。所有这些设置均可根据不同需要自由定制。

横断面设计绘图是根据路基中间数据文件（ *. lj），每个桩号的路基数据对应相同桩号的横断面地面线进行戴帽。如果某个横断面桩号在戴帽时找不到对应桩号的路基数据，系统则会给出提示及相应的选项，如附图 2-34 所示。可根据具体情况作出不同的选择，如选择第一项，点击“确定”按钮，则系统忽略此横断面，继续其他断面的设计绘图，至下一个出现同样问题的断面时继续提示进行选择；如选择第二项，系统自当前提示桩号的位置停止横断面设计绘图，可使用“纵横断面数据检查”工具检查完善纵断面地面线文件，并重新进行路基设计计算，然后再继续横断面设计绘图的操作；如选择第三项，则系统自动忽略此类问题不再提示，系统仅对所有有对应路基数据的横断地面线一次性完成设计绘图，而忽

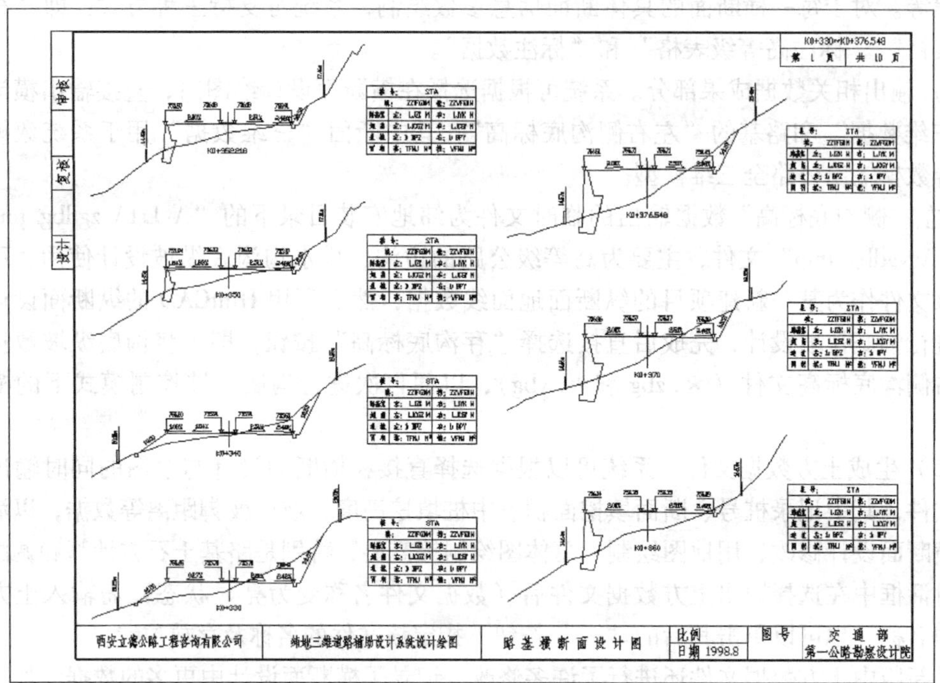

附图 2-33 自动生成的横断面图

略没有对应路基数据的横断面地面线桩号。

6. 横断面修改

在自动批量完成横断面设计与绘图后，如果发现个别断面的填挖方边坡、边沟、排水沟、截水沟以及其他路基支挡构造物需要修改，可先将“sjx”图层作为当前层，用“explode”命令炸开整条连续的设计线，并对其进行修改。在完成修改后选择“设计”菜单的“横断面修改”项，按照提示选择需要修改的横断面中心线，系统便自动重新搜索新的设计线并计算断面填挖方面积、坡口坡脚距离以及用地界等，同时启动横断面修改对话框，可以根据自己的需要修改各个选项的内容，修改完成后单击“修改”按钮，系统便自动刷新项目中土方数据文件＊.TF里该断面的所有信息以及横断面三维数据文件＊.3DR（即图形和数据的联动）。

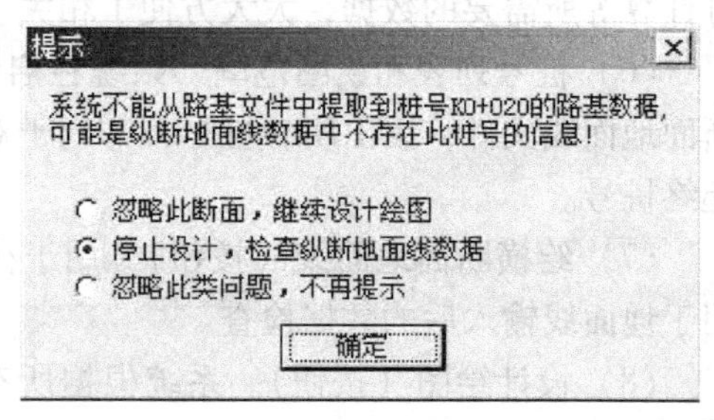

附图 2-34 相应选项

1）菜单栏：设计→横断面修改。

2）命令行：Edittf。

在运行该命令后，系统提示先“点取横断面中心线”，选取后系统自动搜索修改后的设计线信息，并以闪烁方式显示搜索的图形结果，可以根据图形检查并判断系统搜索的结果是否正确。之后系统将自动计算获得断面的填挖方面积、坡口坡脚距离、沟外缘距离以及用地宽度等信息并显示于［横断面修改］对话框中（如附图 2-35 所示），单击“修改”按钮，系统便会完成对土方数据文件中该桩号断面所有信息的刷新（实际上对话框中的数据虽由系统自动搜索得到，但也可以直接修改它）。

注意：如果需要修改横断面设计线，一定在设计线图层（层名为“sjx”）上进行，请不要将其他一些与设计线无关的文字、线段绘制到设计线图层中，以免影响系统对设计线数据的快速搜索计算。截水沟也应一并在设计线图层上修改，系统一般不将截水沟的土方计入断面面积中，但会自动将用地界计算到截水沟以外。另外，可能在横断面设计的“土方控制”中对多方面的土方因素进行了考虑（如路槽、清表等），而横断面修改功能搜索得到的填挖方面积只是纯粹的设计线与地面线相交所得到的面积，并未考虑路槽、清表等。

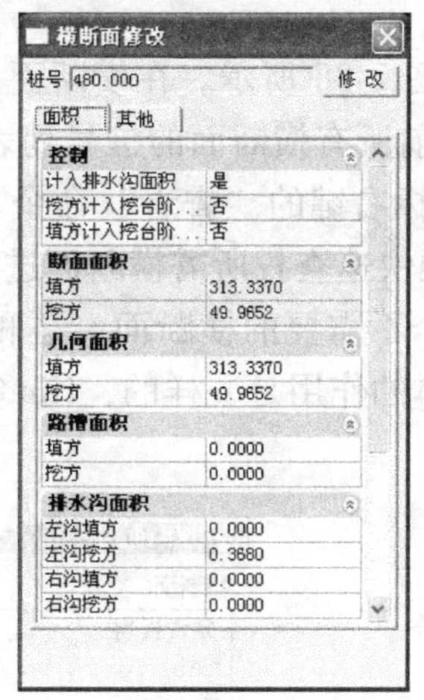

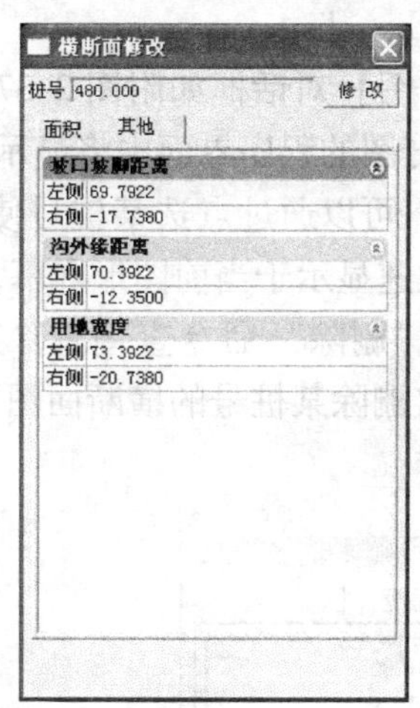

附图 2-35　【横断面修改】对话框

7. 挖台阶处理

在横断面设计绘图完成以后，如果发现个别断面地面线坡度较大时，可利用此功能进行地面线的挖台阶处理。

1）菜单栏：设计→挖台阶处理。

2）命令行：Draw_ taijie。

【挖台阶处理】对话框如附图 2-36 所示，首先选择挖台阶的方式：水平等距或垂直等高。然后输入水平距离或垂直高度，单击“确定”后，系统提示直接在该断面的地面线上拾取挖台阶的起点，在需要挖台阶的起点位置单击鼠标左键，之后跟随鼠标的左右向移动，从挖台阶的起点开始到鼠标的移动距离，蓝色的台阶线也会随之自动出现。当再次单击左键以确定挖台阶终点后，台阶线直接在该断面上绘制完成。注意：一般从地面线较高点向较低点进行挖台阶处理。

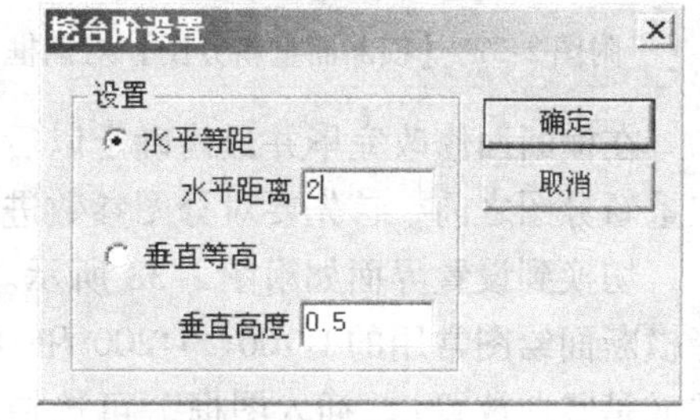

附图 2-36　【挖台阶处理】对话框

台阶线生成后，需要再次运用“横断面修改”功能，让系统自动重新计算断面的填挖方面积，即考虑挖台阶部分土方后的断面面积。这里说明，挖台阶所引起的挖方增加量和填方增加量的考虑方式可以在“横断面修改”中选择控制。

8. 横断面重新分图

HintCAD V5.8 新增加了“横断面重新分图”功能，主要用于对修改后的横断面重新进行排版分图。通过定制各种断面参数完成横断面设计绘图后，根据项目具体情况有时还要对个别横断面进行再次修改，如修改个别断面的边坡设计线等，此时断面的大小可能发生改变，为了保证最终生成的横断面图整齐美观，就需要重新调整排列横断面在图框中的位置。使用“横断面重新分图”程序可以非常好地解决横断面自动排版分图的问题，而且在“横断面重新分图”程序中可以很方便地浏览查看任意桩号的横断面，使横断面的修改操作变得更加轻松自如。

1）菜单栏：设计→横断面重新分图。

2）命令行：Hdm_ list。

【横断面重新分图】对话框如附图 2-37、附图 2-38 所示。在横断面设计绘图生成横断面后，横断面重新分图的程序界面中将显示出当前所有横断面的桩号列表，如附图 2-37 所示。在桩号列表中，可以通过点选某桩号使用鼠标右键的“查看”命令（或者直接双击某桩号），使该桩号快速显示于当前图形屏幕，方便快速查找所需横断面进行检查修改。也可以使用右键菜单的“删除”命令直接删除某一个不需要的横断面，这和使用 CAD 的删除（ERASE）命令直接删除某桩号的横断面图形实体的作用是一样的，HintCAD 在这里提供了更简单的操作方法。

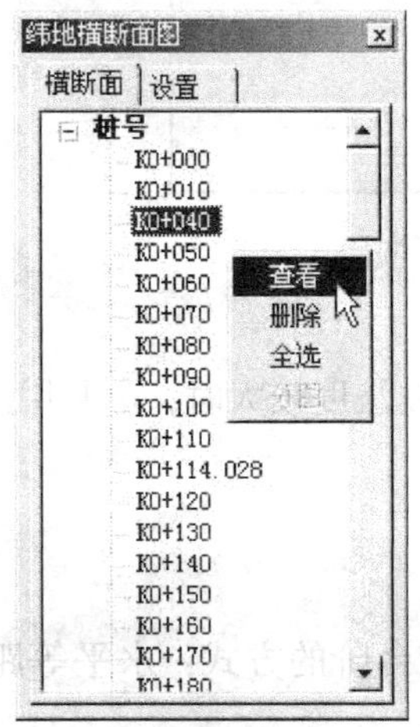

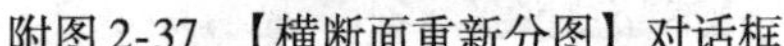

附图 2-37 【横断面重新分图】对话框

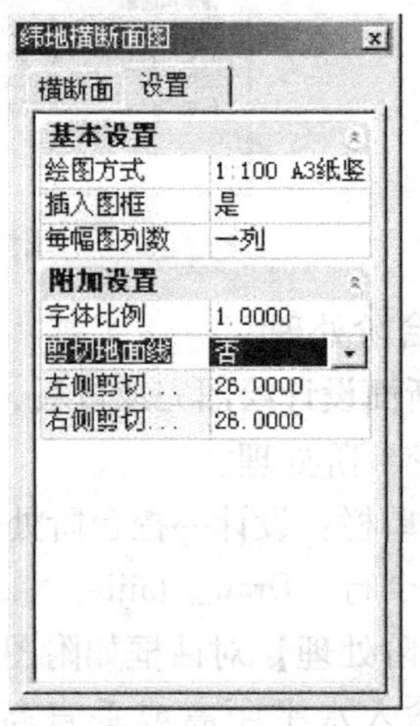

附图 2-38 【横断面重新分图】对话框

在横断面修改完毕并最终确定以后，就可以对修改后的横断面进行重新分图的操作了。在重新分图之前，首先要对分图参数进行设置。单击“横断面重新分图”的“设置”选项卡，切换到设置界面如附图 2-38 所示。选择“绘图方式”，即重新分图的图纸比例，可选择横断面绘图常用的1:100、1:200 和1:400 的不同比例，以及重新分图图框的方向为横向放置或是竖向放置；“插入图框”可选择“是”或者“否”；“每幅图列数”可选择在一个图框内排放一列、两列或三列横断面。在“附加设置”栏，通过设置“字体比例”可以改变重新分图后的横断面标注字体的大小；“剪切地面线”可选择“是”或者“否”，如果设置为“是”，需在“左（右）侧剪切宽度”栏内分别输入断面左右侧需保留的地面线水平宽度，其单位为米。

分图参数设置完成后，单击“横断面”选项卡切换回横断面桩号列表栏进行分图操作，此时系统默认所有桩号全部选中，桩号列表显示为蓝色，也可以使用鼠标右键菜单的“全选”命令来选择全部桩号进行分图，当然还可以使用“shift”键选择桩号列表中某一区间范围的桩号重新分图。重新分图的桩号选定后，执行鼠标右键的“分图”命令，CAD 命令行提示“选取绘图起点:”，鼠标左键单击图形屏幕任意位置，系统即从当前位置对所选桩号的横断面全部重新分幅排列，可多次调整分图参数使用分图命令，从而得到间距匀称、排列整齐的横断面图。

参考文献

[1] 姚昱晨. 市政道路工程 [M]. 北京：中国建筑工业出版社，2007.

[2] 陈志民. 中文版 AutoCAD 2011 快捷制图速查通 [M]. 北京：机械工业出版社，2010.

[3] Autodesk，Inc. AutoCAD 2011 标准培训教程 [M]. 北京：电子工业出版社，2011.

[4] 阮永波，刘颖. 城市建设 CAD [M]. 合肥：黄山书社，2010.

[5] 王福建，吴国雄. 道路工程三维建模技术 [M]. 北京：人民交通出版社，2004.

[6] 李玉宝，曹智翔，等. 大比例尺数字化测图技术 [M]. 北京：西南交通大学出版社，2009.

[7] 郑益民. 公路工程 CAD [M]. 北京：清华大学出版社，北京交通大学出版社，2010.

[8] 张部生. 公路 CAD [M]. 北京：机械工业出版社，2009.

[9] 赵冰华，喻骁. 土木工程 CAD + 天正建筑基础实例教程 [M]. 南京：东南大学出版社，2011.

[10] 杨月英，於辉. 中文版 AutoCAD 2008 建筑绘图（含上机指导） [M]. 北京：机械工业出版社，2008.

[11] 于冬梅，王小芬. AutoCAD 机械制图实用教程 [M]. 北京：清华大学出版社，2011.

教材使用调查问卷

尊敬的老师：

您好！欢迎您使用机械工业出版社出版的“高职高专土建类专业规划教材”，为了进一步提高我社教材的出版质量，更好地为我国教育发展服务，欢迎您对我社的教材多提宝贵的意见和建议。敬请您留下您的联系方式，我们将向您提供周到的服务，向您赠阅我们最新出版的教学用书、电子教案及相关图书资料。

本调查问卷复印有效，请您通过以下方式返回：

邮寄：北京市西城区百万庄大街22号机械工业出版社建筑分社（100037）
张荣荣（收）

传真：010-68994437（张荣荣收）　　Email：54829403@qq.com

一、基本信息

姓名：________职称：__________职务：______________

所在单位：______________________________

任教课程：______________________________

邮编：____________地址：______________________

电话：____________电子邮件：____________________

二、关于教材

1. 贵校开设土建类哪些专业？

□建筑工程技术　□建筑装饰工程技术　□工程监理　□工程造价

□房地产经营与估价　□物业管理　□市政工程

2. 您使用的教学手段：□传统板书　□多媒体教学　□网络教学

3. 您认为还应开发哪些教材或教辅用书？______________________

4. 您是否愿意参与教材编写？希望参与哪些教材的编写？

课程名称：______________________________

形式：□纸质教材　□实训教材（习题集）　□多媒体课件

5. 您选用教材比较看重以下哪些内容？

□作者背景　□教材内容及形式　□有案例教学　□配有多媒体课件

□其他______________________________

三、您对本书的意见和建议（欢迎您指出本书的疏误之处）______________________

____

____

____

四、您对我们的其他意见和建议______________________

____

____

请与我们联系：

100037　北京百万庄大街22号

机械工业出版社·建筑分社　张荣荣　收

Tel：010-88379777（O），68994437（Fax）

E-mail：54829403@qq.com

http：//www.cmpedu.com（机械工业出版社·教材服务网）

http：//www.cmpbook.com（机械工业出版社·门户网）

http：//www.golden-book.com（中国科技金书网·机械工业出版社旗下网站）